汉字学概论

龚嘉镇 著

西南交通大学出版社
·成 都·

图书在版编目（CIP）数据

汉字学概论 / 龚嘉镇著. -- 成都：西南交通大学出版社，2025.1. -- ISBN 978-7-5774-0247-5

Ⅰ．H12

中国国家版本馆 CIP 数据核字第 20255UV844 号

Hanzixue Gailun
汉字学概论

龚嘉镇　著

策划编辑	郭发仔
责任编辑	吴　迪
封面设计	原谋书装

出版发行	西南交通大学出版社
	（四川省成都市金牛区二环路北一段 111 号
	西南交通大学创新大厦 21 楼）
邮政编码	610031
营销部电话	028-87600564　028-87600533
网址	https://www.xnjdcbs.com
印刷	成都蜀通印务有限责任公司

成品尺寸	185 mm×260 mm
印张	19
字数	416 千
版次	2025 年 1 月第 1 版
印次	2025 年 1 月第 1 次
定价	89.00 元
书号	ISBN 978-7-5774-0247-5

图书如有印装质量问题　本社负责退换
版权所有　盗版必究　举报电话：028-87600562

漢字研究要立足於表意文字的實際,把共時描寫與歷史比較結合起來,把定性分析與計量分析結合起來,把字語研究與文化研究結合起來,以力求理論上的深化認知與實踐中的有效應用。

嘉鎮自勵

前　言　PREFACE

　　汉字是我们民族为记录汉语而量身创造并逐步完善的表意文字，是人类文字中唯一持续使用数千年的自源文字，从没中断过，也没突变过，至今仍然生机勃勃。汉字是在华夏文明的特定语言环境中独立发展起来的，它一直以系统的形式渐变地优化着，协同地完善着，不仅历史地顺应了超时空记录汉语的社会需要，而且能动地促进了汉语书面语的统一和发展。汉字是最适合记录汉语的文字，它是中华民族交流思想传承文化的重要载体，全世界的华人都对汉字有着与生俱来的文化认同。

　　自源的汉字是研究人类文字发生发展的一座宝库。第一，汉字拥有三千多年的历代原始材料。不仅有浩如烟海的历代汉字文献，而且有大批甲金文、简帛字等出土的历代古文字资料。这是其他任何文字都没有的研究条件。第二，汉字研究积累了近两千年来不断深入的学术认识。先贤不仅认识到汉字"依类象形"而"凡某之属（类）皆从某"的形义关系、"以义为本而音从之"的基本特质，认识到汉字"象形（文）为本"以"文"组"字"而"以类附声"的生成机制，而且创造了析形（结构）求义（功能）的研究方法，形成了注重形义联系实际的学术传统。[①]我们应当重视和发展汉字研究的这两大优势。

　　人文学科具有与时偕行的时代性。20世纪80年代以来，汉字学界先后开展了关于汉字性质、汉字规范的两场学术大讨论，开展了中文信息处理与汉字规范研制两项大型应用研究。两场学术大讨论将人们对汉字的理论认知提高到一个新水平，两项大型应用研究把中西语言学研究方法的结合推进到一个新阶段，汉字研究随之出现了一种用新方法新材料去研究新问题的新潮流。尤其注重运用计量描写的方法去分析大样本自然语料，注重使用古文字研究所得的新材料，汉字学研究由此出现了较大的发展。

　　汉字学是一门深沉厚重而具有民族特色的人文学科。本书立足传统着眼发展，以"自源的汉字是如何逐步实现超时空记录汉语的"为主题，着重从华夏民族记录汉语的社会

---

① "依类象形"而"凡某之属皆从某"、以"文"组"字"等认识与析形求义的方法，始见于东汉许慎的《说文解字》。"以义为本而音从之"出自清代王筠《说文释例》，武汉市古籍书店影印本，1983年，第2页。"六书也者，象形为本"出自南宋郑樵：《通志略》，上海古籍出版社影印本，1990年，第112页。"以类附声"出自清初戴震：《戴震集》，上海古籍出版社，2000年，第74页。

需求上去认识汉字的独特发展道路，围绕汉字记词方式的辩证演进与结构功能的协同完善两大基本问题纵横展开，是采用系列专题的方式分章讨论逐步深入的。

本书首先讨论了汉字的性质、起源、字体，由此入手纵向地论述汉字记词方式辩证演进的过程及其历史必然性。汉字以单音节词为单位据义构形，它起始于"依类象形"而发展于"比类合谊"的合成化，拓展于"依声托事"而完备于"以类附声"的形声化。经过"表形→表音→兼表义音"的辩证演进，历史地形成了以象形字为基础、以形声字为主体的表意文字体制。进而讨论了现代通用汉字的"四定"规范与汉字历史演变的三大规律。

接着横向地讨论汉字结构功能的协同完善。汉字是一个处于特定开放语境中的自组织系统，它的结构功能是在汉字表意性质与语言经济原则的协同作用下优化发展的。汉字具有以少驭多的层级结构，七八万汉字是由四五百个基础字符按有理的字式层级合成出来的。汉字具有推类示义的表意功能，71个核心义符的参构字是古今汉字的主体，它们就是汉字系统保持表意性质的压舱石。汉字具有高度集中的用字规律，2 500个最常用字就覆盖了98%的现代自然语料。进而讨论了汉字多重联系的形音关系、汉字的科学教学与汉字的研究方法。

在研究方法上，本书坚持从汉字是表意文字的实际出发，注重中西语言学研究思路的结合，把共时描写与历时比较结合起来，把定性分析与计量分析结合起来，把字语研究与文化研究结合起来，以力求理论上的深化认知与实践中的有效应用。

中西研究思路的结合是汉字学发展的方向，但这个结合必须立足于汉字实际及其传统研究，必须守正创新，坚持"择其是"而"取其大"的原则。汉字持续使用三千多年且拥有丰富的传世文献与出土资料，用历史比较法去研究汉字发展史，必须以断代的实证描写为基础而不能靠"推测"；汉字具有据义构形的特质与析形求义的传统，要立足形义联系去进行汉字的结构功能分析；尤应注重运用计量描写的成套数据与古文字研究成果，去分析认识汉字的历史演变与结构功能。本书的研究坚持史论结合以温故知新，注重发掘和归纳前贤时修的学术认识与研究思路，注重梳理历代中外学者逐步深入的探索进程，注重对汉字的结构与演变进行计量描写基础上的历史分析，对汉字学中若干基本问题的学术源流与前沿发展，逐一进行了较为深入的系统论述。

汉字是记录中华文化的书面载体，是中华民族的交际工具，也是中华文化中最具人文性的重要内容，是我们民族世代传承的一种文化根脉。中国学者研究汉字，是具有文化使命感的。

目 录 CONTENTS

第一章　绪　论
第一节　记词方式的辩证演进与历史必然　/002
第二节　结构功能的协同完善与经济原则　/007

第二章　汉字的性质及特点
第一节　汉字区别于表音文字的特质　/010
第二节　汉字在表词功能上的特点　/018

第三章　汉字起源的深入探索
第一节　汉字主要起源于记事图画的符号化　/025
第二节　汉字是华夏先民集体智慧所创造的　/027
第三节　汉字的起源始于新石器时代前期　/028
第四节　汉字源起于多头发生而交汇于中原　/031
第五节　从单符记事向多符连用的起源进程　/033

第四章　汉字字体的相承递变
第一节　商周甲金文的演变　/038
第二节　秦汉篆隶字的发展　/043
第三节　唐代楷体字的规范　/047

第五章 汉字字式的辩证演进
- 第一节 古代学者的逐步探索 /053
- 第二节 现代学者的深入研究 /056
- 第三节 字式演进的基本历程 /060

第六章 据义构形的表形字
- 第一节 "依类象形"的象形字 /067
- 第二节 "指而可识"的指事字 /072
- 第三节 "比类合谊"的会意字 /078

第七章 借符记音的假借字
- 第一节 义的引申与音的假借 /089
- 第二节 据义构形与据音借形 /094
- 第三节 假借记词与通假用字 /099

第八章 "以类附声"的形声字
- 第一节 加旁分义的生成机制 /111
- 第二节 形声系统的基本格局 /117
- 第三节 现行义符声符的功能 /120
- 第四节 声符兼义与字符破体 /124

第九章 现代汉字的整理规范
- 第一节 现代汉语通用字的定量 /130
- 第二节 现代汉语通用字的定形 /133
- 第三节 现代汉语通用字的定音 /135
- 第四节 现代汉语通用字的定序 /138

第十章　汉字演变的三大规律

　　第一节　字式：记词方式形声化 /149

　　第二节　字形：形体结构简明化 /152

　　第三节　字用：社会用字规范化 /159

第十一章　协同完善的结构功能

　　第一节　共时描写与汉字的剖面构造 /167

　　第二节　基础字符与汉字的层级结构 /171

　　第三节　直接字符与汉字的表词功能 /175

　　第四节　字语协同与汉字的逐步完善 /179

第十二章　推类示义的表意功能

　　第一节　合成构形用义符表意 /187

　　第二节　核心义符的构形表意 /190

　　第三节　基础字符的演进完善 /200

　　第四节　以形表意的运作机制 /203

第十三章　高度集中的社会用字

　　第一节　字频词频的计量描写 /209

　　第二节　社会用字的分布规律 /213

　　第三节　规律形成的历史必然 /218

第十四章　多重联系的形音关系

　　第一节　字群：音同形不同的同音字 /226

　　第二节　单字：形同音不同的多音字 /229

　　第三节　字符：符同音或异的形声字 /237

第十五章　汉字的科学教学

　　第一节　学科的特点与现状分析　/247

　　第二节　教材的编写与顶层设计　/250

　　第三节　教法的改进与能力培养　/254

第十六章　汉字的研究方法

　　第一节　古为今用：在温故知新中传承　/264

　　第二节　洋为中用：在守正创新中发展　/269

　　第三节　结　语　/280

后　　记　我的问学历程回顾　/285

第一章
绪 论

  一、记词方式的辩证演进与历史必然
    ① 字式字体的协同演变
    ② 汉字发展的三个阶段
    ③ 辩证演进的历史必然
  二、结构功能的协同完善与经济原则
    ① 字语协同形成层级结构
    ② 经济原则推动功能优化

  提要：汉字是我们民族为记录汉语而创造的表意文字，它是在华夏文明的特定语境中独立发展起来的自源文字。汉字的生命力在于以单音节词为单位据义构形，其记词方式的辩证演进具有历史的必然性，其结构功能的协同完善体现了语言的经济原则。汉字正是依靠表意功能而得以超时空记录汉语的，持续使用数千年至今仍然生机勃勃。汉字是记录汉语和中华文化的载体，也是中华文化的重要内容，全世界的华人都对汉字有着与生俱来的文化认同。

  中国是一个有着五千多年悠久历史的文明古国，中华文化发展的连续性尤为突出地体现在汉字上。苏美尔的楔形文字、古埃及的圣书字、中国的古汉字与中美洲的玛雅文字，是人类文明中最为古老而独立发展起来的四大自源文字。但是，圣书字、楔形文字和玛雅文字因文明中断，很早就先后消失了，只有汉字从未间断从未突变，一直沿着顺应社会需要、促进汉语发展的方向不断优化着，历久弥新，至今生机勃勃。十几亿人正在使用的现代汉字，浩如烟海的历代传世文献，不断出土的各种有字文物，三千多年前的十多万片契文甲骨，极其丰富而生动地展现了汉字在各个历史发展阶段的真实生态。作为原始材料最为丰富、发展过程最为完整的自源文字，汉字是研究人类文字的发生和发展的一座宝库。

  汉字是华夏先民集体智慧的结晶，灿烂悠久的华夏文明是汉字得以产生与发展的沃土,汉字是在特定的历史环境中自源创造并独立发展起来的,具有特定的发生学环境。汉字脱胎于记事图画的符号化,产生在以单音节词为主的上古汉语时代,是在以单音节词为单位据义构形的历史取向中形成体系的,并在 2200 多年前的秦王朝就初步规范实现了全国用字的"书同文"。从夏商周秦汉到唐宋元明清,华夏文明的悠久完整与国家的统一为汉字体制的传承发展和逐步完善提供了稳定的社会大环境。汉字有着自己独特的演进历史、发展规律与鲜明的民族特色。它不仅是记录中华文化的书面载体和全体中华民族的交际工具,而且本身就是中华文化中极富人文性的重要内容,全世界的华人都对汉字有着与生俱来的深厚文化认同。

汉字是在华夏文明的特定历史语境中独立发展起来的,是人类文字中唯一持续使用数千年至今仍然生机勃勃的自源文字。着眼其以形示义的记词方式,瑞士的费尔迪南·德·索绪尔(1857—1913)在 20 世纪初最先把汉字称作"表意文字"。[1] 着眼其"一字一言"的字语对应单位,赵元任(1892—1982)在 20 世纪 50 年代最先把汉字称作"词素文字"。[2] 文以记词的方式与字语对应的单位,是探究汉字奥秘的两大枢机。

作为记录汉语的自源文字,汉字是如何记录汉语的,是如何在顺应社会的需求中逐步演进不断完善的?汉字在古今南北音有异的语境中为什么能够超时空地记录汉语?为什么能够持续使用数千年至今仍然为十几亿人所使用?汉字记词方式的辩证演进及其历史必然性,汉字结构功能的协同完善与语言的经济原则,是汉字学中事关系统与趋势的核心主题,是汉字发展史中必须研究不能回避的基本问题。

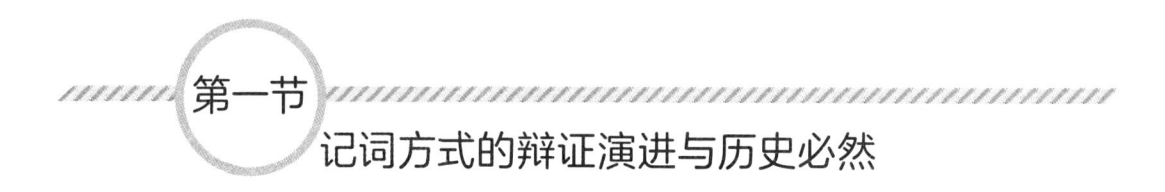

第一节 记词方式的辩证演进与历史必然

语言是人类为了进行思维和交流思想而创造的,它是一种义音结合的听觉符号系统。语言中的词所表示的是概括了的语义,是可以读出来的有音之义。作为记录语言的视觉符号,文字所记录的应该是也只能是义音结合的词。所有的文字都是据词构形而有音有义的,其音是载义的语音,其义是有音的语义。不能读出音来,那就还是图画或记号。由于词是义音结合的符号,所以据词造字只有表义、表音两条途径。从顶层上着眼,人类文字的体制可根据记词方式的不同分为二种:一种是通过形音联系从标示语音入手,以音节或音素为单位而按语音拟形,其字符只用一音一符的专职音标,这就是所谓的表

---

[1] [瑞士]索绪尔:《普通语言学教程》,高名凯译,商务印书馆,1980 年,第 51 页。
[2] 赵元任:《语言问题》,商务印书馆,1980 年,第 147 页。

音文字，表音文字一般是他源文字；一种是通过形义联系从提示词义入手，以词或语素为单位而据语义构形，其字符以义符为基本字符，还用借音符和记号，这就是所谓的表意文字。

一、字式字体的协同演变

汉字是一个在特定文化语境中独立发展起来的自组织系统，它的历史演变一直是以系统的形式渐变的方式发展着的，单字的历时态演变无不受制于系统的趋势性发展。王力（1900—1986）把汉字的发展演变分为字体、字式两个方面，这样的分析思路具有重要的认知价值。[①]

甲、金、篆、隶、楷等字体是汉字的外部书写体式，是汉字在不同发展阶段的不同书写体式，每一个传存的古汉字都经历了相承递变而趋易从简的字体演变过程。其中最重要的演变是秦汉时期的隶变，它以线条笔画化和字形符号化改变了古文字的象形性面貌，由此奠定了方块汉字的基本书写体式。

字式是汉字的内部表词结构，是汉字据词构形体现构意的记词方式。据义构形的象形、指事、会意等表形字（后语义化为表意字），借符记音的假借字，义音兼表的形声字，是汉字记录汉语的三种基本方式。一个字的字体虽一变再变，但与所记之词有着直接联系的字式却是与生俱来一般不变的。其中最重要的演变是记词方式的形声化，它主要通过"以类附声"的生成机制，[②]为汉字建立起了系统的形义联系，使汉字发展成为以象形字为基础以形声字为主体的表意文字体制。

汉字甲、金、篆、隶、楷等字体是汉字的外部书写体式，汉字字体的历史演变，主要发生在字形的符号化与简明化两个方面；汉字字式的历史演变，主要发生在构形合成化与表意语义化两个方面。二者相辅相成而协同互动，特别是字式的形声化与字体的隶变隶省，有力地推动了汉字系统的优化性演变，汉字由此发展成为据义构形而方正端庄的表意文字。需要指出的是，汉字是记录汉语的符号系统，汉字系统的演进过程就是逐步改进记录汉语之方式的过程，就是能动适应汉语发展需要的过程。汉字的历史发展在本质上体现为记词方式的辩证演进，而字体的演变则是从属性的演变。

> 王凤阳："有史以来的文字体系赖以建立的基本原则是文字怎样去记录表达语言。""文字史就是改进记录语言的方法的历程。""汉字学的研究在于在文字演进的普遍规律指导下研究汉字发展的特性，研究汉字适应汉语的过程，研究汉字的改进、改革过程。"[③]

王凤阳（1929— ）在20世纪80年代最先明确指出，汉字史要从"文字怎样去记录

[①] 王力：《汉语史稿》，中华书局，2004年，第48页。
[②] 〔清〕戴震：《戴震集》，上海古籍出版社，2009年，第73-74页。
[③] 王凤阳：《汉字学》，吉林文史出版社，1989年，第262、981页。

表达语言",如何"改进记录语言的方法"的高度,去"研究汉字适应汉语的过程",去认识汉字的历史发展及其规律。汉字是记录汉语的符号系统。汉字记录汉语之方式的发展过程及其历史规律,是汉字发展史研究的基本问题。

二、汉字发展的三个阶段

中国的古今学者在尽量占有材料的基础上,抓住汉字如何改进记录汉语的方式这个根本,对汉字发展史进行了不断深入的探究,取得了不少重要的认识。其中尤其为人重视的当推以下两大假说:

> 许慎:"仓颉之初作书,盖依类象形,故谓之文。其后形声相益,故谓之字。字者,言孳乳而浸多也。"①
>
> 陈梦家:"象形字→声假字→形声字是……文字演进的三个阶段,同时也是整个中国文字三个基本类型。"②

东汉许慎(约54—约125)关于汉字始于"依类象形"而备于"形声相益"的汉字发展史观,陈梦家(1911—1966)1943年关于"象形字→声假字→形声字"的文字演进"三书说",是关于汉字发展史的两大假说。刘又辛(1913—2010)在1957年提出了"汉字发展三阶段说",他把汉字发展史划分为表形字、假借字、形声字三个阶段,并在此后的四十多年里一直致力于这一学说的研究。③ 陈梦家的"三书说"显然是对许说的重大发展,刘又辛的"三阶段说"则是对陈说的完善与论证。正如陈振寰(1934—)所说:汉字"由表意而假借而形声的'三部曲',其性质恰好符合辩证法中'正—反—合'的命题模式"④。

"汉字发展三阶段说"提出半个多世纪以来,取得了很大的发展,产生了较大的影响。它的学术价值主要有三:第一,它抓住汉字如何顺应社会需求而逐步改进记录汉语的方式这个根本问题,坚持以主体字式的转换为依据,把汉字的历史发展划分为"表形→假借→形声"三个阶段。第二,它发展了许慎的汉字发展史观与明清学者的"四体二用说",认为据义构形的"造字"(象形、指事、会意,形声)与借符记音的"用字"(假借)虽是体用互补的关系,但都是汉字记录汉语的方式。第三,它正视甲金文中大量使用假借字的历史事实,认为汉字发展史中有一个借符记音的过渡阶段。"汉字发展三阶段说"为汉字发展史建立起了一个基本的理论框架。

要而言之,汉字是我们民族为记录汉语而量身创造的自源文字。它以单音节词为单

---

① 〔东汉〕许慎:《说文解字》,中华书局影印本,1989年,第314页。
② 陈梦家:《中国文字学》,中华书局,2006年,第257页。
③ 刘又辛:《从汉字演变的历史看文字改革》,《中国语文》1957年第5期;刘又辛、方有国《汉字发展史纲要》,大百科全书出版社,2000年。
④ 陈振寰:《文字结构、文字体系和汉字的性质》,《社会科学战线》1987年第1期。

位记录汉语,创始于"依类象形"而发展于"比类合谊"的合成化,拓展于"依声托事"而完备于"以类附声"的形声化,经过"表形→表音→兼表义音"的辩证演进而逐步完善,形成了以象形字为基础以形声字为主体的表意文字体制。汉字是人类文字中发展过程最为完整、持续使用最为悠久的自源文字。

三、辩证演进的历史必然

需要进一步探究的是,我们这个民族为什么要创造据义构形单音成字的方式来记录汉语?汉字为什么能够持续使用数千年至今仍然为十几亿人所使用?这也是汉字发展史研究不能回避的问题,而且是一个更为迷人的基本问题。

第一,汉字产生的源头与语言基础,决定了初创的汉字只能是以单音节词为单位按物绘形的表形字。自源的汉字脱胎于记事图画的符号化,世界上所有自源文字在初始阶段都是按物绘形的表形文字。象形如 ？(人)、？(身)、⋀(山)、大(走)、高(高),指事如 三(三)、生(生)、刃(刃),会意如 聿(聿→笔)、射(射)、門(門)、舞(舞)等。记事图画的源头为汉字预设了形义联系的导向,表形字后来再通过语义化发展为表意字。上古汉语是以单音节词为主的,单音词是汉字产生的语言基础。在单音词占绝对优势的情况下创制文字,当然只能以单音词为单位来构造书写符号。但是,这种单纯的据义构形方式,其造字能力实在太弱了,故而甲金文之后就很少再造表形字了。

第二,表形字构字能力弱与有词无字的矛盾,使汉字进入借符记音的假借阶段。殷商甲骨文的大批出土及对其深入研究,使人们认识到:在汉字发展史上还存在着一个大量使用假借字的过渡阶段。假借是在有词无字的背景下借符表音的一种记词方式,其实质就是借用一个现成的同音字作音符来记录"本无其字"的异义同音词。殷商甲骨文时期就是大量借用象形字来记录同音词的。"依声托事"的假借,前济"依类象形"之困,使汉字得以较为完整地记录汉语;后架"以类附声"之桥,促汉字走上记词方式形声化的道路。但是,假借虽具借音记词、一字数用的兼职之功,亦有数词一字同音同形的易混之弊。假借在缓解造字难的同时,也削弱了文字传达信息的交际功能。

第三,悠久壮阔的华夏文明要求汉字超时空地记录汉语,汉字遂"以类附声"走上了形声化的道路。商周甲金文中大量使用假借字,似乎借符记音再向一音一符跨一步,汉字就走上表音文字的道路了。但汉语单音词发达、同音词很多的特点制约了同音假借的泛滥,汉语方言纷歧的语言环境阻止了记音字的通行。面对假借字泛滥、同源词分化而同音字现象日趋严重的局面,"以类附声"分化兼职的形声字遂在战国时期开始大批涌现,并很快发展成为汉字的主体字式。这是因为华夏民族早在先秦时期就形成了被称为"雅言"的民族共同语,并在秦代成功地推行了规范全国用字的"书同文"。国家统一而方言音歧,文化悠久而古今音变,华夏社会的特定文化语境要求"书同文"的汉字要能够超方言超古今地记录汉语。

对中国语言文字认识最为深刻的外国学者,当推瑞典的高本汉(1889—1978)。他通过汉字与表音文字的比较,在1923年最先强调汉字对汉语的适应。他深刻地指出:

> (中国人利用汉字)不但可以不顾方言上的一切分歧,彼此仍能互相交接……而且可以和以往的古人亲密的交接,这种情形在西洋人士是很难办到的……现今英国人在他自己的文书里,通常很难读至三四百年以前的作品。……中国的文字和中国的语言情形非常适合。①

高本汉的这一认识得到了很多学者的认同。朱德熙(1920—1992)就认为:"汉字的最大优点是通古今、通方言。"②更深层次的问题在于,汉字凭什么能够超方言超古今地记录汉语呢?且看赵元任先生特意用同音字编写的一段文言小品《施氏食狮史》:

> 石室诗士施氏,嗜狮,誓食十狮。氏时时适市视狮。十时,适十狮适市。是时,适施氏适市。氏视是十狮,恃矢势,使是十狮逝世。氏拾是十狮尸,适石室。石室湿,氏使侍拭石室。石室拭,氏始试食是十狮尸。食时,始识是十狮尸,实十石狮尸。试释是事。③

这段话如果换用假借字或汉语拼音写出来,那无疑就是一篇莫名其妙的天书。但是,这段读不清楚听不明白的话,为什么写成汉字又一看就懂?赵先生这段同音字短文生动地告诉我们:汉字具有兼容和区别同音词的功能,这功能就是用字形提示词义的表意性,汉字正是凭借以形示义区别同音词的功能而得以超时空记录汉语的。

追根溯源究其所以然:第一,汉字记录的汉语不是方言而是民族共同语,汉字凭借民族共同语取得了通古今通方言的基础。第二,汉字不是表音文字而是全国"书同文"的表意文字,从而有效地区分了异义的同音语素而兼容了所记之词的语音变体(古今南北音)。总之,汉字是依靠形义联系而得以通古今通方言的,汉字的形义联系是因记词方式的形声化而系统建立起来的,汉字的表意性是在华夏民族记录汉语的特定语境中历史形成的。

汉字鲜明的民族特色与强大的生命力,历史地说明了这种以象形字为基础以形声字为主体的表意文字,完全适合汉语这种语义型语言的结构原理,能动地顺应了华夏民族超时空记录汉语的社会需要。汉字坚持表意化单音化的方向并辩证地发展为记词方式形声化,具有历史的必然性。

---

① [瑞典]高本汉:《中国语与中国文》,张世禄译,商务印书馆,1933年,第45、50页。
② 朱德熙:《在"汉字问题学术讨论会"开幕式上的讲话》,中国社会科学院语言文字应用研究所编:《汉字问题学术讨论会论文集》,语文出版社,1988年,第14页。
③ 赵元任:《语言问题》,商务印书馆,1980年,第149-150页。

第二节 结构功能的协同完善与经济原则

任何系统，都是由若干要素按一定方式层级合成结构而具有特定功能的有机整体。凡系统都有结构和功能，结构是系统内部各要素相互联系的关系，功能是系统在与外部环境相互作用的过程中所产生的效能，结构与功能辩证统一地合成了系统。

汉字是记录汉语的人文符号系统这一性质，决定了汉字必须具有完整准确地记录汉语的功能，就是在古今南北音有异的语境中要能够超时空地记录汉语。汉字的功能是由汉字的结构来体现和表达的，正是各要素（义符、声符）的功能关系（会意、形声）构建了汉字系统的层级结构。华夏民族记录汉语的开放性需求是汉字发展的基本动因，汉字的结构-功能就是在对汉语的能动适应与协同互动中逐步完善的，是在经济原则的支配下逐步优化的。

一、字语协同形成层级结构

汉字的功能是在顺应社会的需要中逐步完善的。汉字在记录汉语的过程中，先后遇到了两大难题：一是上古汉语以单音词为主，按物绘形造字难；二是汉语同音词很多，古今南北音有异。这就要求汉字要有较强的生成能力，能够按需造字以完整地记录汉语；要求汉字要有超时空记录汉语的功能，能够在古今各方言区通用。

面对有词无字造字难，汉字利用已有的独体字作基础字符，通过"比类合谊"生成会意字而走上了构字合成化的道路。面对假借泛滥方言音歧，汉字又在已有同音字（同源字/假借字）的基础上，主要通过"以类附声"生成形声字，依靠以形示义来区分同音语素并兼容词的语音变体。作为一个自组织系统，汉字的结构-功能不仅是在顺应和满足这两方面的交际需要中不断发展的，而且是在汉字、汉语两个符号系统的协同作用下逐步走向完善的。

字语系统的协同发展主要发生在两个方面：一是构字构词的合成化发展了汉字汉语的层级结构，进而调整了字语对应的单位；二是记词方式的形声化加强了系统的形义联系，从而发展了汉字的表词功能。构字合成化早在汉字起源阶段就已初见端倪。就出土古文献语料的计量分析来看，构字合成化在殷商时期就已初具规模，但主要还是会意字；战国时期全面发展，形声字大批涌现并很快成为汉字的主体。魏晋南北朝是上古汉语向中古汉语发展的转变时期，转变的一个基本内容就是构词合成化的大步发展。构词合成化直接促成了单音词的语素化，上古汉语中的单音词随之转化为单音节的传承语素。

构字构词合成化的实质，在于为了满足社会交际的需要而加强生成新字新词的能力。

汉语的字词合成化，是分别通过独体字的字符化、单音词的语素化而实现的，是依靠以少驭多层级合成的机制形成的。汉字汉语都是符号系统，系统结构的底层所需用的基础符号数量最少，而基础符号层级生成合成符号的能力又最强。这一以少驭多层级合成的机制在汉字构形系统、汉语词汇系统中特别突出。一方面，构字合成化使记录语词的文字单位，逐步由独体字升级为以"文"组成的合体字，记词层面的独体字遂一体两用地偏旁化为构字层面的字符，这就既增强了字符孳乳新字的能产力，又有效地控制了汉字基础字符的数量。另一方面，构词合成化使汉字记录的语言单位，逐步由独立的单音词降级为合成词的语素，句法层面的单音词遂一体两用地分化为词法层面的基本语素，这就在控制基本语素数量的同时，有效地控制了常用字的数量。

字词的合成化是围绕着以单音节为单位展开的：字由独体而合体，语由词而语素。合成化把记录语词的文字单位由独体上升为合体，把文字记录的语言单位由词下调为语素，通过此升彼降而协同地调整了字语对应的单位。汉字随之由以"词-字"为主发展成为以"语素-字"为主的格局，即从主要用独体字去记录单音节词，发展到主要用基本字符组成的合体字去记录合成词中的基本语素。这不仅减少了基本字符、基本语素的数量，而且大大加强了构字、构词的能力及其系统性，从而有效地解决了因有词无字造字难而不能完整记录汉语的问题。社会中的新词不断涌现，汉语构词的基本语素却相当集中相当稳定；汉字多达七八万，但都是由"有限"的基础字符按"有理"的合成模式层级生成的。如此经济的编码是在适应社会需要的发展中历史形成的，是在汉字构字合成化与汉语构词合成化的协同作用下逐步完善的。

二、经济原则推动功能优化

德国的威廉·冯·洪堡特（1767—1835）是普通语言学的奠基人。他在 19 世纪 30 年代指出：

> 语言面对着一个无限的、无边无际的领域，即一切可思维对象的总和，因此，语言必须无限地运用有限的手段，而思维力量和语言创造力量的同一性确保了语言能够做到这一点。[①]

洪堡特深刻地指出，普通语言学的"主要任务"和"终极目标"，是研究"人类的语言能力"。认为语言和思维的开放性，决定了"语言必须无限地运用有限的手段"。这一经典论述告诉人们，语言研究的基本内容，就是认识它是如何运用"有限"的要素和规则去生成"无限"语言的机制。19 世纪后期提出并在 20 世纪兴起的"语言经济原则"理论，认为语言的运转与演变要坚持经济原则。这一理论的基本原理就充分体现了"语言

---

① [德]洪堡特：《论人类语言结构的差异及其对人类精神发展的影响》，姚小平译，商务印书馆，1997 年，第 114 页。

必须无限地运用有限的手段"的思想。

通过发展生产力以提高生产效益，是人类社会发展中的一个永恒的主题。这种用更省的力去争取更大效益之行为的基本原理，就是经济原则。作为指导人类行为的一条基本原则，经济原则当然也制约着人类的交际行为。语言文字是人类最重要的交际符号系统，经济原则要求语言文字在满足交际需要的前提下要坚持省力原则。因为只有坚持经济原则，才能提高语言文字的交际效率，才能促进语言文字的优化演变，经济原则是支配语言文字运转与演变的经济规律。

汉语汉字的历史发展，坚持了在满足交际需要之前提下的协同完善优化发展。经济原则对汉字"编码"的支配作用，集中反映为"无限地运用有限的手段"。其"有限"要素与规则的"无限"运用，主要体现在以下五个方面：一是合成构字，二是推类表意，三是用字集中，四是字式形声化，五是字形简明化，另外还有汉语音系的简明化乐音化。在构字上，用四五百个基础字符按照有理的字式（会意、形声），层级合成出数以万计的合体字。在表意上，主要依靠七八十个核心义符通过"依类附声"的机制，使汉字在形声化中建立起系统的形义联系。在用字上，汉字虽多达七八万个，但一个时代的通用字只有六七千，2 500个最常用字就可以覆盖98%的现代自然语料，3 500个常用字就覆盖了99.5%的现代自然语料。这种对要素的"无限"运用具有很强的选择性，如字形为常用而趋简，字种因高频而集中，其实质就是在经济原则支配下的优化选择。总之，汉字以少驭多的编码原理，就是"有限"要素与规则的"无限"运用。汉字"与时偕行"（《周易·益卦·象传》）逐步完善的过程，就是在汉字表意性质与语言经济原则之协同作用下逐步优化的过程。

汉字学是一门古老而年轻的学科。汉字研究历史悠久，内容深厚，其文化内涵尤其迷人。本章是绪论，是导读，先提纲挈领地提出了若干基本问题，并进行了简要的论述，以下各章将围绕这些基本问题，进行系列专题式的深入研究。研究坚持史论结合，每个专题都注重梳理出学术源流的来龙去脉与前因后果，着意在温故知新的基础上有所发展。

汉字是记录汉语和中华文化的载体，也是中华文化的重要内容。汉字学是一门既有民族特色又有时代精神的人文学科。

第二章
汉字的性质及特点

  一、汉字区别于表音字的特质
    ① 文字的共性及其分类
    ② 特定语境与历史必然
  二、汉字在表词功能上的特点
    ① 据义构形形具表意性
    ② 单音成字音具兼容性
    ③ 层级合成字具有理性
    ④ 汉字的缺点及其成因

  提要：汉字是以单音节词为单位据义构形单音成字的表意文字，立足形义联系以据义构形，一字记一语素而单音成字，是汉字区别于表音文字的内在规定性。汉字的这种特质，是在特定文化语境中历史形成独立发展起来的，汉字坚持表意性质具有历史的必然性。汉字在表词功能上具有三大特点：据义构形形具表意性，单音成字音具兼容性，层级合成字具有理性。汉字连绵使用数千年从未间断从未突变，系统渐变自我完善而历久弥新，表意的汉字是最适合记录汉语的文字。

  语言是一种义音结合的听觉符号系统，文字是记录语言的视觉符号系统。语言中的词是义音结合的符号，所以据词造字只有表义、表音两条途径。人们根据记词方式的不同，把文字的体制大分为二：一种是立足形音联系的表音文字，一种是立足形义联系的表意文字。

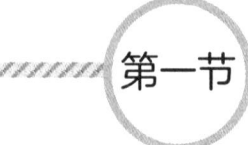
汉字区别于表音文字的特质

  汉字的性质是汉字学理论中的一个基本问题。所谓性质，是指事物在本质上区别于其他事物的内在规定性,但这种内在规定性因区别的对象不同而具有分类的层次性,因研究的目的不同而具有分类的多样性。研究汉字的性质,当然需要认识汉字与图画的区别,但主要还是深入认识汉字在记录表达汉语的方式上区别于表音文字的内在规定性。这是两种不同层次的性质,前者是文字的共性,后者是汉字的特质。汉字性质的研究,重点不在文字的共性而在汉字的特质。研究汉字性质的主要意义,在于通过与表音文字的比较分析,以认识汉字在特定文化语境中记录汉语的独特方式,认识汉字独特的历史演进过程及其历史必然性。

下面着重从两个方面来讨论汉字的性质:文字的共性与文字的分类,汉字的语境与历史的必然。

一、文字的共性与文字的分类

中国古代的学者对于文字的本质是有深刻认识的。

> 扬雄(前53—18):"言,心声也;书,心画也。"[1]
> 许慎(约54—约125):"文字者……前人所以垂后,后人所以识古。"[2]
> 刘勰(465—520):"心既托声于言,言亦寄形于字。"[3]
> 孔颖达(574—648):"言者,意之声;书者,言之记。是故存言以声意,立书以记言。"[4]
> 陈澧(1810—1882):"声不能传于异地,留于异时,于是乎书之为文字。文字者,所以为意与声之迹也。"[5]

这些论述精辟地阐明了语言与文字的关系:语言即心声,记则为文字。音以载义而为词,据词构形即是字。人类的文字是用以记录有声语言的书写符号系统,所有的文字在本质上都是据词构形而有音有义的,其音是载义的语音,其义是有音的语义。"文字既立,即声寄于字。"[6]但凡文字就一定是用语音来表示语义的,不能读出音来的那就还是图画或是记号。这种音以载义而字以记词的性质,是文字区别于图画及其他示意性符号的内在规定性,它是包括汉字在内的所有文字的共性。

任何事物的特质都是在与同类事物的比较中体现出来的,讨论汉字性质的主要价值是认识汉字区别于表音文字的内在规定性,二者的根本区别在于据词构形的途径即记录

---

[1] 〔汉〕扬雄:《法言》,中华书局,1985年,第14页。
[2] 〔汉〕许慎:《说文解字》,中华书局影印本,1989年,第316页。
[3] 〔南朝〕刘勰:《文心雕龙》,上海古籍出版社,2015年,第226页。
[4] 〔唐〕孔颖达疏:《尚书·序》,〔清〕阮元校刻:《十三经注疏》上册,中华书局影印本,1991年,第113页。
[5] 〔清〕陈澧:《东塾读书记》,上海古籍出版社,2012年,第213页。
[6] 〔清〕戴震:《戴震集》,上海古籍出版社,2009年,第73页。

语言的方式不同。汉字起源于记事图画的符号化，其所记录的上古汉语是以单音词为主的，这种以单音词为单位据义构形的记词方式，使汉字不仅具有文字以形记词而以音载义的共性，而且具有单音成字而以形表意的特质。正如曹先擢（1932—2018）所说："汉字的表意是指表示汉语的词义。……汉字的表意性是汉字的命脉。"①

讨论汉字的性质，要重视两位先贤的理论贡献。索绪尔根据"文字表现语言"的不同方式，把人类文字分为两大体系来进行比较研究，最先认为汉字是区别于表音文字的"表意文字"。赵元任先生根据文字"所标的语言单位"的不同来为文字分类，最早指出汉字是"一字一言"的"词素文字"。需要强调的是，两位大师对汉字性质的研究，都是通过文字的分类比较而展开的。汉字性质的研究之所以始于文字的分类比较，就因为这项研究的主要目的与主要价值，在于深入认识汉字区别于表音文字的特质。

> 语言和文字是两种不同的符号系统，后者唯一的存在理由是在于表现前者。……只有两种文字体系：（1）表意体系。一个词只用一个符号表示……这个符号和整个词发生关系，因此也就间接地和它所表达的观念发生关系。这种体系的典范例子就是汉字。（2）通常所说的表音体系。它的目的是要把词中一连串连续的声音模写出来。表音文字有时是音节的，有时是字母的，即以言语中不能再缩减的要素为基础的。②

索绪尔早在100年之前，就用专章的篇幅来讨论和强调"文字表现语言"的方式，真可谓先见之明。任何语言都是义音结合的听觉符号系统，任何词都是由语义和语音两个不可分割的要素构成的，记录语言的文字只能从形义联系或形音联系两个途径来据词构形。是从提示词义的角度来据义构形以记录语词，还是从标示语音的角度来据音拟形以记录语词，从而成为两种文字体系的本质区别。索绪尔立足顶层着眼宏观，根据文字表现语言的方式是从语义入手还是从语音入手，高明地把所有的文字大分为表意文字和表音文字两种体系。他认为汉字的字形"符号和整个词发生关系，因此也就间接地和它所表达的观念发生关系"。换用今天的话说就是：汉字具有用字形提示词义的表意性。

> 用文字来写语言，可以取语言里头各等不同尺寸的单位来写。……用一个文字单位写一个词素，中国文字是一个典型的最重要的例子。……拼音文字，他不是一字一言，是一字一音，每个音大致上多半是代表音位的。……总而言之，一字一言的中文跟一字一音的西文都是写语言，都是辨意义，不同的就是单位的尺寸不同就是了。③

赵元任在20世纪50年代最先提出，把文字单位所标语言单位的不同作为区别汉字

---

① 曹先擢：《汉字的表意性和汉字简化》，中国社会科学院语言文字应用研究所编：《汉字问题学术讨论会论文集》，语文出版社，1988年，第27页。
② [瑞]索绪尔：《普通语言学教程》，高名凯译，商务印书馆，1980年，第47、50-51页。
③ 赵元任：《语言问题》，商务印书馆，1980年，第141、144-147页。

与表音文字的标准。他指出,汉字是"一字一言"而表音文字是"一字一音",进而认为汉字是"词素文字"。吕叔湘(1904—1998)进一步指出:汉字是语素文字"唯一的代表"。"汉字以外的文字都只是形和音的结合,只有汉字是形、音、义三结合。"[1]从形义联系入手而据义构形,其所记录的语言单位就只能是表示语义的词或语素;反之,要从形音联系入手而按音拟符,其所记录的语言单位则只能是标示语音的音节或音素了。是文以记言的方式决定了文以记言的单位,而文以记言的单位则是从属于文以记言的方式的。

索绪尔和赵元任两位大师立足于文字与语言的关系,根据文字表现语言的方式与文字记录语言的单位来为文字分类,抓住两类文字的根本区别来研究汉字的特质。他们先后科学地指出:在"文字表现语言"即文以记言的方式上,汉字是据义构形的"表意文字";在字语对应的单位上,汉字是"一字一言"的"词素文字"。两位大师的研究思路与学术认识,是开创性的理论贡献。20世纪80年代国内开展了一场关于汉字问题的学术讨论,那场讨论把人们对汉字的性质、功能、前途的认识大大地推进了一步。自此以后,关于汉字性质的讨论,就主要围绕着汉字区别于表音文字的特质来展开了。

文字是记录语言的有形符号,文字记录表达语言的方式即记词方式,就是据词构形的方式。据词构形的不同方式,不仅从体制上决定了文字的性质与类型,而且在根本上决定了文以记言的单位与所用字符的性质;而文以记言的单位与所用字符的性质,亦反映了文字的性质与体制。

以表意文字言之,要从提示词义入手造字记词,那就只能选择以词或语素为单位构形,因为词或语素才是具有语义的较小单位;表意文字因据义构形而具有以形示义的特色,但单纯用据义构形法造字不能完整地记录语言,于是就借用现成的同音字来兼职充当音符以"依声托事"。凡是独立形成的自源文字,都起源于记事图画的符号化,都是像古汉字、圣书字、楔形文字那样兼用义符和音符的文字。

汉字的音符与表音文字的音符是不一样的。表音文字的音符是一音一符的音标,是抽象出来的专职音符。汉字的音符是借用现成同音字来记录具体音节的"借音符",而且一个音节往往有多个声符,如现代汉语通用字中的 yi 音节就有 24 个声符。字符的性质是由字符在构意构形中所发挥的功能来决定的。提示其字所记之词的语义者是义符,标示其字所记之词的语音者是音符,既不表义也不标音而仅具构形功能者为记号。

需要指出的是,早于索绪尔半个多世纪的王筠(1784—1854)对汉字性质、汉字体制的认识。他认为:

> 夫文字之奥,无过形音义三端。而古人之造字也,正名百物,以义为本而音从之,于是乎有形。[2]

用今天的话说,王筠认为形音义三结合的汉字,是"以义为本而音从之"的表意文

---

[1] 吕叔湘:《语文近著》,上海教育出版社,1987年,第142页。
[2] 〔清〕王筠:《说文释例》,武汉市古籍书店影印本,1983年,第2页。

字。这是相当深刻的认识。在据词构形的记词方式上,汉字的字符是以义符为本、声符从之而辅以记号的。以字形提示词义的义符是汉字的基本字符,义符在汉字系统的历史发展中发挥着主导作用,基本字符的性质反映了文字体制的性质。具体见表2.1。

表2.1 表意文字与表音文字在记录语言之方式上的同中之异

文字类型	表意文字	表音文字
词的特点	文字所记录的词是义音结合不可分割的,其义是有音的语义,其音是载义的语音	
据词构形的原则	通过形义联系从提示词义入手而以形表意	通过形音联系从标示语音入手而以形表音
文以记言的单位	一字一言:以词或语素为单位而据语义构形	一字一音:以音节或音素为单位而按语音拟形
字符的性质	以义符为基本字符,还用借音符和记号	只用一音一符的专职音符

二、汉字的语境与历史的必然

汉字是华夏民族为记录汉语而创造的自源文字。讨论汉字的性质,应该把汉字的产生和发展放到特定的文化语境中去考察,放到华夏民族记录汉语的历史进程中去考察。语词是音义结合的符号,文字记录语言的方式只有据义构形与据音拟符两种,人类文字因此从顶层上大分为表意文字与表音文字两大体系。不同类型文字的区别,根本在于据词造字的方式不同,其次在于文以记言的单位不同。语词有音有义,据词造字的方式可以从语音入手也可以从语义入手,文以记言的单位可以是音素也可以是语素。问题在于:作为自源文字,我们这个民族为什么选择了据义构形单音成字的方式来创制汉字?在大量使用假借而出现表音倾向时,汉字为什么要通过"以类附声"的机制而转身走向形声化?原因是多方面的,但根本的原因在于特定文化语境对汉字的影响和制约。

汉字作为表意文字,是在华夏民族记录汉语的特定文化语境中历史形成自我完善的。下边试从汉字、汉语、华夏文明、思维方式四个层面,来探讨选择表意文字记录汉语的历史必然性。

(一)汉字是从未中断过的自源文字,记事图画的源头为汉字预设了形义联系的导向

人类在进入文明时代时创制了文字,世界上所有独立形成的自源文字都脱胎于记事图画的符号化。记事的图画是自源文字的源头,它不仅为文字的产生创造了基础,而且为造字的方式提供了取象表形的导向,所以最初的文字都是源于图画而"依类象形"的表形文字,而表形文字则是表意文字的初级阶段。例如:

🐦(甲)→🐦(金)→🐦(篆)→鳥(隶)→鸟(简)

門(甲)→門(金)→門(篆)→門(隶)→门(简)

汉字如此，西亚两河流域苏美尔的楔形文字和北非尼罗河流域古埃及的圣书字也如此，我国纳西族的东巴文字更是活证。但楔形文字和圣书字早在两千多年前就消亡了，只有中国的文化、语言、文字从来没有间断过，也从来没有突变过。正因为如此，据义构形而以形表意的造字方式就作为"民族形式"，在自源的汉字中一脉相承地继承和发展下来了。

唐兰（1901—1979）指出，汉字是由古代图画文字演变发展为现代文字的"唯一的仅存的重要材料"，它"是研究人类文字的发生和发展的一座宝库"[①]。汉字之所以能够延绵使用数千年，不仅在于汉字顺应了华夏民族记录汉语的需要与发展，而且首先在于中华文明的悠久完整与国家的长期统一。悠久完整的汉语汉文化传统，为汉字体制的得以坚持、传承和发展，提供了长期稳定的社会大环境。文化悠久而古今音变、国家统一而方言音歧的语境，要求汉字依靠形义联系而超时空地记录汉语。汉字的使用，上下几千年，纵横数万里，人口十几亿，还有几千万海外华人，其间所产生的文化认同，不仅十分深厚，而且非常顽强。中华文化对汉字的影响，民族共同语对汉字的制约，汉字对汉语汉文化发展的适应与促进作用，是其他文字无法比拟的。

（二）上古汉语以单音词为主，以单音词为单位据义构形是记录汉语的必然方式

黄侃（1886—1935）和瑞典的高本汉在20世纪30年代最先指出：以单音词为根是汉语的基本特点。这一认识是在与表音文字的比较研究中发现的。

> 黄侃："中国语言以单音为根，一音之发，必表一完整之意，与西人之为复语种族不同。其间有二音者，必本于胡语，如'珊瑚'之类是也。"[②]

> 高本汉："汉语最重要的特性，它是单音节语，即一个词（非复合词）由一个单音节构成；它又是孤立语，即每个词都有一个始终不变的形式，而没有……屈折手段和词形变化。"[③]

汉语是缺乏词形变化的孤立型词根语。它有三个特点：一是语素以单音节为基本形式，二是语法关系主要依靠词序和虚词来表示，三是构词方式以词根复合为主。其中语素单音节化是汉语区别于印欧语的一个根本特点。据苑春法《基于汉语语素数据库的汉语构词研究》，单字语素占数据库全部语素的94.7%。[④]就绝大多数汉字的字语对应关系而言，一个汉字就是一个语素。汉语的单音节语素其实就是单字语素，换一个角度说就是语素字。

---

① 唐兰：《谈谈文字学》，《文字改革》1961年第10期。
② 黄延祖重辑：《黄侃国学讲义录》，中华书局，2006年，第140页。
③ [瑞典]高本汉：《汉语的本质和历史》，聂鸿飞译，商务印书馆，2010年，第3页。
④ 苑春法：《基于汉语语素数据库的汉语构词研究》，许嘉璐、傅永和主编：《中文信息处理现代汉语词汇研究》，广东教育出版社，2006年，第86-195页。

单音节语素于音于义都是一个整体，这一特点深刻地影响了汉语而制约了汉字。一是整体界限分明。汉语音节是声韵调的结合体，语素单音节化使单字语素自然易辨而一目了然，汉字因而省略了对语音内部结构的反映。二是整体简单利落。汉语缺乏词形变化，语素单音化使汉语语法很自然地形成了依赖虚词和词序的特点。三是整体独立灵活。上古汉语中的单音节词特别发达，它们在构词合成化中不仅继续独立成词，而且灵活地充当了单音节的传承语素，汉字亦一体两用地由词字发展为语素字。汉语据此以有限的语素（字）按有理的模式层级生成了大量的合成词。

单音节语素的上述特点在汉语单音词上体现得最为充分。所谓单音词，就是由一个语素构成的单音节词，即单音节的单纯词。单音词形式简洁、内容丰富、运用灵活，具有旺盛的生命力。它常用、通用，使用率最高，在整个汉语词汇系统中始终发挥着根基作用。单音词是汉字产生的语言基础。在单音词占绝对优势的情况下创制文字，自然需要以单音词为单位来构造书写符号；加之最初的汉字都是脱胎于图画的象形字，于是据义构形单音成字的方式便历史地成为华夏民族创制汉字的必然选择了。这种造字方式使文字中最独立的书写单位、语流中最自然的语音单位和语言中最基本的构词单位，近乎天然地生成为一个形音义结合的整体。它写出来是一个汉字，读出来是一个音节，表示的是一个语素；独立使用记录的是单音词，有理结合而记录合成词。有如何之语言，则必有如何之文字。汉字的这种特质与功能，是汉语语素单音节化和汉字构形表意化协同作用的必然结果。至于假借字与联绵字、译音字，前者毕竟是一种过渡，后者则数量有限。

（三）文化悠久而古今音变，国家统一而方言音歧，汉字形声化是维护汉语书面语统一的历史选择

甲骨文时期由于有词无字的矛盾相当尖锐，遂利用上古汉语单音词为主且同音词很多的特点，通过形音联系借用已有的同音字来记录同音词，从而在甲骨文中出现了主要借用象形字以"依声托事"的用字局面。假借的大量使用，虽然缓解了逐个据义构形造字难的矛盾，但兼职过多就丧失了文字符号的差示原则，借用普遍又难以在广大方言区流通。在辽阔而悠久的华夏大地上，一直程度不同地存在着方言音歧、古今音变的现象。国家的统一、文化的发展，都要求汉字必须超时空地记录汉语。面对书面语中大量的同音词（同源词/同形词），"以类附声"分化兼职的形声字遂乘势发展起来了。通过记词方式形声化以构建汉字系统的形义联系，是汉字为了维护汉语书面语统一而作出的历史选择。

需要强调的是，在一个长期统一、文化悠久而方言复杂的大国推行表音文字，"语同音"是不可逾越的前提条件。"言语异声"的环境阻止了记音字的通行，汉语同音词很多的特点制约了假借字的泛滥。在大量使用假借字的商周甲金文中，不仅借符记音没有向一音一符发展，反而出现了假借字逐步减少而形声字加速增加的发展趋势。正如唐兰先生所说，中国的"语言和文字在很古的时期就已经不一致……但是，中国人把文字统一了古今的殊语，也统一了东南西北无数的分歧的语言。……它能代表古今南北无数的语

言,这是拼音文字所做不到的"①。汉字所书写的书面语,以脱离口语的代价而具有了通方言通古今的功能。是形义联系的汉字促进了民族书面共同语的统一与发展。

(四)我们民族的思维方式对汉字的结构功能与历史演变发挥了重要作用

民族文化的深层内涵是价值观念与思维方式,思维方式体现了一个民族认识世界的特色智慧,是民族文化中最深层、最稳定的部分。正如徐通锵(1931—2006)所说:"语言是现实的编码体系。一种语言如何将现实编成'码',使之成为语言的基本结构单位,这与该语言社团的思维方式有关。"②

我们的民族历来推崇意象思维直觉思维,据义构形的象形、指事、会意法,以及在假借字上"以类附声"而造形声字,无不反映了取象表意目击道存思维习惯的顽强要求。我们的民族历来注重辩证思维整体思维,强调对立面的和谐统一,这对坚持单音成字的影响极大。汉字以单音节词为单位据义构形,"比类合谊"与"形声相益"的造字方法之所以重在"合谊"、重在"相益"、重在综合,其实就是为了把意义相关或功能互补的字符辩证地统一为一个方块形的整体而给人启示、让人意会。这正是汉字信息量大、人文性强的原因所在。汉字就是一个码元基因化、编码有理化、结构合成化的符号系统。我们的民族历来注重执两用中辩证统一的思维方式,面对音化与意化、繁化与简化、变异与规范这三对矛盾,汉字总是利用双方相互制约相互补充的关系来进行协同整合,通过记词方式形声化、字形结构简明化、社会用字规范化,有力地推动了汉字系统的优化性演变。

以记录语言的主要方式为根据把汉字称作"表意文字",最能体现汉字区别于表音文字的内在规定性。因为这既突出了汉字从形义联系入手据义构形的特质,也强调了与表音文字从形音联系入手按音拟符的区别。综上所述,我们可以从纵横两个视角来认识汉字的性质。

横向比较看体制,汉字是以单音节语素为单位据义构形单音成字的表意文字。立足形义联系以据义构形,一字记一语素而单音成字,是汉字区别于表音文字的基本特质。几千年来,汉字系统沿着表意化单音化的方向辩证演进,逐步形成了以象形字为基础以形声字为主体的基本格局。"表意性是汉字的命脉",凭借形义联系,汉字既区分了异义的同音语素,又兼容了词的语音变体,从而在古今南北音有异的语境中发挥了超时空记录汉语的功能。

纵向分析看语境,汉字是华夏民族为记录汉语而量身创造逐步完善的自源文字,华夏民族记录汉语的开放性需求是汉字生成发展的基本动因。汉字脱胎于记事的图画,单音节词根语是汉字产生的语言基础,文化悠久、国家统一而古今音变、方言音歧的语境,要求汉字加强形义联系以超时空地记录汉语,汉字就是在这种特定的文化语境中独立发展起来的。其发展能动地适应了汉语的需要并促进了汉语书面语的发展,能动地顺应了

---

① 唐兰:《中国文字学》,上海古籍出版社,1949年,第3、12页。
② 徐通锵:《"字"和汉语研究的方法论》,《世界汉语教学》1994年第3期。

中华文化的发展并维护了国家的统一。汉字坚持表意化单音化具有历史的必然性，据义构形单音成字的汉字就是最适合记录汉语的文字。①

第二节 汉字在表词功能上的特点

　　汉字是据义构形单音成字而层级合成的表意文字，它在表词功能上具有三大特点：据义构形形具表意性，单音成字音具兼容性，层级合成字具有理性。

一、据义构形形具表意性

　　汉字的表意性主要表现在两个方面：一是据义构形方式的逐步演进，通过"依类象形→比类合谊→以类附声"的演进而逐步完善。二是语义化义符的推类系联。这里先着重讨论后一个问题。

　　汉字的表意功能是主要依靠义符来实现的，汉字的基础字符尤其是构字能力极强的七八十个核心义符，主要来源于记录名词的象形字。原本独立记词的象形字在偏旁化中演变为构字的基础字符，其物象可识的形符因语义化而发展为寓义于形的义符，"以类附声"的形声化进而将义符的形义联系扩展为对字族的类联系，正是义符的推类系联为汉字建立起了"凡某之属（类）皆从某"的形义对应关系，从而有力地维系和加强了汉字表意的系统性与构形的逻辑性。

　　试以义符"禾"字为例，来讨论汉字的据义构形与以形示义，讨论汉字义符的类意义与类联系。"禾"字甲骨文写作 ，其甲金篆字形都像垂穗的禾株之形，"禾"的隶楷字体及其偏旁之形虽不象形了，但古文字的造字理据却因语义化而递相传承下来了。《说文解字》："禾，嘉谷也。""禾"是粮食作物的类属性总称，后语义化偏旁化而作为表意字符参与构字。

　　如从禾的"稻"字，义符"禾"只提示了这是一种粮食作物，从禾舀声的"稻"字才具体表示了所记之词的稻谷义；但是，"稻"字的稻谷义是从义符的粮食作物义中引申出来的，是依靠义符之形而得以表示出来的，是义符"禾"为"稻"字建立起了形义之间的类联系，这就是义符在形声字中以形表义的运作机制。

　　这种推类表意重在语义上的相关，既表现了先民对事物的抽象认知，也蕴涵着不少的历史文化信息。公元前 594 年，鲁宣公最先以法律形式承认土地私有，开始实行按亩

---

① 龚嘉镇：《论汉字的性质、功能与规律》，《文字学论丛》第二辑，崇文书局，2004 年。

征税的"初税亩"制。税字从"禾",记录了我国的税收制度始自田赋,古代田赋是以征收粮食为主。形义结合的义符在参构字中的表意范畴,就是这样以其名物义为核心而推类引申所展开的一个语义场。形义结合的义符以其本义提示其字所记之词的类意义,参构字以义符的引申义表示词的具体义,义符与参构字之间就是一种本义与引申义的关系。例如义符"禾"既可提示稻、穗、税这样的相关名词义,可以提示种、移、积这样的相关动词义,还可以提示稚、稀、稠这样的相关形容词义。义符不仅逐个提示词的类意义以区别同音语素,而且通过推类孳乳为汉字建立起了系统的形义联系。

二、单音成字音具兼容性

汉字是方块形的单音节语素文字,形音之间的联系较弱,它在表音上具有这样的兼容性:形音联系形式上的多重性,古今四方音读上的兼容性。

汉字是用一个方块字形去记录一个整体音节的,并没有直接标示出所记之词的语音结构。汉字汉语不平衡的历时性渐变,使原本结合脆弱的形音关系在不同的层面上出现了不同程度的脱节。汉字的形音之间由此形成了复杂的多重关系:在字群层面上,有音同形不同而数字共一音的同音字;在单字层面上,有形同音不同而一字有数音的多音字;在字符层面上,有声符相同字音或异而字不尽谐符的形声字。这个问题后面有专章论述,此处先讨论汉字在音读上的兼容性。

汉字表音的兼容性在音读方面表现为能够超时空地记录汉语。文化悠久、国家统一而古今音变、方言音歧,是华夏社会使用汉字记录汉语的特定文化语境。这一特定语境要求"书同文"的汉字必须具备通古今、通方言的功能。朱德熙指出:"汉字最大的优点是能够通古今、通四方。"[①]问题在于,汉字凭什么具有音读上的兼容性而能够通古今通方言呢?

第一,因为汉字所记录的是民族共同语,它凭借民族共同语具备了通古今通方言的基础。民族的重要特征之一是有共同的语言,汉族古称华夏,华夏民族早在上古时代就有了民族共同语。从春秋时期的"雅言"、汉代的"通语"、元代的"天下通语"、明代的"官话"、辛亥革命后的"国语",到现在的"普通话",汉语共同语在两千多年的发展中是一脉相承的。其中的基本词汇是相对稳定的,但语音则四方差异大、古今变化大。汉语书面语虽然与南腔北调的方言有所分离,但它与自己的载体——汉字却是形义统一的。不管是哪个时代的文献,不管是哪个方言区的人,无论一个汉字的读音在古今南北中有多大的变异,只要使用的是汉语,人们就可以从字形上认识到它所记录的语词。如果记录的不是共同语而是方言,那就既通不了古今也通不了四方。

第二,因为汉字是以单音节语素为单位据义构形的表意文字,它凭借形义之间的联

---

① 朱德熙:《在"汉字问题学术讨论会"开幕式上的发言》,中国社会科学院语言文字应用研究所编:《汉字问题学术讨论会论文集》,语文出版社,1988年,第14页。

系具备了通古今通方言的功能。汉字的音符是采用直音式以记录具体音节的"借音符",形音联系的松散使汉字标示的音节音成为富有弹性的"宽式音标"。方言区的人们虽然用南腔北调去读汉字,但对字形及其所表之义的认识是一致的,对汉字记录的汉语书面语的理解是一致的。汉字在音读上的这种兼容性,极大地弥补了汉语口语的交际缺陷。汉字之所以始终抓住所记语素的意义不放而没有标记音节的内部语音结构,之所以形音联系较为松散而没有反映语音在时空上的变化,根本原因就是为了在方言复杂、古今音变的语境中能够准确地记录汉语,以满足中华民族历史悠久、地域辽阔而国家统一的社会需求。义是字词的核心和内容,正是依靠系统的形义联系,汉字才在复杂纷纭的语音变异之中得以相对超脱,从而以相对不变之字形有效地区分了异义的同音语素,弹性地兼容了词的语音变体,从而在古今南北音有异的语境中得以准确地记录汉语。

三、层级合成字具有理性

汉字的有理性突出地表现为在一个个方正整齐的平面内,顽强地反映出构形的逻辑性和表意的系统性,即以少驭多层级合成的逻辑性,推类系联以形表意的系统性。

随着现代语言学的深入研究,人们逐步深刻地认识到,语言符号不仅具有约定的任意性,而且有着逻辑的理据性。瑞士的索绪尔从共时角度,通过对印欧语的研究揭示了语言的任意性原则;中国的语言学家从历时角度,对汉语的研究则明确了语言的理据性原则。任意性与理据性相辅相成,是协同支配语言的两条重要原则。汉语历史悠久文化完整,尤其是它是以表意的汉字为载体的,其内部形式非常发达,我们应该重视汉语汉字的有理性。

汉字是一个起于"依类象形"以画"文",成于"形声相益"而组"字"的有理性符号系统。汉字的单字多达七八万且字形复杂,但构字的字符有限而合成的字式有理。四五百个基础字符因语义化而获得了约定的表义、表音功能,遂按照两种有理的字式(会意、形声)通过层级的合成,以文组字地生成出七八万汉字。构形合成化的基本内容是记词方式形声化。形声化利用义符的推类系联,为汉字建立起了系统的形义联系,汉字因而具有以字形提示词义的表意性,汉字正是通过逐层累加的合成结构以分级体现不同的表词功能。

字与词是不同的概念,这在理论上是常识,但大众在使用汉语时多是字词不分的。之所以如此,就因为汉字是以单音节语素为单位记录汉语的。汉字的构字机制与汉语的构词机制可谓基本一致:汉语词多语素少,汉字字多字符少,其基本语素、基础字符就更为集中了;汉语用语素组成合成词,汉字用字符组成合体字,其组合方式简便灵活而逻辑有理;汉语中的根词又是构词的词根,汉字中的象形字又是构字的字根,都是一体两用而高频高产。要言之,汉语词多字(语素字)少,以字组词而生词熟字,字语对应的单位是语素-字;汉字字多文(基础字符)少,以文组字而生字熟旁,字族因共同的义符而建立起了形义统一的类联系。这种以少驭多层级合成的逻辑性,推类系联以形表意的系统性,有力地加强了汉字的有理性。

综上所述,语素单音节化是汉语的本质性特点,以单音节语素为单位据义构形单音成字而层级合成是汉字的生命力所在。作为记录汉语的符号系统,汉字在顺应汉语发展的过程中,在开放而协同的自组织过程中,能动地发展了自己的表词功能。

第一,汉字能动地发展了字形的表意性功能。一方面,它在语用中通过灵活地引申、假借而向一字多义发展,通过增加义项而加强了汉字的表词功能。另一方面,它在据词构形的方式上辩证演进,通过记词方式的形声化重建和加强了汉字的形义联系,从而把单字的用物象表形发展为同符字群在义符义上的类联系。

第二,汉字能动地坚持了字音的兼容性功能。一方面,通过形音联系形式的多重化,维系了汉字在字群、单字、字符层面上的形音关系。另一方面,它通过加强系统的形义联系,有效地区分了同音语素,弹性地兼容了词的语音变体,从而在古今南北音有异的语境中得以超时空地记录汉语。

第三,汉字能动地加强了造字的有理性功能。一方面,用数百基础字符按照有理的合成模式,逻辑地孳乳出数以万计的汉字。另一方面,依靠语义化义符的推类系联,为汉字建立起了系统的形义对应关系。汉字正是凭借以少驭多层级合成的逻辑性与形义对应推类示义的表意性而成为了有理性的符号系统。

现将汉字在表词功能上的三大特点,总结如表2.2所示:

表2.2 汉字在表词功能上的特点

据义构形形具表意性		单音成字音具兼容性		层级合成字具有理性	
字式的演进	灵活的语用	多重的联系	弹性的读音	逻辑的构形	系统的表意
象形字 依类象形	本义 形义统一	字群:同音字 音同字不同	对应的 "宽式音标"	有限的 基础字符	字语对应 的语素字
会意字 比类合义	引申义 义有延展	单字:多音字 字同音不同	历时音变 通古今	有理的 构字模式	形义统一 的类联系
形声字 以类附声	假借义 依声托事	字符:形声字 符同音或异	异地音歧 超方言	以少驭多 层级合成	以形表意 推类系联

四、汉字的缺点及其成因

汉字是既有特色又有缺点的成熟文字。汉字的缺点主要有三条:表音功能差,结构笔画繁,单字数量多,其中表音功能差是汉字的最大缺点。

第一,表音功能差。一是符不标音,7 000现代汉语通用字中的形声字虽然多达81%,但只有50%的现行形声字能够根据声符正确地读出基本音节音。换言之,现代通用字中没有音符的非形声字与符不标音的形声字多达六成。二是一字多音,7 000现代汉语通用字中有625个现行多音字,占8.9%;其中现行异读音项705个,占本音数的10%。汉字形音之间的结合程度,是既弱于表音文字的形音联系,也弱于汉字的形义联系。

第二，结构笔画繁。层级合成的汉字结构较为复杂，不少字笔画很多。即使是 3500 现代汉语常用字，也平均每字 9.74 笔，其中 16~24 笔的字有 192 个。7 000 现代汉语通用字平均每字 10.75 笔，其中 16~36 笔的字有 758 个。至于通用字之外的汉字，结构复杂笔画繁多的现象就更为严重了。

第三，单字数量多。《汉语大字典》收 54 678 字，《中华字海》收 86 000 多字，其中大部分是古汉语用字和异体字，汉字一字多体的现象相当普遍相当严重，除了简体繁体，不少汉字还有异体。但即使普及到发行 5 亿多册的《新华字典》，也收字 1.3 万多个。以上三条就是人们常说的汉字三难：难读、难写、难记，合起来就是所谓的难学难用。

汉字的这些缺点是历史形成的，与其弊同源而生的还有其利，都出在以单音节语素为单位据义构形单音成字这个根上。让我们对汉字的这些缺点进行历史分析。

第一，表音功能差而难读是汉字的最大缺点。但历史地看，在历史悠久、地域辽阔、人口众多、方言复杂的中国，汉字正是凭借构形上的表意性和音读上的兼容性，才得以超时空地通古今通四方的。语素单音节化是汉语的本质特性，以单音节语素为单位据义构形是汉字的生命力所在。汉字之所以始终抓住所记语素的意义不放，最根本的原因就是为了在复杂的语音变异中得以相对超脱，从而以一脉相承的字形来兼容所记之词的古今南北之语音变体。这就从政令畅通和文化交际上，有力地维护和促进了国家的统一和民族的团结，有力地保存和传承了悠久的民族文化。否则，我们根本不可能读懂两三千年前的古文字、古文献。表音功能差是表意文字的先天性缺点，国家为此研制和推行了《汉语拼音方案》，这是一套用拉丁字母拼写汉语普通话的法定音标，这就从根本上解决了汉字难念的问题。

第二，汉字结构复杂笔画多而难写，但汉字并不是一盘散沙而是一个系统。汉字以少驭多而层级合成，形义对应而推类表意，它是由有限的基本字符按照有理的构字模式逻辑合成的符号系统。汉字系统的基本成分是象形字，构字的基本方式是以文组字，表意的基本手段是类联系，汉字的结构具有字多文少以文组字而生字熟旁的特点。要而言之，汉字是有理性的符号系统，其结构不仅具有层级合成的逻辑性，而且具有推类表意的系统性。需要指出的是，形体结构简明化一直是汉字演变的历史趋势。从字体的隶变、楷化到字形的常用趋简，从秦始皇的"书同文字"到唐代的"字样之学"，从 20 世纪初的简体字运动到 20 世纪 50 年代的汉字简化，再到 20 世纪 80 年代以来的汉字规范，无不是致力于汉字形体结构的简明化。半个多世纪以来，国家在现代用字的范围内，开展了简化繁体字整理异体字的规范工作，大大改善了汉字结构复杂笔画多的状况。

第三，汉字不是一次性生产的机制零件，而是在长远时空中历时生成的人文符号，数以万计的单字是历史堆积而成的。但动态地看，汉字在经济原则的支配下，其语用频率是很不平衡的，记录基本语素的常用字种数量较少而高度集中，2 500 个最常用字在现代自然语料中的覆盖率居然达到 98%，3 500 常用字的覆盖率高达 99.5%。[①]非常用字尤其是非通用字数量虽然多到数以万计，但出现的总概率则少于 0.5%。对现代汉语用字的科学分级定量，有效地解决了汉字数量太多而难记的问题。

汉字有特色也有缺点，有难学的一面，也有易学的一面，但难读、难写、难记毕竟是汉字的缺点。半个多世纪以来，国家在现行汉字的定量、定形、定音、定序上做了大量工作，制订《汉语拼音方案》、审订普通话异读词，整理异体字、推行简化字，先后分级定量地制定了《现代汉语常用字表》《现代汉语通用字表》《通用规范汉字表》等。这些工作有力地促进了现行汉字的规范化，在很大程度上有效地解决了汉字难读、难写、难记的问题，从而大大地方便了人们对汉字的学习和使用。

[①] 据对现代汉语抽样语料的检测，《现代汉语常用字表》所收 2 500 常用字的覆盖率为 97.97%，加上次常用字的 3 500 常用字的覆盖率为 99.48%。见国家语言文字工作委员会汉字处编：《现代汉语常用字表》，语文出版社，1988 年，第 7 页。《通用规范汉字表》中的前 2 500 常用字的覆盖率为 98.56%，前 3 500 常用字的覆盖率为 99.58%。见王宁主编：《〈通用规范汉字表〉解读》，商务印书馆，2013 年，第 15 页。

第三章
汉字起源的深入探索

一、源于何物：主要源于记事图画的符号化
二、源于何人：是华夏先民集体智慧所创造
三、源于何时：起源开始于新石器时代前期
四、源于何地：多头发生后逐步交汇于中原
五、起源进程：单符记事向多符连用的发展

提要：汉字起源研究，是一种对中华史前历史的重建，也是对人类文字发生史的深入研究与重新认识。汉字主要起源于单个记事图画的符号化，象形性图画与记事的契刻是汉字的两大源头。汉字的起源经过了一个从多头尝试到约定俗成的漫长发展历程，它是华夏先民集体智慧的结晶。汉字的起源始于8000年前的新石器时代前期，是多元发生而交互影响的。起源的进程极其缓慢，经过单符记事向多符连用的逐步发展，终于在中原的夏王朝初步形成了汉字体系。

汉字是华夏先民用集体智慧创造的自源文字，它连绵使用数千年从未间断而始终生机勃勃，是研究人类文字的发生和发展的一座宝库。在汉字起源问题上，前贤时修进行了广泛的探索，开展了深入的研究，积累了许多可贵的认识。在已有成果的基础上，温故知新地继续这项研究，应着重在汉字源于何物、源于何人、源于何时、源于何地、起源进程等问题上再下功夫。[①]

---

① 龚嘉镇：《试论汉字起源的探索》，《中国文字研究》第十五辑，大象出版社，2011年。

第三章 汉字起源的深入探索

第一节 汉字主要起源于记事图画的符号化

人类自进入社会以后，一直探求在交流信息、传承经验上如何突破时空的限制。最初的基本需求远不是记录语言，而是用力寻找记事的方法，或结绳记事，或绘画表意，或刻划计数，或勒物标记，后来都朝着用符号记事的方向发展。正是原始记事方法的不断进化，特别是记事方法的符号化，孕育了记录语词的文字，这就产生了汉字源于何物的问题。用于记事的图画与刻划是否都是汉字的源头，是汉字源于何物讨论中的热点议题。

前人对汉字的起源时有论及，关于源于何物的认识经历了一个发展过程。

> 许慎："黄帝之史仓颉，见鸟兽蹄迒之迹，知分理之可相别异也，初造书契。……仓颉之初作书，盖依类象形故谓之文，其后形声相益即谓之字。"[1]
>
> 孙诒让："盖书契权舆，本于图象。其初制，必如今所传巴比伦、埃及古石刻文，画成其物，全如作绘，此原始象形字也。"[2]
>
> 沈兼士："盖于六书文字时期以前，应尚有一阶级，为六书文字之导源，今姑定名为'文字画时期'。……余以为文字之起原，实由于纪事之绘画。"[3]

许慎的这段话，高度概括地总结了汉字产生与发展的基本历程与挚乳规律。他指出汉字是在"结绳为治"难以满足社会发展需要的历史背景下产生的，最初的造字方法是"依类象形"，最早产生的汉字是按物绘形记录名物的象形字（文），这些"近取诸身，远取诸物"的独体字是后来汉字得以"形声相益"的字根。清末的孙诒让（1848—1908）最先把古汉字与巴比伦的楔形文字、古埃及的圣书字三大古老文字联系起来并列而论，认为初始的文字"本于图象"，最原始文字都是按物绘形全如作画的象形字。沈兼士（1887—1947）在1927年明确提出了汉字起源于"纪事之绘画"这一观点，认为在古汉字之前有一个"文字画"的起源阶段。

文字画是向文字进化的记事性图画，正在由画而字地演变，具有亦画亦字的特点。记事的文字画并不是以语言为基础而据词构形的文字，但已初步具有了文字记录信息的可识性功能。其中作为氏族图腾的象形性图画，因最容易与代表族名的词结合起来而最为流行，最有可能发展成为可识且可读的原始文字。关于记事图画与记词文字的联系与

---

[1]〔汉〕许慎：《说文解字》，中华书局影印本，1989年，第314页。
[2]〔清〕孙诒让：《名原》，齐鲁书社影印本，1986年。
[3] 沈兼士：《沈兼士学术论文集》，中华书局，1986年，第68-69页。

区别，沈先生讲得尤为精辟："文字画为摹写事物之图象，而非代表言语之符号。虽为象形字之母型，而不得径目为六书象形指事之文"，①不要把记事的图画当作可读的文字。

在承认汉字主要起源于记事图画的基础上，有学者提出，标记性刻划是古文字的另一个源头。

  戴侗："书始于契，契以纪数。……上古结绳而治，未有文字，先契以纪数。一二三三，各如其数；自五以往不可胜画，故变而为×（五）以为小成之识，变而为十以为大成之识。"②

  于省吾："原始指事字一与二三三积划之出现，自当先于象形字……以代结绳而备记忆。……我国古文字当自纪数字开始，纪数字乃古文字中之原始字。……由一至四，均为积划，此一系也；由五至九，变积划为错划，此又一系也。"③

  唐兰："最初的文字是书契，书是由图画来的，契是由记号来的。""指事文字原来是记号，是抽象的，不是实物的图画。"④

农耕、渔猎与交易中物品的数目，是先民最需要记以备忘的基本内容。记数字直接来源于原始记数方法，由实物记数、结绳记数逐步进化为用刻划记数，一些备忘的记数刻划在长期的约定俗成中逐步与数词结合，进而升华为记数字。"契，刻也，刻识其数也。"（刘熙《释名·释书契》）就是用在竹木上刻痕的方法来记数。宋末元初的戴侗（1200—1284）提出"书始于契，契以记数"而"各如其数"，认为"刻识其数"的契刻是原始文字的一个源头。于省吾（1896—1984）发展了戴侗的认识，从造字方法上将基本记数字归纳为积划与错划两类，指出"我国古文字当自纪数字开始"。

汉字主要起源于记事的象形性图画，象形字是汉字体系得以形成和发展的基础，就连加体指事字也是在象形字的基础上产生的。但是，刻划的记事方法符号化，是对汉字起源产生了影响的；其积画记数与刻划指事的构形方式，亦为后来的古汉字所吸取。用作表数、标记的刻划确实是中国文字的一个源头，新石器时代的记事陶符就多是这样的刻划类符号。

汪宁生（1930—2014）用大量民族学、考古学、文献学的材料，论述了从原始记事到文字发明的演变。他认为："从原始记事到文字发明，曾经历了漫长的时期。正是人们在长期使用原始记事方法中积累起来的经验和智慧，才引导出文字的发明。"⑤文字的发明是以记事为目的而开其端的，先民在初创文字时经历了"多头尝试"的漫长探索。其中记名、记数的记事符号最先产生，经过图形的简化规范与语义的抽象概括，逐步与语

---

① 沈兼士：《沈兼士学术论文集》，中华书局，1986年，第207页。
② 〔宋〕戴侗：《六书故》，上海社会科学院出版社影印本，2006年，第27-28页。
③ 于省吾：《甲骨文字释林》，中华书局，1979年，第95-101页。
④ 唐兰：《中国文字学》，上海古籍出版社，1979年，第63、70页。
⑤ 汪宁生：《从原始记事到文字发明》，《考古学报》1981年第1期。

词结合起来，终于在约定俗成的符号化中发展成为原始文字。从族名图画与记数刻划的进化入手，最有可能大致了解汉字起源的过程。

原始记事方法的符号化孕育了记录语词的文字。新石器时代的记事符号，从构形方式上可以归纳为象形性图画与几何形刻划两类。最早产生的原始汉字，当是记名的象形字和记数的指事字，它们分别脱胎于记事的图画与刻划，经历了一个亦画亦字逐步进化的漫长起源过程。原始文字一器一符，其所表示的还只能是某种特定的主题性概念。要字词对应地记录语言，当在汉字发展成完整体系之后。①

第二节　汉字是华夏先民集体智慧所创造的

是谁创造了汉字？这是人们长期关注的问题。民间群众与官方专家在造字上的不同作用以及二者之间的关系，是汉字源于何人讨论中的热点议题。

有关的传世文献中最有影响的当数"仓颉造字说"，但也续有异议与发展。

> 荀子："好书者众矣，而仓颉独传者，壹也。好稼者众矣，而后稷独传者，壹也。好乐者众矣，而夔独传者，壹也。"②

> 郭沫若："文字是语言的表象。任何民族的文字，都和语言一样，是劳动人民在劳动生活中，从无到有，从少到多，从多头尝试到约定俗成，所逐步孕育、选练、发展出来的。它决不是一人一时的产物。它随着社会的发展而发展，有着长远的历程。"③

"仓颉造字说"已流传于战国时期。荀子是先秦的唯物论思想家，他言及此事的态度是："好书者众矣，而仓颉独传者，壹也。……"认为文字、农业、音乐等文化是民"众"参与创造的，但仓颉、后稷、夔一类官方专家分别在其形成的过程中作出了独特的贡献。荀子在两千多年前就有这种认识，实在令人敬佩。郭沫若（1892—1978）从社会发展史的角度指出，文字"决不是一人一时的产物"，而是"劳动人民在劳动生活中"创造的，经过了一个"从多头尝试到约定俗成"的漫长发展历程。

在汉字漫长而复杂的起源、形成以及发展过程中，是既有民间群众的自发造字，更有官方专家的能动造字。这种社会现象一直延续到现代，只不过它已经表现为民间自发

---

① 龚嘉镇：《试论汉字起源的探索》，《中国文字研究》第十五辑，大象出版社，2011年。
② 〔东周〕荀况：《荀子》，上海古籍出版社，2010年，第252页。
③ 郭沫若：《古代文字之辩证的发展》，《考古学报》1972年第1期。

的"变异"与政府能动的"规范"了。原始汉字产生于群众的集体劳动之中。原始社会生产力极为低下，人们只能集体劳动，共同生活。从半坡遗址陶窑密集的制陶区可以看出，当时的制陶是一种氏族集体活动，半坡陶符就是在氏族的集体劳动中产生的。自发而多元的群众造字是原始性质的积累，民间众多初文的构形与创意为专家造字提供了初步的基础。

官方专家造字并不是白手起家，而是在民间初文积累到一定数量、发展到一定程度的阶段开始的。他们从当时社会上已有的现成符号中得到启示，借鉴吸收其中可取的个体或部件，尤其是从群众的创意中初步摸索出了一些造字的规律，进而加以理性改造与统一规整，并范定其音义再予以推行。在去粗取精由画而字的升华上，在积少成多初建系统的规范上，实现从原始文字到文字体系的发展而强化其社会性的工作，最终只能由官方专家来统一完成。

"仓颉造字说"的可贵之处，既在于提供了关于文字产生年代的一种说法，总结了"依类象形"的造字方法，更在于对史官造字的历史记载或者说肯定性认识。传说仓颉是黄帝的史官，黄帝时期大致就是大汶口陶符产生的时期。正如荀子所论，仓颉之于文字，就如后稷之于农业、夔之于音乐一样，是作出了大贡献的人物。进入文明时代，阶级产生，国家形成，社会分工因生产力的发展而逐步加强，随之出现了脱离体力劳动的专门知识人才。掌管卜筮祭祀兼任记史作册的"巫史"逐步职业化世袭化，从而成为华夏文明史上最早的专家。在汉字漫长的形成过程中，仓颉式的人物当然不是只有这一个，但这一个"仓颉"是对汉字形成作出了独特贡献的官方专家。

原始汉字初创于民间群众的集体劳动之中，民间多头尝试所产生的初文与创意，为汉字体系的初步形成积累了初步的物质基础。在顺应民众俗成建设文字体系的过程中，上层建筑发挥了重要的行政能动作用。在群众造字的基础上，仓颉之类的官方专家进行了理性改造、统一规整与范定推行，使汉字初步形成了完整体系。汉字是民间群众与官方专家共同创造的，是华夏先民集体智慧的结晶。

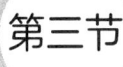

汉字的起源始于新石器时代前期

关于汉字起源于何时，传统的观点是汉字初创于黄帝时代。自 1928 年山东历城县的龙山镇城子崖遗址发掘以来，相继出土了一系列比殷墟甲骨文更早且与汉字起源有关的刻划符号，主要是原始社会晚期即新石器时代所制陶器上的符号，还有少数符号刻写在甲骨、玉器或石器上。2009 年发掘的郑州新密李家沟遗址，是一处从旧石器时代向新石器时代过渡的文化堆积,距今 10 500 年至 8 600 年左右。从 4 100 年前(夏王朝建立)到一万年前即五六千年,是考古学上所谓的新石器时代。以新石器时代刻符为主要材料来探索文字的起源,是当代学者致力研究的一个重大课题。如何认识史前刻符的性质与功能,即记事的刻符是否已经具有文字的部分性质,是汉字源于何时讨论中的热点议题。通过对记事刻符与记词文字之间的联系与区别的讨论,学者们逐步把汉字的起源过程与汉字体系的形成过程分别开来进行研究。

仰韶文化作为中国新石器时代中期的重要考古文化,分布在东起豫东西至甘肃的黄河中游地区。出土有陶符的遗址多集中在渭河流域的陕西关中地区。其中西安半坡、临潼姜寨因发掘较早、材料较多而颇受关注。20 世纪 50 年代在西安东郊发掘的半坡遗址,出土的陶符计 113 件 27 种(见图 3.1)。①

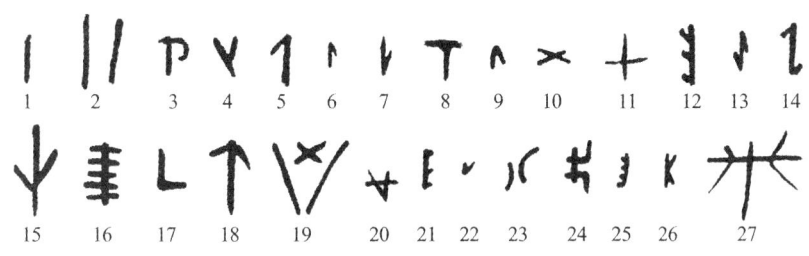

图 3.1 半坡遗址出土的刻划类陶符

关于半坡陶符的性质与功用,郭沫若认为:

> 汉字究竟起源于何时呢?我认为,这可以以西安半坡村遗址距今的年代为指标。……半坡遗址的年代,距今有六千年左右。我认为,这也就是汉字发展的历史。……半坡彩陶上每每有一些类似文字的简单刻划……刻划的意义至今虽尚未阐明,但无疑是具有文字性质的符号,如花押或者族徽之类。……彩陶上的那些刻划记号,可以肯定地说就是中国文字的起源,或者中国原始文字的孑遗。②

他的基本观点是:六千年前的半坡陶符是"如花押或者族徽之类","类似文字"而"具有文字性质的符号",它"是中国文字的起源"。郭沫若所说"类似文字"而"具有文字性质的符号",是说半坡刻符还不是文字,但已部分具有了文字记录信息的性质。

随着考古工作的展开,先后在黄河流域、长江流域、辽河流域、淮河流域和珠江流域的广袤大地上,相继出土了一批又一批新石器时代的记事刻符。其中、淮河流域尤为令人关注,迄今所知年代最早的出于该流域的河南舞阳的贾湖文化刻符距今约 8 000 年;材料最为丰富的也位于该流域的安徽蚌埠的双墩文化遗址出土了 633 件记事陶符。

双墩文化遗址在 1985 年被发现,至 1992 年先后三次发掘,出土的大批陶符震惊了

---

① 王志俊:《关中地区仰韶文化刻划符号综述》,《考古与文物》1980 年第 3 期。
② 郭沫若:《古代文字之辩证的发展》,《考古学报》1972 年第 1 期。

海内外学术界。双墩陶符在中国刻划符号体系里具有非常重要的地位,它具有如下一些特点:一是年代很早。C-14测定距今7 300—7 100年,国内仅晚于贾湖文化刻符,比古埃及、苏美尔的记事刻符的年代早得多。二是数量最多。出土陶符633件,为历次发掘之最,都刻在陶器的外底部,其中有大量象形性图画。三是内容丰富。陶符的图形从多方面反映了双墩先民的生产、生活与原始崇拜,真实地记录了七千年前华夏先民的社会文化。四是价值珍贵。双墩陶符具有明显的记事性质与传承功能,其构形表意的方式,与后来的甲骨文系统有着明显的相关性(见图3.2)。双墩文化时在新石器时代中期而地处淮河中游,在文化的交流传承中起着重要的桥梁作用,是中国文字的一个重要源头。①

图3.2 双墩遗址出土的象形类陶符

河南舞阳县的贾湖遗址,是中国新石器时代前期的重要遗址。1987年在贾湖遗址出土了计20个16种文化刻符,"分别刻于14件甲、骨、石、陶器上,共同特点均是刻划而成"。贾湖刻符中有的与殷商甲骨文在构形上有相似之处,如形似眼睛的◦、光芒四射的◦等,就是象形性的图画(见图3.3)。考古报告按其功能,把这些刻符分为表意、戳记和计数三类。刻符分别出现在遗址的二三期,C-14测定距今约在8 600—7 800年,这是迄今所知年代最早的刻符。②

图3.3 贾湖遗址出土的刻符

裘锡圭(1935—)强调汉字体系是独立创造的,其形成经历了一个很长的过程。认为"原始汉字的出现大概不会晚于公元前第三千年中期(大汶口文化晚期)",是"在夏商之际(约在前17世纪前后)形成完整的文字体系的"③。有学者把汉字的起源过程与汉字体系的形成过程区别开来,认为在文字体系初步形成之前,有一个更长的文字起源过程。

三千多年前的殷商甲骨文是能够完整记录汉语的成熟文字体系,此前已经经历了一

---

① 安徽省文物考古研究所、蚌埠市博物馆:《蚌埠双墩——新石器时代遗址发掘报告》,科学出版社,2008年,第468-478页;所列图形下的数字和文字分别是该报告为双墩陶符所编的序号及说明。
② 河南省文物考古研究所编著:《舞阳贾湖(下册)》,科学出版社,1999年,第984-991页。
③ 裘锡圭:《文字学概要》,商务印书馆,1988年,第27页。

段很长时期的发展,汉字体系大概初步形成于已经进入青铜器时代、已经建立国家制度的夏王朝(前21—前17世纪)。至于汉字的起源过程,早在8 000年前的贾湖刻符时期就已经开始了。起源过程(新石器时代)中的刻符还不是记录语词的文字,而是具有部分文字性质的记事符号。这就如青蛙演变自蝌蚪,但蝌蚪并不就是青蛙。

第四节 汉字源起于多头发生而交汇于中原

  中华大地广袤富饶,地灵人杰,是中华民族和中华文明生于斯长于斯的发祥地。遍布全国各地的新石器时代文化遗址现已发现一万余处,其年代大约自公元前8000—前2000年。考古发掘说明,中华文明是满天星斗地多元发生,"既是多元区域性不平衡发展,又呈现向中原汇聚及中原文化向四周辐射的特点"[1]。汉字起源是中华文明起源的重要内容之一,在各地的新石器时代文化遗址中,接连发现了各具特点的记事陶符。汉字是一元发生而单线发展还是多头起源而交汇合流,因而成为汉字源于何地讨论中的热点议题。学者们对出土刻符的关注,逐渐集中到各地的记事符号对汉字起源究竟产生过什么历史影响。

  在汉字起源讨论中,关于各地陶符的性质及其释读一直是人们关注的热点。人们立足于甲金文的基础风格,力图向上梳理出一个能与之对接的演变轨迹来。但实际情况并不理想,因为出土的陶符多是用作标记的几何形刻划,与商代甲金文以象形符号为构形基础的风格并不相同。

  唐兰(1901—1979)最先从这一事实中认识到,远古中国域内很可能有多种尚未发现的原始文字,指出"我国由于历史悠久,在汉族居住的广大地区内,语言文字逐渐趋于统一,但是决不能认为我国从古至今,只有这一种语言和文字"[2]。

  张居中(1953—)、王昌燧(1947—)认为:

> 汉字的起源与发展并非一元的、单线的,应是多元的、复线的、错位的发展。各个人类群体都可能有自己的文字系统,最后汇入了汉字这一滔滔大河之中。但在发展过程中,由于种种原因,有的文字可能失传了,有的文字载体受埋藏条件的限制,未能保存下来,但这些都应是汉字起源的重要组成部分,值

---

[1] 陈连开:《中华新石器文化的多元区域性发展及其汇聚与辐射》,《北方民族》1988年第1期。
[2] 唐兰:《关于江西吴城文化遗址与文字的初步探索》,《文物》1975年第7期。

得我们认真的去探索、去研究。①

李学勤先生（1933—2019）指出："人类怎样开始使用符号，符号又是如何演变成为文字，极有研究价值。"中国境内的古文字"绝对不能认为只有一个系统"，不能认为"只有像商周文字那样的汉字的前身"。"利用对商周文字解读的知识技巧，去考释更早的符号或文字，只能是探索性的试验。"②

几位先生的意见，从研究思路上拓展了汉字起源讨论的探索视野。汉字起源于记事的图画和刻划。汉字起源的进化趋势，不仅表现为记事符号在性质上向记词字符的逐步进化，而且表现为原始字符在数量上由少到多地不断积累。我们不妨暂且搁置传承上的缺环而放眼文字起源的发展大势，尽量利用已有陶符所提供的信息，去认识记事陶符与文字之间的内在联系，去考察汉字体系从远古陶符中所汲取的积极因素，去揭示远古记事符号对汉字起源所产生的历史影响。立足于成熟汉字的基本要素来考察出土的记事陶符，发现这些基本要素多已在陶符中生发出了萌芽的态势。

第一，象形符号（"字根字"）的产生。出土的记事陶符大多是几何形的标记类刻划，而双墩遗址竟然出土了一百多件象形类符号。象形类符号多是按物绘形以记名物的象形画，具有较强的可识性。上引双墩陶符的第一排中，其鱼形、丝束形、树木形、草形、网形的图形，就分别与甲骨文  的字形相当近似，这是因为它们都是按物绘形而象物之形。先民的记事尤其在按物绘形时，其"视而可识"的图形所表特定意义无疑就是其图所绘之物，所绘之物的称呼也有可能随之成为这图形的读音。这种可识性较强的按物绘形，应该就是"近取诸身，远取诸物"而"依类象形"的滥觞。

第二，部件组合（"合体字"）的萌芽。出土的记事陶符大多是不能分析的整体符号，但也出现了少许部件组成的合体符号，如姜寨陶符中的 、大汶口陶符中的 、 ，王城岗陶符中的 。比它们早得多的双墩陶符尤为难得：其在构形方式上，不仅有单体符号，还有大量的重体符号、合体符号；在表意方式上，不仅有象形类图画、刻划类标记，还出现了不少拼图类组合。双墩陶符之于汉字起源的最大价值，在于这些陶符在刻符记事上所用的构形表意方式，正是后来的表形字（象形、指事、会形）在造字记词上构形表意的基本方式。其中用部件组合以表特指意义的记事方式，应该就是后来汉字"比类合谊"以文组字造字方式的萌芽。

第三，符号流通（社会性）的增强。研判史前的记事陶符是否具有一定的文字性质，以可读性为标准是没有实际意义的。从文字起源角度来讨论史前记事陶符，其主要意义应在于探索它们是怎样在符号化中向记词方向进化的。这就只能以符号记事的社会性程度为主，即以符号在共时上的重复频率与历时中的传承程度为主。双墩陶符中的鱼形、猪形、网形、房屋形、太阳形等符号，不仅在同一遗址中重复使用高频出现，而且还"在

---

① 张居中、王昌燧：《试论刻画符号与文字起源》，《中国书画》2001年第2期。
② 李学勤：《中国古代文明十讲》，复旦大学出版社，2003年，第94-99页。

同类文化遗址使用和跨区域传播"①。这种在同址中的重复率与在异地间的流通性，说明双墩陶符在一定地域内已经具有了相当程度的社会性，是初具部分文字性质的记事符号。

中国文字的起源是多头发生而不平衡演变的，经历了一个既多元发展又交互影响的漫长过程之后，终于在中华文明首先发达的黄河中下游地区，逐步汇成主流而形成汉字，进而发展成为成熟的甲骨文系统。中华大地上多处多种的原始记事符号，对汉字的起源产生过程度不同的历史影响。其影响主要体现在四个方面：一是符号记事的传承方法，二是构形表意的思维方式，三是单个符号的图象创意，四是多符连用的记录形式。

第五节　从单符记事向多符连用的起源进程

充分利用有关出土材料，科学综合已有研究成果，在此基础上，为汉字起源梳理出较为切实的基本发展进程，划分出各具特点的发展阶段，是汉字起源研究中难度最大、价值最大的重要课题。

出土的史前刻符一般是零星分散的一器一符，是没有语言环境的孤立符号。一器一符的表意图形，其所表示的一般只能是某个特定的主题性概念，其中最典型的就是族徽。龙山文化是新石器晚期分布在黄河中下游地区的文化遗存，距今4 500—4 000年。龙山文化后期开始出现了一器多符而初具"语境"的成行符号，如山东邹平的丁公村陶符（12符，见图3.4）、江苏高邮的龙虬庄陶符（8符）、浙江余杭的良渚陶符（8符）、江苏吴县的良渚陶符（4符）等。

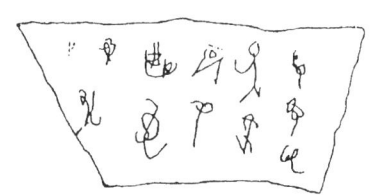

图 3.4　丁公村遗址出土的成行陶符②

丁公陶符刻在一陶盆底部的残片上，是距今4 200—4 100年的龙山文化遗物，大致就紧接在夏代之前。陶片计刻12个符号（左上角那个符号刻得较小较浅），纵向排为6行，

---

① 安徽省文物考古研究所、蚌埠市博物馆编著：《蚌埠双墩》，科学出版社，2008年，第467-468页。
② 山东大学历史系考古专业：《山东邹平丁公遗址第四、五次发掘简报》，《考古》1993年第4期。

符号书写熟练线条洒脱，排列较为整齐，大概是用多符连用的形式来记录某一特定的语句大意。社会发展到一定程度时，已不满足于用一个一个的孤立符号来标记主题性概念了，人们迫切需要能够如纳西东巴经书那样记写较为完整的语句大意，从而实现异地交际与文化传承，多符连用应该就是在这样的背景下产生的。

傈僳族是主要生活在滇西怒江地区的少数民族。20世纪50年代初期，中央慰问团在云南福贡县收到一件傈僳族的传信木刻。长约6.6厘米的木片上连刻4个符号：∭表示三个人，〇表示月亮，╳表示相会，∭表示大中小三位领导（见图3.5）。木刻的意思是说："你派来的三个人，已经在月圆时和我们相会了。送上三包土产，分送大中小三位领导。"①显然，这样的符号所表示的是具体的事而不是概括的词，这样的传信虽能在一定人群内约定记事，但还没有与词结合，还是不能读出音来的记事符号。多符连用虽然记录的还不是语言而是语句大意，但较之提示主题性概念的单符记事已向前迈进一大步了。

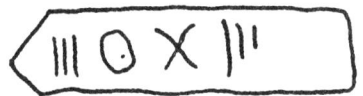

图3.5　傈僳族的传信木刻

云南丽江一带的纳西族地区流行着东巴教，书写东巴经文的东巴文是一种至今还活着的象形文字。纳西象形文字已有1400多年历史，但从文字发展的阶段来看，它比甲骨文还要原始，处于文字形成的早期形态。"虽所有的字各具其形、音、义来表达，而各字组合的相互关系，保留较浓厚的图画文字意味。所以经书的形式，横行分格，每格内众字的布局相关，构成一幅图画，虽没有把文字写全，但口诵经文，就是解说这幅图画。"②

《人类迁徙记》是纳西族东巴教中传用较广的一部经书。其中有如图3.6这么一段文字：③

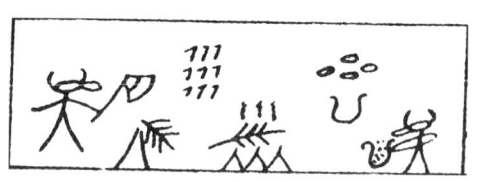

图3.6　纳西象形文字记写的东巴经

横格中这段文字计7个字，它们都是有约定的音义而可以读出来的文字。⿰是会意字，从人持斧，意为砍伐；⿰是会意字，以山上伐倒之木的构形以指森林；⫶是指事字，积划记数为九；⿰是会意字，用山上树木燃烧的构形，表刀耕火种的烧山之意；⋯⋯

---

① 汪宁生：《从原始记事到文字发明》，《考古学报》1981年第1期。
② 方国瑜编撰、和志武参订：《纳西象形文字谱》，云南人民出版社，2005年，第486-487页。
③ 方国瑜编撰、和志武参订：《纳西象形文字谱》，云南人民出版社，2005年，第7、523-527页。

是象形字，意为种子；🙵字原本是像雄阴之形的象形字，这里引申表播种义；🌱是会意字，从人持筐拾粮，意为收获。全段意为：在以往的日子里，我砍伐了九片森林，砍后又烧山，烧后又播种，后来才收获。

在约定俗成的记事符号积累到一定数量的基础上，采用多符连用的形式以进行记录语句大意的尝试，是华夏先民在创制文字过程中的一个重大进步。汉字符号后来成熟到逐词逐句地完整记录汉语，无疑就起步于这记录语句大意的多符连用。纳西象形文字显然就是从多符连用以记录语段大意发展而来的。虽然还处于不能逐词记录语言的初级阶段，但毕竟已是可识又可读的象形文字了。

陈连开（1933—2010）指出："中华文明首先在黄河中下游发达，出现了中华最早的国家制度、青铜文化和文字制度，主要是黄河中下游两大系统新石器（文化），同时也是诸多新石器文化内向汇聚熔铸的结晶。"①张光直（1931—2001）认为："夏、商、周的关系，不仅是前仆后继的朝代关系，而且一直是同时的列国之间的关系。"②夏商周皆位于黄河中下游地区，就政治上的王天下而言，是历时的三代关系；就文化上的相互影响而论，则是共时的列国关系，它们共同发展了炎黄开创的华夏文明。人称夏文化的二里头文化遗址出土了大批青铜器，夏王朝已经进入了青铜器时代。

传世文献认为夏代已有文字，现举数证如下：

《尚书·多士》："（周公曰）：'……惟殷先人有册有典：殷革夏命。'"③

《吕氏春秋·先识览》："夏太史令终古出其《图》《法》，执而泣之。夏桀迷惑，暴乱愈甚，太史令终古乃出奔如商。汤喜。"④

《左传·昭公六年》："夏有乱政而作《禹刑》，商有乱政而作《汤刑》，周有乱政而作《九刑》：三辟之兴，皆叔世也。"⑤

《史记·三代世表》："太史公曰：'五帝三代之记，尚矣。……于是以《五帝系谍》《尚书》集世纪黄帝以来迄共和为《世表》。'"⑥

周公所言说明夏为商灭之时已有记事的典册，此其一也。夏史在暴桀将亡之时投奔商汤，所执《图》《法》当是史官掌管的典册之类的王朝档案，此其二也。夏代所"作《禹刑》"，当是夏太史令终古所执之《法》、周公所言之"典"一类，此其三也。《史记》不仅在《夏本纪》中完整地记录了夏代由禹至桀计17代的世系，而且还在《三代世表》中记录了五帝等各代帝王的世系。治学严谨的司马迁所本的《五帝系谍》与《尚书》，其中肯定就有夏代遗留下来的文字资料，此其四也。这些记载表明：至迟在夏王朝后期，已

---

① 陈连开：《中华新石器文化的多元区域性发展及其汇聚与辐射》，《北方民族》1988年第1期。
② 张光直：《中国青铜时代》，北京三联书店，1999年，第66-97页。
③〔清〕阮元校刻：《十三经注疏》，中华书局影印本，1980年，第220页。
④〔东周〕吕不韦编著：《吕氏春秋》，中国书店影印本，1981年，第179页。
⑤〔清〕阮元校刻：《十三经注疏》，中华书局影印本，1980年，第2044页。
⑥〔汉〕司马迁：《史记》，中州古籍出版社影印本，1991年，第98页。

经有应用于文献记录的文字了。

　　夏代已经建立国家制度，进入青铜器时代了；从传世文献可见，夏代是有文字的。再从已知最早文字系统的发展水平倒推，甲骨文已是单字四千、六书皆备、字词对应地记录语言了，如此成熟的文字系统不可能在一夜之间从天而降，必然有一个发展过程，而早期甲骨文距夏末不过两三百年。人们寄希望于考古，期待着地下物证的出现。综合考量可以认为：汉字大概是在夏王朝初步形成文字体系的。

　　汉字的起源进程，是由记事记数向记录语言的方向发展的。汉字的起源进程极其漫长而缓慢，可大致分为两个阶段。初始是用单个图形记录主题性概念的单符记事阶段，8 000 年前的贾湖刻符，以及其后的双墩、半坡的陶符应该都属于这个阶段。第二阶段是记录语段大意的多符连用阶段，距今 4 100 年左右在虞夏之际的丁公陶符，以及稍后的龙虬庄陶符当属这个阶段。用历史比较法的眼光来看，龙山文化的丁公陶符→傈僳族的传信木刻→纳西象形文字，就大致反映了用多符连用记写语段大意的发展进程。此后再向前就逐步形成文字体系并发展为成熟文字，殷商甲骨文就是能够逐词记录汉语的成熟文字体系。

　　由于时处史前，年代久远，所以古埃及象形文字、苏美尔楔形文字的起源过程，都有很多说不清楚之处。同样，虽然成熟汉字的基本要素在远古刻符中多已萌芽，虽然由记事符号向记词文字的趋进是华夏刻符进化的大势，但是，由记事符号到记词文字的基本演变轨迹中尚缺不少重要环节，尤其是殷商甲骨文之前的那个阶段。甲骨文已是相当成熟的文字系统，无疑还有一个尚未得知的逐步形成的环节，这个环节应该就是如纳西东巴文字那样，用多符连用以记录语段大意的象形文字阶段。人们重视汉古文字与纳西象形文字的历史比较研究，就是试图从中去认识甲骨文是如何发展成熟的那段历史过程。人们期待着更多新材料的出土，期盼在黄河中下游地区发现商代前期和夏代的文字，希望如双墩陶符那样的惊喜不期而至。

　　汉字起源研究，是一种对中华史前历史的重建，对人类远古文明的探索，也是对人类文字发生史的深入研究与重新认识。我们应该理性认识这项研究的重要性、长期性与困难程度。坚持立足于考古学、民族学、汉字学以深入开展研究，不断加深对汉字源于何物、源于何人、源于何时、源于何地的认识，并在此基础上科学再现汉字起源的基本历史进程，这是中国文字学家的一项任重道远的科研课题。

第四章
汉字字体的相承递变

一、商周甲金文的演变
　　① 殷商甲骨文的特点
　　② 两周金文的特点
二、秦汉篆隶字的发展
　　① 小篆的统一规范
　　② 隶书的提倡使用
三、唐代楷体字的规范

提要：字体是汉字在不同发展阶段的不同书写体式，其历史演变主要表现为字形的符号化，每一个传存的古汉字都经历了相承递变而趋易从简的字体演变过程。字体的演变可大分为五体两阶段。古文字阶段的甲、金、篆体具有象物性强的特点，其符号化主要表现为去象形化与字形的简化。今文字阶段的隶、楷体的演变，更为突出地体现了语言文字的经济原则。历代对汉字的人为整理，特别是秦代对小篆字的统一规范，唐代对楷书字的统一规范，有力地顺应与推动了汉字字体的历史演变。

　　汉字从初创到形成文字体系，从三千多年前的殷商甲骨文到秦始皇"书同文"的小篆字，再到今天使用的现代汉语通用字，经历了逐步自我完善的历史演变过程。许慎最早讨论汉字的发展史，他创建了"六书说"，并就后来的"文字异形"讨论了秦书、古文等形体演变。[①]汉字的"六书说"与形体演变，从此成为传统文字学研究的两大重点。

　　王力把汉字的发展演变分为字体、字式两个方面。他认为字体的变迁有甲、金、篆、隶、楷等，字式的变迁可分为"单体的"象形、指事与"合体的"会意、形声等。这样的分析思路具有重要的认知价值。他指出：

---

① 〔东汉〕许慎：《说文解字》，中华书局影印本，1989年，第314-316页。

> 字形的变迁……应该分为两方面来看：第一是字体的变迁，第二是字式的变迁。字体是文字的笔画姿态，字式是文字的结构方式，二者是不能混为一谈的。①

甲、金、篆、隶、楷等字体是汉字的外部书写体式，是汉字在不同发展阶段的不同书写形体。在古文字阶段，不同形态的字体反映了汉字书写的方式与符号化程度。每一个传存的古汉字都经历了相承递变而趋易从简的字体演变过程。象形、指事、会意、形声等字式是汉字的内部表词结构，其结构所体现的是字的构意与理据，字式是据词构形记录汉语的记词方式。一个字的字体虽一变再变，但与所记之词有着直接联系的字式却是与生俱来一般不变的。汉字字体的历史演变，主要发生在字形的符号化与构形的简明化两个方面；汉字字式的历史演变，主要发生在构形合成化与表意语义化两个方面。二者相辅相成而协同互动，特别是字体的隶变、隶省与字式的形声化，有力地推动了汉字系统符号化表意化的优化性演变。

汉字是记录汉语的书写符号系统，汉字字形的符号化是一个缓慢而漫长的进化过程。着眼于相承递变的用字主体，人们一般把汉字基本字体的演变大分为五体两阶段：古文字阶段的甲、金、篆体，今文字阶段的隶、楷体。汉字虽然在古文字阶段一直存在着象物性强与异体字多两大特点，但汉字字体始终是沿着字形符号化的趋势发展的，这一趋势具体体现为线条笔画化、结构简明化、形体方正化。其中最重要的字体演变是秦汉时期的隶变、隶省，它彻底改变了古文字的象形性面貌，由此奠定了此后两千年方块汉字的基本书写体式。

第一节　商周甲金文的演变

一、殷商甲骨文的特点

甲骨文是殷商时期用青铜刀刻在龟甲和兽骨（主要是牛的肩胛骨）上的文字，具有线条平直细劲、形体略为竖长的特点。人们根据刻写的材料把这些文字称作"甲骨文"（见图4.1）。甲骨文也有少量的记事刻辞，如殷墟就出土了一片刻着干支表的骨板。但甲骨文主要记录的还是商王及其王室贵族的占卜记录，人们根据刻写的内容又把甲骨文称作"甲骨卜辞"。甲骨文主要出土于今河南安阳小屯村一带，后来在河南其他地方也有零

---

① 王力：《汉语史稿》，中华书局，2004年，第48页。

星发现；1977年还在陕西岐山的周原遗址出土了300多片有字的西周甲骨。但大批甲骨文是出现在安阳小屯村的。安阳是商朝后期（前14—前11世纪）的王都，商王盘庚迁都于此而纣，其间经历了八世十二王计270多年。这里就是史书上所说的殷墟，因而甲骨文又称作"殷墟卜辞"。

合 11446　　　　　　　　合 7139

图 4.1　甲骨文

《尚书·多士》："（周公曰）：'……惟殷先人有册有典：殷革夏命。'"《吕氏春秋·先识览》："夏太史令终古出其《图》《法》……出奔如商。"夏太史令在投奔商汤时所执的《图》《法》等王朝档案，应当就是周公所言的记事典册之类的文字。殷商甲骨文中已有象其形的 ✍（聿→笔）、𠕋（册）、𠕋（典）等字。殷墟还出土了用朱砂书写的甲骨朱书、用黑墨书写的陶片墨书。可见商代已经在用毛笔写字了，其记事的文字是主要写在竹简木片上而成册成典的。只是因为年代久远竹木朽烂，记事的典册没有保存下来。而主要记录卜辞的甲骨文，则因龟甲兽骨而三千年不朽，终于在 1899 年被金石学家王懿荣（1845—1900）首先认识发现。甲骨文的发现改写了世界文明史的记录，把中国的信史提早了一千多年。

商王重迷信，凡事先占卜。大到战争、祭祀要占卜，小到是否有蛇打扰，也要卜一句："无它（蛇）乎？"占卜是在甲骨上先凿些小坑，占卜时以火烤之使其开裂，这样的灼龟之裂就叫作"兆"，然后根据裂纹的走向来判断吉凶。巫史把占卜的有关情况刻写在甲骨上，这就是卜辞。程式化的卜辞包括前辞、命辞、占辞和验辞四部分。前辞交代占卜的时间、地点和人物，命辞是占卜所问的事由，占辞记录卜兆的吉凶，验辞记录卜后的检验。虽然并不是所有的卜辞都四者俱全，但就如记叙文的四要素一样，前辞一般是要有的。前辞中表示时间（干支）、地点、人物的词不仅都是专称名词，而且相当多的专称名词是用假借字来记录的。

殷墟出土的有字甲骨大多是碎片，一般只有几个字甚至只有一个字。完整的占卜甲骨很少，其中篇幅最长的"小臣墙刻辞"有九十多字。出土的有字甲骨至今已达十五余

万片,甲骨文语料计有八十余万字,计有不重复的单字四千个左右。①

姚孝遂(1926—1996)对此有一段很好的说明:

> 甲骨文有四千多个单字,我们现在认识的不过一千多。其余的三千多个字如果说对它们一无所知,那也不尽然,其中绝大多数是人名或地名。我们所说的不认识,只是说还找不出与之相对应的后代的文字而已,其中有很多当属于已经"死亡"了的文字。②

甲骨文时期已经初步形成了汉字的基础字符集,这些基础字符主要来源于按物绘象的象形字。甲骨文时期的构字合成化已经初具规模,已经形成了自己的构形系统。四千单字的甲骨文已经是能够较为完整地记录汉语的文字系统。但是,甲金文还处于汉字系统发展的古文字阶段,具有三大特点:构意上图画性强,构形上异体字多,记词方式上大量使用假借字。甲金文中的象形字具有按物绘象的图画性,其独立成字是为人可识的象形字,合成构字则是象物性的形符。甲金文中的构字合成化主要还是会意字,其构件大多仍是象物性的形符而不是语义化的义符,其构形大多还是用物象的组合关系来体现构意的合形象意字。早期象形字直接脱胎于记事的图画,其按物绘形而一字异体的现象相当普遍,其构形有繁简,线条有多少,置向有变异,视而可识却各具姿态,一个象形字就有好多种写法。在合体字中,则因构件的位置、朝向、数量不定而形成了不同的异体。

甲骨文是殷商时期在龟甲兽骨上刻写的卜辞和记事的文字,距今3 300多年至3 100年,是迄今发现的已成体系并且能完整记录汉语的最早汉字系统,是我们民族至为珍贵的最早历史文献。但是,它还具有图画性强、异写体多、大量使用假借字的特点,甲骨文的文字系统还只是初步成熟的文字系统。

二、两周金文的特点

金文是商周时期(主要是周代)范铸在青铜器上的铭文,具有线条浑厚肥实,字形整齐雄健的特点。先秦时代把青铜称作"金",故而后人把青铜器上的铭文称作"金文"。由于乐器钟与礼器鼎在青铜器中最具代表性,在有铭青铜器中最为重要,人们又把"金文"称作"钟鼎文"。金文一般是范铸的,其字是笔画下凹的阴文。铭文的商周青铜器至今已有1.67万件,铭文语料计有16.8万多字。③

我国的青铜器时代始于夏末而辉煌于商周,我国的金文则始于殷商而盛于两周,随

---

① 甲骨文的语料字数引自刘志基:《中国文字发展史·商周文字卷》,华东师范大学出版社,2015年,第804页。
② 姚孝遂:《姚孝遂古文字论集》,中华书局,2010年,第19页。
③ 金文的语料字数引自刘志基:《中国文字发展史·商周文字卷》,华东师范大学出版社,2015年,第804页。

着铁器与简帛的普遍使用，青铜器及金文逐步被取代而完成了自己的历史使命。我国使用青铜器的历史很早，迄今发现的最早青铜器是甘肃东乡县马家窑文化遗址出土的青铜刀，距今约 5 000 年。河南偃师二里头文化遗址出土了大批青铜器，夏王朝后期已经进入了青铜器时代。商代出现了许多大型精美的青铜器，如司母戊鼎、四羊方尊等。但商代前期的青铜器少有铭文，后来才出现了作器者的族徽，出现了所祭祖先的称号，商末还出现了有 40 多字铭文的青铜器。

西周时期宗法礼制逐步完善，出现了不少的重器和长铭，金文随之有了很大的发展。周代的重器长铭，西周时多为周王及大臣所作，春秋战国时则一般是诸侯所作。西周是青铜器铭文的全盛时期。铭文最多的毛公鼎有 499 字（见图 4.3），再如 403 字的曶鼎、357 字的散氏盘、291 字的大盂鼎等，这些铭文已经具有典型的历史文献性质。西周初期所作的青铜重器何尊，器内底 122 字的铭文，记录了周成王亲政五年初迁新都成周后的一次训诰，其中讲周武王灭商之后决定迁都洛邑的铭文中，第一次出现了"中或（國）"一词。何尊所记及其"中或"与传世文献《尚书·梓材》中的相关内容及其"中國"二重互证，有力地说明了"中國"一词在西周初期就已出现，其使用历史至少在 3 000 年以上。雄奇精美的何尊因而被称作"镇国之宝"。西周中期所作的遂公盨距今约 2 900 年，器内底 98 字的铭文记述了大禹治水为政以德的历史，与传世文献《尚书》《诗经》中相关内容与用字高度契合。遂公盨将大禹治水的可靠文字记录提早了六七百年，因而被誉为"两周金文之最"。

图 4.2 殷商·乃孙作祖己鼎

图 4.3 西周·毛公鼎

《汉书·艺文志》："《史籀》十五篇，周宣王太史作大篆十五篇。……《史籀篇》者，周时史官教学僮书也。"[1]太史籀是西周后期宣王时的史官，他所编写的《史籀篇》是当时教授学童的一部识字教材。该书所用的字体被称为"籀文"，班固与许慎都把籀文称作"大篆"，大篆就是西周后期的流行字体。王国维（1877—1927）提出了"战国时秦用籀文六国用古文说"，认为战国时期东西二土文字之源"皆出于殷周古文。而秦居宗周故地，其文字犹有丰镐之遗"，故秦系文字比东方文字更为接近殷周古文。[2]后来的讨论就多把这个时期的文字大分为二：一为西土的秦系文字，一为东方（函谷关以东）的六国文字。

所谓的"六国文字"，是相对秦系文字而言的，其实所指包括了东周时期秦国之外的所有各国文字。现在所见的六国文字，一般是后来逐步发现的出土文字。古代发现的六国文字，最重大的发现有两次，一是"（汉）武帝末，鲁共王坏孔子宅，欲以广其宫，而得古文《尚书》及《礼记》《论语》《孝经》凡数十篇，皆古字也"[3]。这批用战国文字写成的儒家经典，就是所谓的"孔壁古文"。二是晋武帝太康二年（281），在今河南汲县发现的战国魏墓，出土了大批漆书竹简，其中保存下来的只有《穆天子传》《竹书纪年》二书。这就是用战国文字写成的"汲冢古文"。

20世纪以来，出土了不少六国文字。重要的金文，如1978年在湖北随州出土的战国初年的曾侯乙墓中，有65个编钟，其上的铭文有2 800多字，记载了先秦时期的乐学理论。20世纪70年代在河北平山出土的中山王鼎，有469字的铭文。1965年在山西侯马发现的春秋晚期晋国都城的遗址里，出土了大批书写着盟、誓之辞的玉片石片，字迹较清楚的有656片。这些玉片石片都是用毛笔书写的，字迹大多为朱色，少数为黑色，这就是"侯马盟书"。重要的帛书，当推1942年在长沙东郊子弹库出土的《楚帛书》，这幅方形帛书上写了900多字且保存完好，是出土文物中时代最早的古代帛书。清华大学2008年收藏的2 388枚战国竹简，经碳14测定是战国中晚期文物。内容有《古文尚书》、编年体史书《系年》、百科全书式的《五纪》等，大多为前所未见的经史类典籍。这批保存完好的竹简为我们展示了秦皇焚书以前先秦古籍的原貌，提供了古文字特别是楚文字研究的珍贵材料。

东周时期长达五百余年，从春秋五霸的"尊王攘夷"，到战国七雄的"逐鹿中原"，长期的各自为政，加之字体递变，直接导致了"文字异形"，使六国文字呈现出较强的地域性色彩。其中字形变异大、一字异体多的现象，尤为突出相当普遍。诸侯异政而"文字异形"，严重地影响了社会发展与国家统一。

---

[1]〔汉〕班固：《汉书》，中州古籍出版社影印本，1991年，第287-288页。
[2] 王国维：《观堂集林（外二种）》，河北教育出版社，2003年，第151页。
[3]〔汉〕班固：《汉书》，中州古籍出版社影印本，1991年，第285页。

第二节 秦汉篆隶字的发展

秦国地处宗周故地,较多地保持了西周后期所使用的大篆传统。在数百年的沿用中,逐步演变出正、俗二体来,并在战国后期分别初步形成了小篆与古隶两种字体。秦始皇(前259—前210)统一天下后,对已有小篆进行了整理规范。他不仅用规范了的小篆实行了全国的"书同文字",结束了"文字异形"的混乱局面,而且还积极提倡隶书,开创了今文字书写简便的新阶段。

一、小篆的统一规范

秦国地处宗周故地,远离东方列国,相对封闭发展较慢,在文字的使用上较多地保持了西周后期所使用的大篆字体。唐代初期在今陕西凤翔发现了十枚鼓形石刻,每枚石鼓刻有一首记叙秦国王公田猎的四言诗,至今尚存356字,这些石鼓文就是春秋中晚期秦国的石刻文字。[①]有学者认为,石鼓文上的文字比《说文解字》所收籀文,更为真实地反映了战国籀文的字体实际。春秋战国时期毕竟长达五百多年,秦国文字虽然比六国文字的演变相对较晚较慢,但文字的使用也是朝着书写便易的方向发展着的。裘锡圭先生认为:

> 在春秋时代的各个主要国家中,建立在宗周故地的秦国,是最忠实地继承了西周王朝所使用的文字的传统的国家。……在秦国文字里,大约从战国中期开始,俗体才迅速发展起来。……秦国的俗体比较侧重于用方折、平直的笔法改造正体,其字形一般跟正体有明显的联系。战国时代秦国文字的正体后来演变为小篆,俗体则发展成为隶书。[②]

北宋发现的三块石刻《诅楚文》(见图4.4),是战国中期秦王诅咒楚国的祷辞,其文字就与后来的小篆差异不大了。秦国新郪、阳陵两件虎符上的铭文,也基本是小篆体了。另一方面,1980年在四川青川发现的青川木牍,则是秦武王二年(前309)时所写,被认为是迄今所见的最早隶书样本。总之,秦国沿用的西周大篆(籀文)后来逐步演变出正、俗二体,并在战国后期分别形成了小篆与古隶两种字体。

---

① 徐宝贵:《石鼓文整理研究》,中华书局,2008年,第591-601页。
② 裘锡圭:《文字学概要》,商务印书馆,1988年,第52页。

图 4.4　秦国·《诅楚文》　　　　图 4.5　秦代·峄山刻石

战国时期,诸侯分立各自为政,社会用字多元发展,字无定形、异体繁多、书写混乱的现象相当普遍相当严重。秦始皇(前259—前210)统一天下后的一项重要变革,就是统一全国的社会用字。

《史记·秦始皇本纪》:"二十六年……分天下以为三十六郡。……一法度衡石丈尺,车同轨,书同文字。"①

秦始皇二十六年(前221)统一了天下,他废除分封制,实行郡县制,统一度量衡、统一车轨、统一文字,建立了中央集权的封建大帝国。西周后期的流行字体是《史籀篇》所用的大篆,秦国所沿用的大篆后保守地演变为小篆。秦代的"书同文字",并不是创造了新的字体,而是对已有小篆的统一整理规范。下引的两段汉代文献颇为珍贵。许慎讲述了秦代统一文字的历史原因,记述了秦代文字规范的内容与原则。班固(32—92)总结了上古的用字史,记述了秦代文字规范的数量与推行规范的方法。

《说文解字·叙》:"(战国时期)诸侯力政,不统于王,恶礼乐之害己而皆去其典籍。分为七国,田畴异亩,车涂异轨,律令异法,衣冠异制,言语异声,文字异形。秦始皇帝初兼天下,丞相李斯乃奏同之,罢其不与秦文合者。斯作《仓颉篇》,中车府令赵高作《爰历篇》,太史令胡毋敬作《博学篇》,皆取《史籀》大篆,或颇省改,所谓小篆者也。"②

《汉书·艺文志》:《史籀篇》者,周时史官教学僮书也,与孔氏壁中古文异体。《苍颉》七章者,秦丞相李斯所作也;《爰历》六章者,车府令赵高所作也;《博学》七章者,太史令胡毋敬所作也。文字多取《史籀篇》,而篆体复颇

---

① 〔汉〕司马迁:《史记》,中州古籍出版社影印本,1991年,第54页。
② 〔汉〕许慎:《说文解字》,中华书局影印本,1989年,第315页。

异，所谓秦篆者也。……汉兴，闾里书师合《苍颉》《爰历》《博学》三篇，断六十字以为一章，凡五十五章，并为《苍颉篇》。"①

秦始皇用以"书同文字"的小篆规范字，是由秦国沿用的"《史籀》大篆"逐步演变而来的，是在以秦系文字为主而参照东土古文的基础上整理规范出来的。郭沫若指出："把殷周以来的古文，所谓'大篆'，整理为'小篆'，这已经就是一项有意识地对于几千年以来文字自然发展的一个总结。"②对于六国文字，其淘汰的只是"不与秦文合者"的异体字；对于秦系文字，在"皆取《史籀》大篆"为基础字形的基础上，还采取了"或颇省改"的态度。可见秦代的"书同文字"，是把废除异体与简化字形结合起来进行的，这条措施极有价值。秦始皇在两千多年前，第一次在全国范围内初步实行了社会用字的规范化，有力地推动了国家的统一和社会的发展，这在中国文化史上是具有历史意义的大事。

班固在《汉书·艺文志》中总结了上古的用字史。指出秦代的统一文字，是用"书同文"的"秦篆"（就是许慎所说的"小篆"）编写识字课本的方式，来推行规范字形的。这种识字课本，应该就是最早的《规范字表》。到了汉代，闾里书师合《苍颉》《爰历》《博学》三篇为一本，"断六十字以为一章，凡五十五章"，统称《苍颉篇》。由此可知，秦代"书同文字"时大约规范了三千多个常用字。这是可信的。东汉的许慎抓住去古不远的历史机遇，"今叙篆文，合以古、籀，博采通人，至于小大，信而有证，稽撰其说"③，用21年时间创造性地编著了《说文解字》。这部收字近万的小篆字典，第一次对历史汉字进行了全面整理与系统描写，相当完整地保存了秦代"书同文"以来的小篆字。

小篆是初步形成于战国后期并经秦代规范而用于全国"书同文"的字体，具有线条圆转修长、字形匀称整齐的特点。秦始皇的"书同文字"具有三个特点：一是他的汉字规范顺应了社会需要且立足于学术研究；二是他的汉字规范坚持了淘汰异体、简化字形的方向；三是他的汉字规范是依靠行政颁布规范推行全国的。值得强调的是，秦皇"书同文字"的这三个特点，后来成为历代汉字规范的传统，递相传承而沿用至今。

二、隶书的提倡使用

隶书是形成于战国后期的秦国而盛行于两汉的书体，具有笔画方折丰富，字形扁方端庄大气的特点。在汉字发展史上，"隶变"是比规范小篆字形更为重要的演变。正是秦汉时期的"隶变"，使汉字实现了从古文字向今文字的历史性演变，"古文由此绝矣"。

《汉书·艺文志》："（秦代）始建隶书矣，起于官狱多事，苟趋省易，施之徒隶也。"④

---

① 〔汉〕班固:《汉书》，中州古籍出版社影印本，1991年，第288页。
② 郭沫若:《古代文字之辩证的发展》，《考古学报》1972年第1期。
③ 〔汉〕许慎:《说文解字》，中华书局影印本，1989年，第316页。
④ 〔汉〕班固:《汉书》，中州古籍出版社影印本，1991年，第288页。

《晋书·卫恒传》指出，是狱吏程邈省改大篆，"奏之始皇，始皇善之，出为御史，使定书。或曰邈定乃隶字也"[1]。认为隶书是秦代所造而为官狱"徒隶"所用的"佐书"，是程邈依据大篆"改""定"，后经秦始皇的提倡而得以推行的。但是，表意文字的任何字体都不可能是一个人或几个人创造出来的。程邈很可能是在隶书的形成发展过程中作过较大贡献的人。

1980年在四川青川战国墓出土了《青川木牍》（见图4.6），楠木片的正面墨写的三行计121字，记录了秦武王二年（前309）"王命丞相"甘茂更修《田律》等事。所写文字呈现出由篆入隶的特点，是现存年代最早的古隶样本。1975年在湖北云梦睡虎地战国墓中出土了1 155枚秦国竹简，另有80枚残片。内容包括《秦律》《编年纪》《语书》等。成书于战国晚期至秦统一初期的睡虎地秦简，其文字的笔法比青川木牍更为隶化。从青川木牍到睡虎地秦简再到马王堆帛书，清楚地显示出从篆书到古隶的演变过程，说明隶书早在战国后期的秦国就已经初步形成了。

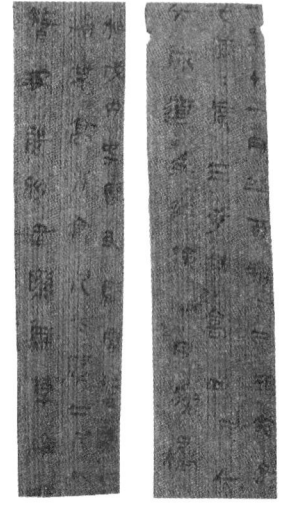

图4.6　秦隶·青川木牍

图4.7　汉隶·曹全碑

秦国位居宗周故地，长期沿用西周后期流行的大篆。但在数百年的使用中也续有变易，并逐步形成了使用层次不同的正、俗二体来。其正体一般为上层贵族使用于正式的公文、刻石，最后通过秦代的规范而成为全国"书同文"的小篆字。俗体一般为下层官吏使用于内部的文书，并在战国后期演变为古隶，又称秦隶；并在汉代发展为今隶，又称汉隶。需要指出的是，周秦时期青铜器上的金文、石刻的小篆，都具有严整、匀称、凝重之美感，那都是当时贵族化了的精品书体，而墨写于简牍上的文字才是真正流行的应用字体。简便易写的隶书很快就取代小篆而成为社会使用的基本字体。在古文字向今文字发展的这场"隶变"过程中，语言文字的经济原则发挥了决定性的支配作用。

---

[1]〔唐〕房玄龄等：《晋书（一）》，中华书局，2000年，第696-697页。

汉字在由古文字演变为今文字的过程中，"以趣约易"的隶变是汉字字体演变中最重要的一次简化。在由秦而汉的隶变过程中，字形结构的简化与书写方式的便易，一直是隶变的两大基本内容。隶变把小篆宛转的线条变成平直方正的笔画，把小篆纵向的圆形变成端正的方块，把小篆从象形性的符号进一步抽象为语义化的符号，汉字正是在隶变中完成了由表形文字向表意文字的历史性演变。隶书大大提高了汉字作为交际工具易学便写的经济性，从此奠定了以后两千余年汉字的基本书写体式。正如郭沫若所说："秦始皇改革文字的更大功绩，是在采用了隶书。"[①] 提倡使用隶书，确实是秦代"书同文字"的一项重要内容。

汉灵帝熹平四年（175），蔡邕（133—192）等"奏求正定六经文字。灵帝许之，邕乃自书丹于碑，使工镌刻立于（洛阳）太学门外。于是后儒晚学，咸取正焉"（《后汉书·蔡邕列传》）。历时九年完成的熹平石经，勘定刊刻了《周易》《尚书》《诗经》《礼经》《春秋》五经，并《公羊》《论语》二传。共刻46方两面刻石碑，计20.1万字。熹平石经后在战乱中毁坏，历代发掘和收集的数百块残石上计有8 800多字。我国历史上最早的官定儒家经本熹平石经，就是蔡邕用隶书书写的。熹平石经字体方正谨严，运笔秀润遒劲，其雄健端庄集汉隶之大成，被奉为汉代书法的典范，在由隶变楷的过渡中发挥了重要的作用。

秦代的"书同文字"，为后人留下了宝贵的启示："书同文字"是国家统一的迫切需要，也是社会发展的历史趋势。规范社会用字要把淘汰异体与简化字形结合起来，通过辨异择优用正舍异地确定规范字形，以此推动社会用字的"书同文"。

第三节 唐代楷体字的规范

楷书是形成于魏晋规范于唐代并沿用至今的字体，具有笔画规范有度，形体方正端庄的特点。楷书原来称作"真书""正书"，唐代始称"楷书"。楷书形体方正笔画平直，堪称字体中的楷模，故名"楷书"。从南北朝到唐代再到现代，楷书一直是我们民族书写与印刷所用的正体字。楷书直接来源于汉隶，初步形成于魏晋。传世碑帖中最早的楷书字帖，当推曹魏时期钟繇（151—230）的《宣示表》（见图4.8）、东晋王羲之（303—361）的《黄庭经》。明代的孙鑛评论说："余尝谓汉魏时，隶乃正书，钟、王小楷乃隶之行。"（孙鑛《〈书画跋〉跋》）认为钟繇、王羲之的楷书就是隶书中的行书。这个评论不仅指出二人的楷书仍有汉隶意味，而且一语道出楷书的源头就在隶书。

---

① 郭沫若：《古代文字之辩证的发展》，《考古学报》1972年第1期。

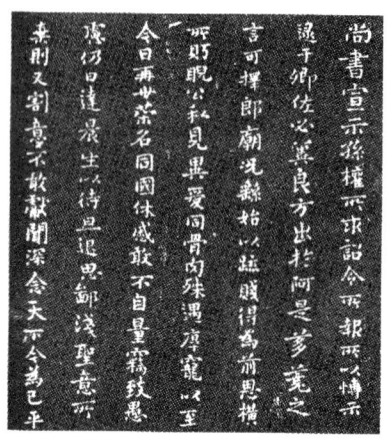

图 4.8　曹魏·钟繇《宣示表》　　　　图 4.9　唐·欧阳询《九成宫醴泉铭》

隶书向楷书的演变，主要发生在书写的体势上。它减少提按，收敛波挑，把慢弯改成硬勾，将横势变为纵势。整个演变是在经济原则的支配下，向书写的从简趋易发展的。楷书虽初步形成于魏晋，但魏晋用字毕竟以隶书为主，楷书真正得到广泛使用还是始于南北朝。

楷书的规范与成熟在唐代。唐代的"字样之学"是继秦代"书同文字"之后，汉字形体发展史上又一场影响深远的整理规范。秦代通过对小篆的统一整理规范，实行了全国用字的"书同文字"。唐代通过"字样之学"对楷书的统一整理规范，经过欧阳询、颜真卿、柳公权等大书法家的精心经营，楷书逐步形成了结构严谨、方正端庄、清劲尚法的特点，由此成为其后千余年间沿用至今的正体字。

秦汉以来，汉字一直处在改篆为隶进而楷化的渐变过程之中；至魏晋南北朝三百多年的战乱，更加剧了社会用字的混乱。字体递变，异体纷呈，正讹不分，俗字讹字甚至进入传抄的经典之中。随着大唐盛世的到来，国家高度统一而强盛，经济文化空前繁荣，对社会用字规范提出了迫切的要求。其经籍整理与科考取士的统一用字，则直接推动了社会用字的规范化。唐太宗李世民（598—649）实行偃武修文的文教政策，由此开始了楷书的"字样之学"。

初唐的颜师古（581—645）奉旨考订五经文字而著《颜氏字样》，作为校刊书写经典的样本。"字样"就是字形的规范，"字样学"就是汉字学中的正字学。字样学兴起于隋唐，它是厘正楷书形体以拟订用字标准的一门分支学科。字样学重在整理异体确立字样，匡谬正俗以规范经书用字和社会用字。从初唐颜师古的《颜氏字样》（失传）、盛唐颜元孙的《干禄字书》，到中唐张参的《五经文字》、晚唐唐玄度的《新加九经字样》，直到唐文宗李昂组织刊刻开成石经（完成于 837 年），历时两百多年。这场楷书的正字运动，通过淘汰异体与全面规范字体字形，大大地促进了汉字的规范化。此后的字形虽然继续简化，但基本字体则沿用至今而没有再变了。

唐代楷书规范化的先声，实发自于北齐的颜子推；楷书规范化的学术总结，当推中唐张参的《五经文字》；楷书规范化的标准字样，则集中颁布于晚唐刊刻的开成石经。

> 《颜氏家训·书证》："世间小学者不通古今，必依小篆，是正书记。凡《尔雅》《三苍》《说文》，岂能悉得仓颉本指哉？亦是随代损益，各有同异。……吾昔初看《说文》，蚩薄世字，从正则惧人不识，随俗则意嫌其非，略是不得下笔也。所见渐广，更加变通，救前之执，将欲半焉。若文章著述，犹择微相影响者行之；官曹文书，世间尺牍，幸不违俗也。"①

北齐的颜子推（531—约597）生活在朝代更迭、民族交融的战乱时期，这样的身世使他不仅认识到汉字是"随代损益"演变发展的，而且能够正视字分正俗语用有别的现实，他在辩证认识"从正"与"随俗"关系的基础上，最早提出了"变通"的正字观。这种具有汉字历史发展观性质的正字观，对唐代的正字运动产生了很大的影响。

大历十年（775），名儒张参奉唐代宗命主持勘校五经文字。面对"字带惑体，音非一读"的现象，他们从传抄的经典文献中"收集疑文互体""三千二百三十五字"，逐一考辨以明确其形、音标准。该书将《说文解字》的540部改并为160部，用部首统摄这三千多字而"以类相从"。

> 《五经文字·序例》："《说文》体包古今，先得六书之要。……有不备者，求之《字林》。其或古体难明，众情惊懵者，则以石经之余比例为助。石经湮没，所存者寡，通以经典及《释文》，相承隶省，引而伸之，不敢专也。近代字样多依四声，传写之后偏旁渐失，今则采《说文》《字林》诸部，以类相从，务于易了，不必旧次。"②

张参开宗明义地说明了考订"疑文互体"以确立规范的原则：主要依据《说文》，"有不备者，求之《字林》"、汉魏石经与唐初陆德明的《经典释文》。张参坚持把《说文》理据与经典用字结合起来，把"从正"与"随俗"结合起来，是以"变通"的态度来择立楷字规范的。张参的最大贡献，一是正视汉字由篆而隶的演变事实，历史地揭示了"相承隶变→相承隶省"的演变规律，进而全面地总结了唐代正字运动的成果；二是在部首问题上，明确提出了"以类相从"的类化思路，并创造了在主部首下设立"隶省"部首（今天的"附形部首"即源于此）的条例。"隶变""隶省"这两个文字学术语，就出自张参的《五经文字》。

汉字是由四五百个基础字符以文组字层级合成出来的符号系统，隶、楷汉字的表意功能，是主要通过表意部首的"以类相从"来实现的。"古今体异，隶变不同。"汉字系统的隶变大要有三：小篆的基础字符（形符、声符）在线条笔画化构意语义化中，"相承隶变"为隶书偏旁；构字多且常用的义符、声符通过简明化偏旁化，"相承隶省"为便于

---

① 〔北齐〕颜子推：《颜氏家训》，上海书店影印本，1986年，第39页。
② 〔唐〕张参：《五经文字》，中华书局影印本，1985年，第5页。

构字的隶省偏旁；再通过隶变、隶省偏旁去类推简化大量的合成字。其中常用表意部首中的隶省部首，发挥了特别重要的作用。

在汉魏石经与传抄经籍中，一些基本表意部首因常用趋简而演变成为简化的偏旁，大量采用简化部首构字是汉字在隶变楷化过程中的一种优化性演变。南朝顾野王（519—581）的《玉篇》是汉字的第一部楷书字典，该书有关部首中的字就是大多采用简化部首构字的。如邑部收字 178 个，就全部用的简化部首而从阝（居右）的。张参立足《说文》小篆来考察汉魏石经与传抄经典的用字变化，从历史演变的事实中总结出了"相承隶变→相承隶省"的规律，进而在某些主部首下创设了便于构字的隶省部首，用条例的方式为已经约定俗成的简化部首正了名分。例如：

水部：准也。象众流之貌。凡在左者皆作 氵，与水同。

心部：象形。《说文》作忄，今依石经作心，其在左者经典相承隶省作忄，又作 小。

就"巛→水→氵"来说，小篆"巛"通过线条笔画化而隶变为"水"，后因常用趋简再隶省为易写的偏旁"氵"；另一方面，小篆字"巛" 凭象形性图象所表示的流水义，通过字符的语义化而在后起的对应字形"水→氵"中递相传承下来了。据笔者统计，《五经文字》水部计收 150 字，其中仅"浆"等 4 字从"水"，其余皆从"氵"。《汉语大字典》水部收字 1 874 个，除"汞"等 56 字从"水"外，其余的 1 818 字都从"氵"。显然，一般是构字量大的部首才设有简化的隶省部首，而凡有隶省部首的部首是主要用隶省部首构字的。这些隶省部首在汉字的隶变楷化过程中，发挥了极其重要的类推简化作用。

再如（小篆→隶变→隶省）：

尺→人→亻、手→手→扌、艸→艹→ 艹 、竹→竹→⺮、示→示→礻

衣→衣→衤、辵→辶→辶、阜→阝（居左）、邑→阝（居右）

汉字系统"相承隶变→相承隶省"的历史演变过程，不仅是汉字从古文字向今文字演变的过程，是汉字从表形阶段向表意阶段发展的过程，而且是汉字发展史上规模最大的一次字形简化过程。通过"隶变""隶省"部首的"以类相从"，这些语义化简明化的隶书部首，在类化同部字语义的同时，还类推简化了大量合体字的字形。张参在择立楷字规范时，总是以《说文解字》为首要依据，尽量保持其构形构意的传承性；对于"相承隶变→相承隶省"且为石经、经籍约定俗成而可证可循者，则高度认可，并从中归纳出了隶省部首的条例，这样的规范有力地推动了汉字的历史发展。张参的《五经文字》，对汉字系统隶变楷化的历史演变，对唐代正字运动的成果，进行了全面而深入的总结。这部书反映了唐代楷书规范化研究的最高水平，成为后世楷书字形的标准。

唐代的楷书规范化为后人留下了宝贵的启示：汉字系统的历史演变是在表意性质与经济原则的协同作用下逐步完善的。汉字规范既要"从正"以保持系统的表意性质，又要"随俗"以正视汉字的合理简化。把保持理据与简化字形结合起来，从常用字符（义符、声符）的简化入手以成系列地类推简化汉字，有力地促进了汉字系统的优化发展。

孔子创立的儒学，其经典初为其删定的"六经"：《易》《书》《诗》《礼》《乐》《春秋》。《汉书·艺文志》亦称"六艺"。后《乐经》亡于秦火，汉武帝"独尊儒术"，设立五经博

士于学官。汉灵帝时用隶书刊刻的熹平石经,就刊刻了蔡邕勘定书写的《易》《书》《诗》《礼》《春秋》五经,并《公羊》《论语》二传。唐代科举开科取士考的就是"五经"。后《礼经》分为"三礼"(《周礼》《仪礼》《礼记》),《春秋》"三传"升格为经(《春秋左氏传》《春秋公羊传》《春秋穀梁传》),遂改称"九经"。这就是中唐《五经文字》与晚唐《新加九经字样》书名的由来。唐文宗时用楷书刊刻"九经",又加上《论语》《尔雅》《孝经》,遂为"十二经"。宋代理学推崇《孟子》而使之入经,这就是儒学"十三经"的由来。

唐文宗组织刊刻的开成石经,历时七年于837年完成。开成石经用楷书刊刻了十二部儒家经典,共刻114方两面刻石碑,计65万字。原碑立于长安国子监内,宋时移至今西安碑林。开成石经是对唐代楷书规范化成果最全面的字样集成,西安碑林是中华文明史上一处亮丽的风景。形成于魏晋而规范于唐代的楷书,以其方正端庄清劲而为范为楷,千余年来一直是我们民族书写与印刷所用的正体字。

东汉用隶书刊刻的熹平石经,晚唐用楷书刊刻的开成石经,既是儒学经典中的丰碑,更是汉字规范史上的丰碑。讲汉字规范史,不能不说版印书籍。雕版印刷始于隋代的民间,主要用于佛像、经咒的印制。"板印书籍,唐人尚未盛行之。自冯瀛王始印五经,已后典籍皆为板本。"[1]五代后唐长兴三年(932),冯道(882—954)奏请唐明宗,以唐代开成石经为底本雕印儒家"十二经"。在冯道、田敏的主持下,历经后唐、后晋、后汉、后周四朝计22年,终于在后周广顺三年(953)刻印完成,计"一百三十册"。这套经注合编的国子监印本,被后世称为"五代监本九经",它是中国历史上第一次由官方雕版印刷的大型经典套书。冯道在全书出齐之后的第二年逝世,追封瀛王,赐谥文懿。在动乱的五代,四朝为相的冯道努力把书籍出版推向了印刷时代,书籍出版从此就由手工抄写发展而为雕版印刷了,古代经书从此有了统一的标准本。正如王国维所评:"自开成石经出,而经文始有定本;自五代监本出,而注文始有定本。"[2]印刷术是中国古代的四大发明之一。印刷术的发明,极大地推动了人类文明的传承发展,也推动了汉字的社会用字规范化。

---

[1] 〔宋〕沈括:《梦溪笔谈》,吉林摄影出版社,2004年,第113页。
[2] 王国维:《五代两宋监本考》,北京大学《国学季刊》一卷一期,1923年。

第五章

汉字字式的辩证演进

一、古代学者的逐步探索
　　① 许慎创立的"六书说"
　　② "四体二用说"的源流
二、现代学者的深入研究
　　① 汉字发展三阶段说
　　② 商周文字的计量研究
三、字式演进的基本历程
　　① 初创阶段主要使用表形字
　　② 甲金文中大量使用假借字
　　③ 秦代以来的主体是形声字
　　④ 关于字式演进的几点认识

提要：文字是记录语言的符号系统，文字的演变发展在本质上体现为记词方式的逐步演进完善。汉字以单音词为单位据义构形单音成字，是一个在特定语境中自源发生而独立发展的自组织系统，汉字系统的本质性演进主要体现为不同字式的消长与主体字式的转换。其记录汉语的方式经过"表形→表音→兼表义音"的辩证演进而逐步自我完善，终于形成以象形字为根基以形声字为主体的表意文字格局。汉字坚持表意化单音化的方向并辩证发展为记词方式形声化，具有历史的必然性。

　　汉字的历史演变，主要发生在字体的相承递变与字式的辩证演进两个层面。字体是汉字的外部书写体式，字式是汉字的内部表词结构，二者相辅相成而协同互动，有力地推动了汉字系统的优化演变。汉字是记录汉语的符号系统，汉字记词方式的演进无疑比字体的演变更为重要，因为记词方式的历史演进才是反映汉字发展规律的本质性演变。

　　汉字是一个在特定文化语境中独立发展的自组织系统，它的历史演变一直是以系统的形式以渐变的方式进行的。汉字是如何记录汉语的，是一个迷人的基本问题。第一，汉字的据词构形选用了什么样的文字体制？第二，汉字记录汉语的方式经历了怎样的演进阶段？第三，汉字的记词方式为什么选择了这样的发展道路？汉字发展史的主体内容应该是汉字记词方式的发展进程及其演进规律，汉字历史发展的规律主要体现为历史的必然性与发展的系统性。下边首先通过回顾前贤的探索历程及其学术认识，着重从汉字独特的文化语境与发展的阶段性特征入手，来讨论汉字记词方式的辩证演进及其历史必然性。

第一节　古代学者的逐步探索

先贤关于汉字如何改进记录汉语之方式的探索，经历了一个漫长的渐进过程。古代学者的探索是围绕着"六书说"展开的，是在对据义构形与"依声托事"的辨析中发展起来的。下面试作一简要梳理。

一、许慎创立"六书说"

在传世文献中，"六书"之称始见于《周礼·地官·保氏》，关于"六书"的论述始见于班固的《汉书·艺文志》，东汉的许慎最早为"六书"逐一定义并运用它来分析汉字的构形表意，由此创立了"六书说"。

> 《说文解字·叙》："仓颉之初作书，盖依类象形，故谓之文。其后形声相益，故谓之字。（文者，物象之本。）字者，言孳乳而浸多也。……周礼八岁入小学，保氏教国子先以六书。一曰指事，指事者，视而可识，察而可见，上下是也。二曰象形，象形者，画成其物，随体诘诎，日月是也。三曰形声，形声者，以事为名，取譬相成，江河是也。四曰会意，会意者，比类合谊，以见指㧑，武信是也。五曰转注，转注者，建类一首，同意相受，考老是也。六曰假借，假借者，本无其字，依声托事，令长是也。"[1]（其中"文者，物象之本"6字，是段玉裁据《左传·宣公十五年》的"故文反正为乏"后正义所补。）

古代学者早在春秋战国时期就开始了对汉字的研究。秦代在全国范围内进行了"书同文"的汉字规范，隶书在汉代的全面兴起则彻底改变了古文字的象形性面貌。在汉字由表形文字向表意文字发展的历史转型期，东汉的许慎"博采通人"，集大成地总结了先

---

[1]〔东汉〕许慎：《说文解字》，中华书局影印本，1989年，第314页。

秦两汉有关汉字的研究成果，呕心沥血地创作了《说文解字》。《说文解字》是我国第一部系统分析字形、考释本义、规范用字的汉字字典，其中的《叙》则是我国第一篇奠基性质的文字学专论。

许慎的《说文解字》完成于汉安帝建光元年（121），即病中让其子许冲献书于安帝之时。许慎的贡献主要有三：第一，许慎提出了始于"依类象形"而备于"形声相益"的汉字发展史观，揭示了汉字以有限之"文""孳乳"出无数之"字"的生成机制，创建了由字而符地分析构形（结构）以探求字本义（功能）的析字方法。第二，许慎立足于形义联系，通过分析近万小篆字的形义关系，共时地归纳出小篆以文组字的构形模式与以形表意的基本方式，使周代仅具名称的"六书"具有了特定的文字学内涵，由此建立了"六书说"。第三，许慎的《说文解字》是世界上的第一部字典，他首创部首编排法，据形系联地揭示了小篆的构形系统，以义类聚地创建了汉字的字义说解体系，为后人架设了研究甲金文的桥梁。这些开创性的贡献具有深厚的学术内涵和强大的生命力，产生了极其深远的学术影响。许慎对汉字学对中国文化的卓越贡献，可谓彪炳千秋！

《说文解字》问世一千九百余年来，历代学者对汉字及其历史发展进行了多方面的深入研究，以汉字为研究对象的文字学，早已成为中华传统文化中民族特色尤为鲜明的重要部分。其中最有认知价值的探索有二：一是汉字是如何据义构形的，讨论汉字构形系统的逐步完善；二是汉字是如何记录汉语的，讨论汉字记词方式的历史演进。构形系统的讨论主要立足于形义关系，记词方式的讨论则主要立足于字词关系。其中记词方式的演进是基本的，因为构形系统是从属于记词方式的，形义关系之于汉字虽特别重要，但毕竟只是字词关系的一个方面。

二、"四体二用说"的源流

许慎创立的"六书说"有两个特点：一是他的学说主要是共时平面上的归纳；二是他在具体分析近万小篆字时，只用据义构形的形事意声四书说解形义而极少提及假借、转注。正如段玉裁（1735—1815）所云："《说文解字》者，象形、指事、会意、形声之书也。"[①]

南唐的徐锴（920—974）较早注意到许氏留下的这个奥妙，他提出了"六书三耦说"。他把象形、指事归为一类，把会意、形声归为一类，把假借、转注另归一类，最先指出"依声托事"的假借具有"一字数用"的功能，由此开始了对六书的分类研究。[②]

南宋的郑樵（1103—1162）发展了许慎关于"文""字""孳乳"的认识而提出了"母子相生说"。他把"文""字"当作有功能的符号，进而开展汉字合成构形的研究。他明确指出六书以"象形为本"，强调六书并不在同一个共时层面上，而是历时地产生逐步地

---

① 〔清〕段玉裁：《说文解字注》，上海古籍出版社影印本，1988年，第833页。
② 〔南唐〕徐锴：《说文解字系传》，中华书局影印本，1987年，第2页。

演进。他最先指出"有无义之假借",看到了假借"虚言难象故因音而借"的特点,明确指出"文、字俱"可用作假借,开始把假借视为六书中的另类,据此将六书分为独体的"文"、合体的"字"与"假借"三类,由此开始了辨析假借、引申的深入研究。

> 小学之义,第一当识子母之相生,第二当识文字之有间。象形、指事,文也;会意、谐声、转注,字也;假借,文、字俱也。……六书也者,象形为本。形不可象则属诸事,事不可指则属诸意,意不可会则属诸声,声则无不谐矣,五不足而后假借生焉。……六书也者,皆象形之变也。①

宋末元初的戴侗不仅在汉字孳乳上把郑樵的"母子相生"说发展为母子孙系统孳乳,而且在郑樵的"无义之假借"的认识上,把词义的引申与文字的假借明确地区别开来。他肯定了许慎"本无其字,依声托事"的合理内核,强调"义无所因,特借其声"的假借与字形的构意无关。正是在对六书的分类研究中,戴侗最早明确提出了与"析形求义"相对的"因声以求义"的研究方法;较之清代学者的"因声求义",整整早了五百多年。

> 古人谓"令""长"为假借。……二者皆由本义而生,所谓引而申之,触类而长之,非外假也。所谓假借者,义无所因,特借其声,然后谓之假借。
> 夫文字之用,莫博于谐声,莫变于假借,因文以求义而不知因声以求义,吾未见其能尽文字之情也。②

明代的一些学者更进一步地看到了据义构形与"依声托事"的区别,他们把据义构形的形事意声四书归为一类,合称"文字";把与构形无关的假借、转注另归一类,称为是补"四书不足"的"文字之变""文字之用"。杨慎在前人认识的基础上,提出了"四经二纬说"。③至万历年间的吴元满,终于明确地将这一认识表述为了"四体二用说":"六书形事意声,四者为体;假借转注,二者为用。"④清代的学者继承发展了明代学者提出的"四体二用说"。其继承始于清初的戴震,段玉裁、王筠、朱骏声等乾嘉学者皆深以为是。清末的孙诒让后出转精站得更高,认为"六书虽分'体''用'",但都是"造字之本"。⑤孙氏所谓的"造字"已不是仅指汉字构形的模式,而更多地指向汉字记录语词的方式了。

至于转注,"转注者,建类一首,同意相受,考老是也"。许慎的这个定义颇为模糊,全书仅有的两个例字"考""老",在逐字说解中又分别当形声、会意分析;后人对转注的理解因此众说纷纭而莫衷一是。唐兰先生评论说:转注的"界说不清楚,例子也不好,

---

① 〔宋〕郑樵:《通志略》,上海古籍出版社影印本,1990年,第112页。
② 〔宋〕戴侗:《六书故》,上海社会科学院出版社影印本,2006年,第15-16、12页。
③ 〔明〕杨慎:《转注古音略》,中华书局影印本,1985年,第183-185页。
④ 〔明〕吴元满:《谐声指南·引》,《四库全书存目丛书·经部》,齐鲁书社影印本,1997年,第667页。
⑤ 〔清〕孙诒让:《与王子庄论假借书》,丁福保编纂:《说文解字诂林》第一册,中华书局,1988年,第233页。

所以愈讨论愈糊涂"①。裘锡圭先生梳理辨析了九种关于转注的代表性观点，认为："在今天研究汉字，根本不用去管转注这个术语。不讲转注，完全能够把汉字的构造讲清楚。……我们完全没有必要卷入到无休无止的关于转注定义的争论中去。"②裘先生的这个意见值得重视。

明清学者的"四体二用说"，是在许慎"六书说"的基础上发展起来的，它源起于对六书的分类，形成于对汉字记录汉语之方式的深入认识。其较之于"六书说"的进步，在于其研究方法已由共时归纳逐步提升为历史分析，其立足的层面已由形义关系逐步提升为字词关系，探究的重点已从汉字据义构形的模式逐步提高到汉字记录汉语的方式了。讨论一直是围绕着表意字与假借字的区别与关系展开的，认为据义构形的"四体"与"依声托事"的假借是不同性质的字式，它们在记录汉语的方式上是互补的体用关系。正是据义造字记词与依声借字记词的体用互补，才使汉字得以完整地记录汉语。这就是"四体二用说"的学术价值。

第二节 现代学者的深入研究

一、汉字发展三阶段说

汉字学在 20 世纪有两项重大发展，一是大批古文字的出土与古文字学的建立，二是计量语言学的迅猛发展与大批成套数据的产生。新方法的运用与新材料的利用，使汉字学出现了长足的发展。现代学者不仅继承了"六书说"与"四体二用说"中的合理成分，而且冲破了"六书说"的理论框架与共时归纳的局限。学者们开始从汉字发展史的大背景中去研究汉字记录汉语的方式，其探究的视角已从共时地分类型、分层次提高到历时地划分演进阶段，依据主体记词方式的历时演进去划分汉字的发展阶段，去认识汉字的历史发展规律。

> 陈梦家："象形字→声假字→形声字是……代表文字演进的三个阶段，同时也是整个中国文字三个基本类型。"③
> 陈梦家："汉字从象形开始，在发展与应用的过程中变作了音符，是为假借；

---

① 唐兰：《中国文字学》，上海古籍出版社，1979 年，第 72 页。
② 裘锡圭：《文字学概要》，商务印书馆，1988 年，第 100-102 页。
③ 陈梦家：《中国文字学》，中华书局，2006 年，第 256-257 页。

再向前发展而有象形与假借之增加形符与音符的过程,是为形声字。形声是汉字发展的自然的结果。"①

陈梦家最先明确指出假借是汉字发展史上的一个阶段,由此提出"文字演进三书说"。刘又辛运用比较文字学的方法,在1957年提出了"汉字发展三阶段说",他把汉字发展史划分为表形(包括象形、指事、会意)、假借、形声三个阶段。在此后的四十多年里,刘先生一直致力于对这个假说的论证。他特别重视假借在汉字发展史上的重要地位,认为:

> 从世界各国文字的发展历史来看,以假借字为主的表音文字阶段,是所有古老文字都经过的阶段,埃及古文字、苏美尔文字,都同甲骨文属于同一发展阶段。不过其他古文字都在表音文字的道路上继续发展,后来变成了音节文字或字母文字,只有汉字没有向这条道路发展,而是向兼表形音的方向发展,因而形成了独特的汉字体系。②

"汉字发展三阶段说"的学术价值,其要有三:一是它坚持从汉字在特定的历史语境中如何适应社会需求而改进记录汉语的方式这个主题,去深入认识汉字的辩证发展;二是它立足汉字历史发展的基本事实,尤其是甲金文中大量使用假借字这一客观事实,坚持以主体字式的转换为主要依据,去划分汉字的发展阶段;三是它充分吸取了许慎的汉字发展史观和"四体二用说"的合理内核,认为据义构形的造字与"依声托事"的用字,都是汉字记录汉语的方式。"汉字发展三阶段说"为汉字发展史建立起了一个基本的理论框架。

二、商周文字的计量研究

金石学家王懿荣在1899年秋,从中药材"龙骨"中发现了甲骨文,并研判这是殷商时期的卜辞。此后一百多年来,先后出土了大批甲骨文、金文、简帛文字等先秦古文字材料。出土的有字甲骨至今已达十五万多片,卜辞字量多达80余万字,计有不重复的单字4 000个左右;铭文的商周青铜器至今已有16.7万多件,铭文字量16.8万多字。③如此大量的古文字资料及其研究成果,为揭示古汉字的历史面貌,为研究汉字发展史及其发展规律,提供了宝贵的原始资料,奠定了坚实的学术基础。

刘志基(1955—)主持的"出土古文献语料库建设研究",立足于"古文字数字化处理"平台,从样本所用的单字(静态)与单字使用的频次(动态)两个方面,对商周古文字自然语料中的"四书"分布状况进行了计量分析与历时比较。现将有关成果制成表

---

① 陈梦家:《殷虚卜辞综述》,科学出版社,1956年,第79页。
② 刘又辛:《从汉字演变的历史看文字改革》,《中国语文》1957年第5期;刘又辛、方有国:《汉字发展史纲要》,大百科全书出版社,2000年,第323页。
③ 甲骨文、金文的语料字数引自刘志基:《中国文字发展史·商周文字卷》,华东师范大学出版社,2015年,第804页。

5.1 列示如下：①

表 5.1　商周古文字中已识字与《说文》小篆字的"四书"分布及其历史发展

时期		动态的字频						静态的单字/个				
		字量	象形	指事	会意	形声		单字	象形	指事	会意	形声
殷商甲骨文	数量/次	43 897	31 527	5 385	4 516	2 469	数量/次	873	380	54	319	120
	占比/%		71.8	12.3	10.3	5.6	占比/%		43.5	6.2	36.5	13.8
西周金文	数量/次	55 800	29 074	1 530	11 178	14 018	数量/次	3 527	334	42	1 037	1 981
	占比/%		52.1	2.7	20.0	25.1	占比/%		9.9	1.0	30.6	58.5
战国秦简文	数量/次	33 713	10 386	3 814	9 247	10 266	数量/次	1 455	171	40	357	887
	占比/%		30.8	11.3	27.4	30.5	占比/%		11.8	2.8	24.5	61.0
战国楚简帛文	数量/次	62 560	15 735	8 231	13 861	24 733	数量/次	4 411	203	51	549	3 608
	占比/%		25.2	13.2	22.2	39.5	占比/%		4.6	1.2	12.5	81.8
《说文》小篆字	数量/次						数量/次	9 353	347	117	819	8 070
	占比/%						占比/%		3.7	1.2	8.8	86.3

姚孝遂在主编《殷墟甲骨刻辞摹释总集》等大型甲骨文工具书的长期研究中，深入认识到甲骨文中大量使用假借字来记录语词的实际状况。他曾举武丁时期的一段 23 个字的甲骨刻辞进行分析，发现其中"假借字十七个，约占 74%；形义一致的只有两个字，还不到 9%；其余四个字表示的是引申义，占 18%。所有甲骨刻辞大体上都是这个比例。青铜器铭文的情况同样是如此"。后来他把这个推测修改为，甲骨文中"假借字使用频率高达百分之七十左右"。②姚孝遂最先对甲骨中的假借字进行了量的推测。

李玉洁对郭沫若《殷契粹编》卜辞中假借字的动态字频进行了分类统计。"《殷契粹编》中的卜辞一共用字 20 856 个次，其中各类假借字加在一起，共 12 701 个次，占全书总字数的 61%"，而 71% 的假借字记录的是专称名词和虚词。③详见表 5.2：

表 5.2　《殷契粹编》卜辞中假借字的动态字频分布

全书卜辞总字量		各类假借字的分布及其使用频次					
		借记实词	借记虚词	干支字	人名	地名	合计
总字量/个次	20 856	3 637	2 081	3 881	1 759	527	12 701
占比/%	100	17	14	19	8	3	61

---

① 表中前四项的数据引自刘志基：《中国文字发展史·商周文字卷》，华东师范大学出版社，2015 年，第 300-312 页。《说文》小篆字数据引自黄德宽等：《古汉字发展论》，中华书局，2014 年，第 439 页。
② 姚孝遂：《古汉字的形体结构及其发展阶段》，《古文字研究》第四辑，中华书局，1980 年；姚孝遂：《姚孝遂古文字论集》，中华书局，2010 年，第 79 页。
③ 李玉洁：《假借字是汉字发展阶段的产物》，《吉林大学社会科学学报》1995 年第 6 期。

邢华对甲骨文中 1 129 个可识单字的测查发现，有假借义的单字 753 个，占可识单字数的 66%；其中 578 字即 77% 的假借字记录的是专指名词。但是，甲骨文中 90% 的语文词是用象形字、会意字等表形字记录的，只有 10% 的语文词在用假借字记录。[①]详见表 5.3：

表 5.3　甲骨卜辞中语文词的用字统计

语文词	名物类	动作类	性状类	数词类	代	副	介	连	合计	占比/%
合 计	301	263	30	16	8	18	3	3	642	
表形字	290	248	28	11					577	90
假借字	11	15	2	5	8	18	3	3	65	10

结合古文字研究的诸多成果，来分析以上三个表提供的有关数据，可以认识到商周古文字记录汉语的主要方式及其千年走向。

第一，在甲骨文的自然语料中，表形字（象形、指事、会意）的单字数、字频次分别占样本总数的 86%、94%。甲骨文中 90% 的语文词就是由这些据义构形的表形字记录的，汉字系统中的核心义符大多就来自象形字。这些记录语文词的表形字通用高频稳定，它们相承演变而沿用至今。否则，今人根本不可能解读三千多年前的甲骨卜辞。这些事实和数据说明：最早产生的象形字确实是"六书之本"，是汉字系统得以形成和发展的基础，汉字初创时期确实是主要创制和使用表形字的阶段。

第二，甲骨文时期是大量使用假借字来记录汉语的时期。《殷契粹编》中假借字的使用频次占全书卜辞总字量的 61%，甲骨文中有假借义的单字占可识单字总数的 66%，但甲骨文中七成以上的假借字是用来记录干支（时间）、人名、地名、方国名、祭名等专称名词和虚词的。380 个象形字就覆盖了 4.4 万字卜辞语料的 72%，说明甲骨文中的假借字是主要借用象形字来"依声托事"的。

第三，表一的数据显示，汉字的合成化是一个逐步发展的过程，越早期的汉字合成化程度越低，独体字尤其是象形字所占的比重越大。合成化的发展既反映在合体字数量的增加上，更体现为合体字字频比重的逐步提高。合体字（会意、形声）的单字数、字频次在甲骨文语料中分别占 50%、16%，到了战国的楚简帛文语料中就增加到 94%、62% 了。这组数据具体展示了汉字在先秦时期以文组字的合成化进程。

第四，汉字合成化的主要内容是形声化，形声字与象形字的消长尤为值得关注。象形字单字、字频的比重，由甲骨文语料中的 44%、72% 逐步下降到楚简帛文语料中的 5%、25%；而形声字则从甲骨文语料中的 120 个大步增加到楚简帛文语料中的 3 608 个，形声字单字、字频的比重由甲骨文语料中的 14%、6% 大步增加到楚简帛文语料中的 82%、40%。象形字与形声字在历时自然语料中的此消彼长，实质上反映了假借字与形声字的

---

① 邢华：《甲骨文假借字分类研究》，西南大学硕士论文，2008 年。

此消彼长,因为"依声托事"是主要依托象形字来实现的。

综上所述,在记录汉语的方式上,殷商甲骨文的最大特点,是以表形字为基础而大量使用假借字来记录汉语;西周—春秋文字的显著变化,是假借字的逐步减少与形声字的加速发展;战国时期是形声字大批涌现大量使用即将成为汉字主体的时期。商周古文字的千年走向,反映了汉字历史发展的表意化趋势,反映了汉字记词方式形声化的发展进程。

第三节 字式演进的基本历程

文字是记录语言传承文化的书写符号系统。这种特定的关系,决定了文字与所记语言、与特定社会之间,一定是既相协同又有矛盾的。文字记词方式的局限与所记语言的特点之间的矛盾,文字记词方式的局限与社会发展的需要之间的矛盾,就是文字演进中的两大基本矛盾。这两大矛盾在汉字如何记录汉语上,具体反映为据义构形造字难与四方古今音有异两大难题。第一,面对据义构形与有词无字的矛盾,汉字如何才能完整地记录汉语,以确保政令的传达与社会的交流?第二,面对地域辽阔历史悠久与方言音歧古今音变的矛盾,汉字如何才能超方言超古今地记录汉语,以维护国家的统一与文化的传承?正是这两大矛盾的逐步解决,有力地推动了汉字记词方式的历史演进。

据义构形、借符记音、义音合成这三种基本的记词方式,虽然在汉字体系形成之前就都产生了,虽然在每一个发展阶段都存在着这三种字式,但表形字→假借字→形声字相继成为汉字主体的历史却是时有先后分阶段的。在顺应汉语与社会发展需求的历史进程中,汉字多次调整形音义的关系以改进记录汉语的方式,通过主体字式的转换而演进到新的发展阶段。汉字记录汉语的方式,初创阶段主要使用表形字,甲金文中大量使用假借字,秦代以来的主体是形声字。汉字"由表意而假借而形声的'三部曲',其性质恰好符合辩证法中'正—反—合'的命题模式"[①]。

一、初创阶段主要使用表形字

汉字主要起源于单个记事图画的符号化,龙山文化时期的丁公陶符已出现了多符连用以记录语句大意的现象。纳西族的"东巴教门用象形文字写经书,而不把口诵的全文

[①] 陈振寰:《文字结构、文字体系和汉字的性质》,《社会科学战线》1987年第1期。

写下来,每段只寥寥几字,要读几句"①。这种用多个表形字记写语句大意而不能完整记录语言的状况,应该就是甲骨文之前的古汉字记录汉语的状况。甲骨文中 90% 的语文词是由据义构形的表形字记录的,这些历史事实及其比较研究说明:汉字在甲骨文之前的初创阶段,虽然也有少量的假借字和形声字,但主要还是使用表形字去记录语句大意的。

汉字在表形字阶段的基本发展需求,是为表示主题性概念的名词创制一批基本字,以记录语段大意;是为记录汉语创制一批基础字符,以生成出众多的合体字。其主体记词方式是利用形义联系而据义构形,其下又可分为独体的象形、指事与合体的会意三种。表形字是一切自源文字最原始、最基本的造字方法。表形字的最大特点,是主要用象形象意的图画性符号去记录语词。表形字所表之"形",就是所记语词指代的事物之形,它是用物象的可识性图画来体现构意的。上古汉语以单音词为主,最早产生的原始汉字当是记录名词的象形字与记录数词的指事字。象形字据名词而依类取象,以名物之音为字音,在构形上具有按物绘象单符成文的整体性,在表意上具有形义统一视而可识的象物性。作为汉字的孳乳之本,几百个象形字既是以文组字的字根,也是推类表意的基因,是汉字构形系统也是汉字的表意性得以形成与发展的基础。指事字所记录的是象形字难以构形的词,其语义多是无形可象的抽象义,也有难以独立为象的名物义。指事是汉字在独体构形阶段对象形造字法的补充。

早在 7 300 年前的双墩陶符中,就出现了大量拼图似的合体符号。会意是在独体构形难以满足记词需要的背景下出现的,是在独体之"文"为汉字的孳乳提供了基础字符的基础上产生的。它利用已有的现成字作表意字符而二度造字,构形上具有以文组字的拼合性,表意上具有合形象意(后发展为"比类合义")的意合性。会意字的构形合成化与表意语义化,有力地推动了汉字由独体构形向合体构形、由表形文字向表意文字的历史演变。总之,初创阶段的表形字不仅为汉字的构形表意系统提供了基础字符,为记词方式形声化提供了合成思路,而且为汉字系统据义构形单音成字的表意文字体制奠定了基础。

表形字经过由单符为文而以文组字的构形合成化,经过由合形象意而合义会意的表意语义化,单纯的据义构形方式就发展到头了。"依类象形"是表形字中最为基础的造字方式,指事则对"依类象形"式略有补益,但它们逐个孤立构形的造字能力实在太弱,所以甲金文之后就基本不再造独体字了。会意字虽已合文成字,但仍然仅仅限于形义联系上相关意符的直接合成。汉字中的这三种表形字(后语义化为表意字)计约一千四五百个,它们主要产生在古文字时期。小篆之后一般不再造表意字了,偶尔造出来的也很难成为通用字。由于字词之间的形音联系尚未得到重视,义虚无形可象与词多无力可造的矛盾逐渐尖锐,致使表形字阶段的汉字面临着有词无字造字难的困窘。仅靠单纯的据义构形法造字,显然不能形成文字体系而完整地记录汉语。

---

① 方国瑜:《纳西象形文字谱》,云南人民出版社,2005 年,第 2 页。

二、甲金文中大量使用假借字

陈梦家最先提出汉字发展史上有一个大量使用假借字的阶段。这个观点先后得到了管燮初（1953）、刘又辛（1957）、姚孝遂（1980）等的支持与验证。

汉字在假借字阶段的基本发展需求，是要能够较为完整地记录汉语。假借作为这个阶段的主体记词方式，其性质是利用形音联系而借符记音，即借用现成的同音字来兼职记录"本无其字"的同音词。它是在表形字为"依声托事"提供了一批"借音符"的基础上，是在据义构形造字难的背景下产生的，是随着有词无字矛盾的日益尖锐而逐步发展的。

采取大量使用假借字的方式来记录汉语，实在是汉字发展到一定阶段的历史选择。已有的表形字被一体多用：既充当单字以表义记词，亦借作音符而依声记词。就静态的单字统计来看，甲骨文中有假借义的单字占可识单字总数的66%；在动态的字频统计中，《殷契粹编》中假借字的使用频次占全书卜辞总字量的61%。假借的大量使用，使原本以形表意的汉字一度出现了借符表音的趋势。这不仅缓解了有词无字的矛盾，而且突破了单纯据义构形的局限，由此打开了形音联系的通道而开创了以形标音的记词方式。

关于表形字与假借字的关系，论体用，是表形字被兼职用作假借字；看先后，是假借跟随表形字而旋生旋借。要言之，借符记音的记词方式是跟随着据义构形的方式发展起来的。人们一般把商周甲金文称为表形文字或象形文字，那是站在形义关系层面就静态单字的表意方式而言的。但站在字词关系层面来考察甲金文记录汉语的用字状况，就会发现不仅很多表形字尤其是象形字被作为音符假借过，而且这样的假借字还以压倒多数的频次成为当时社会用字的主体。我们应该从汉字发展史的角度来认识大量使用假借的必然性及其历史作用。"依声托事"的假借，前济据义构形之困，使汉字得以完整地记录汉语；后架"形声相益"之桥，促汉字走上记词方式形声化的道路。汉字在数千年的发展进程中，确实经历了一个具有较强表音倾向的假借字阶段，借符记音的假借在汉字发展史上发挥了极其重要的桥梁作用。

假借虽具"依声托事"一字数用的兼职之功，亦有数词一字异义同形的易混之弊。上古汉语以单音节词为主，同音词原本就多。假借的泛滥可谓推波助澜，随之涌现出了大量的同音同形词。这种一字多用的手段虽然经济，但兼职过多就丧失了文字符号的差示原则，借用普遍又难以在广大方言区流通。这就在缓解造字难的同时，削弱了文字传达信息的交际功能。在辽阔而悠久的中华大地上，一直程度不同地存在着"言语异声"的现象。或曰：借符记音的假借再跨一步而实现一个音节只用一个音符，汉字就"发展"成为表音文字了。其实这只不过是一种脱离文化语境的技术性设想。须知在一个长期统一、文化悠久而方言复杂的大国推行表音文字，"言同音"是不可逾越的必要前提。汉语同音词很多的特点制约了同音假借的泛滥，汉语方言纷歧的语言环境阻止了记音字的通行。实际情况是，在大量使用假借字的商周甲金文中，不仅借符记音没有向一音一符发展，反而出现了假借字逐步减少而形声字加速增加的发展趋势。这种发展趋势的形成不是偶然的，它是汉字系统自组织进化的历史必然。

三、秦代以来的主体是形声字

汉字在形声字阶段的基本发展需求，是要能够完整准确地记录汉语，能够超时空地记录汉语。其主体记词方式是综合利用形义、形音联系而义音合成兼表义音。形声字是主要通过"以类附声"的机制生成"形声相益"结构的合体字。它是在表形字难以完整记录汉语的历史背景下开始产生的，是在假借字难以准确表达汉语的历史背景下加速发展的。这种以象形字为基础以形声字为主体的格局，是汉字历史发展至今的最高阶段。

汉字是记录汉语的符号，字的增加是以词的增加为动力的。词义的引申使旧词成系列地裂变出新的同源词，假借的泛滥使大量同音词在书面语中成为同形词。面对书面语中大批共享源字的同源词和兼用借字的同形词，汉字体系迫切需要重建形义之间的联系，来分化字的兼职以区别同音词。在词汇系统与汉字体系的协同作用下，"以类附声"分化兼职的形声字就应运而出大批涌现了。相承而生的形声字不仅能动地顺应和满足了汉语词汇系统成系列衍生新词的发展需要，而且扭转了假借字的表音倾向并发展了汉字以形表义的历史传承性。它义音互补结构简明区别度高，既分化了古字的兼职，又类化了汉字的字族，具有最优的整体功能，形声字因而很快在秦汉时期就发展成为汉字的主体。正是记词方式形声化与汉语构词合成化的协同作用，使汉字自我完善地发展为主要用义音合成的形声字来记录义音结合的单音节语素，从而较好地解决了表意文字造字难的问题，汉字因此得以完整而准确地记录表达汉语了。

表意性是汉字的命脉，也是汉字的特色。表意性作为汉字的命脉是与生俱来的，这不仅在于汉字因源于记事的图画而传承和发展了据义构形的造字方式，而且在于汉字为适应汉语以单音节词为主而选择和坚持了单音成字，其记录汉语的单位是有义有音的单音节词/语素。表意性作为汉字的特色是自我完善的，这不仅在于汉字在记录汉语的方式上，出现了"表形→表音→兼表义音"的辩证发展，而且在于汉字在据义构形的方式上，出现了"依类象形→比类合义→以类附声"的逐步演进。汉字记词方式的形声化，有力地推动了汉字系统的构形合成化与表意实现类联系。形声字是主要依靠"以类附声"的机制生成的，新增的表意字符重建了字的形义联系，这就既区分了同音语素，又兼容了其字所记之词的方言音与古今音。同一个汉字，尽管古今各地的人们读得南腔北调，但人们因由形及义地认识汉字而对所记词义的理解则是相同的。汉字正是依靠形义联系才相对超脱地兼容了所记之词的语音变体，这就较好地解决了四方古今音有异的问题，汉字因此得以通四方、通古今地维护了民族共同语的统一。

中国的汉字从未间断过也未突变过，连续使用数千年至今仍然生机勃勃。究其所以然，根本的原因有两条：悠久完整的中华文明为汉字的持续发展提供了长期稳定的社会大环境，汉字的表意文字体制顺应了华夏民族记录汉语的社会需要。就后者而言，第一，在文以记言的单位上，汉字以单音节语素为单位据义构形单音成字，通过系统的形义对应以区分同音语素，从而顺应了汉语语素单音节化且同音词很多的特点。第二，在记录语言的方式上，汉字主要用兼表义音的形声字来记录义音结合的单音节语素，较好地实现了与书面共同语的对应统一，进而依靠形义联系较好地满足了超方言、超古今记录汉语的社会需要。第三，在文字与文化的关系上，自源的汉字连续使用数千年至今仍然充满活力，它是传承中华文化的载体，也是中华文化的重要内容，全体中华民族都对汉字有着强烈的文化认同。汉字的表意文字体制，是在华夏民族记录汉语的特定文化语境中历史形成逐步完善的。

四、关于汉字字式演进的几点认识

汉字是一个在特定语境中自源发生而独立发展的自组织系统。作为记录汉语的符号系统，汉字发展史的"古今之变"，在本质上体现为记词方式逐步完善的基本进程及其发展趋势；而华夏社会在特定语境中记录汉语的交际需要，则是汉字记词方式辩证演进的根本动力。讨论汉字记录汉语的方式，以下的思路和认识应该重视。

第一，汉字沿着据义构形单音成字的表意化方向发展具有历史的必然性。

汉字是华夏民族为记录汉语而量身创制并独立发展起来的自源文字。汉字的历史发展，不仅是在顺应华夏民族记录汉语的社会需要中进行的，而且是通过与汉语与华夏社会的协同作用而实现的。汉字的历史发展过程，就是通过调整形音义的关系，以改进记录表达汉语的过程。以字形提示词义的表意性是汉字的命脉。汉字的表意性是与生俱来的，也是历时发展的。上古汉语以单音词为主的特点与脱胎于记事性图画的生成环境，使汉字历史地选择了以单音词为单位据义构形单音成字的民族形式；甲金文时期据义构形造字难与有词无字矛盾的日渐尖锐，使汉字历史地选择了利用有限的现成表形字去"依声托事"地记录汉语；国家统一而方言音歧、文化悠久而古今音变的特定语境，要求汉字依靠形义联系而超时空地记录汉语。汉字对汉语对华夏社会的最大适应，集中体现为主要用义音合成的形声字以记录义音结合的单音节语素。汉字是在特定的文化语境中走向记词方式形声化的，记词方式的形声化是汉字超时空记录汉语的历史选择。

第二，汉字系统的历史演进主要体现为不同字式的消长与主体字式的转换。

汉字拥有长期稳定的汉语汉文化的人文大环境，连续使用几千年从未中断也未突变过，其发展始终是以系统的形式以渐进的方式进行的。汉字的符号系统是逐步完善的，汉字的记词方式是辩证演进的，这种演进主要体现为不同字式的消长与主体字式的转换。因画成文的象形字为合成造字提供了基础构件，以"文"组"字"的会意字为形声字提供了合成构形的思路，形声字则因突破会意字的构字局限而得以大步发展。新的记词方式是在对旧字式的扬弃之中产生的，它在突破旧字式的局限中演进，它因吸取旧字式的积极因素而发展，以其历史的进步性而具有超越的优势。汉字的记词方式虽是渐进式演变，但演进的历程还是分阶段的。汉字的阶段发展体现为主体字式的转换，各阶段汉字的基本性质是由该阶段居主体地位的记词方式所决定的，这种阶段性的转换反映了汉字系统历史发展的过程与趋势。

第三，汉字经过"表形→表音→兼表义音"的辩证演进实现了记词方式的逐步完善。

文字记录表达语言的方式是文字据词构形的基本原则，文字的发展在本质上体现为记词方式的演进，汉字的历史发展就主要体现在汉字据义构形方式的自我完善上。据义构形、借符记音、义音合成这三种记词方式，早在汉字体系形成之前就都产生了，但表形字→假借字→形声字相继成为汉字主体的历史却是时有先后分阶段的，并由此形成了记词方式形声化的历史发展趋势。形声字共时而论是兼表义音的，但就汉字辩证发展的进程来看则反映了表意化的历史走向。形声字主要生成于"以类附声"，新增的义符不仅通过重建形义联系扭转了假借字的表音倾向，而且倒逼兼职的同音字（假借字/同源字）转化为表音的借声符，进而通过字符的音义分工而创造了义音合成兼表义音的记词方式。"以类附声"而"形声相益"的形声字，是对"依声托事"的扬弃而不是全面否定，是对据义构形的发展而不是简单回归，它在更高的阶段上把单纯的据义构形与单纯的借符记音统一为互补的义音合成，兼表义音因此成为汉字表意方式的完善形式，成为汉字记录汉语的主体字式。汉字之所以连续使用数千年至今仍然生机勃勃，就是因为它不仅能动地适应了华夏民族记录汉语的社会需要，而且有力地促进了汉语书面语的统一与发展。

第四，汉字记录汉语的三种基本字式是表意字、假借字、形声字。

共时地归纳汉字的基本类型，要充分考虑汉字发展的历史阶段。因为事物在历史演变中的各个发展阶段往往沉积为共时平面上的不同基本类型，共时平面上的各种基本类型又总是反映了历史进程中的不同发展阶段。在汉字发展史上相继成为汉字主体字式的表形字→假借字→形声字，代表了汉字演变历程中的三个发展阶段；而表意字（语义化的表形字）、假借字、形声字则是汉字记录汉语的三种基本字式。这三种基本字式互补为用，其中利用形义联系而据义构形的表意字是汉字的基础字式，综合利用形义、形音联系而义音合成的形声字是汉字的最优字式、主体字式；汉字在由单纯的以形表意向综合的兼表义音发展的历史进程中，借符记音的假借发挥了重要的桥梁作用，由此打开了汉字利用音义联系记录语词的道路。

第六章
据义构形的表形字

一、"依类象形"的象形字
　　① 依类取象的认知基础
　　② 按物绘形的本质特征
二、"指而可识"的指事字
　　① 源于刻符的纯指事字
　　② 立足象形的加体指事
三、"比类合谊"的会意字
　　① 合文生义的基本特质
　　② 构形表意的历史进步
　　③ 从外到内的逐层分类

提要： 表形字是汉字初创阶段的主体字式，其下又可分为独体的象形、指事与合体的会意字，后来都发展为以语义提示词义的表意字。记录名词的象形字在构形上具有依类取象的整体性，在表意上具有按物绘形的象物性，象形字是汉字构形系统也是汉字表意系统得以形成与发展的基础。指事字是表示抽象物事的独体字，又可分为源于刻符的纯指事字与立足象形的加体指事字。会意字是相关义符直接合成以意合新义的合体字，其生成方式开启了汉字利用现成字符二度造字的合成化，有力地推动了汉字由独体构形向合体构形、由表形阶段向表意阶段的历史演变。

　　一切自源文字的初始阶段都是表形文字，表形文字是最原始的文字。表形字的最大特点，是主要用象形象意的图画性符号去记录语词，后来都发展为以语义提示词义的表意字。汉字主要起源于记事图画的符号化，表形字是汉字初创阶段的主体字式，是表意文字的初级阶段。表形字又可分为独体的象形、指事与合体的会意字。自源的汉字在初创阶段的演变具有两大基本趋势：一是由独体向合体发展的构形合成化，一是由表形向表意发展的表意语义化。

第一节　"依类象形"的象形字

原始记事方法的符号化孕育了文字，脱胎于记事性图画的象形字是最早产生的基础汉字。部分象形字后来偏旁化语义化为字符，充当了汉字系统的基础构件与表意基因。讨论象形字的构形表意，应该围绕着"类"的概念展开：首先是认识象形字如何在"依类象形"中逐个产生，进而是认识象形字怎样在"以类附声"中系列孳乳。前者说的是类的抽象与形的约定，讨论象形字的造字方式；后者说的是类的系联与形的合成，讨论象形字在汉字系统中的基础地位。这里先讨论前一个问题。

一、依类取象的认知基础

讨论象形字，有两段论述不能不认真研读。

许慎："仓颉之初作书，盖依类象形，故谓之文，其后形声相益即谓之字。（文者，物象之本。）字者，言孳乳而浸多也。""近取诸身，远取诸物。""象形者，画成其物，随体诘诎，日月是也。"①（其中"文者，物象之本"6字，是段玉裁据《左传·宣公十五年》的"故文反正为乏"后正义所补。）

唐兰："凡是象形文字：一、一定是独体字，二、一定是名字，三、一定在本名之外，不含别的意义……名和实一定符合。"②

两段文字关于象形字产生的认知基础、造字方法、本质特征的论述是深刻的。许慎的"依类象形"之论，使人由此认识到象形字的产生，首先是因为"依类"取象的思维认知，然后才是按物绘象的造字方法。这些以物象为本的象形字（文），是后来汉字赖以孳乳的基础字符。虽然也有个别如 犬（走）、交（交）、高（高）、凹、凸这样的象形字是为动词、形容词所造，但一般而言，象形字就是为名词所造的独体字。早期象形字的字形就是所记名物的可识性画像，象形字在记录名词上具有以画象表物形的特点。据词造字依类取象与按物绘象以象表形，应当成为我们研究象形字的两个基本认识。

现实世界丰富多彩，万事万物以个体存在而千差万别。但是，作为人类的交际工具和信息符号，语言文字则必须强调对事物共性的概括，否则就难以交流了。虽然一千个人眼中就有一千只各别的鸟，但这些鸟总是有着共同的本质属性（会飞的脊椎动物），有

---

① 〔东汉〕许慎：《说文解字》，中华书局影印本，1989年，第314页。
② 唐兰：《中国文字学》，上海古籍出版社，1979年，第76—77页。

着共同的形象特征（有喙有头有翅有足）。"方以类聚，物以群分。"（《易传·系辞上》）四方万物莫不各从其类，类的概念首先就产生于对事物共性的认识。"智者察同，愚者察异"（《黄帝内经·素问》），进而从思维方式上强调了认识物类共性的重要性。正如刘梦溪（1941— ）所说："为学之道，尚同比求异更重要而且深刻得多。"[①]类的概括反映了事物在本质上的内在规定性，类本质决定和区分了事物的异同。正是在对无数个体鸟的类聚性抽象中，人们逐步认识到了鸟类的本质共性而形成了"鸟"的概念，当这个认知概念与特定的语音结合并成为人们的约定，就产生了"鸟"这个词。

人类是主要运用抽象思维来认识世界的，而抽象思维是以语言符号作为载体的。语词产生于类聚中的抽象，是在对具体事物的反复认识中概括出来的。因此，任何词都已经是在概括，任何词都已经是在约定，词义概括地反映了人们对事物本质属性的能动认识。数字与语词都是约定俗成的符号，正如数学把世界高度抽象为成系列的数字一样，语言是把世界巧妙概括为成系统的语词了。语言是文字得以产生的基础，只有与语词结合的构形才能成为记录语词的文字符号。上古汉语以单音节词为主，汉字脱胎于记事性图画，二者的交互作用决定了最早的造字方式只能是按物绘形单音成文。汉字不需要也不可能为每个具体的鸟（现实中的物）逐一画像，但必须为这个类聚了的"鸟"（语言中的词）"画"一个视而可识的字，这就是许慎所说的"依类象形"，即依类取象按物绘形而如图画然。

人们认知事物总是以自我为中心，把自身作为认知的基本参照点，进而由人而物、由近而远地去认识周围的事物。大千世界不外人、物两大类。许慎最先从取象构形的角度，将象形字分为"近取诸身，远取诸物"两大类。取象于人者，或从不同的角度整取全身之形，如 ？（人）、？（女）、？（身）、？（子）等字；或着眼其功能而特写某一部位之形，如 ？（心）、？（目）、？（口）、？（手）等字。取象于物者，或取人类生存环境中的自然物之形，如 ？（日）、？（雨）、？（山）、？（木）等字；或取人类社会生活中的人造物之形，如 ？（衣）、？（门）、？（车）、？（刀）等字。这种依类取象按物绘形的过程，其实质就是利用人们从物类中抽象出来的认知成果，为记录类属性名词而据词造字的过程。

概括性、社会性是语词的本质属性，后来亦成为汉字据词构形的思维基础。如果说从类聚中取象记词，主要源于对词的概括性的认识，那么在抽象中约定字形，则主要出于对字的社会性的重视了。早期象形字直接脱胎于记事的图画，是从画物记事中逐步进化为据词造字的，故而整体象物的可识性特征相当鲜明。甲骨文中一个"鸟"字就有几十种写法，其构形有繁简，线条有多少，置向有变异，视而可识却各具姿态，一字异写的现象相当突出。在编纂甲金文的字编、字典时，一项重要的基础工作就是对古文字形的认同去重，要从大量杂乱的原始字样中归纳类聚出单字，并优选出每个单字的主形来。古文字主形选取的标准：一要较为典型，具有类聚的代表性；二要较近源头，最能体现

[①] 刘梦溪：《〈中国文化〉创刊词》，《中国文化》创刊号，1989年。

造字的理据；三要较具传承性，要能反映字形的演变源流。甲金文还处在表形文字阶段，其象形字的象物性强、异写体多两大特点，就是记事性图画在早期汉字身上留下来的两大胎记。由记事的图画到记词的文字，这个符号化进程是缓慢而漫长的。

语言是人类进行思维的符号系统，它外化地反映了人类认知的综合信息。这不仅使语言当然地成为人类交际的基本工具，而且为文字的产生提供了厚实的认知基础。按物绘形的象形字起源于记事的图画，但最终产生在与语词的结合之中，产生在据词造字依类取象的认知基础之上。

二、按物绘形的本质特征

据义构形的汉字是以构形来表示词义的，这就是所谓的以形表意。"依类象形"是最为基础的造字方式，记录名词的象形字是最早产生的基础汉字。早期的象形字取物象为形，用物名为音，是利用物象整体图形的可识性来体现构意表示词义的，这种初级的表意功能一般称之为"表形"。象形字的构形表意具有三个特点：整体性、象物性、人文性。

（一）按物绘象单符成字的整体性

按物绘形的象形字是记录名词的独体字，物象完整独立而不能拆分，是象形字区别于合体字的内在规定性。所谓合体当是由几个独立字符合成的字，而象形字则是拆开即无构意的一个整体。正如唐兰所说："象形文字是由图画演化而来的，每一个图画文字的单位，原本是一个整体，并不是由一点一画凑起来的。"[①]如 ⚬（衣）、⚬（食）二字都由相离的两部分组成。衣字上部像衣领，下部像衣襟。食字上部像食器之盖，下部像食器之身。只有上下相合才能成为一个体现构意的完整物象，而一旦拆分就什么都不是了。

象形字直接用描绘事物形象的方式来构形，其按物绘形的造字手法可以归纳为主辅二例：单取物象的"证件照"为主，配境取象的"生活照"为辅。多数象形字是单取物象来构形的"证件照"，只是视物形是否有定而分别采用"写实"或"写意"的手法。多数实物的形状是一定的，物形有定即取形以"写实"，大多数象形字如⚬（鸟）、⚬（山）、⚬（日）等就是取其物象而"写实"构形的。有的实物没有一定之形，物形无定则取态以"写意"，如⚬（雨）、⚬（水）、⚬（火）等字，就是取其态势而"写意"构形的。

还有一些实物很难孤立取象，很难独立地区别于其他名物，于是就采用了配境取象以拍"生活照"的构形手法。这种置象于境就是连带画出其所依附的主体以为衬托，或为物象配设相关的环境使有特征，从而在特定的关系中因境显象而整体象物。比如树上的"果"就很难孤立取象，虽可按物画成圆形，但圆形物实在太多了，至少与常用的"日"字就难以区分，于是就把果实所附的树身一起画了出来。⚬（果）字是利用主体（树身）的衬托来显示部分，而⚬（桑）字则是通过强调部分的特征（繁茂的枝叶）以表示主体。

[①] 唐兰：《中国文字学》，上海古籍出版社，1979年，第80页。

▨（齿）字的构形是因置于口中才显示其为牙齿的，▨（眉）字的构形是有赖眼睛的衬托才显示其为眉毛的，▨（页）字以人身为依托而得以突出头部，▨（须）字因头部的衬托而显示其为胡须（此字后来在小篆中演变为合体字）。小圆圈虽然可以方便地用来表示多种物象，但是没有区别性，于是就为它配设特定的环境，从而造出了多个各具特征的字，如置之藤下而造▨（瓜）字，置之河中而造▨（州）字。石、土二字极难孤立取象，便置之崖下而造▨（石）字，置之地上而造▨（土）字了。配置的环境旨在衬托其物而非指示他意，是这类象形字与加体指事字的区别。

许慎没有看到甲金文，他根据小篆字形把一些形变了的象形字分析成由字符组成的合体字。如"身"，甲骨文为▨，象突出肚子的人身之形，本指孕妇，后引申而指身体；许慎据其小篆字形而把它分析成"从人，申省声"的形声字。再如把象形字"桑（▨）"分析成"从叒木"的会意字，这是许慎的局限。分析象形字一定要立足于古文字，否则便难以看到"依类象形"的构意。对失去物象性的后出字进行象形字分析是没有意义的；把象形字再分为独体、合体的主张，是忽视了象形字整体象物单符成文的特点。姚孝遂说得好："所有的象形字都应该是一个完整的形体，不能加以分割。过去许多学者认为象形字有独体与合体之分，这种说法是难以成立的。"[①]

（二）各具特征为人可识的象物性

汉字是记录汉语的视觉符号系统，在汉字系统中，每一个汉字都具有在构形上不同于其他汉字的区别性特征。记录名词的早期象形字是人们创造的象形性符号，它们是按物绘形各有所指的物象。先民在为那些物象近似者构形时，尤其注重突出名物的个性化特征（种差）以区别其间的同中之异。

▨：▨（木：禾）二字所表之物大异但物象近似，都是有根有干有枝叶的植物，然成熟的禾株上还有下垂的禾穗，遂在顶上添加禾穗而为之区别。▨：▨（日：月）在人们的心目中本来都是光照大地的星球，但每天升起的太阳总是圆的，而夜晚所见的月亮则多为弯月，构形则以日圆月缺以相区别。▨：▨（犬：马）二字所表之物大异，但都是四脚奔跑的动物，遂抓住犬尾上翘而马有鬃毛的不同特征进行构形。这几组字的构形不仅鲜明地突出了同中有异的个性，而且还巧妙地表现了其大类相同物象相似的一些共性。这种突出区别性特征的手法用于特写，其个性化形象就更为具体鲜明了。▨：▨（艸：竹）二字同取叶片构形，由于构形上突出了小草向上而竹叶下垂的不同特征，因而各具个性而区别显著。▨：▨（牛：羊）这两种家畜都头上长角，但牛角向上翘而羊角向下弯。构形上抓住这一区别性特征，便采用了正面取象放大头部突出弯角的特写手法，其用简洁的线条所勾勒出的物象，各具个性而十分传神。

思维符号化是人类思维的重要特征。着眼于符号与所指内容的关系，可以把符号分为抽象符号与意象符号两类。与西方传统思维方式相比较，我们的民族更加注重意象思

---

① 姚孝遂：《许慎与〈说文解字〉》，中华书局，1983年，第25页。

维,更加看重意象符号,擅长用形象的方式来反映客观事物。同样是据词造字记录语言,表音文字选用的是标音明确的抽象音符,汉字选用的是表意概括的意象形符。脱胎于记事性图画的早期象形字具有很强的象物性,它是用按物绘形的物象来记录所指之词的。就如表形文字是表意文字的初级阶段一样,象形性的物象亦是意象的早期形式。在去象形性的简明化演变中,物象性的古文字逐步语义化而成为寓义于形的意象符号,从而保存和传承了古物象的造字理据。意象化的象形字因形义结合而成为汉字孳乳中的表意字符,汉字系统随之实现了从用物象表形到以语义表意的升华。象形字的语义化意象化有力地促进了汉字表意功能的传承与发展。

(三)构意内涵先民认识的人文性

汉字是先民创造的人文符号,其构形表意历史地反映了当时的社会生活与时代认识。今人对古文字构形构意的析释,其实就是对先民的人文认识的一种探寻或者说解读。试以最关乎人本的"人""女""男"三字以为阐说。

"人"字在甲骨文中写作 ㇕。人类是从古猿进化而来的,人猿分界的标志过去是以会否制造工具为断。自20世纪70年代发现黑猩猩也会制造工具以后,现代人类学家遂以能否直立行走作为人猿分界的主要标志。需要指出的是,中华先民很早就认识到了这一区别。

《列子·黄帝》:"有七尺之骸,手足之异,戴发含齿,倚而趣者,谓之人。"①

战国时期的《列子》明确指出:人类区别于其他动物的最大特点,莫过于这"手足之异"与"倚而趣(趋)"。先民认识并抓住手脚分工而直立行走这一特点,用简洁的线条鲜明的形象完美地创造了甲骨文中的 ㇕ 字,"人"字在所有汉字中无疑最富人文内涵。张舜徽(1911—1992)认为:"人之所以异于其他动物者,以其能直立耳。……㇕ 字实象直立之形……动物之能直立者谓之人。"②

ᄫ、ᄪ 前字象形,像人交手而跽之形;后字会意,会"用力于田"之意。它们在甲金文中分别用指女、男。李孝定(1918—1997)从社会分工的视角来析说二字的构意,认为:"女盖象跽坐而两手有所操作之形,女红之事多在室内。男则以力田会意,男耕女织有所专司,故制字于见意。"③早在母系氏族社会晚期,随着耜耕农业的发展,男子逐步成为社会生产的主力;其后家庭的出现,则使妇女因生育等原因而更多地在家劳作。结合文化史来比对考察"男""女"二字的古文字构形,可见其构意是用男耕女织的社会分工以区别男女性别的:主外而田间劳作者为男,主内而居家操持者为女。汉字的构形蕴涵着可贵的历史信息,其以形所表之意是具有人文指向性的。我们应该注重从华夏文

---

① 〔东周〕《列子》,上海辞书出版社,2003年,第41-42页。
② 张舜徽:《说文解字约注》第三册,华中师范大学出版社,2009年,第1903-1904页。
③ 转引自于省吾主编《甲骨文字诂林》,中华书局,1996年,第444页。

化史的角度来历史地探究古文字的构形表意。

按物绘象以象表形是早期象形字构形表意的基本特质。象形字是记录名词的独体字,它以名词为基础而依类取象,用物象来记词而整体象物,在构形上具有按物绘象单符成字的整体性,在表意上具有形义统一视而可识的象物性。在去象形性的简明化演变中,物象性的象形字逐步语义化偏旁化而成为寓义于形的意象性字符,汉字系统因而实现了从用物象表形到以语义表意的历史发展。

关于象形字的历史地位,南宋的郑樵继承发展了许慎关于"依类象形"之"文""孳乳"出"形声相益"之"字"的认识,进而指出:

> 小学之义,第一当识子母之相生,第二当识文字之有间。……六书也者,象形为本。……六书也者,皆象形之变也。①

郑樵是把看似散沙的数万汉字视为一个系统的。他不仅从汉字的结构上,强调了"独体为文,合体为字"的区别及其以"文"组"字"的关系,②指出象形是六书之本;而且从字符的功能上,强调了"母(义符)"与"子(声符)"的区别及其有理合成的模式,指出会意、形声皆为"象形之变"。郑樵的这一认识是深刻的。

象形是六书之本,六书乃象形之变。我们应该从汉字发展史的历史背景中,去认识象形字的根基地位。象形字在汉字系统中的根基作用主要有三:四五百个基础字符层级合成出了七八万汉字,汉字的基础字符集是以象形字为主体的;商周甲金文中大量的假借字,是主要由同音的象形字充当借音符的;汉字主要依靠义符建立起了系统的形义联系,汉字的核心义符主要来自于表示类概念的象形字。象形字是汉字的孳乳之本,它是以文组字的字根,也是推类表意的基因,象形字是汉字构形系统也是汉字表意系统得以形成和发展的基础。

第二节　"指而可识"的指事字

汉字是以"象形为本"而孳乳发展起来的表意文字,指事造字是在独体构形阶段对象形造字法的补充。历代学者关于指事的研究,主要是围绕着两个问题展开的:一是明确指事字的性质,讨论指事与象形、会意的区别;二是圈定指事字的外延,讨论哪些字是指事字并再作分类。

---

① 〔宋〕郑樵:《通志略》,上海古籍出版社影印本,1990年,第112页。
② 〔宋〕郑樵:《通志略》,上海古籍出版社影印本,1990年,第3页。

第六章 据义构形的表形字

《说文解字·叙》:"指事者,视而可识,察而可见,上下是也。"许慎对六书的定义,其象形、指事、形声都是着眼构形表意的特点而予以界说的。至于指事的"视而可识,察而可见",则是从认知角度来定义的,这样的界说缺乏区别性特征。另外,《说文解字》全书只有"上""下"两个例字注明是指事字,既欠典型而难以类推,也没有专用于分析指事字的术语。正如清代王筠(1784—1854)所说:"六书之中,指事最少,而又最难辨。……所谓'视而可识',则近于象形;'察而见意',则近于会意。"①后世学者对指事字的内在规定性进行了逐步深入的研究。

南唐的徐锴最早对象形与指事进行了辨析,认为二者的区别在于"象形实而指事虚"②。南宋的郑樵最早对指事与会意进行了辨析,认为二者的区别在于"指事,文也;会意,字也"③。二位采取同中辨异的方法,通过对指事与象形、指事与会意的区别性辨析,认识到了指事的性质。其研究方法与基本观点对后世影响较大。

指事字是表抽象事物的独体字。较之同为独体的象形、同需察意的会意,指事在本质上具有两个区别性特征:一是表意的抽象性。象形是物实有象而按物绘形;指事是事虚难象故指事察意,表示的是无形可象的抽象义与难以为象的名物义。二是构形的独体性。会意是数文组成的合体字;指事是单符成文的独体字,其中的加体指事字虽是"文之加",但所加的指事性符号是并不成文的点划圈之类的抽象标志。

一、源于刻符的纯指事字

在许慎的基础上,其后的学者进一步明确了指事字的外延并进行了分类研究。南唐的徐锴在《说文解字系传》的"通释"中最早明确注出了他所认为的指事字,其中的"本""末"之类的字就是后世所谓的加体指事字。宋末的戴侗最先把记数字归为"上下之类"的指事字。明代的赵宧光(1559—1625)对前人的探讨进行了这样的归纳:"指事有二:一独体指事,谓一二三十之类;一附体指事,谓上下本末之类。"④这个意见颇为切实而有影响,只是他把"上""下"二字归错了类。现代学者一般把指事字分为两类:一是源于刻符的纯指事字,一是立足象形的加体指事字。

清代的王筠精辟地分析了指事字的生成机理,认为"天地间物与事而已,有形者谓之物……无形者谓之事",然"状物之字……或流于指事,物能生事也"。指事就是利用抽象符号的指示作用,将"无形之事竟成为有形之字",但此形已是"人意中之形,非象人目中之形也"。⑤表方位的"上""下"是常用的基本词,但意义抽象实在无形可象,遂以一长横为基线,其上置一短横而造二字以表上方义,其下置一短横而造二字以表下方

---

① 〔清〕王筠:《说文释例》,武汉市古籍书店影印本,1983年,第5页。
② 〔南唐〕徐锴:《说文解字系传》,中华书局影印本,1987年,第2页。
③ 〔宋〕郑樵:《通志略》,上海古籍出版社影印本,1990年,第124页。
④ 〔明〕赵宧光:《说文长笺·卷首一·事第一》,齐鲁书社影印本,1997年。
⑤ 〔清〕王筠:《说文释例》,武汉市古籍书店影印本,1983年,第16-18页。

义。用短横之于基线的相对位置标示了无形可象的方位义，从而使"无形之事竟成为有形之字"，这就让人"视而可识，察而见意"了。两字的形变源流如下：

⌒（甲）→ 二（金）→ 丄（篆）→上（隶）

⌒（甲）→ ⁼（金）→ 丅（篆）→下（隶）

数的概念产生于原始计数活动，是人类最早形成的一种基本的抽象概念。记数备忘在生产、交易和社会管理中的需求，随着社会的发展而逐步增强，由实物记数、结绳记数逐步进化为用刻划记数，记数字就来源于原始记数方法的符号化。

"谶"是所谓神灵关于天命、吉凶的征兆或预言，"纬"是运用谶来解释经义的著作。谶纬之学始于上古的《河图》《洛书》。《周易·系辞上》："天垂象见吉凶，……河出《图》，洛出《书》。"①在谶纬之学盛行的东汉，经学谶纬化成为一种学术倾向，时人多好用阴阳五行之说来解释五经。作为当时的著名经师，许慎也用谶纬说来说解记数字等尚难分析的文字。如："一，惟初太始，道立于一，造分天地，化成万物。""二，地之数也。""三，天地人之道也。""五，五行也。从二，阴阳在天地间交午也。""十，数之具也。一为东西｜为南北，则四方中央备矣。"需要指出的是，记数字在殷商甲骨文中就已经出现了，这些字的构形构意与后来的谶纬说是并不相干的。这样用后来的神秘之说去解释先民的造字构意，已经不是立足构形探求本义了。

宋末元初的戴侗最先对此提出了异议，明确指出许氏之说"非制文之本指也"。针对字形的演变与《说文解字》的局限，戴侗提出了析形求义要立足于"取象制文之本初"的观点。②他在《六书故》中引用的金文及石刻文字材料多达五十多处，由此开启了用古文字材料来校证《说文》的工作。他认为：

> 书始于契，契以纪数。……上古结绳而治，未有文字，先契以纪数。一二三三各如其数，自五以往不可胜画，故变而为×（五）以为小成之识，变而为十以为大成之识。……许氏之说大矣，非制文之本指也。……确一二三三五十，本为纪数立文，非为天地阴阳五行立名也。③

戴侗从汉字起源的思路指出："书始于契，契以纪数。"认为记数字脱胎于"契以纪数"的刻符，"本为纪数立文"，是为记数而造的独体字。是他最先总结出造记数字的两种方式："一二三三各如其数，自五以往……变而为×。"是他最早把这些记数字与表方位的"上""下"字一并视为早期的指事字，明确指出："何谓指事？指事之实以立文，一二上丅之类是也。"④他从"契以记数"的历史视角来说解记数字的认识是难能可贵的。

于省吾发展了戴侗关于记数字的认识，他立足于甲骨文字形，将基本记数字的构形表意方式归纳为积划与错划两种。他认为：

---

① 〔清〕阮元校刻：《十三经注疏》，中华书局影印本，1980年，第70页。
② 〔宋〕戴侗：《六书故》，上海社会科学院出版社影印本，2006年，第9页。
③ 〔宋〕戴侗：《六书故》，上海社会科学院出版社影印本，2006年，第27-28页。
④ 〔宋〕戴侗：《六书故》，上海社会科学院出版社影印本，2006年，第8页。

我国古文字，当自纪数字开始，纪数字乃古文字中之原始字。纪数字由一至九分为二系而五居其中。由一至四，均为积划，此一系也；由五至九，变积划为错划，此又一系也。①

南宋的洪迈（1123—1202）写了一篇《廿卅卌字》。他说："今人书二十字为廿，三十字为卅，四十字为卌，皆《说文》本字也。"②让我们从源头上来考察这几个字的构形构意吧。

| （甲）→ ∤（金）→ 十（篆）→十（隶）
∪（甲）→ ∪（金）→ 廿（篆）→廿（隶）
∪∪（甲）→ ∪∪（金）→ 卅（篆）→卅（隶）
∪∪∪（甲）→ ∪∪∪（金）→ ⅲ（秦简）→卌（隶）

这四个记数字的甲骨文构形以及其后的形变过程相当规律。先看甲骨文构形："十"字为一竖，"廿"字为底部相连的两竖，"卅"字为底部相连的三竖，"卌"字为底部相连的四竖。再看形变过程，四字的金文皆在竖中加肥甚至成点。小篆"十""廿"中的点变成一横，构形已近隶楷。小篆"卅"三点变三短横而成三个十字，合而为"卅"，后渐变为"卅"。"卌"字缺小篆，秦简为"ⅲ"，再变为"卌"。

戴侗云："契以记数，一二三三各如其数。"于省吾先生说："由一至四，均为积划。"结合十廿卅卌来看，古人造记数字，是分别用积横与积竖来区别个位数与十位数的。个位数上的一二三四是积横以计数：一横为一，二横为二，三横为三，四横为 ☰ 。十位数上的一二三四则积竖以计数：一竖为 | ，二竖为 ∪ ，三竖为 ∪∪ ，四竖为 ∪∪∪ 。从甲骨文来看，十廿卅卌这四个字，与一二三四五六七八九一样，都是来源于记数刻符的纯指事字。现将基本记数字的"本初"，作为一个小系统归纳为表 6.1（表中的古文字都是甲骨文）：

表 6.1 记数字在甲骨文中的构意构形一览表

构 意		构 形
刻划记数	积划	个位积横	一 /一、 = /二、 ☰ /三、 ☰ /四
		十位积竖	∣ /十、 ∪ /廿、 ∪∪ /卅、 ∪∪∪ /卌
	错划		X /五、 ∧ /六、 十 /七、)(/八、 ₹ /九

古文字中的基本记数字与表方位的"上""下"字，是来源于刻符的纯指事字。

二、立足象形的加体指事字

北宋的张有（1054—?）较早开始了对加体指事字的讨论。他认为：

---

① 于省吾：《甲骨文字释林》，中华书局，1979 年，第 100 页。
②〔宋〕洪迈：《容斋随笔》，上海古籍出版社，2015 年，第 37 页。

> 象形，文之纯；……指事，文之加。……事犹物也。指事者，加物于象形之文，直著其事，指而可识者也。如本、末、叉之类。①

张有的"事犹物也"，指出抽象的"事"可以用具象的"物"来表示，这就是清代王筠所谓的"物能生事"。其方法是"加物于象形之文，直著其事"以使之"指而可识"，让记录名词的象形字"物能生事"地表示由名词义引申出的抽象义。"事犹物也"而"物能生事"，一语破的地道出了加体指事字的生成机制。

汉字在独体构形阶段，其造字是以象形为主指事为辅的。记录名词的象形字以表示名物义为常，但"物能生事"也能引申出动作义、性状义来。加体指事字的特点在于象形加符以指抽象之事，即利用已有的相关象形字为基础，在象形字的某个部位加上指事性符号，以此指示造字之意。所加的符号虽是不成文的点、划、圈之类的抽象标志，但它是让指事字得以"指而可识"的点睛之笔：其所"指"之"事"，就是此字的构字之意。正是特定的指事性符号"激活"了象形字"依类象形"的能指潜力，加体指事字才因而具有了自己的所指功能，从而为难以为象之物与无形可象之事造出了有形之字。

加体指事字是指事字的主体，它不仅可以表示难以独立为象的名物义，可以表示无形可象的动作、性状等抽象义，而且还可以表示象形字的分化义。

（一）表难以独立为象的名物义

有些名词所表示的是特定物体中不可分割的部分，很难为它们独立画象，也难以依靠主体的衬托以显示其区别性特征，于是就以表示所在主体的象形字为基础，再加上指事性符号来标志出所取的部位。例如：

刃：刀锋义的"刃"无法独立成象，遂利用现成的象形字"刀"为基础，在其刀口部位加一点以指示所在之处就是"刃"，这就造出了 ⺈ 字。

本、末：树根义的"本"、树梢义的"末"，都难以独立画象，就以象形字"木"为基础，在其上、下端分别加上一横以为标志，从而造出了 朱、末 二字。

亦：《说文解字·大部》："亦，人之臂亦也。""亦"是"腋"的初文，腋窝难以为象，遂在象形字 ⼤（大，像正面站立之人）的两腋处加点标示以造 夾 字。"亦"借去用作副词后，这才再造了一个形声字"腋"。

寸："周制寸、尺、咫、寻、常、仞诸度量，皆以人之体为法。"（《说文解字·尺部·尺字》）周代的尺寸标准比现在要短，流行的是"布指知寸，布手知尺，舒肘知寻"的量度法。②即以中等身材的人为准，拇指和食指张开的长度为一尺，双臂伸开的长度为一寻。所谓"布指知寸"，即以拇指之宽为寸。中医诊病的切脉术产生后，因切脉处正位于距手腕一指宽的部位，故称之为"寸口"。《说文解字·寸部》："寸，十分也。人手却一寸动

---

① 〔宋〕张有：《增修复古编》，《北京图书馆古籍珍本丛刊5》，书目文献出版社影印本，1988年，第401页。
② 〔汉〕戴德辑：《大戴礼记》，山东友谊书社影印本，1991年，第21页。

脉谓之寸口。"这切脉处之所以称"寸口"，就根据的"布指知寸"的量度法。寸字始见于小篆，其形为 ⇒，它以象形字"手"为基础，在其下部加一横以指寸口之所在，用寸口至手腕的距离巧妙地表示了"寸"的长度单位义。后来的"閂"字，也是在象形字"门"中加上一横，以指示门后横插的"閂"。

（二）表无形可象的抽象义

加体指事字之所以能够表示无形可象的动作、性状等抽象义，一是因为它是以相关象形字为基础的，二是因为它用指事性符号"激活"了象形字的引申义。指事性符号如点睛之笔，指向性地彰显了象形字"物能生事"的潜在引申义，从而为抽象之义造出了有形之字。例如：

立：站立义的"立"字，甲文为 ⩟，是在象形字"大"（人）的下边加符而成的。

之：《尔雅·释诂》："之，往也。"甲文为 ⩟，是在象形字"止"（趾）的下边加符而成的。

至：到达义的"至"字，甲文为 ⩟，是在象形字"矢"的下边加符而成的。

生：生长义的"生"字，甲文为 ⩟，是在象形字"屮"的下边加符而成的。

旦：早晨义的"旦"字，其甲金文由象形字"日"与其下的小圈组成，后小圈变为一横，小篆为 旦。

这几个象形字下边的"一"，在"立"字中被视为人所站立的地面，在"之"字中被视为迈步他往的出发地，在"至"字中被视为箭所射的目的，在"生"字中被视为小草生长的土地，在"旦"字中被视为太阳升起的地平线，在"灭"字中被视作熄火的覆盖物。其实，这个"一"如"⌣""⌒"字中的指向性线条一样，就是一个抽象的指事性符号。正是这种加符于象形而使物生事的创意，使人在联想中察知了象形字所记名物的动作义。例如：

甘：甲文为 ⊟。《说文解字·甘部》："甘，美也。从口，含一。"

曰：甲文为 ⊟。《说文解字·曰部》："曰，词也。从口……亦象口气出也。"

牟：甲文为 ⩟。《说文解字·牛部》："牟，牛鸣也。从牛，象其声气从口出。"

芈：甲文为 ⩟。《说文解字·羊部》："芈，羊鸣也。从羊，象声气上出，与牟同意。"

以上四字或表味美的感觉，或表说话的行为，或表牛羊的鸣叫，都是无形可象的抽象义。许慎以"从甲，象乙"析说之，但它们所象的并不是"目中之形"而是"意中之形"。甘美是口中感受到的味觉，说话是口中发出的语音，口感味觉与开口说话原本就是口腔有关器官的功能。利用已有象形字"口"为基础，在其中加一横以表口中食物的味美，在其上加一横以表口中说出的话语，从而造出了"甘""曰"二字。记录牛羊鸣叫的象声词"牟""芈"等字也是如法炮制的。加体指事字之所以借用相关象形字作为构形的基础，就是为了利用已有象形字的形象与信息，其所加的指事性符号，则指向性地让人由此联想到象形字所记名词的引申义，而这引申义正是指事字的所表之义。

（三）表相关象形字的分化义

加体指事字不仅可以表示象形字的引申义，而且还能成为相关象形字的分化字。例如：

女/母："女"字甲文为 ，像直身跽坐双手劳作之人，是以男耕女织居家操持的构意用指女人的。后在"女"字上添加两点而为 ，异体分化另指生育乳子之"母"。"母"是"女"的分化字。

大/太："大"字甲文为 ，像正面站立之人，与像幼儿的 （子）字相对而指"大人"，后引申而泛表大义。至战国文字，"大"字的右臂或加一撇而为 ，后撇变为点移至下边，这就从"大"字中逐步分化出了"太"字，"后世凡言大而以为形容未尽，则作太"（段玉裁《说文解字注·水部·泰字》）。"太"是"大"的分化字。

小/少："小"字甲文为 ，也有写作四点的，像细碎之物，表微小之义，或以为是"沙"字的本字。至春秋金文，四点的"小"字中的下边一点或延长为线而变作 ，这就从"小"字中逐步分化出了不多义的"少"字。"少"是"小"的分化字。

月/夕："月"字甲文为 ，因月缺为常而取象半月以别于日。月亮是夜晚的象征，故卜辞又以月为夕，后在"月"字中加点而为 ，这就从"月"字中逐步分化出了"夕"字。"夕"是"月"的分化字。

指事字是表抽象物事的独体字。可以分为两类：一类是来源于记事刻符的纯指事字，如三五上下之类，纯粹是用抽象的刻划性符号，来表示基本的数字与方位。一类是增符于象形的加体指事字，如本旦曰太之类。形义统一的象形字、指事字，后来都在语义化简明化中成为了寓意于形的意象性符号，其中表示类概念的部分则通过偏旁化而兼职充当了汉字的基础字符。随着基础字符系统的形成与合成构字方式的成熟，人们再也没有逐个新造独体字了。①

第三节 "比类合谊"的会意字

会意造字法是汉字发展到一定阶段的历史产物。汉字从独体构形向合体构形的发展，从表形阶段向表意阶段的进化，是一个重大而深刻的历史进步。这种历史进步首先发生在会意字上，会意字不仅启动了汉字的构形合成化，而且加快了汉字的表意语义化。

历代学者关于会意字的研究，主要是围绕着三个问题展开的：一是明确会意字的特质，讨论会意与指事、形声的区别，由此去认识汉字如何利用已有的独体字作字符去合

---

① 龚嘉镇：《论指事字的构形表意与"兼书说"》，四川大学汉语史研究所、四川大学中国俗文化研究所编：《汉语史研究集刊》第十五辑，巴蜀书社，2012年。

成新字。二是划分会意字的类型，从外部的构件与内在的构意两个层面上，去认识会意字的构形特点与构意方式。三是关注会意字字符的语义化，考察会意字由合形象意向合义会意的进化，由此进一步认识汉字从表形文字向表意文字的历史演变。

一、合文生义的基本特质

汉字在独体构形阶段遇到的两大难题，一是难以用具体物象去表示抽象的词义，二是难以靠单符为文去记录众多的语词。正如南宋的郑樵所说："六书也者，象形为本。形不可象则属诸事，事不可指则属诸意。"① 会意造字法不仅是在"形不可象"与"事不可指"的背景下出现的，而且是伴随着汉字字符系统的逐步形成而产生的。

> 许慎："会意者，比类合谊，以见指撝，武信是也。"②
> 郑樵："象形、指事，文也；会意，字也，文合而成字。文有子母，母主义，子主声。一子一母为谐声；谐声者，一体主义，一体主声。二母合为会意；会意者，二体俱主义，合而成字也。其别有二：有同母之合，有异母之合，其主意则一也。"③

东汉许慎对会意的定义是确中肯綮的。南宋的郑樵运用逐层辨析同中别异的方法，进一步分析了会意字的区别性特征。第一，郑氏着眼于整字的结构，指出象形、指事是独体的"文"，而会意、形声是"文合而成"的"字"。第二，郑氏着眼于字符的功能，指出合体字中的"文"有母（义符）子（声符）之分，"二母合为会意"，"一子一母为谐声"。第三，郑氏根据意符的异同，把会意分为"同母之合"与"异母之合"两种类型，后世所谓的"同文会意""异文会意"之分即源于此。

会意字具有两个特点：构形上具有以文组字的拼合性，表意上具有比类合义的意合性。

（一）构形：以文组字的拼合性

正如许慎所论，会意字的构形特点在于"比类"。所谓"比类"，就是拼合现成的相关义符以孳乳新字。是会意字利用已有的独体字作字符而相益孳乳，开启了汉字的构形合成化。

会意字有着自己的构形特点。第一，会意字的构件一般是独立成字的表意字符，以独体的象形字为多，也有由合体字充当的。另外，会意字中确实还有少许不能独立成字的表形字符，甲金文自不必说，隶楷中也有一些。现行会意字中的非字字符或是古文的遗存，其参构字如宫、足之类；或是形变而来的记号，其参构字如春、素之类。第二，会意字的结构以两个意符组成的二合结构为主，也有少数会意字由多个意符组成。第三，

---

① 〔宋〕郑樵：《通志略》，上海古籍出版社影印本，1990年，第112页。
② 〔汉〕许慎：《说文解字》，中华书局影印本，1989年，第314页。
③ 〔宋〕郑樵：《通志略》，上海古籍出版社影印本，1990年，第126页。

会意字的合成方式是一次性的直接拼合。无论由两个意符还是由多个意符组成，无论意符是独体还是合体，会意字的形义关系都表现为参构义符在共时层面上的一次性直接拼合。这种直接拼合多是两个相关意符的并列或重叠，少数则是内外结构、偏正结构或多合结构，如析、突，如囚、族，如森、宿。

（二）表意：比类合义的意合性

正如许慎所论，会意字的构意特点在于"合谊（义）"。语言是人类进行思维从事交际的重要工具，中西方文化在思维方式上是有差异的，其语言的表达方式也因此而存在着相应的差异。王力在1938年提出了"意合-形合说"，认为意合与形合是组织语言要素的两个基本手段。①西方文化注重形式逻辑的思维方式，要求用显性的语法形式来表示语言的结构关系，英语因而以形制意重形合，强调用形态标志来连接各语言单位。汉民族注重超越形式的直观体悟，这种直觉思维具有思维的简洁性与认知的模糊性。汉语因而以意驭形重意合，各语言单位的结合多依靠语义的贯通而较少使用形式的标记，人们对语义的理解往往更多地依靠语境语感而直觉体悟。汉语从合成词、短语到单句、复句，无不结构简约而内涵丰富，表现出隐性的"意合"特征。

汉民族的直觉思维方式与汉语内部结构的意合性，深刻地影响了汉字的以文组字合成构意，其意合的特点在会意字上表现得尤为突出。一个会意字的所有参构意符都是相关的，其间有着特定的内在联系。会意字意合的基本手段，是把相关的意符按其内在联系构成一个特定的关系义。在早期的合形会意字中，利用相关形符所示物象的位置关系而形象地表现构意；在成熟的连文会意字中，利用相关意符所记语素的语法关系而逻辑地合成新义，就是典型的意合生义。总之，会意字是现成意符直接合成的孳乳字，其字义是相关意符在整字层面上意合生成"悟而可通"的关系义。

形声字与会意字都是合体字，都有表意字符，其义符一般都以字本义参与构意以维系汉字的形义对应关系与表意功能，但它们的义符在参与整字构意时所发挥的作用是不一样的。形声字的义符提示了整字的类意义，形声字的字义一般就是义符义的引申义。会意字则好似夫妇结合所生之子，其字义并不是某个意符的单方面引申，而是所有参构意符逻辑合成的一个关系义。李圃（1934—2012）说得好："合素字中的字素虽然仍旧或多或少、或隐或现地保留着直觉形象和所表示的事物的内涵，但是，一旦合成一个新字，它们就在一个新的结构层次上表示着一种全新的关系意义。"②

会意造字法是汉字发展到一定阶段的历史产物，它是在独体构形难以适应记录语词需要的背景下出现的，是在独体之"文"为汉字的孳乳提供了基础字符的基础上产生的。会意字通过现成字符的拼符合意来实现构形表意，所谓"比类合谊，以见指㧑"，就是拼合相关意符而孳乳新字，意合二符关系以生成新义。会意字是由相关意符直接合成以意

---

① 王力：《中国语法理论》，山东教育出版社，1984年，第89-90、468页。
② 李圃：《甲骨文文字学》，学林出版社，1995年，第44页。

合新义的合体字。

二、构形表意的历史进步

对会意字构形表意的深入认识，一定要重视会意字的历史发展。成熟会意字来自于早期会意字的进化，二者都是合文生成的合体字，但分别处在以形合还是以意合的不同发展阶段。早期会意字的字符，一般还不是用语义表义的义符，而是以物象表形的形符；早期会意字的合意方式，一般还不是义符语义的合义，而是形符物象的合形。立足于早期会意字来回顾与前瞻汉字的走向，则可从独体向合体的构形合成化中，从合形向合义的表意语义化中，认识到会意字的历史进步。

下面着重从构形合成化与表意语义化两个方面，来讨论会意字的历史进步。

（一）构形合成化：独体→合体

汉字起源于记事的图画。出土的新石器时期的记事陶符大多是不能分析的整体符号，但也出现了少许部件组成的合体符号，如姜寨陶符中的✷，大汶口陶符中的☉、⚙，王城岗陶符中的⚒。尤为难得的是，7 000年前的双墩陶符中，不仅有单体符号，还有不少重体、合体式的拼图类组合，如鱼水图⊛、刺鱼图⊕、网猪图⊞、蚕茧图⊠等。这种用部件组合以表特指意义的记事方式，无疑就是后来汉字"比类合谊"以文组字造字方式的滥觞。①

会意字是在象形字的基础上发展出来的，相承而生的象形字、会意字在甲金文阶段可谓异中有同。二者的表意字符一般还是以物象表形的形符，从字符到整字都具有较强的图画性。但是，象形是单符为文"象形"记物的独体，会意则是合文成字"象意"记事的合体；象形是用可识别的静态单像来表示特定名物的形象，早期会意字则用可意会的组合性画面来表现两物之间的关系。早期会意字往往利用相关的现成象形字作字符，按其客观事理的位置关系来合成新字。如用手、皿、水等符合成出一个🜛（盥）字来表示洗涤义，用弓、矢、手等符合成出一个🜚（射）字来表示发射义，从而用叙事性的画面表示了"盥""射"的动词义。这种以文组字的孳乳方法，不仅比按物绘形具有较大的能产性，而且使已有的独体字因参与构字而兼有了字符的功能。

汉字不仅是记录中华文化的书面载体和全体中华民族的交际工具，而且本身就是中华文化中极富人文性的重要内容。早期汉字的构形化石般地记录了先民的社会生活与思想意识，其中的会意字蕴涵着比象形、形声更为丰富的文化信息。早期会意字的合象构意是在特定的人文背景下产生的，它充分利用了象形字的可识性与人们的社会经验，有效地发挥了人们在认知思维上连类而及的主观能动性。这些由相关象物性字符按生活实

---

① 龚嘉镇：《试论汉字起源的探索》，华东师范大学中国文字研究与应用中心编：《中国文字研究》第十五辑，大象出版社，2011年，第159-160页。

际状态所构成的叙事性画面，为我们保存了先民社会生活中许多珍贵的特写镜头。

表示祭祀，如：甲文 ⌂（宗），用室中供奉示（神主）之牌位的构形，表示祭祖的宗庙。金文 䏦（祭），用以手持肉敬献神主的构形，表示祭祀义。金文 豊（奠），用台上供酉（酒）的构形，表示祭奠义。神前洒酒以祭是为"酹"，神前供酒以祭则为"奠"。甲文 祝（祝），用人跪神前开口求告的构形，表示祈祷义。

表示战争，如：甲文 鬥（鬥），用两人相搏之形，表示争斗义。甲文 武（武），戈为兵器而止（趾）示行进，是用持戈而行的构形表示军事义。甲文 伐（伐），用戈击人头之形，表示击杀义，卜辞中引申为征伐，亦指杀人之祭。甲文 取（取），用以手拿耳之形，表示获取义。上古"军战断耳"，割敌左耳以计数报功，田猎亦以兽耳计功。

表示农耕，如：甲文 焚（焚），用以火烧林之形，表示焚烧义，其构形再现了先民刀耕火种的焚田景象，卜辞中亦用于烧林而猎。金文 埶（埶→藝），用一个人双手植苗于土的构形，表示栽种义，农藝师的"藝"即为此义。甲文 利（利），用以刀割禾之形，表示收获之利，亦表锋利之利。甲文 年（年），用以人负禾的构形，表示谷熟丰收义，后由中原地区谷物的一年一熟而引申为年岁义。

表示文化，如：甲文 姓（姓），早期的姓是具有血缘关系之氏族的族称。甲骨文中这个女生为"姓"的构意化石般地说明，姓起源于奉母为尊、呵天问父的母系氏族社会。甲文 聿（聿→筆），用以手执笔之形，表示书写义，亦用指书写的笔。甲文 典（典），用双手捧册之形，表示典籍义。甲文 樂（樂），用丝（弦）挂木上的构形，用指有弦之琴，后泛指所有的乐器。甲文 舞（舞），用一个人两手持物而舞的构形，表示跳舞义；所持之物有时就是猎物之尾。"昔葛天氏之乐，三人操牛尾，投足以歌八阕。"（《吕氏春秋·古乐》）好不容易捕到一头野牛，就抓住牛尾欣喜若狂地载歌载舞起来，原始歌舞遂由此生。

需要指出的是，汉字是据词构形的文字符号，其所记录的是概括了的词而不是具体的物或事；汉字的构形与构意并不在同一个层面上，不要把特指的字形义简单地等同于记录词义的字本义。象形字在记录名词时，其"依类"所取之象表示的是类聚了的"物"（名词），故而这类聚了的物象义一般就是字的本义。早期会意字是用物象的组合关系来表示词的抽象义，其字本义并不就是构形所体现的具体义，而是从字形义中抽象出来的概括义。"焚"字是用放火烧林的构形来表示构意的，从字形义中抽象出来的字本义"焚烧"，已不仅指焚林，而是概括地泛指了所有的焚烧。"取"的字形义特指军战取耳，其字本义"获取"也是从字形义中抽象出来的概括义。

（二）表意语义化：象意→会意

甲金文的象形字、会意字都具有较强的图画性。早期会意字的图画性集中体现在一个"象（像）"字上，不仅参构的意符具有可识别的象物性，而且结构的关系具有可意会的象意性，是用形象的动态画面来表现抽象义的。这种将相关的象物性形符按事理位置构成象意性关系的合象表意，就是早期会意字的生成机制与基本形态。象物性的古文字与所记之词的语义逐步结合起来而语义化，从而保存和传承了古文字物象的造字理据。

古文字的语义化就是一种寓于形的意象化,这种语义化是伴随着字形的简化而推进的,这一演变渐进于整个古文字阶段,并最终完成于汉代的"隶变",隶书的符号化语义化完全改变了古文字的象形性面貌。

试举涉、族二字的演变为例,以说明形符向义符的进化、合形象意向合义会意的发展。

㳢(甲)→𣥿(金)→𣥿(篆)→涉(隶)

𣃍(甲)→𣃍(金)→族(篆)→族(隶)

"涉"字的甲金文都是由三个物象性形符组成的合形象意字,是用两脚(止→趾)跨在水两边的象意性画面来表现涉水义的;到了小篆,两个形符"止"合成为一个义符"步",用步水为"涉"连语合义的方式表示了徒步过河之义;隶书的笔画化进一步扬弃了字符与物象的残存联系,"涉"字随之成为隶定的成熟会意字。再说"族"字。具有血缘关系的氏族,在古代既是生产单位也是军旅组织,"族"字在甲金文中就多用表氏族、军旅之义。丁山(1901—1952)根据清人的八旗制度和唐代突厥称部落为"箭"的史实,认为"族"字的构形反映了古代"氏族社会军旅组织的遗迹"。"族字,从𣃍,从矢;矢所以杀敌,𣃍所以标众,其本谊应是军旅的组织。"[①]无论是集众的"𣃍(旗)"还是杀敌的"矢(箭)",在"族"字的甲金文中虽然还是象物性的形符,但主要已是以语义在参与构意了,其所构成的并不是形象的动态性画面而是抽象的象征性图案,并在去象形性的进程中逐步发展成为完全符号化的合义会意字。

汉字在初创阶段是按物绘形逐个为文的,是会意字利用已有独体字作字符而以文组字,开始了向合成构字的历史发展并逐步形成汉字的构形系统。作为在象形字基础上的二度造字,早期会意字是把相关的象物性形符按事理位置构成象意性关系以合象生成的。随着汉字的语义化与字形的意象化,会意字的合意方式亦由合形象意逐步发展为合义会意。会意字的构形合成化与表意语义化,有力地推动了汉字由独体构形向合体构形、由表形文字向表意文字的历史演变。

三、从外到内的逐层分类

为事物分类的目的在于深化对事物的认识。自南宋郑樵以来,学者们从不同的角度用不同的标准为会意字进行了多种多样的分类,其中较有认知价值的分类有两种。一是着眼构件的异同,两分为同文会意与异文会意;二是立足合意的方式,两分为合形象意与合义会意。

另外有人着眼字符的功能,两分为纯会意字与声兼意字。关于声符兼有表义功能的声兼意字,共时而看也是会意字,历时而论则是形声字。这种声兼意字与它的声符一般是同源分化的关系,它是分化古字(声符)兼职的加旁形声字;其兼示义源的声符与表示义类的义符之间的关系,在生成机制上是"以类附声"的历时性分化,而不是"比类

[①] 丁山:《甲骨文所见氏族及其制度》,中华书局,1988年,第33页。

合谊"的共时性合成。应该把声兼意字放到形声字、放到同源分化中去讨论。因为会意字是"比类合谊"之字,其分类原本就应该在外部构件的"比类"与内在构意的"合谊"两个层次上去划分。

(一)构件:同文会意与异文会意

根据构件的异同,可以在共时平面上把会意字分为同文会意与异文会意两类。所谓同文会意,是用并列或重叠同一名物性成字字符的方式,表示人物的集合概念(名词义),或生成相关的动词义、形容词义。这种会意字因文的叠用而得义的表彰,其所表示的行为、性状义往往具有强化的修辞色彩。表名词义的如:三人为"众",二木为"林",三木为"森",三毛为"毳"。表动词义的如:三力为"劦",三手为"弄",三牛为"犇",三犬为"猋"。表形容词义的如:二火为"炎",二赤为"赫",三车为"轟",三直为"矗"。需要指出的是,竹、爻之类是不能拆分的象形字,不要把它们视作同文会意字。

会意字字符的位置关系具有区别构意的重要作用。例如同以二"人"作为字符,就可以利用字符的不同位置关系而组成不同的会意字:二人相随为"𠈌(从)",二人相背为"𠓜(北→背)",二人并列而立为"𠤎(比)"。再如并束为"棘",重束为"棗"。在异文会意字中,相同的字符也能因位置关系的不同而表现不同的构意。如同以日、木二符构字,日在木上为"杲",日在木下为"杳"。同以人、木二符构字,人靠木旁为"𠈌(休)",人在木上为"𠄎(乘)"。同以一阜二止(趾)构字,趾形向上为"𨸏(陟)",趾形向下为"𨸏(降)"。正是构件的不同位置关系,为会意字的构意提供了区别性的特定意境。

(二)构意:合形象意与合义会意

大多数会意字是异文会意字。从构意上对会意字所作的分类,是根据义符的性质及其合意方式来划分的。关于会意字的命名,班固称"象意"而许慎称"会意",二者在着眼处及其所指上是有区别的。"象意"着眼的是早期会意字,其意符是物象性的形符,其构意是在物象的形合上展示出来的;"会意"立足的是成熟会意字,其意符是语义化的义符,其构意是在语义的义合中体现出来的。

人们着眼表意字符与合意方式的历史发展,将会意字历时地分为合形与合义两类。上文所举会意字的甲金文形,就大多是合形象意字。古文字中的成字字符原本就是记录语词的独立单字,虽主要还是以物象表形,但无疑已经开始承载语义了。值得注意的是,在甲骨文中已经出现了少量的合义会意字,如𠂤(家)、𤰔(男)、𡚶(妇)、𡥉(孙)等;甚至还出现了各式连文会意字,如老至为𦒻(耋)的主谓式、支(乎)田为𤰔(畋)的述宾式、小隹为𨾴(雀)的偏正式、日月为𣍉(明)的并列式。这些会意字的意符虽然仍是具有较强象物性的形符,但基本上已在以语义而不是以物象参与构意了。

作为记录汉语的符号,汉字语义化的过程早在据词造字之初就已经开始了。汉字的语义化发生在表意字符与合意方式两个层面上,它们虽相互促进但并非完全同步,以象物性成字形符的语义参与合成新义遂成为早期义符的基本特征。发展到小篆,会意字的义符也仍然残留着一些象物性，但意合的方式一般已是以义会意了，直到隶变才完全去掉了与物象的联系。会意字的成熟是经过了一个发展过程的。

合义会意字是由相关义符组成的合体字，其合义会意的具体方式虽多样而复杂，但总是以参构义符的语义来合成字义的，其合义总是通过人们的体悟意会来实现的。鱼羊乃食中美味，遂合而为"鲜"；日月皆光照天下，遂合而为"明"：用同类相益以突出共性的方式表示了特定的性状义。犬叫曰吠，遂合犬口而为"吠"；犬鼻擅嗅，遂合犬自（鼻）为"臭（嗅）"：用主体与器官的互补限别表示了特定的行为义。鸟逢骤雨扑翅疾飞，其速曰"霍"；狗伏穴中急窜出扑，其猝曰"突"：则利用特定的意境巧妙地表示了难以言传的抽象义。

合义会意中发展得最为成熟者当推连文会意字，其参构的义符已宛若语素，义符之间不仅语义相关，而且有着一定的语法关系，这种会意字已相当于一个连语为义的合成词了。需要指出的是，连文会意字只是合义会意中发展得最为成熟的部分，不要把所有合义会意字都硬往这个筐里装。

根据义符所记语素之间的语法关系，可以把连文合意字分为四类，它们分别以主谓结构、述宾结构、偏正结构、并列结构的形式合成字义。

1. 主谓式

一符充当主语，另符则是对主语的陈述，连文组成主谓结构。如女生为姓，老至为耋，羊大为美，舌甘为甜，宀（房）火为灾，页火（头热）为烦，水行为衍，山分为岔，睡、眨、盲、昶、晃、胀、占、囚、犟、阔、嵩、逸等亦属此类。

2. 述宾式

一符表示动作，另符则是动作涉及的对象，连文组成述宾结构。又可分为两种。一种是直接有一个动词性义符，如支贝（鼎）为败，分贝为贫，入米为籴，出米为粜，再如凭、畋、牧、佘、逐等。另一种是有一个名词性义符用作了动词，如火（烤）肉为炙，斤（剖）木为析，步（登）阜为陟，戈（击）人为伐，涉、焚、相、孚、采、驭、取、秉、删等亦属此类。

3. 偏正式

一符为意义的中心，另符则为之进行修饰限制，连文组成偏正结构。也可分为两种。一种是定中式，如心音为意，人言为信，田艸为苗，木帛为棉，再如仙、须、泪、雀、墨、古、驷、岩、岳、尘、帘等。一种是状中式，如更生为甦，不正为歪，甚少为尠，只要为嫑，再如甭、孬、勥、甮、勥等亦属此类。这些状中式的字虽多为方言用字，但不少已收入《现代汉语词典》。

4. 并列式

把意义相关、功能对等的义符互补地组成并列结构，以相互说明突出共性或生成新义。如合日月为明，合鱼羊为鲜，合㫃矢为族，合宀豕为家，合文武为斌，合田土为里等。多数同文会意亦属此类，如二木为林，三隹为雥，三金为鑫，二 彳（手）为 㸚（友），三人为众，三力为劦等。

着眼构件的异同，会意字可共时地两分为同文会意与异文会意；立足构意的方式，会意字可历时地两分为合形象意与合义会意。合义会意的具体方式虽多样而复杂，但总是以参构义符的语义来合成字义的，其中连文会意字发展得最为成熟。

表形字是汉字初创阶段的主体字式，是表意文字的初级阶段。独体构形创造了最早最基础的汉字，但在甲金文之后便因无形可象而走到了头。在独体字基础上产生的会意字，发展于甲金文而鼎盛于小篆字，其后亦是强弩之末了。单纯的据义构形方式随着古文字阶段的结束而完成了自己的历史任务。

第七章
借符记音的假借字

  一、义的引申与音的假借
    ① 许慎的假借及其影响
    ② 其后学者的探索贡献
  二、据义构形与据音借形
    ① 词源不同的引申假借
    ② 兼职记词的历史作用
  三、假借记词与通假用字
    ① 通假的性质及其外延
    ② 因声求义的判释方法

  提要：假借是在有词无字的背景下借形表音的一种记词方式，它是汉字发展史上的一个过渡阶段。汉字在以表形字为主体字式的阶段，一直存在着有词无字的尖锐矛盾。到了商周甲金文时期，便借用现成同音字作音符来兼职记录"本无其字"的同音词。这种借形记音的假借，前济"依类象形"之困，使汉字得以完整地记录汉语；后架"以类附声"之桥，促汉字走上了记词方式形声化的道路。假借"依声托事"的记词方式在汉代的用字习俗上泛滥而为"通假"。不用本字写别字的通假，是古人用字不规范而留给后人的一个训诂问题。

  汉字是华夏民族创造的自源文字，有着鲜明的民族特色和绵延数千年的发展历史。关于汉字的历史发展，文献所见的最早论述是东汉许慎的一段话：

    仓颉之初作书，盖依类象形，故谓之文；其后形声相益，即谓之字。字者，言孳乳而浸多也。[1]

  许慎的认识是深刻的。汉字确实起始于"依类象形"而完备于"以类附声"，但是，

---

[1]〔东汉〕许慎：《说文解字》，中华书局影印本，1989年，第314页。

其间还经历了一个"依声托事"大量使用假借字的过渡阶段。汉字来源于记事的图画，最初的汉字都是据义构形的表形字。在能产的形声字尚不发达之前的那个相当长的时期内，一直存在着义虚难造与造之无穷等有词无字的尖锐矛盾。在商周甲金文中，不仅已有的表形字多被作为音符假借过，而且这样的假借字还以压倒的使用频率成为当时社会用字的主体。

假借是在有词无字的背景下借形表音的一种记词方式。例如表方位的"北"这个词，相当抽象难以据义构形，于是就借用现成同音字"北"去记录。"北"字甲骨文写作 ，象两人相背之形，就是"背"的古字。再如否定副词"莫"，意义就更虚了，于是就借用现成同音字"莫"去记录。"莫"字甲骨文为 ，以日落䒑中之形表日暮之义，就是"暮"的古字。本表违背义的"北"字与同音的方位词，本表日暮义的"莫"字与同音的否定副词，义不相干但语音相同。用假借字记录异义同音词，依靠的不是形义联系而是形音联系。这就是借形记音之假借字与据义构形之表意字的根本区别。

陈梦家最先明确指出：假借不仅是汉字记词方式的一个"基本类型"，而且还是汉字发展史上的一个演进"阶段"。他对假借的性质与历史地位作出如下的论述：

> 象形字→声假字→形声字是……文字演进的三个阶段，同时也是整个中国文字三个基本类型。①
>
> 武丁时代形声还不大发达，用象形字作音符的假借类型还是占了优势。②

陈梦家提出的"文字演进三书说"产生了很大的影响。有关计量分析表明，《殷契粹编》中假借字的使用频次占全书卜辞总字量的61%，甲骨文中有假借义的单字占可识字总数的66%，380个象形字就覆盖了4.4万字卜辞语料的72%。③ 这些数据说明：殷商甲骨文时期确实是一个大量使用假借字的时期，甲骨文中的假借字主要用象形字作"借音符"。

假借是汉字学中一个重要而复杂的问题。对于假借的研究，历代学者主要围绕以下三个问题逐步展开：一是假借与引申之辨，假借义与字本义之间是相因相通还是没有关系；二是假借与"四体"之辨，假借字是据义构形的另造字还是据音借形的现成字；三是假借与通假之辨，是有词无字的借音记词还是缺乏规范的同音代用。随着研究的立足点由汉字形义关系上的一形表多义提升到汉语字词关系上的一字记多词，随着对"六书"的认识由汉字构形造字的模式提升到汉字记录汉语的方式，人们对假借的性质与历史作用有了逐步深入的认识。

---

① 陈梦家：《中国文字学》，中华书局，2006年，第25-257页。
② 陈梦家：《殷虚卜辞综述》，科学出版社，1956年，第80页。
③ 数据分别引自李玉洁：《假借字是汉字发展阶段的产物》，《吉林大学社会科学学报》1995年第6期；邢华：《甲骨文假借字分类研究》，西南大学硕士论文，2008年；刘志基：《中国文字发展史·商周文字卷》，华东师范大学出版社，2015年，第305页。

本章先梳理问题的来龙去脉，然后着重辨析三个问题：义的引申与音的假借、据义构形与据音借形、假借记词与通假用字，以此去认识假借的性质及其在汉字发展史上的地位，以此去认识通假与因声求义的破释方法。

第一节 义的引申与音的假借

讨论假借应该把握一个逻辑前提：要把汉字学发展史上的"假借"认识与汉字发展史上的"假借"事实区别开来，在此基础上再来梳理汉字学史上的认识是如何逐步接近汉字发展的历史事实的。

一、许慎的假借及其影响

传统假借说发端于东汉的许慎。许慎在《说文解字》中关于假借的论述有两部分：一是《说文解字·叙》中极为简约概括的界说，二是分部说解中对不多几个字的具体阐释。15个字的界说由名称、定义、例字三项组成："假借者，本无其字，依声托事，令、长是也。"

裘锡圭（1935—）指出，许慎对假借的定义"似乎跟我们所说的假借（借用某个字来表示跟这个字同音或音近的词）完全相合。其实并不然。因为《说文解字·叙》所举的假借例字是'令''长'，它们只能用来说明词义引申的现象，而不能说明用来借字表音的现象"。裘先生强调指出：

> 词义引申是一种语言现象，借字表音则是用文字记录语言的一种方法，二者有本质的不同。……把由词义引申引起的和由借字表音引起的一字多用现象混为一谈，都称为假借，也是不妥当的。[①]

令，甲骨文为𠱭。上边部分像木铎形，古人振铎以发号令；下边部分示人跪跽以受命。《说文解字·卩部》："令，发号也。从亼卩。""令"这个字以形所示的发号义是它的字本义，后由发号引申而为发号之人，再用为县令的令。

长，甲骨文为𠤎，像人披长发之形。《说文解字·长部》："长，久远也。从兀从匕……亾声。"《说文解字》析形不确，释义亦非本义。"长"这个字以形所示的长发才是它的字本义，后由长发引申而为长短、长久的长，或由长发的长者引申而为一方之长、县长的长。

[①] 裘锡圭：《文字学概要》，商务印书馆，1988年，第102-103页。

"令""长"二字，从甲骨文的字形来看，都是据义构形以形示义的表形字。二字后来的义项虽多，但都是由字本义引申而来的，其字本义与引申义共用本字记录，其实就是用一个多义字来记录一个多义词。正如唐兰先生所说："许叔重所谓'本无其字，依声托事'，解释得很好。可惜他把例举错了。他所举'令、长'二字，只是意义的'引申'，决不是声音的'假借'。像：'隹'字为鸟形的借为发语辞，'其'字为箕形的借为代名词，这才是真正的假借。"[1]

《说文解字·來部》："來，周所受瑞麦來麰，一來二缝，象芒朿之形。天所來也，故为行來之来。"[2]

《说文解字·西部》："西，鸟在巢上。象形。日在西方而鸟栖，故因以为东西之西。"[3]

许慎在《说文解字》中析形说解本义而涉及其假借义时，总是勉力强调假借义是本义的延展。例如把像麦穗之形的"來"字依声借去记录"行来之来"，解释为"天所来也"；把像鸟巢之形的"西"字依声借去记录"东西之西"，解释为"日在西方而鸟栖"。许氏一方面选用义有引申的"令""长"二字来作为界说假借的例字，另一方面在具体析字时则勉力寻找本义与假借义之间的意义联系，这说明许慎是把语义的引申视为假借的。他的"本无其字"指的是义有引申而形则共用的多义字现象，他的"依声托事"指的是用形义统一的字形来记录该字本义的引申义。

裘锡圭指出："许慎把假借曲解为引申的做法，对后人有很大的影响。"[4]南唐的徐锴就认为："据义而借，令、长之类是也。"[5]直到清代的戴震（1724—1777），仍然认为假借有两类："一字具数用者，依于义以引申，依于声而旁寄，假此以施于彼曰假借。"[6]与戴震同时代的江声（1721—1799）走得更远，认为本义之外的一字多义都是假借，"凡一字而兼两谊三谊者，除本谊之外，皆假借也。"[7]章太炎（1869—1936）认为："《说文》所谓假借，乃引申之义。"[8]"孳乳日繁，即又为之节制，故有意相引申音相切合者，义虽少变，则不为更制一字，此所谓假借也。"[9]陆宗达（1905—1988）继承章说而讲得更为清楚："词义发展了，不另造新词新字，而是给旧词旧字增加上新义。这在训诂学上说，叫做'引申义'，以造字法则言，则谓之'假借'。这种假借是'本无其字'的，假借字

---

[1] 唐兰：《中国文字学》，上海古籍出版社，1979年，第72页。
[2] 〔东汉〕许慎：《说文解字》，中华书局影印本，1963年，第111页。
[3] 〔东汉〕许慎：《说文解字》，中华书局影印本，1963年，第241页。
[4] 裘锡圭：《文字学概要》，商务印书馆，1988年，第198页。
[5] 〔南唐〕徐锴：《说文解字系传》，中华书局影印本，1987年，第331页。
[6] 〔清〕戴震：《戴震集》，上海古籍出版社，2009年，第73页。
[7] 〔清〕江声：《六书说》，中华书局影印本，1985年，第8页。
[8] 章太炎：《国学略说》，上海文艺出版社，2001年，第14页。
[9] 章太炎：《国故论衡》，商务印书馆，2010年，第55页。

表示的意义与该字原来所表示的意义是有密切关联的。"①

许慎立足于汉字的形义统一，把字本义之外的引申视为"本无其字，依声托事"的假借。诚如裘锡圭先生所言，许慎的这一认识"对后人有很大的影响"。从上引历代各家的观点来看，这种把依其声而因其义的引申看作假借的观点，确实是许慎以来传统假借说的基本认识。

二、其后学者的探索贡献

对许慎假借说的质疑与否定，是基于对借音记词事实的客观认识而始于学术开明的有宋一代，并沿着对假借义与字本义有无联系的探究而逐步深入的。历代不少学者在这个探索中作出了努力，其中宋代郑樵、戴侗与清代段玉裁等人在假借研究上的贡献尤有价值。

宋代是一个社会较为开放、文化较为开明的时代，学术研究一改唐人的"疏不破注"而为"格物致知"，敢于疑古而不迷信前贤，注重思辨而不墨守经典。正如唐兰先生评说郑樵那样："用许慎的理论，作许氏的诤臣。"②宋代文字学研究的一大特点，就是运用许慎的"六书说"来研究汉字，并用汉字实际去检验和发展"六书说"，"六书"研究从此成为传统文字学的根本。

宋代成就最大的文字学家当推南宋的郑樵和宋末元初的戴侗。郑、戴二人不仅突破了《说文解字》540部"据形系联"的编排体系，更加注重探求汉字以"文"组"字"的系统孳乳分化，而且在遵从许氏析形说解本义的基础上，加强了对本义之外的引申义、假借义的研究。他们在对汉字进行系统而具体的研究中，能够从实际出发来考察汉字的形义关系，来检验许慎的"六书"理论。正是对大量借音记词之"假借"事实的正视，使他们对传统假借说的观点产生了怀疑而进行了深入的探究。

郑樵说他的书"实本《说文》而作。凡许氏是者从之，非者违之。"他深刻地指出：

> 小学之义，第一当识子母之相生，第二当识文字之有间。象形、指事，文也；会意、谐声、转注，字也；假借，文、字俱也。
>
> 六书之难明者，为假借之难明也。……就假借而言之，有有义之假借，有无义之假借，不可不别也。
>
> 书者，象也。凡有形有象者则可以为象，故有其书。无形无象者则不可为象，故无其书，语辞是也。语辞之用虽多而主义不立，并从假借之。……以语辞之类，虚言难象，故因音而借焉。③

郑樵首创按"六书"理论来为汉字分类，对许慎以来的传统假借说进行了一次系统

---

① 陆宗达：《说文解字通论》，北京出版社，1981年，第64页。
② 唐兰：《中国文字学》，上海古籍出版社，1979年，第73页。
③〔宋〕郑樵：《通志略》，上海古籍出版社影印本，1990年，第112、159、164页。

的分析总结,最早发现并提出了"有有义之假借,有无义之假借"。其"有义之假借"其实是词义的引申,其"无义之假借"才是文字的假借。郑樵看到了假借的特殊性,最先将假借视为六书中有别于"文""字"的另类,指出"文、字俱"可用作假借,意义抽象而"不可为象故无其书"者,"并从假借之"。其"虚言难象故因音而借"的认识尤为可贵:意义抽象的语词难以据义构形,就借用现成的同音字去记录。郑樵最先敏锐地指出"六书之难明者,为假借之难明也",强调把握六书的关键在于正确认识假借。这一认识对后世的影响很大,由此开启了对假借的深入研究,开启了对假借、引申的辨析区别。

戴侗是晚郑樵近一个世纪的学者,他不仅在汉字孳乳上把郑樵的"母子相生"说发展为母子孙系统孳乳,而且在郑樵所分的"有义之假借"与"无义之假借"的基础上,把词义的引申与文字的假借明确地区别开来。他在《六书通释》中有两段精辟的论述:

> 古人谓"令""长"为假借,盖已不知假借之本义矣。所谓假借者,谓本无而借于他也。亼卩为"令",本为号令、命令之令去声,令之则为令平声。"长"之本文虽未可晓,本为长短之长平声,自稚而浸高则为长上声。……二者皆由本义而生,所谓引而申之,触类而长之,非外假也。所谓假借者,义无所因,特借其声,然后谓之假借。若"韦"本为韦背,借为韦革之韦;"豆"本为俎豆,借为豆麦之豆。……凡虚而不可指象者多假借,人之辞气抑扬最虚,而无形与事可以指象,故假借者十八九。……凡此皆有其声而无所依以立文,故必借他文以备用,此假借之道也。

> 至于假借则不可以形求,不可以事指,不可以意会,不可以类传,直借彼之声以为此之声而已耳。求诸其声则得,求诸其文则惑,不可不知也。……夫文字之用,莫博于谐声,莫变于假借,因文以求义而不知因声以求义,吾未见其能尽文字之情也。①

戴侗对假借音义皆借的传统观点明确地提出了批评,他一方面在具体分析许慎所举"令""长"并"非外假"的基础上,正面指出"由本义而生"的"引而申之,触类而长"者,不是假借而是词义的引申;另一方面,他充分肯定了许氏"本无其字,依声托事"的合理内核,强调"有其声而无所依以立文"的"义无所因,特借其声"者才是文字的假借。戴侗对许慎假借说的批判性继承可谓难能可贵。唐兰先生认为:"由宋以来,文字学上的改革,到他(戴侗)是集大成了。"②

清代段玉裁在假借问题上的贡献主要在两个方面:一是最早把一字多义现象明确地分为三类:"凡字,有本义,有引申之义,有假借之义。"③他强调假借的性质在于"取诸字音不取字本义",主张以与字本义有无联系作标准而把引申与假借区别开来。二是最早

---

① 〔宋〕戴侗:《六书故》,上海社会科学院出版社影印本,2006 年,第 15-16、12 页。
② 唐兰:《古文字学导论》,齐鲁书社,1981 年,第 370 页。
③ 〔清〕段玉裁:《经韵楼集》,上海古籍出版社,2008 年,第 270 页。

运用古今音变的观念来认识假借的"依声"原则。他是先作《六书音均表》后著《说文解字注》的,强调假借"依傍同声而寄"之声是字的古音而不是今音。且看段氏是如何在依据字形探求本义的基础上,把引申义与假借义区别开来的。

> "为之依形以说音义,而制字之本义昭然可知。本义既明,则用此字之声而不用此字之义者,乃可定为假借。"
>
> 《说文解字·髟部》:"鬏,发好也。"段注:"本义谓发好,引伸为凡好之称。凡说字必用其本义,凡说经必因文求义,则于字或取本义或取引伸、假借,有不可得而必者矣。故许于毛传有直用其文者,凡毛、许说同是也。有相近而不同者,如毛曰:'鬏,好皃';许曰:'发好皃。'毛曰:'飞而下曰颉';许曰:'直项也。'是也。此引申之说也。有全违者,如毛曰:'匪,文章皃';许曰:'器,似竹医。'毛曰:'干,涧也';许曰:'犯也。'是也。此假借之说也。经传有假借,字书无假借。"①

段玉裁对"鬏"字的注真是一篇精妙的小论文。他通过对许氏《说文解字》义与汉儒注经义的比较,首先把字书中形义统一的字本义与语境中随文而用的具体义区别开来,指出许氏"说字"是据形而求的字本义故"字书无假借",汉儒"说经必因文求义"故"于字或取本义或取引申、假借"义;进而明确指出与本义"相近而不同者"是引申,与本义"全违者"才是假借。曾助段氏校刊《说文解字注》的江沅(1767—1838)对此归纳得好:"本义明而后余义明,引申之义亦明,假借之义亦明。"②

黄侃在前贤的基础上,对"本义与引申义、假借义之别"作出了这样的总结:

> 凡字于形、音、义三者完全相当,谓之本义。于字之声音相当,意义相因,而于字形无关者,谓之引申义。于字之声音相当,而形、义皆无关者,谓之假借义。③

形音义统一能以形示义者是字本义,音同义通然形已无关者是引申义,读音近同但形义无关者是假借义。这就用与字本义是否相因相通为标准,把义的引申与音的假借区别开来了。我们今天应该更进一步,从汉字记录汉语的高度来探究一字多义现象。一个字的假借义与本义、引申义的根本区别,在于词源不同。字的本义、引申义表达记录的是一个义有引申的多义词,而假借义表达记录的则是一个与本义无关的同音词。

许慎的《说文解字》是分析字形探求本义的书,古人是立足于汉字的形义关系来认识一字多义现象的。今天讨论假借问题,固然需要弄清楚许慎所归纳的假借说,但研究的主要价值更应该放在:怎样去认识假借现象才比较符合更能说明汉字发展史中那段"依

---

① 〔清〕段玉裁:《说文解字注》,上海古籍出版社影印本,1988年,第757、426页。
② 〔清〕江沅:《〈说文解字注〉后叙》,段玉裁:《说文解字注》,上海古籍出版社影印本,1988年,第788页。
③ 黄延祖重辑:《黄侃国学讲义录》,中华书局,2006年,第85页。

声托事"借字记词的历史。我们应该充分吸取许慎"本无其字，依声托事"中的合理内核，充分吸取宋代以来学者们的研究成果，坚持把研究的立足点从形义关系提高到字词关系上来，只有从词源上把引申与假借区别开来，方才能够在汉字记录汉语的方式上认识到：假借的本质在于有词无字借音记词，即借用现成同音字作音符以兼职记录"义无所因"的同音词。①

第二节 据义构形与据音借形

文字是记录有声语言的有形符号系统，以音载义是文字的共性，以形表义是汉字的特质。汉字既能据义构形以表字本义，并间接提示由字本义延展出来的引申义，也可如表音文字那样据音借形而表假借义。义的引申与音的假借形成了一字多义。立足于汉语汉字的字词关系来审视汉字的一字多义现象，可以发现一个汉字的各种义项并不都是来自于同一个词源，汉字的形义关系与汉字汉语的字词关系并不都是对应的。

一、词源不同的引申假借

一个词刚产生时往往是单义的，在使用过程中通过初义的类推与联想逐渐引申而成为多义词，多义化是词义发展的趋势。一个据词构形的汉字在表示本义时是形义统一的，随着词的多义化而逐步走上了字的多义化，而且比词的多义化走得更远，内涵的义项更多。因为一个多义字不仅可以记录一个义有引申的多义词，而且可以兼职记录几个义无关系的同音词。现行通用汉字中如"你""我"这样的单义字是很少的，绝大部分都是多义字。

从一字多义现象入手，来研究汉字的形义关系与汉语汉字的字词关系的对应格局，可以大分为两类：一个字记录一个义有引申的多义词，一个字记录几个义无关涉的同音词。

（一）一个字记录一个义有引申的多义词

上古汉语以单音词为主，汉字是以单音词为单位据义构形的自源文字。二者在上古一般就是单位对应的一字记一词。随着社会的发展，词义在运动中不断引申出相因的新义，有的义项因常用而逐步分化为另造专字的同源词，更多的引申义项则附从本义而沉

---

① 龚嘉镇：《也说假借的性质与历史作用》，向光忠主编：《说文学研究》第四辑，线装书局，2010年，第285-308页。

聚为了共用本字的多义词。许慎所举的"令""长"二字,就是这种记录一个多义词的多义字。例如:

网,甲骨文写作᠓,是一个象形字。《说文解字·网部》:"网,庖牺所结绳以渔。"网本是一种用绳子纵横结成的捕鱼工具。渔网纵横相织的特点逐步为人在联想、类推中引申而用指网状物,具体的如蜘蛛网、排球网、铁丝网,抽象的如交通网、水利网、电网乃至法网、天网、互联网等。这些"网"虽然不再是捕鱼的工具了,但它们都仍然保持着纵横组织的网络这一词源。因此,"网"虽义有引申而所指各异,但仍然只是一个多义词,仍然只用一个"网"字来记录。

基,《说文解字·土部》:"墙始也。从土,其声。"《六书略·假借》:"基,筑土之本,而为凡物之本。"[1]段玉裁《说文解字注》:"墙始者,本义也。引申之为凡始之称。""基"这个从"土"的形声字本指房屋等建筑物的地基,后沿着地基义的方向引申而泛指基础、基本义,从而成为汉语基本词汇中的一个极常用极高产的语素。这种基础、基本义既可用指具体,更多用于抽象。其所构成的合成词"基础",就既可用指建筑物的地基,但更多地用指事物发展的起点或根本,如基础教育、经济基础等。这些意义虽不再指具体的地基了,但在基础义上却是与地基义相因相通的。

以上例字是用同一个字去记录一个义有引申的多义词。多义词是具有多个义项而义项之间又有着同源关系的词。各义项或是以词的基核义为核心辐射引申为一个语义环,或是以基核义为基点连锁引申为一个语义链,这些在词的多义化运动中逐步生成的引申义,都与基核义的特点相因相通。如"令""长""网""基"这样,用一个多义字来记录一个多义词的现象,在古今汉语的通用字中都多到了近乎普遍的程度。

(二)一个字记录几个义无所因的同音词

汉字的一字多义现象,还有一类是用一个字去兼职记录几个义无关系的同音词。尤应值得重视的是,这类因同音而异词同形的一字记多词就是假借。用一个字记录几个同音词的这类字还可再分为两种:一是本义与借义并用的主客同堂,一是借义行而本义废的反客为主。

1. 本义与借义并用的主客同堂

乌,《说文解字·乌部》:"孝乌也。象形。孔子曰:'乌,于呼也。'取其助气,故以为乌呼。"乌鸦"初生,母哺六十日,长则反哺六十日"[2]。因其反哺报恩而称为孝乌。《玉篇·乌部》:"乌,孝乌也,又语辞。"[3]段玉裁《说文解字注》:"取其字之声可以助气,故以为乌呼字,此发明假借之法。"这个象形字本是用来记录名词乌鸦的"乌",后由乌鸦的毛色引申出乌黑的"乌",由乌鸦的习性引申出乌合之众的"乌"。还借用为假借字,

---

[1]〔宋〕郑樵:《通志略》,上海古籍出版社影印本,1990年,第159页。
[2]〔明〕李时珍:《本草纲目》,人民卫生出版社,1977年,第2260页。
[3]〔南朝〕顾野王:《宋本玉篇》,北京市中国书店影印本,1983年,第443页。

兼职记录同音语气词呜呼的"乌"。如《左传·襄公三十年》:"乌乎！必有此夫！"用作译音字，如乌托邦、乌克兰等。

耳，《说文解字·耳部》:"主听也。象形。"《六书略·假借》:"耳，人耳也。……以语辞之类，虚言难象，故因音而借焉。"①段玉裁《说文解字注》:"凡语云而已者，急言之曰耳。"这个本指听觉器官耳朵的象形字，后由耳朵引申而指耳状物，如一种状如耳朵的食用菌就叫木耳。又用作假借字兼职记录同音语气词，如《荀子·劝学》:"口耳之间则四寸耳。"此句中前一个"耳"字记录的是名词，后一个"耳"字记录的就是语气词，二词迥异而共用一个同音字。

以上例字的本义、引申义与假借义并行，可谓主客同堂。这种字不仅记录了一个义有引申的多义词，而且还记录了一个或几个有词无字而义无牵涉的同音词，就是用一个现成的同音字去兼职记录几个异义的同形词。

2. 借义行而本义废的反客为主

雅，《说文解字·隹部》:"楚乌也……秦谓之雅。从隹，牙声。"《六书略·论迁革》:"雅本乌鸦之鸦，借为雅颂之雅，复有鸦矣，故雅遂为雅颂之雅，后人不知雅本为鸦。"②段玉裁《说文解字注》:"雅之训亦云素也，正也，皆属假借。""雅"这个从"隹"的形声字本指乌鸦，后借表雅正义而久假不归，如《尚书·序》:"汉室龙兴，开设学校，旁求儒雅，以阐大猷。"又特指周代通行的正乐诗歌，《诗经》把这种正乐诗歌分为"大雅"和"小雅"两种。

鶾，《说文解字·鸟部》:"鸟也。从鳥，堇声。難，鶾或从隹。"《六书略·假借》:"難，鸟也，因音借为艰难之难，因艰难之难借为险难之难（去声）。"③段玉裁《说文解字注》:"今为难易字而本义隐矣。"段氏在《叙注》中又云:"以许书言之，本无难、易二字，而以难鸟、蜥易之字为之，此所谓无字依声者也。"这是一个本义为鸟的形声字，被借作记录同音形容词难易的"难"而久假不归，如《诗经·小雅·白华》:"天步艰难，之子不犹。"再随声分义地用作名词灾难的"难"，如《诗经·小雅·出车》:"王事多难，维其棘也。"

以上例字借义行而本义废，是假借的反客为主。无论是主客同堂还是反客为主，这几组在意义上风马牛不相及的同音词，之所以能够共用同一个汉字记录，只是因为它们的语音相同而并无意义上的联系。假借字后来的走向可大分为三：一是借义行而本义废的"反客为主"，假借义成为了基本义，假借字成为了专用字。二是借义与本义并用的"主客同堂"，其假借义后来成为了该字的常用义。三是很多假借义后通过"以类附声"而有了表义的专职字，这就是所谓"后出的本字"。如"乌"的叹词义后加"口"而为"呜"，"胃"的诉说义后加"言"而为"谓"。

---

① 〔宋〕郑樵:《通志略》，上海古籍出版社影印本，1990年，第164页。
② 〔宋〕郑樵:《通志略》，上海古籍出版社影印本，1990年，第170页。
③ 〔宋〕郑樵:《通志略》，上海古籍出版社影印本，1990年，第163页。

第七章 借符记音的假借字

汉字是华夏民族用以记录汉语汉文化的书写符号系统。作为符号，汉字要能完整地记录不断发展着的汉语；作为工具，汉字需要节制通用字的数量以便于人们习用。汉字在适应汉语发展需要的过程中是逐步自我完善的。一方面通过形的分化孳乳而另造新字，另一方面通过义的引申与音的假借来扩大字的功用，其结果是在孳乳新字的同时，通过增加现成字的义项而使多义字逐步成为通用汉字的主体。

王力把新字义的产生分为两类：一类新义是原义的"孳生"，是"象母子关系"的引申；一类新义是他义的"寄生"，是"寄人篱下"甚至"鸠占鹊巢"的假借。[①]"孳生"是其字所记词义的延展，这种义的引申是一种语言现象；而"寄生"只是因为兼记他词才增加了新的义项，这种音的假借是文字记录语词的一种方式。

随着研究视角从形义关系逐步提升到字词关系上来，从探究字源逐步提升到探究词源上来，人们对多义字有了更加深入的认识。以余义是否与字本义相因相通为依准，可以从词源不同的角度把多义字分为两大类：一类是用一个多义字来记录一个义有引申的多义词，另一类是用一个多义字来兼职记录几个义无关涉的同音词。这种一字多义的格局，是汉字在记录汉语的过程中因语言经济原则的制约而历史形成的。

综上所述而以表7.1列示如下：

表7.1 汉字的形义关系与字词关系的对应格局

汉字的形义关系		例　字	各个义项的性质	汉语汉字的字词关系	
单义字	一形表一义	① 袄踩馊我		① 一个字记录一个单义词	一字记一词
多义字	一形表多义	① 令长网基	形义统一的字本义	② 一个字记录一个义有引申的多义词	
			本义延展的引申义		
		② 乌耳角果	形义统一的字本义	① 主客同堂：一个字兼职记录义有引申的多义词与义无关系的同音词	一字记多词
			本义延展的引申义		
			借形记音的假借义		
		③ 难雅其何	借形记音的假借义	② 反客为主：一个字兼职记录几个与本义无关的同音词	
			借义延展的引申义		

词义演变的主要形式是引申，义的引申形成了多义词。多义词的各个义项有着共同的词源：同源义共用同一个词形就是多义词，裂变分化出去则是同源词。义的引申与音的假借形成了多义字，一个多义字往往记录了几个同音词，汉字的一字多义典型地体现了语言的经济原则。例如"花"这个字，本义表示的是花朵、鲜花的"花"；语用中由花的形状引申而指花状物，如雪花、烟花的"花"。所指虽异但义实相因，其所记录的是一个义有引申的多义词。动词义花钱、花费的"花"是这个字的假借义，花费义的"花"与花朵义的"花"义不相干但语音相同，这就是用一个现成同音字来兼职记录"本无其字"的同音词。

---

① 王力：《龙虫并雕斋文集》第三册，中华书局，1962年，第6-8页。

研究一字多义关系的目的，根本还是为了理清汉语的字词关系。从字词关系的视角来研究一字多义现象，可以更清楚地认识汉字记录汉语的基本格局：据义构形以表意为体，依声借形以记音为用。我们要重视现行通用汉字中的大量假借义，更要重视假借字在汉字发展史上所发挥的历史作用。

二、兼职记词的历史作用

汉字起源于以象记事的图画，进而发展成为一个一个"依类象形"乃至"比类合谊"的表形字。但逐词象形造字具有很大的局限性，既因于抽象语词的无形可象，又苦于新增语词的造之无穷。有词无字的尖锐矛盾使借字记词成为汉字发展到一定阶段的历史选择，文字符号约定俗成的标音性质则为借字记音提供了可能，人们遂借用已有的现成字作音符来记录"本无其字"的同音词，这就产生了"依声托事"的假借字。

清末的孙诒让深刻地分析了假借产生的原因与历史作用，精辟地论述了借字记音的运作机制：

> 盖天下之事无穷，造字之初苟无假借一例，则将逐事而为之字；而字有不可胜造之数，此必穷之势也，故依声而托以事焉。视之不必是其本字也，而言之则其声也；闻之足以相喻，用之可以不尽。是假借者，所以救造字之穷而通其变，即以为造字之本亦奚不可乎！①

综上所述，历代学者对假借现象的认识因立足点不同而分为两个层面：一个层面是基于汉字形义关系而认为假借是一形表多义，因而把此形所表之义分为形义统一的字本义与字本义的引申义；一个层面是基于汉语字词关系而认为假借是一字记多词，进而把此字所记之词分为义有引申的多义词与"义无所因"的同音词。许慎的假借说是立足于汉字形义关系的，他把本义之外的引申看作假借，即把用多义字记录多义词的现象视为假借。宋明以来的一些学者开始把认识的立足点提高到字词关系上来。一方面从假借义与字本义有无联系入手，逐步把文字假借与词义引申区别开来，从而站到借音记词的层面上来理解假借的"依声托事"，开始从汉字记录汉语的方式上来重新认识假借的性质了。另一方面从假借字与据义构形的"四体"字有何异同入手，逐步把"依声托事"借字记词与据义构形造字记词区别开来，从而站到有词无字的层面上来理解假借的"本无其字"，开始从汉字发展史的角度来认识假借产生的原因与历史作用。

"依声托事"的记词方式，决定了假借的唯一原则是借音记词而不是词义引申，其实质就是借用一个现成的同音字来记录某个"本无其字"的异义同音词。"依声托事"的假借，前济"依类象形"之困，使汉字得以完整地记录汉语；后架"以类附声"之桥，促

---

① 〔清〕孙诒让：《与王子庄论假借书》，丁福保编纂：《说文解字诂林》第一册，中华书局，1988年，第233页。

汉字走上记词方式形声化的道路。在汉字数千年的演变进程之中，依声借字兼职记词的假借确曾发挥过重要的历史作用。我们应该从汉字记录汉语的方式上来认识假借字的性质，从汉字发展史的高度来认识假借字的历史地位与历史作用。

第三节　假借记词与通假用字

通假是由于古人缺乏规范写别字而留下的一个训诂问题，通假的研究始于汉代经师对先秦古籍的整理训释，古音通假说形成于小学兴盛的有清一代。古音通假说是建立在"以声载义"的深刻认识和"因声求义"的科学方法的基础之上的，它的深入研究和广泛应用，不仅把古籍的注释疏解提高到了一个新水平，而且把中国古代语言学的发展推向了一个新阶段。

一、通假的性质及其外延

许慎编纂《说文解字》这部字典，所取材料是早就定形为历史而处于库存状态的小篆字，研究的重点在于用形义统一的原则以分析字形探求本义。略晚于许慎的郑玄毕生致力于整理传写下来的先秦典籍，面对缺乏规范正在流通的现行社会用字，他从中发现和认识到了另一种现象：

　　郑康成云："其始书之也，仓卒无其字，或以音类比方假借为之，趣于近之而已。受之者非一邦之人，人用其乡，同言异字，同字异言，于兹遂生矣。"[1]

郑玄（127—200）的"以音类比方假借为之，趣于近之而已"，与许慎的"本无其字，依声托事"，显然并不完全是同一回事。郑玄所说的"假借"是秦汉时期汉语书面语中一种同音代用的用字习俗，就是后人所谓的"通假"。即在记写已有专用字的同音词时，临时或习惯性地拉用了别的异义同音字。需要指出的是，古人在讨论通假现象时，大多也是称之为"假借"的。

寤/牾　《左传·隐公元年》："庄公寤生，惊姜氏，故名曰寤生，遂恶之。"杜注："寐寤而庄公已生，故惊而恶之。"[2]"寤"义睡醒，杜注之意为：一觉睡醒庄公已生。此解可谓有悖情理，妇女生产谁会这般轻松；更是于文不通，既顺产如此又何来之"惊"何

---

[1]〔唐〕陆德明：《经典释文》，中华书局影印本，1983年，第2页。
[2]〔清〕阮元校刻：《十三经注疏》下册，中华书局影印本，1980年，第1715页。

生之"恶"？其实，司马迁（前145—前90）早就从史实的角度说明了"寤生"就是难产。《史记·郑世家》："（武姜）生太子寤生，生之难。及生，夫人弗爱。"明代吴元满训释说："据文理，寤当作牾，音同而字讹。牾者，逆也。凡妇人产子，首先出者为顺，足先出者为逆。庄公盖逆生，所以惊姜氏。"①"寤""牾"是异义同音字，《广韵》都注为五故切，上古是同属疑母鱼部的双声叠韵字。

能/而 《诗经·卫风·芄兰》："虽则佩觿，能不我知。"郑笺、孔疏都把诗中的"能"解作"才能"。王引之指出："'能'乃语词之转，亦非才能之'能'也。'能'当读为'而'。言童子虽则佩觿（一种成人佩饰）而实不与我相知。……古字多借'能'为'而'。"②而，日母之部；能，泥母之部。古声泥日相近，二字在上古是声纽相近的叠韵字。

"寤"之用为"牾"、"能"之用为"而"，这就是同音通假。它们是"本字见存"的临时代用，借字与本字在意义上毫无引申关系，在字形上亦无必然联系。一旦离开了特定的语言环境，无论是"寤"还是"能"，都没有了"牾"或是"而"的意义和用法，更说不上分担本字的兼职了。

关于假借、通假的关系及其不同的性质、作用，清代学者从理论上进行了讨论：

> 段玉裁："本有字而代之，与本无字有异。……大抵假借之始，始于本无其字；及其后也，既有其字矣，而多为假借。""汉人用同音字代本字，既乃不知有本字。所谓本有其字，依声托事者然也。"③

> 王引之（1766—1834）："盖无本字而后假借他字，此谓造作文字之始也。至于经典古字声近而通，则有不限于无字之假借者。往往本字见存，而古本则不用本字而用同声之字。"④

> 侯康（1798—1837）："何谓本？制字之假借是也。何谓末？用字之假借是也。二者相似而实不同。制字之假借是本无其字，而依托一事之声或事以当之，以一字为二字也。用字之假借是既有此字复有彼字，音义略同因而通假，合二字为一字者也。"⑤

清人的认识大致如下：第一，认为假借、通假都是同音借字，但在"依声托事"原则的运用上有"始"与"后"、"本"与"末"的源流关系。第二，认为通假的性质是"本字见存……不用本字而用同声之字"，即已有专用字不用而用同音字。第三，认为假借、通假"相似而实不同"，其区别一在于记词是否有本字，假借是"本无其字"而通假是"本有其字"；二在于是造字还是用字，假借是"造作文字之始"的造字方法，通假是其后"不

---

① 〔明〕焦竑：《焦氏笔乘》，上海古籍出版社，1986年，第331页。
② 〔清〕王引之：《经义述闻（一）》，山东友谊书社影印本，1990年，第525页。
③ 〔清〕段玉裁：《说文解字注》，上海古籍出版社影印本，1988年，第756-757、732页。
④ 〔清〕王引之：《经义述闻（三）》，山东友谊书社影印本，1990年，第3037页。
⑤ 〔清〕侯康：《说文假借例释》，丁福保编纂：《说文解字诂林》第一册，中华书局，1988年，第221页。

用本字而用同声之字"的用字习俗。这就不仅说明了二者在"依声托事"原则上的相同相承关系，而且从性质、作用上把假借、通假区别开来了。近代的章太炎指出："夫同声通用，别字之异名耳。……同声通用，非《说文》所谓假借。"①王力亦认为，已有本字的"古音通假，说穿了就是古人写别字"，写了"声近而误的别字"。②

有词无字借形记音的假借是一种记词方式，属文字学范畴；不用本字写别字的通假是一种缺乏规范的用字现象，属训诂学范畴。二者虽然都是"依声托事"，但是不能混为一谈，因为它们在形音义三个方面都有着显著的区别性特征。

字形上，假借字既借音又借形，以一字记二词。汝水本是淮河一支流，后借"汝"字来记录第二人称代词"汝"，就是用同一个书写符号来兼职记录两个异义同音词。通假则只借音不借形，以二字记一词。如《论语·阳货》："归孔子豚。"拉用"归"作"馈"，这就是用两个异义同音字来记录同一个词。

字音上，假借字与正字因同形而同音，即使音变也多一变俱变，后虽也有随声分义的，但毕竟为数较少。借用耳朵义的"耳"字来记录而已义的"耳"，二"耳"上古同为日母之部，中古亦同步而为日母止韵，两义并行都是常用义但始终同音。通假字与本字形体各异，混用时尚音同或音近，音变过程中却不一定同步。"锡"上古不时混用作"赐"，其时二字皆为心母锡部；到了中古，"锡"是心母锡韵的入声字，"赐"是心母寘韵的去声字，上古的双声叠韵字在中古不再同韵而有了明显的差异。

字义上，假借字除有后造的今字那部分之外属于永久性借用。如负荷义的"何"借来记录疑问代词"何"后，其假借义渐次成为该字的基本义而使用至今。通假字则属临时性拉用，只有进入特定的语用环境才有所谓的通假字。《战国策·秦三》："吴王夫差无適于天下。"其中本该用"敵"字的地方却混用为了同声符的"適"，而"適"字一旦离开了这特定的语境，也就没有了这"敵"的意义。

如"我""雅"这样一直使用下来的那些假借字，由于没有本字，其义多上升为常用义，其字多成为专用字；真正造成后世阅读障碍的是那种临时代用的通假字。通假字不是独立的而是相对于本字出现的，它与本字并存混用，使用时的字义与语境风马牛不相及，常常使人误解附会。由于形义分离不借形义只借音，由于并非兼职而只是临时借用，因而通假字既不能如表意字那样能以形示义，其义也不是如假借字那样的约定之义，这就大大削弱了它作为文字符号的交际功能而成为了阅读的障碍。

古音通假写别字这种现象自古有之，但问题的突出则出现在汉代。先秦古籍因秦始皇焚书坑儒而散失，数十年之后才进行抢救性搜集，而且大多是靠年迈经师的忆诵而记录下来的。在口耳相传的记写过程中自然难免会有失误，或因"仓卒无其字"而代之以同音字，或因记写者的用字习惯而写了同音字。记写成册就成了经典，而经典是只能作注不敢改字的，遂积非成是相沿成了一个时代的用字习俗。通假在汉代泛滥的根本原因，

---

① 章太炎：《国学略说》，上海文艺出版社，2001年，第13-14页。
② 王力：《训诂学上的一些问题》，《中国语文》1962年第1期。

一是上古社会用字规范化的水平较低，一是秦皇焚书，原本不存，只能口传手写且方音有异。既缺乏正字意识，更缺乏用字标准，同音通假于兹遂生。

通假是上古汉语书面语言中共时异义同音字的代用，是同一历史平面上社会用字中的形义分离现象。这种断代性质的同音代用是当时规范化水平较低的历史产物，是汉字发展进程中的一种消极因素，其实质就是假借依声借字兼职记词的方式在汉代用字习俗上的泛滥。段玉裁用一字之易的方式最先给通假下了定义："本有其字，依声托事。"其后的侯康最先把这种"用字之假借"改称为"通假"。章太炎、王力认为通假的性质就是"古人写别字"。尽管通假在汉代的泛滥有其特殊的历史原因，但这种用字的随意化毕竟冲击了文字的社会性，它不仅影响了当时的书面交际，而且使后世多少学者为破字明经而殚精竭虑。具有正字性质的《说文解字》，就是在"人用己私，是非无正"这样的社会用字背景下产生的。后世或注重单个汉字形音义的解释以"明经致用"，或致力于定形正音辨义而"匡谬正俗"，都表现出了较强的规范意识。

通假范围扩大化是一个由来已久的问题。王力指出，"古音通假的误解和滥用害处很大"，有些学者在古音通假上"往往陷于穿凿附会而不自觉，这是非常令人感到遗憾的事"[①]。因此，在明确通假性质的基础上，如何圈定通假的外延而将它与假借字、同源字、古今字等同音字区别开来，就是一项颇有意义的工作了，这在字典编纂、古籍注释、古文教学等方面尤其有应用价值。

（一）能够讲得通的本字不是通假

> 《左传·文公十七年》："古人有言曰：'畏首畏尾，身其余几？'又曰：'鹿死不择音。'"杜注："音，所茠荫之处。古字声同皆相假借。"孔疏引服虔云："鹿得美草，呦呦相呼。至于困迫将死，不暇复择善音，急之至也。"[②]

句中的"音"列有两解。杜预认为"音"是"荫"的通假字，"言鹿死不择庇荫之处，喻己不择所从之国"。服虔认为"音"即如字讲作声音，谓将死之鹿"不暇复择善音"，喻小国被逼也会急不择路。《左传》的这个句子是郑国公子归生给晋国的一封信中所引用的古语。时"晋侯不见郑伯，以为贰于楚也"。归生在信中先一一列述郑国尽力事晋已"蔑以过之"的事实，再引用古语"畏首畏尾，身其余几"与"鹿死不择音"为喻，最后才说出大国若不能以德相待，小国则只能如困迫之鹿，"铤而走险，急何能择"。

赵振铎（1928—）举左思《三都赋》两用此典为证，《吴都赋》："鸟不择木，兽不择音。"《魏都赋》："栖者择木，雏者择音。"他指出其中的"'音'都作如字讲，没有用通假。杜预作通假未必合适。字典不必采用，'音'字下面不必据此列通假义项。"作为《汉语大字典》的常务副主编，赵先生明确主张："如果上下文已经文从字顺，或者利用字的

---

① 王力：《训诂学上的一些问题》，《中国语文》1962年第1期。
② 〔清〕阮元校刻：《十三经注疏》下册，中华书局影印本，1980年，第1860页。

引申义可以讲得通，就不必再作为通假处理。"①

（二）声近义通的同源字不是通假

《说文通训定声》："監，临下也。从臥，衉省声。……[假借]为'鑑'，实为'镜'。""鑑，大盆也。从金，监声。……[假借]为'镜'。"②

朱骏声（1788—1858）本是注重以字本义为据把假借引申区别开来的，但他对"監""鑑"二字的析形说义部分引自《说文解字》。许慎析"監"错误，释义亦非本义。这就失去了正确区分假借、引申的基础，因而认为"監"是"鑑"的通假字，"鑑"是"镜"的通假字。

監，甲骨文为 ，是个从皿从見的会意字。金文为 ，其"見"已趋分裂然仍存"見"形，"皿"中更增点以示所盛之水。小篆演变为 ，原来的"見"已判然分离为臣（目）、人两部件，照容本意隐而不显。此字甲金文构形所示显然不是名物之形，而是行为之状，表示了人俯盆旁临水照容的行为。如《尚书·酒诰》："人无于水監，当于民監。"孔传："视水见己形。"后来由盛水照容的大盆引申而指铜镜，并为这个引申义造了一个区别字"鑑"。"鑑"字后来又有了一个变左右结构为上下结构的异体字"鑒"，今简作"鉴"。"鑑/鑒"本是为分化"監"的名词义而造的区别字，但真正把照容之器义分化出去的专职字是始见于小篆的"镜"。

"監""鑑""镜"三字先后产生在甲文、金文、小篆三个递差几百年的不同时代。"監"是临水照容义的本字，后引申出照容之器的名词义；"鑑"是后来用"以类附声"方式为"監"的名词义所造的区别字；再后的"镜"是在"鑑"字基础上更易声符而真正专指照容之器的区别字。"監"字由照容须细看的特点出发，沿着察看义的方向由实而虚地延展出了一些引申义，亦随之孳乳产生了几个职有分工的区别字："監"字后来主要表示从旁临下的察看义，如监视、监察之类；"鑑/鉴"字主要表示细致深入的察看义，如鉴别、鉴定之类。以语言学的观点看，它们是音近义通职有分工的同源派生词；从文字学的角度看，它们是义有引申、形则相承的孳乳分化字。

朱骏声把后出的"鑑"视为"監"的本字，把再后出的"镜"视为"鑑"的本字，则是倒流为源了。利用《说文解字》析形说义，一定要用已有的古文字研究成果加以验证；注释古籍编纂字典，一定不要把音同义通的引申义、同源字甚至本字本义当作同音异义的通假。

（三）相承孳乳的古今字不是通假

文字学中的古今字指的是通过加旁从古字中分化出今字的孳乳现象。而通假是共时

---

① 赵振铎：《字的通假义》，《辞书研究》1991年第1期。
② 〔清〕朱骏声：《说文通训定声》，中华书局影印本，1984年，第444、446页。

异义同音字之间的一种代用现象，它根本区别于古今字之处，就在于是共时代替的用字而不是相承孳乳的造字。可以根据是造字还是用字、是历时还是共时、是职的分工还是临时代用这样三条标准，把古今字与通假字区别开来。

"说/悦"这组字常常被人视为通假字。《易传·序卦》："兑者，说也。"《说文解字·儿部》："兑，说也。"段玉裁注："说者，今之悦字。"如《易经·兑卦》："和兑。吉。"可见，"悦"字最早作"兑"。段玉裁注："兑，易直也。此引申之义。"段误，"易值"兑换应是"兑"的假借义。由于"兑"为假借义所夺，则增符为本义另造"说"字。《说文解字·言部》："说，说释也。从言兑。一曰谈说。"张舜徽指出："造字之初，喜悦字皆但作兑，以言辞服人使之喜悦，则谓之说。"[1]后为区别"谈说"义，遂易符而为"悦"字。现将其孳乳分化源流图示如下：

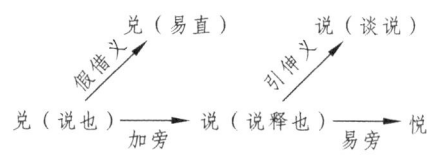

图 7.1　"说/悦"孳乳分化源流

"兑"字本义喜悦，其字为假借义"易直（值）"所夺，遂增符而为"说"；"说"字为引申义"谈说"所专，再易符而为"悦"。其间的孳乳关系、职能分工如此复杂，岂是一个同音代用的通假就能说明得了的。不要把历时的古今字看作共时的通假字，因为这不符合汉字发展的历史事实。

20 世纪 80 年代在关于通假字的讨论中，人们还认识到了科学统一有关标志性术语的重要性，并逐步取得了这样的共识：用"甲，同乙"来标志异体字，用"甲，通乙"来标志通假字，用"甲，后作乙"来标志古今字等有历时关系的字。至于沿用至今的假借字，其义或"反客为主"已成为基本义，或"宾主同堂"而成为常用义，一般就不作标注了。这些标志性术语在古籍、教材的注释和字典中的统一使用，不仅提高了注释的科学性，而且大有利于读者的使用。

二、因声求义的破释方法

先秦古书中的通假现象很早就为汉代经师注意，并开始了对通假字的研究与注释。王念孙（1744—1832）指出："毛公《诗》传，多易假借之字而训以本字，已开改读之先。至康成笺《诗》注《礼》，屡云'某读为某'，而假借之例大明。"[2]刘又辛认为："由于汉字的特殊性，字和词的关系常常非常复杂。"分析字词关系的第一目的在于"设法透过文字看出它所代表的词"。只有"排除文字障，才能透过文字抓住词语"[3]。

---

[1] 张舜徽：《说文解字约注》第一册，华中师范大学出版社，2009 年，第 554 页。
[2]〔清〕王引之：《经义述闻》，江苏古籍出版社影印本，1985 年，第 2 页。
[3] 刘又辛、李茂康：《训诂学新论》，巴蜀书社 1989 年，第 111 页，第 125 页。

第七章　借符记音的假借字

历代学者在破释通假的具体研究中不断探索，逐步从理论上认识到了通假字与所记之词的音义关系。

《诗经·豳风·破斧》："周公东征，四国是皇。"西汉·毛亨传："皇，匡也。"[①]

《礼记·儒行》："虽危，起居竟信其志。"东汉·郑玄注："信，读如屈伸之'伸'，假借字也。"[②]

《汉书·司马迁传》："此人皆身至王侯将相声闻邻国，及罪至罔加不能引决自财。"唐·颜师古注："'财'与'裁'同，古通用字。"

丁度："凡经史用字，类多假借。今字各着义，则假借难同，故但言：'通作某'。"[③]

戴侗："夫文字之用莫博于谐声，莫变于假借，因文以求义而不知因声以求义，吾未见其能尽文字之情也。"[④]

陈第："盖时有古今，地有南北，字有更革，音有转移，亦势所必至。"[⑤]

钱大昕："古人以音载义，后人区音与义而二之。音声之不通而空言义理，吾未见其精于义也。"[⑥]

王念孙："诂训之旨本于声音，故有声同字异、声近义同。……今则就古音以求古义，引伸触类，不限形体。"[⑦]

从西汉毛亨的"易字"到东汉郑玄的"改读"，从唐代颜师古（581—645）的"通用"到北宋丁度（990—1053）的"通作某"，都是围绕着改读而破其字、易字以释其义来研究通假的。古人在研究通假时所用的一个"破"字，实在十分精妙。为历时音变而改读古音曰"破读"，因同音代用而改为本字曰"破字"，所谓"破释"通假，就是改读古音、改为本字以释其通假义。这种抓住古音近同以破读找本字的研究，其实质就是冲破字形的束缚以探究文字与所记之词的音义联系，就是刘又辛所强调的"透过文字看出它所代表的词"。

正是在历代学者对假借、通假、声训、右文等问题不断探索的基础上，宋末元初的戴侗终于从理论上把这种方法明确地总结为"因声以求义"，明末的陈第（1541—1617）正式提出了古今音变、南北音异的语言历史发展观，清人钱大昕（1728—1804）则把语词的音义关系归纳为"以音载义"，王念孙进一步强调了"就古音以求古义"。这几位学

[①]〔清〕阮元校刻：《十三经注疏》上册，中华书局影印本，1984年，第398页。
[②]〔清〕阮元校刻：《十三经注疏》下册，中华书局影印本，1984年，第1670页。
[③]〔宋〕丁度等编：《宋刻集韵》，中华书局影印本，1989年，第1页。
[④]〔宋〕戴侗：《六书故》，上海社会科学院出版社影印本，2006年，第12页。
[⑤]〔明〕陈第：《毛诗古音考》，中华书局影印本，1991年，第1页。
[⑥]〔清〕钱大昕：《〈六书音均表〉序》，段玉裁：《说文解字注》，上海古籍出版社影印本，1988年，第804页。
[⑦]〔清〕王念孙：《广雅疏证》，江苏古籍出版社影印本，1984年，第1页。

者对中国古代语言学的发展作出了贡献。这种"以音载义"的认识与"因声求义"的方法,这种古今音变的认识与"就古音以求古义"的方法,在有清一代得到了普遍的认同与深入的应用,从而使清代的小学研究在各个方面都取得了突破性的重大进展。①

古音根据与古籍证据,是通假成立不可或缺的两个条件。因声求义地破释通假,必须坚持两条基本标准:通假必须古音相同,通假要有共时证据。

第一,通假必须古音相同。

既然是"本有其字,依声托事",代用的通假字当然必须与本字读音相同;但"时有古今","音有转移",所以二字的音同只能是上古音相同。正如朱骏声所说:"不明古音者,不足以识假借。"②因此,古音相同是通假得以成立的首要条件。例如"崇/终""直/特":

> 《诗经·卫风·河广》:"谁谓宋远?曾不崇朝。"郑笺:"崇,终也。行不终朝亦喻近。"《说文通训定声·丰部》:"崇,嵬高也。[假借]为终。"③
>
> 《孟子·梁惠王上》:"直不百步耳,是亦走也。"《说文通训定声·颐部》:"直,正见也。[假借]为特。"④

"崇/终"二字今音是韵同而声母有异的近音字,上古"崇"在崇母东部,"终"在章母东部,叠韵且同为齿纽。"直/特"二字今音声韵皆异,上古却同在定母职部,是双声兼叠韵的关系。无论今音近同还是大异,凡构成通假关系的一对字,其上古音必定是相同相近的。所谓音同可放宽理解为叠韵兼双声,而音近则主要指双声且韵可转或叠韵且声类近。因为两个字的读音,若叠韵而声差太远或双声而韵差太远,是不可能同音相代的。

《汉语大字典》对我国古书中的文字通假现象,进行了一次较为全面系统的整理,最后辑录全书的通假字编制成《通假字表稿》附录于第八卷中。伍宗文(1945—)对此表进行了全面深入的计量分析,发现此表所收 2 084 个通假字与 2 294 个本字计构成 3 140 对通假关系。⑤此前,曹先擢已对王引之《经义述闻·经文假借》中所分析的 252 对单字通假的声韵关系进行了计量分析。⑥现将曹先擢、伍宗文的计量结果用表 7.2 对应列示:

---

① 龚嘉镇:《也说通假的性质、外延与判释原则》,向光忠主编:《文字学论丛》第五辑,线装书局,2010 年,第 223-247 页。
② [清] 朱骏声:《说文通训定声》,中华书局影印本,1984 年,第 312 页。
③ [清] 阮元校刻:《十三经注疏》上册,中华书局影印本,1980 年,第 326 页。[清] 朱骏声:《说文通训定声》,中华书局影印本,1984 年,第 31 页。
④ [清] 阮元校刻:《十三经注疏》下册,中华书局影印本,1980 年,第 2666 页。[清] 朱骏声:《说文解字通训》,中华书局影印本,1984 年,第 85 页。
⑤ 伍宗文:《文字通假与字典编纂》,赵振铎、李格非主编:《汉语大字典论文集》,四川辞书出版社、湖北辞书出版社,1990 年,第 405-413 页。伍宗文:《通假字和〈通假字表稿〉》,《辞书研究》1991 年第 1 期。
⑥ 曹先擢:《通假字的识别》,《语文研究》1982 年第 2 期。

表7.2 《经文假借》《通假字表稿》中通假字与本字的声韵关系统计

统计样本	合计		韵部相同			韵部不同		
			双声兼叠韵	叠韵	小计	双声	非双声叠韵	小计
经文假借	252	数量/对	110	99	209	21	20+2	43
		占比%	43.7	39.3	83.0	8.3	8.7	17.0
通假字表稿	3 140	数量/对	1 087	868	2 675	307	158	465
		占比%	57.6	27.6	85.2	9.8	5.0	14.8

伍先生还对《通假字表稿》中"双声兼叠韵"之外的，即"韵部不同""叠韵"两项通假的声韵关系作了更进一步的分类分析。现将其数据制成表7.3展示如下：

表7.3 "韵部不同""叠韵"通假的声韵关系

	韵部不同的通假				叠韵关系的通假				
	合计	对转	旁转	旁对转	合计	声母同类	舌/齿	喉/牙	其他
数量/对	465	112	286	67	868	523	157	103	85
占比%	14.8	3.6	9.1	2.1	27.6	16.6	5.0	3.3	2.7

曹先擢统计的252对通假中，叠韵而通者占83%，其中以叠韵兼双声者为多；而韵部不同而通者仅占17%。分析伍文的统计数据发现：3 140对通假中，叠韵兼双声而通者占57.6%，叠韵兼声类近同而通者占24.9%，双声兼韵转而通者占9.8%，三项计达92.3%；其他音近而通者还不到8%。这组数据再次证明了傅东华（1893—1971）下述认识的正确性：

> 凡假借、转注、谐声，方其始也，必二字之声纽与韵部皆大体相同，此文字学上万无可易之原则。①

曹先擢、伍宗文提供的数据，一是基于清代大师研究成果的抽样统计，一是基于《汉语大字典》研究成果的全面统计，二位用计量分析的数据点面互证地总结了古字通假的声韵关系分布，从而展示了通假必须古音相同这一原则的确切内涵：古音通假以二字音同（叠韵兼双声）为主，其余则必须声韵皆大体相同。

第二，通假要有共时证据。

历时地看，通假是社会用字缺乏规范的产物；共时地看，在汉代的特定历史环境中，它又是合乎当时的社会用字习俗的，否则就难以交际而没有共同的书面语言了。因此，通假研究不仅要坚持历史主义的态度，切勿把历时分化的古今字当作共时代用的通假字，

---

① 傅东华：《汉语声纽变转之定律》，《学林》第十辑，1941年。

而且要坚持语言文字的社会性原则，通假的定性一定要有足够的共时性旁证。

笔者调查分析了否定词"非"、动词"赐"在《诗经》《论语》《左传》三部古籍中的用字情况，现将统计结果用表7.4列示如下：

表7.4 否定词"非"、动词"赐"在三部古籍中的用字统计

词	否定词"非"			动词"赐"		
用　字	合计	非	匪	合　计	赐	锡
《诗经》	78	2	76	20	0	20
《论语》	29	29	0	3	3	0
《左传》	265	258	7	94	88	6
合　计	372	289	83	117	91	26

汉字是一种连绵数千年而不断完善的表意文字，断代性质的用字习俗毕竟难以抗衡历时的用字规范。即使在汉代，像用"匪"字、"锡"字这样在某部古籍中普遍代替本字的现象还是很少的。否定词"非"在《诗经》中除2见外都用的是通假字"匪"，但《论语》则全用本字"非"。此词在《左传》中计出现265见，除7见用"匪"字之外都是用的本字，这7见"匪"字又只有《僖公十五年》中的"上天降灾，使我两君匪以玉帛相见"1见确为《左传》所用，其余6见则都引自《诗经》。

从金易声的"锡"已见于西周中期金文，如《生史簋》："锡赏。"从贝易声的"赐"也已见于春秋晚期金文，如《越王者旨于赐戈》。"赐"是个高频的常用词，在殷商及西周金文中一般写作"易"。"赐"这个词在《诗经》中全用通假字"锡"，而《论语》则全用本字"赐"。这个词在《左传》中计出现了94见，用本字"赐"者多达88见，用"锡"者仅6见。而这6见"锡"字中2见有异文作"赐"，另外4见则都引自《诗经》。可见古人在大多数时候、大多数场合还是更多地使用已有的本字。

古音通假说的广泛应用倡扬于清代王念孙、王引之父子。王引之深刻地论述了通假的性质，总结了破释通假的方法：

> 许氏《说文》论六书假借曰："本无其字，依声托事，令长是也。"盖无本字而后假借他字，此谓造作文字之始也。至于经典古字声近而通，则有不限于无字之假借者。往往本字见存，而古本则不用本字而用同声之字。学者改本字而读之，则怡然理顺；依借字解之，则以文害辞。是以汉世经师作注，有"读为"之例，有"当作"之条，皆由声近声同者，以意逆之而得其本字。所谓好学深思，心知其意者。然亦有改之不尽者，迄今考之文义，参之古音，犹得更而正之，以求一心之安，而补前人之阙。[①]

[①]〔清〕王引之：《经义述闻（三）》，山东友谊书社影印本，1990年，第3037页。

汉字是记录汉语的书写符号系统，其字形不仅能表示义，而且首先就要能读出音。据义构形而以形求义，是汉字的特色；"以声载义"而"因声求义"，是语言的本质。探求汉字所记录的语词，不仅可以析形求义，而且能够"因声求义"。正是古音通假说的深入研究，使人们更进一步地认识到了文字与语言的关系，认识到了汉字与汉语之间特有的形音义联系。

第八章
"以类附声"的形声字

一、加旁分义的生成机制
　　① 古代先贤的逐步探索
　　② 现代学者的深入研究
二、形声系统的基本格局
　　① 内部结构的计量描写
　　② 形声系统的基本特点
三、现行义符声符的功能
　　① 义符的表意机制与功能
　　② 声符的特点与表音功能
四、声符兼义与字符破体
　　① 着眼分化源头的分类
　　② 着眼字符理据的分类

提要：形声字是主要通过"以类附声"的机制而生成"形声相益"结构的合体字，记词方式形声化是汉字历史发展的基本规律。形声字综合利用形义、形音联系而据词构形，具有结构简明区别度高、推类孳乳系统性强的功能优势。用义音兼表的形声字去记录义音结合的单音节语素，尤为适应华夏民族超时空记录汉语的社会需要。现行形声字在整体上仍然保持着相当系统的形义联系，义属某类之字多从某符，形从某符之字多有某义（类意义）。现行声符系统的表音功能虽然不强了，但仍然保持着表音的性质，其在大量低频字中的较强标音作用更具应用价值。

　　记词方式形声化是汉字历史发展的基本规律，形声字以更加适应汉语需要的整体优势而发展成为汉字的主体，形声字研究因而成为汉字研究中的重要内容。古今学者对形声字的思考尤为用力，其逐步深入的研究主要围绕着三个问题展开。一是形声字是在什么样的历史背景下产生与发展的？讨论形声字的生成机制及其历史必然性。二是形声字

第八章 "以类附声"的形声字

为什么会发展成为汉字的主体？讨论形声字如何以其整体优势适应汉语需求而得以迅速发展。三是形声字系统的宏观状况究竟如何？讨论形声字系统的整体格局与基本特点，分析义符的表义功能与声符的表音功能。

本章运用历史分析与计量描写相结合的方法，着重从四个方面温故知新探源析流地讨论形声字问题。

第一节 加旁分义的生成机制

"机制"原指机器的构造和工作原理，现广泛借用于自然科学和社会科学的研究，用指事物内部各部分之间的组织原理与运作方式。机制反映了事物内在的逻辑关系，反映了事物系统内在的基本发展规律。从机制入手去认识事物的复杂性，已经成为系统科学中的一种重要方法。

所谓形声字的生成机制，当指形声字内部义符声符二要素之间相互作用的结构原理与合成模式。先梳理前贤的逐步探索，再述说现代的深入研究。

一、古代先贤的逐步探索

形声字的产生显然是一个事关系统的复杂问题，古代学者对此进行了逐步深入的历史探索，取得了可贵的理论认识。让我们运用机制论的方法，来梳理前贤的研究思路与深入进程吧。

> 许慎："仓颉之初作书，盖依类象形，故谓之文。其后形声相益，故谓之字。字者，言孳乳而浸多也。……形声者，以事为名，取譬相成，江河是也。"[1]

东汉的许慎最早提出"文"与"字"的概念，他强调先有"依类象形"的"文"而后有"形声相益"的"字"，利用已有的独体字而以文组字，由此开始了汉字的构形合成化，这是为后人高度认同的历史认识。但是，许氏关于"以事为名，取譬相成"而"形声相益"的观点，则无疑是立足于共时平面来认识形声字的。

对于古字的兼职及其孳乳分化的现象，先秦学者早已开始了"以今字释古字"的研究，这种研究是从训释典籍的实用层面上开始的。例如，《周易·序卦》："兑者，说也。"《礼记·郊特牲》："富也者，福也。"《尔雅·释言》："甲，狎也。"到了汉代，进一步形

---

[1] 〔东汉〕许慎：《说文解字》，中华书局影印本，1989年，第314页。

成了"易字"与"改读"的训诂条例。这些条例虽然主要用于破释通假字，但其中用后出的加旁字去训释古字的方法，无疑已经在客观上触及了汉字的孳乳分化与形声字的生成机制。唐代的颜师古注《汉书》，大量采用了用后出的加旁字或易旁字以训释古字的方法，如"道读曰导"（《成帝纪》），"说读曰悦"（《外戚列传上》）。尤为难得的是颜氏关于"縣→懸"二字的历史认识。后来的一些学者循此思路逐步深入，注重从加旁字入手来探究形声字的生成机制。

　　《汉书·高帝纪》："带河阻山，縣隔千里。"颜师古注：縣，"此本古之懸字耳。后人转用为州縣字，乃更加心以别之，非当借音"。[①]

　　郑樵："古雲作云，雷作回，皆象其形。……后人借云为云曰之云，回为回旋之回，故于雲、雷复加雨以别。"[②]

　　王观国："盧者，字母也。加金则为鑪，加火则为爐，加瓦则为甌，加目则为矑，加黑则为黸。……亦如田者，字母也，或为畋猎之畋，或为佃田之佃。"[③]

　　唐代颜师古与南宋郑樵关于古字加旁生成今字的分析，已经初步涉及了形声字产生的历史原因、生成方式、表意功用及其与假借字的区别。与郑樵同时代的王观国跳出单字分析，试着开始了对同声符谐声字群的归纳，从中认识到声符与形声字是"字母"与加旁分化字的关系，最先从汉字系列孳乳的角度，讨论了声符加旁分化兼职以生成形声字这一重要现象。

　　卫恒："形声者，以类为形，配以声也。"[④]

　　戴侗："六书推类而用之，其义最精。'昏（昏）'本为日之昏。心目之昏犹日之昏也，或加心与目焉；嫁取者必以昏时，故因谓之昏，或加女焉。'熏'本为烟火之熏。日之将入其色亦然，故谓之熏黄，《楚辞》犹作纁，或加日焉。帛色之赤黑者亦然，或加糸与衣焉。饮酒者酒气酣而上行，亦谓之熏，或加酉焉。"[⑤]

　　戴震："一字具数用者，依于义以引申，依于声而旁寄，假此以施于彼曰假借。""古字多假借，后人始增偏旁。……谐声以类附声，而更成字。"[⑥]

　　西晋的卫恒（？—291）在《四体书势》一文中，最先在形声字形符的认识上提出了"类"的概念。他的"以类为形，配以声也"，较之许慎的"以事为名，取譬相成"，无疑是一个进步。宋末元初的戴侗从形声字的声符入手，成系列地梳理古字与加旁分化字在形音义上的联系，以此探究形声字的生成机制与产生途径。如本义为日暮之昏的"昏"

---

① 〔汉〕班固：《汉书》，中州古籍出版社影印本，1991年，第9页。
② 〔宋〕郑樵：《通志略》，上海古籍出版社影印本，1990年，第156页。
③ 〔宋〕王观国：《学林》，中华书局，1988年，第177页。
④ 〔西晋〕卫恒：《四体书势》，〔唐〕房玄龄等：《晋书（一）》，中华书局，2000年，第696页。
⑤ 〔宋〕戴侗：《六书故》，上海社会科学院出版社影印本，2006年，第17页。
⑥ 〔清〕戴震：《戴震集》，上海古籍出版社，2009年，第75、73-74页。

（从日氏省的会意字），后加旁分化出惛、睧、婚等形声字。本义为烟火之熏的"熏"字，后加旁分化出曛、纁、醺等形声字。他在形声字问题上最先提出了"推类"的认识，用一句"推类而用之"，深刻地揭示了为同源引申而加旁分义以生成系列形声字的机制。

清初戴震关于形声字产生的认识可谓经典之论。他在前人研究的基础上，从原因、途径、方式三个方面历史地论述了形声字的生成。一是形声字产生的原因是古字兼职过多亟须分化："古字多假借"而"一字具数用"。二是形声字产生的途径是引申与假借：戴氏的假借包括义的"引申"与声的"旁寄"，这是古字兼职多的两大原因，而由此分化兼职则是形声字产生的两大途径。三是形声字生成的方式是"以类附声"而"推类"分义：以古字为声符而增类别义，从而生成分化兼职的形声字。"二戴"关于形声字生成机制的论述，实在高明！

> 王筠："字有不须偏旁而义已足者，则其偏旁为后人递加也。其加偏旁而义遂异者，是为分别文。其种有二：一则正义为借义所夺，因加偏旁以别之者也；一则本字义多，既加偏旁则只分其一义也。"①

> 徐灏："凡古今字有二例：一为造字相承增偏旁，一为载籍古今本也。""（酉）象酒在缸瓮中，借为卯酉之酉，借义擅之，故又加水作酒。"②

王筠兼采众家之长，开始从体系的角度去探求汉字的孳乳规律，通过分析古今字之间形音义上的历史承袭关系，提出了"分别文"的概念。他所谓的分别文，其实就是加旁的分化形声字。他从字义对字形的要求上论述了形声字产生的原因、途径和方式："一则正义为借义所夺，因加偏旁以别之"；"一则本字义多，既加偏旁则只分其一义"。就古字增旁以生成今字这一文字分化现象而言，徐灏（1830—1879）的"造字相承增偏旁"，更进一步地揭示了形声字与古字之间"相承"孳乳的内在历史联系。

古代学者对形声字生成机制的历史探索，是从加旁分义的古今字现象入手的，是在关于分化同音字兼职以推类孳乳的研究中不断深入的。许慎的"形声相益"，共时地概括了形声字义音合成兼表义音的字式结构；戴震的"以类附声"，则历时地总结了形声字加旁别义分化兼职的生成机制。古代学者对形声字生成机制的探索思路是科学的，其学术认识是高明的，这是传统文字学中最可宝贵的内容之一。但是，这些认识在较长时期内似乎并没有得到应有的重视，"以类附声"这一经典表述在那时的论著中就无人提及。③

二、现代学者的深入研究

汉字系统中有一个最年轻最成熟的形声字群，那就是《元素周期表》中的 105 个元

---

① 〔清〕王筠：《说文释例》，武汉古籍书店影印本，1983 年，第 327 页。
② 〔清〕徐灏：《说文解字注笺·示部·祐字》《酉部·酉字》，丁福保编纂：《说文解字诂林》，中华书局影印本，1988 年，第 37、6651 页。
③ 龚嘉镇：《古今字说》，新加坡国立大学中文系学报《学丛》第五期，2000 年。

素字。这些字除"金"字之外都是形声字,而且大部分是科学家近代以来新造的字。先看声符,104 字的声符大多是常用的独体字,据笔者统计,声符与形声字声韵调全同者有 81 字,同音不同调者有 3 字;其余 20 字有的可视为省声字,有的声符在标音上明显可以类推。以此推测,历史上的形声字在产生之后一个相当长的时期里,其表音功能也是很强的。再说义符,表金属元素的字如"锂""钴"等,一律以"钅"为义符。唯一例外的"汞",其繁体"鍫"原也从"金"。表非金属元素的字则按元素在通常条件下的状态一分为三:如"碳""硒"这样的固态者从"石",如"溴"这样的液态者从"氵",如"氦""氢"这样的气态者从"气"。元素在印欧语中一般是多音节词,中国科学家把它定为单音词,只取元素的第一个音节来为它造一个形兼音义的形声字。先找这个音节的同音字作声符,再配一个表示元素类属义的义符,如此既译音又译意的元素字,声符标音且示源,义符举类而表义,仅用四个类别性义符就系统地展示了一百多个元素之间内在的层级类属关系。这群元素字典型地展示了形声字的特点与优势:用"形声相益"的字式结构以发挥义音兼表的表词功能。

体会科学家为元素造形声字的良苦用心,可以使我们更为深刻地认识到:汉字的形声化并不是偶然的。汉语具有语素单音节化的特点,只有这种把义符声符互补地统一于方块形之中的形声字,才能适应单音节语素既有音又有义的特点,才能满足各方言区人们由形及义地认识汉字以理解书面共同语的要求。

形声字是"形声相益"的合体字。古文字中的形声字,虽然也有如 ⿰氵工(江)、⿰氵可(河)这样共时组合直接生成的,也有如 圖→圖(囿)、⿰弓玄→弦(弦)这样因会意字某意符改为声符而转化来的,但主要还是出于准确表达语词的需要,为分化古字兼职而加旁生成的。历时的加旁字有两种,一为加形旁,一为加声旁。需要进一步讨论的问题在于,在古字加旁分化兼职而生成形声字的进程中,是以加注声符为主注重表音呢,还是以加注义符为主注重别义?

向光忠(1933—2012)指出:"东汉经学家郑玄笺注典籍所用的'古今字'的术语,尔后历代沿用,指称不尽相同。在训诂学中,'古今字'原指古今用字的相异现象;在文字学中,'古今字'则指古今造字的相承关系。"[①] 20 世纪八九十年代文字学界关于古今字问题的讨论,其实就是从汉字孳乳分化史的角度来讨论形声字的生成与发展的。

> 向光忠:"形声缘起于增益形符示义的孳乳字,进而演化为半表义半表音的造字法。""形声乃滥觞于:一则因字义引申或字形假借而造成一字多义,故增益形符以区别意义;一则因字形模糊或字体演变而造成形晦义隐,故增益形符以显现意义。……形声之始出,非为表音,而为示义。"[②]
>
> 曹先擢:"有一些形声字是由象形字象意字等发展而来的……这些字在形

---

① 向光忠:《文字学刍论》,商务印书馆,2012 年,第 430 页。
② 向光忠:《文字学刍论》,商务印书馆,2012 年,第 123、45 页。

第八章 "以类附声"的形声字

声字里占的比重很小。形声字大量的来源是以假借字为声符再加义符造出的。""形声字的增加,从主要方面讲是大大加强了汉字的表意性,而不是相反。"①

裘锡圭:"有大量形声字是由于在已有的文字上加注意符而形成的。加注意符通常是为了明确字义。按照所要明确的字义的性质,加注意符的现象可以分为三类:A、为明确假借义而加意符……B、为明确引申义而加意符……C、为明确本义而加意符。"②

三位先生的主要观点有三:形声字主要缘起于为分化古字兼职而加注义符所生成的孳乳字,"字义引申或字形假借而造成一字多义"是古字兼职多的根本原因,记词方式形声化"非为表音"而是"大大加强了汉字的表意性"。从学术发展史上溯其源,三位先生的见解当是对戴震的"以类附声"、王筠的"分别文"等认识的现代阐释。

刘志基立足于数字化平台,对殷商甲骨文、西周金文、战国秦简文和楚简帛文中的形声字及其声符、义符进行了历时的计量比较分析;用数据揭示了形声字义符、声符在千年先秦时期的不同发展趋势:义符相当稳定集中且构字率大步上升,声符则"相对失控"大量增加而构字率始终较低;发现形声字"对义符的选择具有主动性",而让古字来充当声符则只是一种"被动"的"补充性认定";认为"选择上主动与被动的差异",直接导致了义符、声符数量的多寡及其构字率的高低。他强调指出,在形声字的发展进程中,加注义符"自始至终占据了主导地位",并呈现出"逐步增强的趋势"。③

形声字主要产生于加注义符,在古字上"以类附声"生成的这类形声字,是形声字的主体。至于在古字上加声符生成的那类形声字则很少,在楷书字中举七八个可以,举十来个就很难找了。后加声符生成的形声字可分两类,一类是在象形字上加注声符生成的,如齿、鼻、星、罔、裘、其、貌、饲等;一类是在会意字上加注声符生成的,如归、望、臧、宝等。吴振武检查甲骨文、金文、古钱、玺印、盟书、楚简等出土文献中的古文字,从中仅收集到40个后加声符的"注音形声字"。④

关于"以类附声"形声化的生成机制及其历史必然性,略作如下综述:

第一,"以类附声"机制的实质在于加旁别义分化兼职,用相承孳乳的同音字去区别同音词。形声字所记录的词,在形声字产生之前是由它的声符(同音的古字)来兼职记录的。新增的义符不仅通过重建形义联系扭转了假借字的表音倾向,而且倒逼兼职的同音字(假借字/同源字)转化为表音的声符,进而发展为义音合成的形声字。记词方式形声化是向表意方向发展的,其中起主导作用的始终是义符,而兼职的同音字则是被动成

---

① 曹先擢:《汉字的表意性和汉字简化》,中国社会科学院语言文字应用研究所编:《汉字问题学术讨论会论文集》,语文出版社,1988年,第18页。
② 裘锡圭:《文字学概要》,商务印书馆,1988年,第154页。
③ 刘志基:《中国文字发展史·商周文字卷》,华东师范大学出版社,2015年,第346-350页。
④ 吴振武:《古文字中的"注音形声字"》,钟柏生主编:《古文字与商周文明》,台北中央研究院历史语言研究所,2002年,第223-236页。

为声符的，因此义符相当集中而构字率很高，声符"相对失控"而构字率很低。记录汉语的方式由"构形表意→借形记音→形兼义音"的辩证演进，据义构形方式由"依类象形→比类合谊→以类附声"的自我完善，反映了汉字作为表意文字的历史进程与发展趋势。

形声字并不是汉字初创时期的最早记词方式，也不是主要源自于共时的直接合成，它是在表形字基础上的相承孳乳二度造字。这种相承孳乳的基础主要有三：一是"依类象形"的象形字，为汉字的相承孳乳提供了合成构字的基础字符；二是以文组字的会意字，为形声字的产生开辟了构形合成化的道路；三是大量兼职记词的同音字（同源字/假借字），为汉字的相承分化提供了孳乳的母体与表音的声符。需要指出的是，形声字虽然是在表形字难以完整记录汉语的困窘中开始产生的，但它是在假借泛滥难以准确表达汉语的历史背景下加速发展的。形声字在商代可识的1 300多个甲骨文中只有两百多个仅占两成，春秋战国时期随着社会的发展而乘势涌现成倍增长，在《说文》小篆中就多达八千多字而占到85%了。[①]这种"以类附声"的生成机制，是对"依声托事"的扬弃而不是全面否定，是对据义构形的发展而不是简单回归，它在更高的阶段上把单纯的表形或单纯的表音字式发展为义音合成兼表义音的记词方式，形声字因而很快发展成为汉字的主体。

第二，"以类附声"形声化是汉字记录汉语的最优字式与历史选择。上古汉语以单音词为主，社会与词汇的发展使同音词日趋发达，而假借字的泛滥与同源词的分化则使同音字现象日趋严重，区别同音词、分化同音字是势在必行了。但是，那时还不可能通过合成构词来减少同音词，这就只能从分化同音字入手来区别书面语中的同音词。在记录汉语的方式上，汉字既难以一个一个地继续大造表形字，也因古今方言音有异而无法在假借字的基础上向表音化发展，于是就历史地走上了"以类附声"大造形声字以区别同音词的道路。为音同而标类，因义别而加旁，既分化了古字的兼职以促进了汉字的记词专职化，又类化了字族而加强了汉字的表意性。从文以记言的职能上讲，兼职的古字与加旁字在历时上是初文与分化字的关系，在共时上则是声符与形声字的关系。汉字中的形声字式是在"以类附声"分化同音字兼职的孳乳进程中历史发展起来的。

形声字具有区别于其他字式的内在规定性，它在构形构意、记词方式、生成机制上都有着自己的鲜明特点。根据这三个特点可以把形声字与其他字式区别开来。第一，形声字是以文组字的合体字，它是由两个具有构意（造字理据）的字符所组成的合体字。这是形声字在构形构意上与独体字的区别：象形字、指事字是单符成文的独体字，一旦拆分就没有构意了。第二，形声字是义音合成的合体字，它一定有一个标音的声符，其义符则提示了整字的类意义，其字义一般就是义符所示类意义的引申义。形声字与会意字虽然都是合体字，但二者的记词方式是不同的：会意字的字符都是意义相关的义符，

---

① 甲骨文数据引自郑振峰：《甲骨文字构形系统研究》，上海教育出版社，2006年，第43页。《说文》小篆字数据引自齐元涛：《说文小篆构形系统相关数据的测查》，《京师论衡》，北京师范大学出版社，2002年，第387-392页。

或能表音纯系偶然，其字义则如夫妇结合所生之子，是所有义符义在整字层面上意合生成的关系义。第三，因同源分化而产生的那部分形声字，其声符是兼有表义功能的。这类形声字虽在所有字符都能表义上与会意字相同，但二者是有区别的。不仅字符参与整字构意时所发挥的作用不同，而且整字的生成机制迥异：声兼义的形声字生成于历时相承的"以类附声"加旁分化，会意字则来自共时的"比类合谊"而直接合成。二者是不该混为一谈的。

关于形声字的性质，着眼其生成机制历时地看，形声字主要是"以类附声"的分化字；立足其字式结构共时而论，形声字是"形声相益"的合体字。要而言之，形声字是主要通过"以类附声"的机制而生成"形声相益"结构的合体字。形声字综合利用形义、形音联系而据词构形，具有整体的功能优势。它字符集中以少驭多构字力强，义音互补结构简明区别度高，推类孳乳形义对应系统性强。用义音兼表的形声字去记录义音结合的单音词，既能区别同音语素，又可兼容古音方言，尤为适应华夏民族超时空记录汉语的社会需要，有力地促进了汉语书面语的统一和发展。

第二节　形声系统的基本格局

所谓形声字的格局，是指形声字系统的结构、功能、分布及其历史演变的宏观状态，以及它在汉字系统中的地位作用。先进行内部结构的计量描写，再讨论形声字系统的基本特点。

一、内部结构的计量描写

东汉许慎的《说文解字》和1988年发布的《现代汉语通用字表》，在形声字格局的研究上是很有价值的可靠样本。根据有关的研究成果，现加工制成下面三个对比性质的统计表，其中"现行形声字"特指《现代汉语通用字表》所收 7 000 个字中的形声字，"小篆形声字"特指《说文解字》所收小篆字（字头）中的形声字。[①]

[①] 表一、表二中的小篆形声字数据引自李国英：《小篆形声字研究》，北京师范大学出版社，1996年；现行形声字数据引自康加深：《现代汉语形声字形符研究》，李燕、康加深：《现代汉语形声字声符研究》，二文载于陈原主编：《现代汉语用字信息分析》，上海教育出版社，1993年。表三中的现行形声字数据引自李燕、康加深、魏励、张书岩：《现代汉语形声字研究》，《语言文字应用》1992年第1期；小篆形声字的数据引自孔祥卿：《说文小篆形声字形符声符位置的分布规律》，向光忠主编：《说文学研究》第三辑，江西教育出版社，2008年。

表 8.1　小篆形声字与现行形声字基本情况对比统计

统计样本	样本字种	形声字 字数	形声字 占比	义符 字数	义符 符均构字	义符 仅构一字 字数	义符 仅构一字 占比	声符 字数	声符 符均构字	声符 仅构一字 字数	声符 仅构一字 占比
《说文》小篆字	9 421	8 233	87.4%	378	21.8	138	37%	1 670	4.9	583	35%
现代汉语通用字表	7 000	5 631	80.5%	246	22.9	91	37%	1 325	4.3	434	33%

据康加深《现代汉语形声字形符研究》的分析，在 7 000 个现代汉语通用字中构字≥20 个的 54 个现行义符计构形声字 4 898 个，占现行形声字总数的 87%。这 54 个义符其实只是 52 个，因为其中的"忄"是"心"的偏旁体，"衤"是"衣"的偏旁体。比对《说文解字》，发现这 52 个构字最多的现行义符，除"舟"之外原本就是构字最多的小篆义符。它们计构成 6 448 个形声字，占小篆形声字总数的 78%。

表 8.2　小篆形声字与现行形声字的高能字符构字对比统计

统计样本	形声字数	构字≥20 个的高能义符 高能义符	构字≥20 个的高能义符 符均构字	构字≥20 个的高能义符 累计构字	构字≥20 个的高能义符 占形声字总数	构字≥5 个的高能声符 高能声符	构字≥5 个的高能声符 符均构字	构字≥5 个的高能声符 累计构字	构字≥5 个的高能声符 占形声字总数
《说文》小篆字	8 233	73	98	7 171	81.1%	576	10.9	6 255	75.9%
现代汉语通用字表	5 631	52	94	4 898	87.0%	434	10.0	4 320	76.7%

表 8.3　小篆形声字与现行形声字的组合模式分布对比统计

形声结构模式		例字	现行形声字 字数	现行形声字 占比	现行形声字 字数	现行形声字 占比	小篆形声字 字数	小篆形声字 占比	小篆形声字 字数	小篆形声字 占比
左右结构	左形右声	妈梧伯祥	3 798	67.4%	4 162	73.9%	4 522	58.9%	5 276	68.7%
左右结构	右形左声	锦攻朗视	364	6.5%			754	9.8%		
上下结构	上形下声	爸嘉芬露	592	10.5%	989	17.6%	756	9.9%	1 561	20.3%
上下结构	下形上声	盛膏斧攀	397	7.0%			805	10.5%		
偏正结构	声占一角	旗赴麻氧	329	5.8%	400	7.1%	其他结构		840	10.9%
偏正结构	形占一角	荆颖载肴	71	1.3%						
内外结构	外形内声	园匡阁衷	69	1.3%	85	1.5%				
内外结构	内形外声	闻问辫随	16	0.3%						

二、形声系统的基本特点

汉字的形声字系统是一个具有整体优势的自组织系统，它的基本格局体现了汉字有理性系统性的内在联系，反映了汉字表意化单音化的历史趋势。结合上述三个统计表中的数据来看，汉字形声字系统的基本格局具有如下几个基本特点：

第一，记词方式形声化使形声字在后来的通用字中保持了占比八成的主体地位。《说文解字》所收小篆字具有静态的库存性质，其中的形声字高达 87.4%。由于小篆之后一般只造形声字而很少再造表意字，所以汉字中的表意字是一个有定的常数：象形字 300 多个，加上指事字大约 400 个上下，会意字将近 1 000 个，三类表意字合计约为 1 400 个。而形声字后来在库存字种中的比例则高达 95% 以上。多项研究发现：中古以来，历代通用字中的形声字一直保持在 80% 上下，另外两成是表意字和记号字。[1]这是因为：汉字中的表意字多数是汉字中的基本字，并传承地成为历代的通用字；还有一些通用字在形变过程中丧失理据，已经成为不能分析的记号字。

第二，数以万计的形声字是一个有理合成高度类化的符号系统。汉字的形声系统以两三百个义符和千多个声符作为构字的理据性字符，采用以文组字层级合成的逻辑方式，历时地创造了数以万计的形声字。这种合成方式有两个特点：一是具有标音示义的有理性。它在一个单音节的合体字中，既有记录语音的声符，又有标示义类的义符，用义音合成的形声字去记录义音结合的单音词，特别适应华夏民族记录汉语的需要。二是具有高度类化的系统性。寓义于形的义符所表示的是一种主题性的类意义，形声化把义符的形义联系扩展为对字群的类联系，进而建构了"凡某之属皆从某"的形义对应关系，从而有力地维系和加强了汉字表意的系统性。这种简明有理、编码经济的造字方式，不仅具有很强的能产性、很高的区别度，而且使汉字由单字的用物象表形发展为系统的以义符的语义表意，其整体优势更好地适应了汉语发展的需要，这是形声字后来一直成为汉字的主体之根本原因。

第三，形声系统在历史发展中形成了基本字符相对集中的构字规律。义符、声符是两个功能互补的字符系统，但两千个字符的构字并不均衡。如表 8.1、8.2 所示，古今声符、义符中仅构一个形声字者居然都多达三分之一强，而八成上下的形声字则是由五六百个基本字符构成的，其中几十个高能义符（构字≥20 个）的类化程度与构字能力之强令人瞩目。字符构字相对集中的特点不仅表现在共时层面上，而且体现在历时演变之中。现行形声字的义符、声符数量都比小篆形声字少得多，义符减少了 35%，声符减少了 21%；但现行形声字中高频义符、高频声符的累计构字占比又都比小篆形声字高得多。这些事实说明：形声字系统通过优胜劣汰的历史发展，加强了义符、声符的类化程度与归纳性，

---

[1] 关于中古用字中形声字的占比，齐元涛对隋唐五代碑楷字的研究是 76.7%，王立军对宋代雕楷字的研究是 80.1%；关于 7 000 现代汉语通用字中形声字的占比，李燕、康加深、魏励、张书岩的研究是 80.5%，龚嘉镇的研究是 81.1%。以上数据分别引自齐元涛：《隋唐五代碑志楷书构形系统研究》，第 56 页，上海教育出版社，2007 年；王立军：《宋代雕版楷书构形系统研究》，第 44 页，上海教育出版社，2003 年；李燕、康加深、魏励、张书岩：《现代汉语形声字研究》，《语言文字应用》1992 年第 1 期；龚嘉镇：《现行汉字形音关系研究》，湖北人民出版社，1995 年，第 44 页。

从而大大增强了高频义符、高频声符在通用字中的构字能力。汉字字多文少，以文组字合成有理，基本字符相对集中，这一逻辑构字规律在汉字教学、汉字规范、中文信息处理中，尤具应用价值。

第四，形声字基本字符的类推简化促进了汉字形体结构的系统优化。汉字既是记录汉语的符号，也是进行交际的工具，汉字的工具性质决定了汉字形体结构的简明化。汉字形体结构简明化，不仅强势地体现在甲金篆隶楷的整个历史演变过程之中，而且还总是突出地作用于通用字常用字而表现出常用趋简的特点。甲金文由于字符的构字率较低，字形的简化还主要发生在单字上。字符的义音化较好地保持了造字理据的对应传承，这就为汉字在形声化过程中的类推简化提供了广阔的空间。汉字孳乳的主要方式是以文组字，历来较多使用的简化方法是类推简化。简化一个义符或声符，不仅类推简化了一系列同符字，而且还能保持原有的造字理据、字式结构和构形系统。基本字符的类推简化有力地促进了汉字的系统优化。

第五，形声结构通过构件对称化构形平衡律而拥有了整体的和谐与方正的大气。唐代贾公彦对形声字的组合模式进行了归纳。

> 《周礼·地官司徒·保氏》："五曰六书。"贾公彦疏："书有六体，形声实多。若江、河之类是左形右声，鸠、鸽之类是右形左声，草、藻之类是上形下声，婆、娑之类是上声下形，圃、国之类是外形内声，阙、闠、衡、街之类是外声内形，此声形之等有六也。"[①]

虽然外声内形一类所举例字不当，但贾氏的归纳相当科学，一直为人沿用并有所完善。甲金文中形声字形符声符的相对位置尚不固定，其组合虽已有主形，但因构件易位而同字异写的现象相当普遍。发展到小篆形声字，其形符声符的相对位置已经基本定型了。对称的左右结构、上下结构两类在小篆形声字和现行形声字中都高达九成上下；古人所谓的"右文"即左形右声式，是形声组合的主体模式，已由小篆形声字中的59%发展到现行形声字的67%。

第三节　现行义符声符的功能

形声字的义符具有怎样的表意机制，汉字的声符有着什么样的特点，现行形声字系统的表义功能、表音功能究竟如何，是人们十分关注的问题。

---

① 〔清〕阮元校刻《十三经注疏》上册，中华书局影印本，1979年，第731页。

第八章 "以类附声"的形声字

一、义符的表意机制与功能

汉字用字形提示词义的表意功能,是主要依靠义符在形声化中建立的类联系来实现的。语义化的义符是构字的字符而不是记词的单字,几百个义符不可能表示数万汉字所记之词的具体义,但正是由于义符表意的概括性,数万汉字才得以各从其类形成系统而不是一盘散沙。

下边试从三个方面来讨论义符的表意机制。

第一,汉字的表意性是主要依靠义符的类意义及其类联系来实现的。且举"食"字为例以为说明:

食(甲)→食(金)→食(篆)→食(隶)→饣(偏旁)

"食"是记录名词的象形字,其甲金篆字形像内盛食物上有盖子的食器之形,至隶书就因笔画化而成为不再象形的方块字了。此字的隶楷字体及其偏旁之形虽不象形了,但古文字的造字理据却因语义化而递相传承下来,其表意功能更在形声化中得以推类扩展,由义符的形义统一逐步扩展为系统的形义对应。要而言之,汉字系统的基本成分是象形字,汉字孳乳的基本方式是以文组字,汉字表意的基本手段是系统的类联系,汉字系统的类联系是主要通过"以类附声"的形声化而形成的。正是在类化性质的形声化过程中,汉字逐步建立起了"凡某之属(类)皆从某"的形义对应关系,从而有力地维系和加强了汉字表意的系统性与构形的逻辑性。能把义符与形声字的关系说清楚的人虽然不多,但义符提供的表意信息就连三年级的小学生也知道,从"饣"旁的字一般与食物义有关。

第二,几十个核心义符是汉字系统赖以保持表意性质的核心类符。汉字字符的构字是不平衡而高度集中的,这一特点在义符上尤为显著。七八十个核心义符参构的形声字,一直是历代汉字中的主体。这是因为它们所依类取象的事物,是与人的关系最为紧密的基本事物;其所抽象出来的意象,具有类的形象特征与类的主题概念;其所表示的类意义,是一种指向引申推类系联的主题性语义。换言之,它们所记录的是汉语中全民通用、长期稳定、构词能力最强、概括义类最典型的基本语素。这些核心义符不仅在以文组字相承孳乳上具有字原性质,是汉字系统得以形成和发展的基础构件,而且在推类系联以符表意上具有基因作用,是汉字体赖以保持表意性质的核心类符。这些核心义符的系统集合,全面地覆盖了华夏民族的基本社会生活,概括地反映了汉语语义的核心网络。

第三,义符的类联系是围绕义符的名物义而推类扩展的语义场。在《通用规范汉字表》所收的8 105字中,所构表意字≥15个的义符有71个,它们是古今汉字的核心义符。(详见第十二章中"核心义符的构形表意"一节)这71个核心义符除走、支、辵等符之外,都是早期的名物字。这固然因为名物的形象具体易于"依类象形",而且在于名词义一般是具有类属性概念的主题性语义。义符的以形表意一般是围绕着名物义展开的,义符与形声字之间就是一种本义与引申义的关系,是"凡某之属(类)皆从某"的形义对应关系。形义结合的义符以其本义提示其字所记之词的类意义,参构字以义符的引申义表示词的具体义,形声字的形义联系就是主要依靠义符的形义统一建立起来的。

康加深先生"依据以现代字义注释为主的《现代汉语词典》"来确认义符及其形声字的意义,对现代汉语通用字中 5 631 个形声字义符的表义功能进行了测量分析。现将有关研究成果列表 8.4 如下:

表 8.4 现行形声字义符的表义功能统计 [1]

义符表义度	例字	形声字数	占比	合计字数	合计占比
完全表义	爸、眼	47	1%	4 885	87%
基本表义	浪、祥	4 838	86%		
不表义	铺、悍	746	13%	746	13%

表中的数据说明,在漫长的历史演变过程中,虽然有部分字因形体省简或异符混同而失去了造字理据,但整个汉字系统仍然在自我完善中保持了表意性质与表意功能。71 个核心义符不仅在简化过程中始终未乱阵脚,而且它们的参构字在通用规范汉字中多达 90%。正是最为基础而构字最多的核心义符保持了基因性的表意功能,这才在系统上维系了汉字的表意性质。"现行汉字在整体上仍然保持着相当系统的形义联系:义属某类之字多从某符,形从某符之字多有某义(类意义)。"[2]

二、声符的特点与表音功能

古代形声字的声符具有表音功能,这是学术界的共识。现在关注的是,现行声符系统是否还保持着表音的性质?现行声符正确标音的有效范围究竟有多大?现行声符实际标音的动态分布有没有规律?形声字的声符在记音上有什么特点?

汉字是表意文字而形音联系较弱,其形声字的声符是采用直音式以记录具体音节的"借音符"。汉语形声字的声符有两个特点:

第一,形声字的声符主要来自兼职的同音字,是在"以类附声"的机制中被动成为声符的。一般来说,历史上有多少个被分化的兼职同音字,形声字就会有多少个声符。因此,声符"相对失控",不仅数量很多,构字率低,而且一音多符的现象相当普遍。8 233 个小篆形声字有 1 670 个声符,符均构字 4.9 个,其中占五成的 842 个声符只构 1 个或 2 个形声字。汉语以单音节词为主,一个音节设置一个声符最好。但历史形成的声符并不是以音节为单位分布的。现行形声字中一音一符的基本音节只有 92 个,大多数音节有多个声符,其中的 yi 音节居然有 24 个现行声符。

第二,汉字的形声字是用同音字作"借音符",以直音的方式为具体音节注音的。汉

---

[1] 康加深:《现代汉语形声字形符研究》,陈原主编:《现代汉语用字信息分析》,上海教育出版社,1993 年,第 81 页。
[2] 龚嘉镇:《汉字核心字根的构形表意及其历史演变》,《中国文字研究》第十八辑,上海书店出版社,2013 年。

字的声符与表音文字的音符虽说都是表音的，但二者的根本区别在于，形声字的声符并不是特制的专职音符，也不具备独立的音标价值；它所记录的只是具体的音节，而不是从汉语中抽象出来的音节。这种"借音符"既没有记录语音的内部结构，也不能反映语音的历史演变。正是声符与其形声字在历史音变过程中未能完全同步，从而导致了形音联系的部分脱节，这就是声符表音功能弱化的原因所在。

笔者将 7 000 个现代汉语通用字中的全部形声字集合为一个系统，运用计量描写与历史分析相结合的方法，深入分析了现行声符的表音功能。该项研究从现行声符正确标音的有效范围、表音性质的嬗变程度、表音功能的动态分布三个层面上，对现行声符系统的表音功能进行了逐步深入的计量描写。

第一，从非此即彼的视角进行聚类分析，按照形声字与它的声符是否同音（特指基本音节音相同，不包括声调上的差异）为取值标准，在静态上去测定现行声符正确标音的有效范围。从现行声符在标示单个形声字读音上的作用来看，有 3 127 个即 50%的现行形声字能够根据声符正确地读出音节音。再从现行声符在标示其全部形声字读音上的作用来看，有 442 个即 36%的现行声符能够正确标示其全部形声字的音节音，但这种同符必同音的现行形声字只有 1 093 个，仅占 17%。

第二，从亦此亦彼的视角进行隶属度分析，按照现行声符与它的形声字有多少语音联系为取值标准，从模糊状态中去量化现行声符系统表音性质的嬗变程度。虽然有 50%的现行形声字与声符不同音了，但这些现行声符多与它的形声字保持着叠韵或双声等语音联系，其表音性质实际上处于一种介于 0 与 1 之间的模糊状态。笔者把全部现行形声字中各声符的表音值看作一个模糊集，以量析质地进行了隶属度分析，最后测出现行声符系统在表音性质上的隶属度为 0.65。

第三，从或此或彼的视角进行动态分析，计量分析了现行声符在不同级别的现行形声字中的实际表音功能，从随机现象中去考察它的动态分布规律。计量分析发现：现行形声字的多少，现行声符表音作用的大小，与形声字的使用频度恰成反比分布。使用频度越低的汉字，其中的形声字越多，其声符的表音度越高；反之，越是高频度的常用字，其中的形声字就越少，其声符的表音度就越低。

表意文字的体制决定了"汉字形音之间的结合程度，既弱于拼音文字的形音联系，也弱于汉字的形义联系"[①]。表音功能差确实是汉字的先天性缺点，《国语注音符号》《汉语拼音方案》就是因此而研制推行的。但是，形声字不仅是以义音合成的整字去记录汉语的，而且声符在方言音歧古今音变的语境中还是富有弹性的"宽式音标"。同一个字，尽管古今四方的人们读得南腔北调，但人们因由形及义地认识汉字而对所记词义的理解则是相同的。在地域辽阔、文化悠久、书同文字而方言复杂的华夏大地，汉字之所以能够超时空地记录汉语以传承文化，虽主要依靠形义联系才相对超脱地兼容了所记之词的语音变体，但声符标音的兼容性亦功不可没。

---

① 龚嘉镇：《现行汉字形音关系研究》，湖北人民出版社，1995 年，第 10 页。

在计量分析的基础上，历史地考察声符的表音功能，可以清楚地看到语言文字发展的不平衡性和渐变性。汉字声符表音功能弱化的趋势，是与生俱来的，也是历时加剧的。先天之根在于汉字是表意文字而形音联系较弱，后天之因则主要是声符与其形声字在历史音变过程中没能完全同步而导致形音部分脱节。但是，这种不平衡的发展毕竟是在系统内部以渐变的方式进行的，即使那些分合了的语音也大多与字形有着内在的对应关系。汉字形音关系的复杂性集中体现在现行声符系统的表音功能上，用一个比率或几个比率的平均值去量化其表音功能，是把复杂问题简单化了。在多层面计量描写的基础上进行历史分析，可以得到这样的认识："现行声符系统的表音功能确实不强了，但还保持着表音的性质，其在大量低频字中的较强标音作用更具应用价值。"[①]

第四节　声符兼义与字符破体

前人对形声字进行了多角度、多层次的多种分类，上文对形声字组合方式的归纳就是一种分类。这里针对声符兼义不兼义、字符成字不成字的现象，着重讨论两种较有认知价值的分类。声符兼义不兼义，是就形声字在孳乳生成时的不同分化源头所作的分类；字符成字不成字，是就字符在形变之后是否还能体现理据所作的分类。前者事涉字符表义的功能，后者有关偏旁类推的理据，其实讨论的还是汉字的有理性功能，都具有认知与应用的价值。

一、着眼分化源头的分类

大多数形声字是"以类附声"相承孳乳的分化字，这些分化形声字所记录的词，在形声字产生之前原本是由它的声符（古字）来兼职记录的。正是所分古字兼职的不同性质，历史地决定了声符是否兼有表义的功能。只有理清古字（声符）与分化形声字的来龙去脉，才能明白哪个形声字分担了古字的哪项记词职能。根据分化义的性质可以把分化形声字分为三种类型：本义分化字、引申义分化字和假借义分化字。这种分类可以从语源上说明声符能否兼有表义功能的历史原因。

关于形声字声符兼义的认识，许慎在《说文解字》中就有"亦声"之说。晋初的杨泉在《物理论》中，最先把几个声符相同的形声字放在一起来探讨其共同的义源。但真正的研究则发端于北宋的王圣美和南宋的张世南。

[①] 龚嘉镇：《现行汉字形音关系研究》，湖北人民出版社，1995年，第84页。

第八章 "以类附声"的形声字

许慎《说文解字·女部》:"姓,人所生也。……从女从生,生亦声。"①

杨泉:"在金石曰坚,在草木曰紧,在人曰贤。"《说文解字·臤部》:"臤,坚也。……古文以为贤字。"②

王圣美:"王圣美治字学,演其义以为右文。古之字书皆从左文,凡字,其类在左,其义在右,如木类其左皆从木。所谓右文者,如戋,小也,水之小者曰浅,金之小者曰钱,歹之小者曰残,贝之小者曰贱,如此之类皆以戋为义也。"③

张世南:"自《说文》以字画左旁为类,而《玉篇》从之,不知右旁亦多以类相从。如戋为浅小之义,故水之可涉者为浅,疾而有所不足者为残,货而不足贵重者为贱,木而轻薄者为栈。青字有精明之义,故日之无障蔽者为晴,水之无溷浊者为清,目之能明见者为睛,米之去粗皮者为精。凡此皆可类求,聊述两端,以见其凡。"④

形声字的声符多居于右,通过声符系联同源字族以探求语源的学说叫"右文说"。沈兼士(1887—1947)全面总结了前人关于右文说的认识,历史地分析了形声字声符兼义的现象,进而讨论了应用右文以探寻语根的方法。他深刻地指出:"语根之分化语词,虽与形声有关,而不能谓即是一事。……音符不尽皆为语根","形声字不尽属右文"。着眼声符(古字)或"即本义者"或"仅借音者"的事实,他把形声字产生的途径归纳为"由本义分化及由借音分化两派":一为"音符即本义者"的本义分化式,一为"音符仅借音者"的借音分化式。⑤

古字兼职多的两大原因是义的引申与音的假借,由此分化兼职则是形声字产生的两大途径。分化古字本义或引申义的形声字所区别的是义通的同源词,其声符自然既能标音又示语源;分化古字假借义的形声字所区别的是异义的同音词,其声符当然只是纯粹的记音符号。部分形声字的声符确实是其字所记滋生词的语源,但并非所有的声符都是语根,并非所有同声符的形声字都是同源字。"凡从某声者皆有某义"之所以失之偏颇,盖在未辨声符来源,不明孳乳规律。

试分类举例讨论如下:

(1)本义分化字:𧈢(它)→蛇(蛇)、其(其)→箕(箕)、益(益)→溢(溢)。这类形声字分化了古字的本义。古字在表示字本义时本来就是形义统一的本字。𧈢(它)就是像蛇头之形的象形字,"它"上加"虫"而为"蛇"似是画蛇添足,因为这并没有也不需要增加它的什么意义。但是,古字义多,当其他义项的使用率高于本义时,就会出现古字为假借义所夺,或为引申义所据的情形。他义行而本义废,本表"蛇"义的"它"

---

① 〔汉〕许慎:《说文解字》,中华书局影印本,1963年,第258页。
② 〔宋〕李昉等:《太平御览》第二册,中华书局影印本,1985年,第1859页。〔汉〕许慎:《说文解字》,中华书局影印本,1963年,第65页。
③ 〔宋〕沈括:《梦溪笔谈》,上海古籍出版社,2015年,第96页。
④ 〔宋〕张世南:《游宦纪闻》,中华书局,1981年,第77页。
⑤ 沈兼士:《沈兼士学术论文集》,中华书局,1986年,第172、124页。

字被高频的代词义所专,这就只得在本字上增加义符为本义再造一个专职的"蛇"字了。

(2)引申义分化字:㧀(共)→㧐(拱)、㧀(共)→㑚(供)、㧀(共)→㤋(恭)。这类形声字分化了古字的引申义。它来源于同源词的裂变,而形声字的专用则标志着滋生词的独立。㧀(共)像两手捧物之形,是个据义构形的表意字。此字所记之词的共同义在使用中,很自然地引申出了两手敛合义,由此延伸又有了拱手奉物义,供奉自当虔诚,这便有了敬肃义。音义有别而分用已久,遂在古字"共"上加"手"为"拱"以分表敛合义,加"人"为"供"以分表奉物义,加"心"为"恭"以分表敬肃义,古字"共"则专表共同义了。在"以类附声"生成机制的作用下,古字"共"成为这组分化字标音的声符和共同的语源,而这几个同源的形声字则因不同的义符而有了相与区别的类别性标志。

(3)借义分化字:辟→璧(壁)、辟→壁(壁)、辟→臂(臂)。这类形声字分化了古字的假借义。假借的性质是依声借字兼职记词,即借用现成的同音字去兼职记录在意义上毫不相干的同音词。辟是个会意字,其对跪地之人用刀施刑的构形,表示了刑罚、刑法之义。此字又假借为记音符号,去记录毫不相干的玉璧义、墙壁义、手臂义等同音词。后来"以类附声"重建形义联系,所生成的璧、壁、臂等形声字以其各别的义符实现了对同音词的分化,其由假借字转换来的声符自然只能标音,不会兼义了。

二、着眼字符理据的分类

一个形声字产生之时,原本是由表音的声符和表义的义符合成的,其字符是由独立成字而有义有音有理据的成字字符充当的。但在汉字的历史演变之中,由于形体省简或异字混同,有的字符的字形已经破体而不能直接体现造字的理据了,这种所谓的省声、省形现象是汉字使用过程中确实存在的客观事实。根据演变后字符的成不成字、有不有理,可以把后来的形声字分为正体形声字和省体形声字两类。

有的学者认为,省声、省形是指形声字的声旁或形旁的字形省去部分的现象。这种认识似乎忽视了省声、省形的特殊性。汉字历史演变的一个重要方面是形体结构简明化,汉字的简明化是在构形理据语义化的基础上进行的,是主要通过简化基础字符以类推简化字群的方法去实现的。在汉字的简明化演变过程中,所有字符不仅线条变笔画,物象变意象,而且字形都有简省。所谓省声、省形字有别于一般形声字的特殊性,并不在于其字符的字形有所简省,而在于这简省后的字符理据较虚、功能较弱、构字较少,要言之,省声、省形的特殊性,在于约定俗成的符号化程度不高而难以直接体现造字的理据。

许慎的《说文解字》,是通过分析构字理据以说解字本义的。面对形符不表义、声符不表音者,遂通过归纳以省文说解之:其省形、省声其实就是许氏对六书理论的一种补充。其意义有二:以省文说明字形的演变,为省文提供构字的理据。据潘天烈的统计,《说文解字》在说解正篆时,明确标出"省声"的形声字有284字,如炊,"从火,吹省声";明确标出"省形"的形声字有41字,如亭,"从高省,丁声";明确标出"省形"的会意字有 83 字，如孝，"从老省，从子"。三项计 408 字，占全书正篆字的 4.3%。[①]许说有误者当另作别论。

形声字的义符声符是内涵构形理据而具有表义或表音功能的构字字符。它有两个特点：

第一，理据传承有来历，是或曾经是语义化的成字字符。

🚗（甲）→🚗（金）→車（篆）→車（隶）→车（义符）

🚶（甲）→🚶（金）→辵（篆）→辵（隶）→辶（义符）

有的字符如"车"，始终一体两用，既独立用作单字又兼作构字的偏旁。有的字符虽然现在不成字了，但过去曾经是独立的单字，例如"辶"的字形虽古今面目全非，但约定的语义在简化字形中是递相传承的。这两种字符的字形虽一省再省，但因独立成字语义化，已经拥有了约定的音义，从而得以充当表义的义符或表音的声符。其简化轨迹清楚，古今对应明确。

第二，功能约定能类推，是具有表义或表音功能的构字字符。作为构字的符号，义符声符不仅要有表义或表音的功能，而且要有较高的类化程度与较强的构字能力。理据清楚、类化程度越高的字符，其构字能力越强，构字越多；反之，理据不甚分明、类化程度较低的字符，其构字则越来越少甚至不再构字而被淘汰了。仅构一个形声字的声符在小篆形声字中有 583 个，在现行形声字中就只有 434 个了。正是在优胜劣汰的历史演变中，逐步形成了字符构字相对集中的特点。

根据声符形符的这两个特点，对省声、省形的特殊性试作分析。第一，许慎所认为的省文，确实有部分可以在之前的甲金古籀中找到不省的正体形声字。省形者如⚓→星（星）、考→考（考）；省声者如岛→岛、寨→寨。第二，许慎所认为的省文，确实有部分是带着构意以类推的形式参与构字的，具有表义或表音的功能。省形者如从"履"省的屦、屐、屩等字，都从不省的"履"得义而用指各种鞋子；从"寢"省的寐、寤、寝等字，都从不省的"寢"得义而有睡觉义。省声者如"删"省声的姍、珊、跚等字，"侵"省声的寖、浸、駸等字，则是分别以不省的"删""侵"为声符的。再如会意字"昏"，在小篆中已是从日从氏无构意了，许慎用"氏省"二字点睛似地道出了这个字的构形理据。可见，省声、省形不仅在理论上强调了汉字形体的演变，而且在应用上为一些符号化程度不高的破体字提示了造字理据。

需要指出的是，这种理据有来历或构字能类推者，并不是省文的全部。汉字的历史演变，宏观上有规律，具体处很复杂。因形体省简与异字混同而造成的破体字，其复杂性就在于省文的字形不能直接体现造字的理据。许慎没有看到甲金文材料，也不明古音及其演变，他的有些省文确属错析字形。金文🔥像两炬燃烧之形，以照明之象表光亮之义，后隶定为"熒"，20 世纪 50 年代简作"荧"，就是"荧"的初文。此字后用作声符，以此为声符的现行形声字就有 12 字之多：

熒ying ying荧营莺莹萤荦荣縈鎣，xing荥，rong荣，qiong茕。

[①] 潘天烈：《〈说文解字〉导读辞典》，四川辞书出版社，1995 年，第 114-116 页。

许慎把多数"൬"声字说成"熒省声",同时又把莺等说成"荣省声",把茔等说成"营省声"。在不见"൬"字的条件下依靠归纳与类推,用"省声"的方式去说明这组形声字的造字理据,这是许慎的见地;至于对一组字的同一理据给予多种解释,则是许慎的失误。

在漫长的历史发展中,有的声符因形体嬗变简化而混同或近似为了别的字形。这一现象共时地看似是一符多音,历史地看当是异字混同,声符"享"就是典型的异字混同。"享"字的甲文为🔾,像宗庙之形,引申为祭享、享受义,至今都是常用字。"𩫖"字的甲文为🔾,像两亭对立于城墙之上,义为城郭。此字"今作郭,郭行而𩫖废也"(段玉裁《说文解字注·𩫖部》)。"𦎫"字的甲文从㐭从羊,表纯熟义。"凡从𦎫者,今隶皆作享。"(段玉裁《说文解字注·㐭部》)这原本是形音义都不相干的三个字,但在隶变过程中,"𩫖""𦎫"二字废而为他字所代,仅以声符的身份留存下来,而且省简后的字形竟完全混同于异音的"享"了。

享(𩫖)guo guo 郭嘩椁。

享(𦎫)chun chun 醇淳鹑,zhun 谆,dun 敦惇。

这两组形声字的省声符不仅来历复杂不清楚,而且字形混同无区别,以致难以直接体现造字理据,这正是省声、省形符号化程度不高的一个重要原因。

综上所述,所谓省声、省形,是指合体字中字形有简省但符号化不成熟,难以直接体现造字理据的那部分声符、义符。我们应该历史地对待省声、省形现象。一是要承认省声、省形是汉字历史演变中不可忽视的客观事实。这种因省简而破体的现象存在于汉字的整个使用过程之中,在形声字中另分一类省体形声字就是为之正名。二是要肯定有来历能类推的那部分省文的构形理据。《简化字总表》既吸取了省文以部分代全体的简化方法,又以字表的形式加强了省文所缺乏的繁简对应约定规范,进而在省声、省形的基础上进行了类推简化。如"攙"通过毚省声而简作"搀","閣"通过門省形而简作"阁",而"論"则既省形又省声而简作"论"。三是要正视许慎关于省形省声的贡献与失误,不要迷信,也不要苛求。正确的态度应该是,着眼省文的古文字字形及其在后世用字中的实际功能,注重进行是则是之、非则非之的具体分析。

第九章
现代汉字的整理规范

一、现代汉语通用字的定量
二、现代汉语通用字的定形
三、现代汉语通用字的定音
　　① 推广以北京音为标准的普通话
　　② 制定和推行《汉语拼音方案》
　　③ 研制《普通话异读词审音表》
四、现代汉语通用字的定序
　　① 分部类从的立部原则
　　② 部首设置的演变源流
　　③ 归部条例的完善进程

提要：社会用字规范化是一个适应时代发展、顺应汉字规律的人为干预过程，也就是科学制订并努力推行汉字规范的过程。我国半个多世纪的汉字规范，始终是围绕着现代汉语通用字的定量、定形、定音、定序展开的。规范的基础是坚持古今分流的共时原则，通过归纳现代汉语通用字种而实行社会用字的分级定量。规范的重中之重，是把淘汰异体与简化字形结合起来以优化定形。普通话标准音的确定和《汉语拼音方案》的制定，为现代汉字的定音提供了正音的标准和注音的工具。部首序由传统的义聚为主形系为辅发展为突出义聚的定位取部，使汉字字典更好地展示了汉字表意的系统性。

语言文字的规范化水平，是一个国家一个时代文明程度的重要标志之一。汉字是我们民族进行思维用于交际的书写符号系统，其约定俗成的社会性决定了社会用字需要规范化，这是汉字历史演变的一条规律。所谓汉字规范化，就是一个适应社会发展顺应汉字规律的人为干预过程，也就是科学制订汉字规范和努力推行汉字规范的过程。中国是一个文化悠久而地域辽阔，人口众多且方言复杂的文明古国，"书同文"与"言同音"，是我们民族很早就心存的向往。

新中国的语言文字规范化工作是在 1955 年正式启动的。1955 年 10 月在北京接连召开了两个重要会议,一是文字改革委员会和教育部联合召开的全国文字改革会议(10 月 15—23 日),一是中国科学院召开的现代汉语规范问题学术会议(10 月 25—31 日)。这两个会议的召开,拉开了新中国语言文字规范化的大幕。"简化汉字,推广普通话,制订和推行《汉语拼音方案》"①,成为此后三十年间语文工作的三大任务。这是新中国在文化建设上一项利国利民的基础工程,产生了巨大的积极作用和社会效益。

周有光(1906—2017)在 1980 年发表了《现代汉字学发凡》,他在文中最先提出"现代汉字学"的名称,并从六个方面阐述了现代汉字学的研究内容:字量、字序、字形、字音、字义、汉字教学法。这篇论文具有重要的意义,它的发表标志着现代汉字学的诞生。后来他又进一步论述了现代汉字的整理、"现代汉语用字表"的研制。他指出:

> 定量研究的目的是制定一个"现代汉语用字表",简称"现代汉字表"。"现代汉语用字表"要做到"字有定量""字有定形""字有定音""字有定序",所谓"四定"。"四定"的基础是"定量"。②

1985 年 12 月,国务院将"中国文字改革委员会"改名为"国家语言文字工作委员会"。1986 年 1 月,国家教委和国家语委联合召开了全国语言文字工作会议。在改革开放与信息社会到来的新形势下,即时提出了新时期语言文字工作的主要任务:"加强语言文字的规范化、标准化。"汉字学界很快形成这样的共识:字量、字形、字音、字序的"四定",是现代汉字规范化的基本内容。我国半个多世纪的汉字规范,始终是围绕着现代汉语通用字的定量、定形、定音、定序展开的。其中,从自然语料中归纳出现代通用字种而分级定量,是"四定"的基础工作。

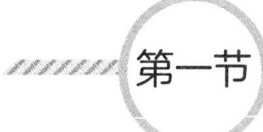

第一节　现代汉语通用字的定量

甲骨文以降的 3 300 多年来,语用中的汉字一直处在缓慢的变易之中。这种变易所导致的"言语异声,文字异形"现象,严重地影响了汉字的交际功能。先看看几个古今兼收的大字典、大字符集、大丛书收字、用字的大数据。

第一,8 卷本《汉语大字典》收字 54 678 个,后附的《异体字表》从该书中整理出 11 900 组异体字。每组少则一字,多则十余字。1996 年出版的《汉语大字典》简编本删

---

① 周恩来:《周恩来选集(下卷)》,人民出版社,1984 年,第 280 页。
② 周有光:《周有光语言学论文集》,商务印书馆,2004 年,第 306-316、338 页。

去了没有典籍用例的字头,就只有 21 000 字左右了。而删去的那 33 000 多字,则是连用例也找不到的"死字";还不说该字典所收的万余组异体字。

第二,我国台湾国语推行委员会编《异体字字典》(第五版,2004 年)收正字 29 892 个,收历代的异体字 76 338 字,总字数 106 230 个,[①]平均一个正字有 2.55 个异体字。

第三,国际标准化组织(IX-ISO)发布的国际编码标准 ISO/IEC 10646《信息技术通用编码字符集(UCS)》,是中日韩越汉字超大字符集,到 2011 年已正式编码的汉字有 7.5 万多个。它简繁、正异、古今并存,是一个几乎涵盖整个汉字文化圈的多语言用字的杂收汉字集。该标准在 1993 年颁布了第一部分,这部分收的是公认较为通用的汉字;中国与这部分对应的国家标准是《GB 13000.1 字符集》,这个字符集计收 20 902 个汉字。此后编码的 5 万多汉字就相当冷僻了。

第四,《四库全书》汇集了从先秦到乾隆以前的历代主要传世古籍 3 460 余种。北京书同文数字化技术有限公司对文渊阁《四库全书》《四部丛刊》的用字情况进行了字频统计。两部书的总字量 79 030 万字,计用单字 30 136 个(不包括字书、韵书中的罕见字)。[②]

以上这两部字典、一个字符集的收字和两套丛书的用字,除极冷僻字之外的绝大部分是重合的,它们都称得上是近乎全汉字性质的字库,见表 9.1。

表 9.1　四套古今兼收之汉字数据的比较

汉语大字典		异体字字典		四库全书 四部丛刊		ISO/IEC 10646 字符集	
(静态数据)		(静态数据)		(动态数据)		(筛选数据)	
有典籍用例的字		正　字		覆盖 99.99%的字		GB 13000.1 字符集	
21 000 多字	38%	29 892 字	28%	21 853 字	73%	20 902 字	28%
无典籍用例的死字		异体字		覆盖后 0.01%的冷僻字		其余的冷僻字	
33 000 多字	62%	76 338 字	72%	8 283 字	27%	54 000 多字	72%
单字总数		单字总数		单字总数		单字总数	
54 678 字		106 230 字		30 136 字		75 000 多字	

注:《四库全书》《四部丛刊》的用字数据,如加上未统计的字书、韵书中的罕见字,其冷僻字所占的比重肯定也在六成以上。

考察表 9.1 中的四套汉字数据,可以从中认识到:第一,大型字典、字符集的所谓古今兼收、正异并存,是主要依靠历代的字书来搜集汉字的;而字书中的大量汉字则是数千年所用汉字历时堆积起来的。第二,历代字书中收集的汉字,大部分是一字异形的异体字、没有典籍用例的"死字"和古汉语冷僻字。至于小范围内使用而旋生旋灭的字,那就难计其数了。第三,《汉语大字典》中有典籍用例的单字是 21 000 个,覆盖《四库全书》和《四部丛刊》99.99%的单字是 21 853 个,国际国内所公认的《GB13000.1 字符集》

---

① 引自台湾在线异体字字典《异体字字典·编辑略例》。
② 引自北京书同文数字化技术有限公司编《古籍汉字字频统计》,商务印书馆,2008 年。

所收通用字亦是 20 902 字。静态统计、动态统计、筛选出的这三个单字数据如此接近的事实说明：古今文献的通用汉字大概在 2.2 万个上下。

字典、字库中处于储备状态的数万汉字（单字）虽然都是并列而平等的，但进入语用状态的汉字的使用频率是很不平衡而高度集中的，因为不同汉字所记之词的使用价值与所记语素的构词能力是很不一样的。《四库全书》和《四部丛刊》的总字量是 7.9 亿字，计用单字 30 136 个（不包括字书、韵书中的罕见字）。笔者检查《古籍汉字字频统计》发现：前 214 个高频字对两书的覆盖率竟然高达 50%，前 949 个高频字覆盖了两书的 80%，前 3 500 常用字覆盖了两书的 96.8%，前 9 877 个通用字覆盖了两书的 99.8%；其余的 2 万多个单字对两书的覆盖率只有 0.2%，后 8 283 个低频字的覆盖率居然只有 0.01%。两三千年的历时用字尚且如此集中，现代汉语的共时用字就更为集中了。

现代汉字的规范一定要坚持古今分流、分级定量的原则。因为现代的汉字规范，应该是也只能是现代通用汉字的共时规范。非通用字多达数万，一般多是古汉语用字，没有必要也没有可能去规范。古今分流不仅可以为定形、定音、定序圈定范围，减少麻烦，可以较好地处理"一字多形（繁体、异体）"的对应关系，可以明确类推简化的范围和对象，而且大有利于社会用字和汉字教学。现代汉语通用字的分级定量是汉字规范的基础工作。

汉字的定量工作是在计量语言学迅猛发展的 20 世纪 80 年代起步的。国家在 1988 年发布了《现代汉语通用字表》和《现代汉语常用字表》，前表收字 7 000 个，后表由前表中的 2 500 常用字和 1 000 次常用字组成。这是第一次立足现代通用而对汉字的分级定量。根据汉字的使用频度与人们的文化层次，字表将现行通用汉字递增定量为 2 500 字→3 500 字→7 000 字三个级别。现在回过头去看，这样的认识是客观科学的，这样的规范是积极稳妥的。

进入 21 世纪以来，随着全球信息化进程与中国式现代化建设的发展，开放交流与人机交际的现实需要对汉字规范化提出了更高的要求。于是便开始了研制《通用规范汉字表》的工作，并随之展开了一场关于汉字规范化的学术大讨论。在这场讨论中，学者们既有对百年来汉字问题争论与汉字简化整理的历史反思，也有对 21 世纪全球现行汉字"书同文"的理性前瞻，更多的是在反思与前瞻的基础上对新时期汉字规范的积极建设。有学者强调指出："新时期的汉字规范，要高度重视汉字的共时用字规律和计量语言学的有关成果，坚持着眼现行通用而实行分级定量，立足通用字种以明确字体对应。把规范的重点放到现代汉语的常用字、通用字、专用字的分级定量上来，放到分级定量范围内的简繁字、正异字、新旧字形的关系对应上来。"[①]

《通用规范汉字表》在 2013 年发布，计收字 8 105 个而分为三级。该表对现代汉语通用字的分级定量更为接近语用实际。一级字表收 3 500 字，对 9 100 万字的现代汉语基础语料库的覆盖率达到 99.58%，其功能相当于《现代汉语常用字表》，主要满足基础教

---

① 龚嘉镇：《关于新时期汉字规范问题的思考》，《中国语文》2005 年第 6 期。

育和文化普及层面的用字需要。二级字表收 3 000 字，一、二级字表的 6 500 字对基础语料库的覆盖率达到 99.99%，其功能相当于收字 7 000 的《现代汉语通用字表》。三级字表所收的 1 605 字，是在姓名、地名、科技术语和中小学文言文教材等特定领域中较为通用，但又未进入一、二级字表的专用字。设置三级字表以照顾专门领域的用字需求，是对一、二级字表的必要补充。[①]多项大样本的计量研究说明，一个时代的社会文化背景，决定了一个时代记录基本语素的常用汉字一般只有三千多个，加上通用字和必要的专用字也就是七八千。

汉字的应用研究，前沿在信息处理，大头在汉字教学，而指导两端的是汉字规范。汉字具有常用字高度集中的字频分布规律，具有推类系联的表意功能，而汉字教学的"序"，特别是在低段先教/学哪些字就可形成初步的阅读能力，是长期困扰教材编写与汉字教学的老大难问题。《通用规范汉字表》是主要根据字种对基础语料库的覆盖率来收字与分级的，但表中字是按笔画序排列的。如果能按展示表意系统的部首序排列，常用字按字频排列，《通用规范汉字表》将会在小学语文教学和对外汉语教学中发挥更大的作用。

《通用规范汉字表》是对半个世纪汉字规范成果的继承和发展。它把维护社会用字的稳定性与顺应汉字规律的科学性较好地结合起来，其对原有规范的优化调整，更好地适应了信息化时代语言生活的现实需求。它把各自独立的多个规范整合成为一个现代汉语通用字的规范字集，有力地提高了汉字规范利国便民的科学性和实用性。

第二节　现代汉语通用字的定形

从殷商甲骨文到现行汉字的三千多年里，汉字的形体结构发生了很大的变化。经济原则对语言文字交际活动的支配作用，历史地形成了汉字"字体代变"而"常用趋简"的演变趋势，历史地形成了汉字字形结构简明化的演变规律。"定形"是现代汉字规范化工作的重中之重，它直接决定了现代汉字规范化的优化程度与社会用字的发展趋势。现代汉字的定形工作，主要是整理异体字、推行简化字和规范新字形。简化字形与整理异体，将在下一章《汉字演变的三大规律》中系统讨论，这里仅叙述现代通用字定形的具体内容。

整理异体字。1955 年国家发布了《第一批异体字整理表》，该表计整理了 810 组异体字，淘汰了 1 055 个异体字。后来又三次小作调整，先后把 28 个淘汰了的异体字恢复

---

① 王宁主编：《〈通用规范汉字表〉解读》，商务印书馆，2013 年，第 11-16 页。

为规范字。2013年公布的《通用规范汉字表》，对《第一批异体字整理表》进行了全面复查，确认26个原调整的异体为规范字，新调整了45个异体为规范字。前后实际整理了794组异体字，其所停用的异体字共计1 023个。另外，1955年到1964年间，经国务院批准，分9次更改了35个县级以上地名中的34个生僻字。1977年发布了《部分计量单位名称统一用字表》，淘汰了20多个表计量单位的旧译名用字。

推行简化字。国家1956年分批公布推行了《汉字简化方案》，1964年公布了《简化字总表》，1986年重新发表了小作调整的《简化字总表》。《简化字总表》收简化字2235个，计简化了2 264个繁体字。2013年发布的《通用规范汉字表》，新收入已为社会广泛使用的226个类推简化字，删去了《简化字总表》中的31个非通用字，对96组一简对多繁（一个规范字对应多个繁体字）的字际关系进行了分解。《通用规范汉字表》收字8105个，其中有2 546个简化字，简化字占通用规范字的31%；而88%的简化字是类推简化字。简化字不仅在我国普遍推行，也被越来越多的海外华人接受和使用，而且还得到了国际社会的承认，成为联合国指定的生成汉语规范文本的文字。

规范新字形。宋体是随着宋代雕版印刷术的兴起而通行起来的印刷字体。它秉承了唐代楷书的方正，又具有雕刻刀工的硬挺，在现代印刷中主要用于印刷物的正文。汉字印刷用宋体字形的不统一由来已久。1965年发布的《印刷通用汉字字形表》，对印刷物中的一字多形现象进行了全面整理，为6 196个通用汉字的宋体字形进行了规范，规定了每个汉字的字形结构、笔画数、笔形和笔顺，由此形成了汉字规范史上的"新字形"。《印刷通用汉字字形表》是我国目前执行的汉字字形标准。各种字典词典中的《新旧字形对照表》，用举例的方式辨析了新旧字形在笔画上的细微差别，就是根据《印刷通用汉字字形表》制定的。后来的《现代汉语通用字表》《通用规范汉字表》的字形，也沿用了这个字形规范。

通用字的"定形"，是汉字规范的重中之重。半个多世纪以来，通过整理异体字、推行简化字和规范新字形，逐步形成了现代汉语通用汉字的字形规范和印刷书写汉字的统一标准。我国在汉字字形的规范化上取得了很大的成就，在海内外产生了广泛的影响，积累了宝贵的经验。第一，汉字规范最重要的经验是坚持古今分流、分级定量的共时原则，把汉字规范圈定在现代汉语通用字的范围之内。第二，通用字的"定形"要把淘汰异体与简化字形结合起来，在精减常用字数的同时力求实现常用字的字形简明化。第三，淘汰异体与简化字形要把"守正"与"随俗"结合起来，在维护汉字表意性质的同时重视选用优化性的俗体字。第四，成系列地类推简化是汉字简化的基本方法。立足构形系统，简化一个基本的义符、声符，不仅可以类推简化一批现代通用字，而且还在保持原有的字式与理据的同时，优化了汉字的结构与功能。汉字系统的历史发展过程，就是在汉字表意性质与语言经济原则的支配下协同完善的优化过程。

第三节 现代汉语通用字的定音

现代汉字字音的规范工作,起步于20世纪初的国语运动。蔡元培(1868—1940)任总长的教育部,在1913年召开了读音统一会。来自各省的几十位学者历时三个多月,提出了后称"老国音"的方案:一是采用一省一票表决法审定了6 500多个字的读音,二是核定了汉语语音的39个音素,三是制定了39个笔画式注音字母,后于1919年增广出版了收字13 700多个的《国音字典》。"老国音"是国语统一进程中的一次重要探索,其主要特点在于:"所定之读音虽以北音为主,但仍委屈保留浊声和入声"。[1]

随着国语运动的发展,再次爆发了京音国音的大辩论,并很快呈现出一边倒的趋势。1924年国语统一筹备会作出了"凡字音概以北京普通读法为标准"的决定,这样的国音人称"新国音"。后由钱玄同(1887—1939)、赵元任(1892—1982)等主持,编纂了收字12 219个的《国音常用字汇》,1932年由教育部公布出版,在全国推行。其书首的"说明"历史地分析了北平音在全国的重要地位,明确说明《国音常用字汇》是以"现代的北平音系"为标准的,"而非字字必遵其土音"。[2]这就为现代汉字的定音打下了基础。《国音常用字汇》开启了以北京音为汉语标准音的新时代,在汉语规范化的历史上具有里程碑的意义。

新中国成立后,国家统一,社会繁荣,人员交流空前频繁。新时代对民族共同语的进一步统一和规范化,提出了更高更紧迫的要求。

一、推广以北京语音为标准音的普通话

中国历史悠久地域辽阔,古今音变方言音歧的现象相当严重。要规范现代汉字的字音,首先需要确定民族共同语的语音标准。1955年10月在北京召开的两个语文工作会议,经过认真的讨论研究,决定把现代汉民族的共同语称作"普通话",并从三个方面对普通话的内涵进行了科学定义:"以北京语音为标准音,以北方话为基础方言,以典范的现代白话文著作为语法规范。"[3]这是对《国音常用字汇》学术成果的继承和发展。

---

[1] 崔明海:《制定"国音"尝试:1913年的读音统一会》,《历史档案》2012年第4期;闻述之:《读音统一会与注音字母》,《语言文字报》2011年11月1日。
[2] 民国教育部国语统一筹备委员会编纂:《国音常用字汇》,商务印书馆,1932年,第Ⅱ-Ⅲ页。
[3] 国务院《关于推广普通话的指示》,《人民日报》1956年2月12日。

罗常培（1899—1958）、吕叔湘（1904—1998）先生深刻地指出："民族共同语是在某一方言的基础上发展起来的，基础方言的地区是在这个民族的文化上和政治上占重要位置的地区，基础方言本身也常常最能代表整个语言的发展趋势。"[1]现代汉民族共同语是在北方方言的基础上形成的。自1153年金迁都燕京（今北京）以来，北京建都已长达八百余年了。八百多年来，北京一直是中国政治、经济和文化的中心，以北京话为代表的北方方言在全国范围内处于最为重要的地位。20世纪初的白话文运动和国语运动，不仅使白话文取得了文学语言的地位，而且促使北京语音进一步成为全民族共同语的标准音。按照北京音系的语音来推行以北方话为基础的普通话，不仅符合汉语的实际情况，而且是历史发展的必然。

《国家通用语言文字法》规定："国家通用语言文字是普通话和规范汉字。"经过半个世纪的大力推广，尤其是改革开放以来，国内从北到南，由城及乡，学习和使用普通话的人越来越多。我国目前能够运用普通话进行交流的人群约占人口总数的70%左右。[2]推广普及普通话，有力地促进了社会发展和经济繁荣，有力地维护了国家统一，增强了中华民族的凝聚力。

二、制定和推行《汉语拼音方案》

汉字是没有专职音符的表意文字，它需要一套注音、正音的音标。第一个用拉丁字母拼写汉语的方案，是意大利传教士利玛窦（1552—1610）创制的。1605年（明万历三十三年）他在北京出版了《西字奇迹》，书中每个汉字都注有他设计的拼音。罗常培据此整理出利玛窦的拼音方案：有26个"字父"（声母）、44个"字母"（韵母）和5个声调。[3]后来的法国传教士金尼阁（1577—1628）、英国传教士马礼逊（1782—1834）、英国外交官威妥玛（1818—1895）等人先后在华用拉丁字母研制了多种汉语拼音方案。

第一个用拉丁字母创制汉语拼音方案的中国人，是清末的卢戆章（1854—1928）。他曾去新加坡谋生而兼习英语，回国后帮助英国传教士翻译《华英字典》。后精心研制出取名为"天下第一快切音新字"的拼音方案，他用这套切音字（"切音"即反切之音，就是"拼音"）编写的课本《一目了然初阶》，于1892年（清光绪十八年）在厦门出版，切音字运动由此开始。其后的王照（1859—1933）曾作为"戊戌党人"逃亡日本，深受日本假名的影响。后秘密回国创制"官话字母"，并写成《官话合声字母》于1901年在日本东京出版。此书成为中国第一套汉字笔画式字母的拼音方案。清末的切音字运动先后提出了近30种切音字方案，所用字母可分为两种：一种是王照的笔画式字母，后演进为民国教育部1918年正式公布的注音符号；一种是卢戆章的拉丁字母，后为《汉语拼音方案》

---

[1] 罗常培、吕叔湘：《现代汉语规范问题》，《中国语文》1955年12月。
[2] 《国家语委：中国尚有4亿多人不能用普通话交流》，新华网，2014年9月22日。
[3] 罗常培：《汉语拼音方案的历史渊源》，《罗常培语言学论文集》，商务印书馆，2004年，第406页。

所优选。

新中国成立不久就开始了研制汉语拼音方案的工作。研制工作首先碰到的两个问题：一是拼音方案的性质，是代替汉字的拼音文字，还是拼写汉字的注音符号；二是拼音字母的形式，是采用汉字笔画式字母，还是采用拉丁字母。在深入研究多方比较之后，决定采用国际通用的拉丁字母。拼音方案委员会委托叶籁士（1911—1994）、陆志韦（1894—1970）、周有光三位先生起草初稿。三人在认真总结历史经验的基础上，拟成了《汉语拼音文字方案（初稿）》。这个初稿经过多方讨论修改，删去了"文字"二字之后形成了《汉语拼音方案（草案）》，于1956年公开发表征求意见，国内外群众来信多达4300多件。[1]经过反复修改，精心审订，最后提出修正草案。1958年2月11日，第一届全国人民代表大会第五次会议正式批准了《汉语拼音方案》。周恩来总理（1898—1976）明确指出："《汉语拼音方案》是用来给汉字注音和推广普通话的，它并不是用来代替汉字的拼音文字。"[2]

罗常培指出，《汉语拼音方案》"是近300多年来拉丁字母拼音运动的结晶"[3]。作为一个历史性的总结，《汉语拼音方案》的优化选择主要体现在四个方面：一是语音标准，汉语拼音拼写的不是方言，而是以北京语音为标准音的普通话；二是音节结构，汉语拼音采用音素化的音节结构；三是字母形式，汉语拼音采用的不是笔画式字母，而是国际通用的拉丁字母；四是标调方式，汉语拼音采用在音节的主要元音上标调。要而言之，《汉语拼音方案》是一套用拉丁字母来给汉字注音和推广普通话的法定音标。

《国家通用语言文字法》规定："国家通用语言文字以《汉语拼音方案》作为拼写和注音工具。《汉语拼音方案》是中国人名、地名和中文文献罗马字母拼写法的统一规范，并用于汉字不便或不能使用的领域。"1982年，国际标准化组织ISO把《汉语拼音方案》作为拼写汉语的国际标准。

三、研制和推行《普通话异读词审音表》

普通话标准音的确定和《汉语拼音方案》的制定，使现代汉字的定音工作有了正音的标准和注音的工具。普通话以北京语音为标准音，除了部分异读词之外，一般词语的读音是明确而没有异议的。1956年成立的普通话审音委员会，审订的就是常见异读词，到1962年分三期发表了《普通话异读词审音表（初稿）》。1982年审音工作重新启动，在1985年发布了修订后的《普通话异读词审音表》。据笔者统计，该表计审定了849个多音字，统读了其中的587个同义异读，统读率达69%。2011年启动了第三次普通话审音工作，新审订了55个有异读的词，顺势统读了其中15个没有别义作用的异读词。[4]

---

[1] 周有光：《周有光语言学论文集》，商务印书馆，2004年，第181-188页。
[2] 周恩来：《周恩来选集（下卷）》，人民出版社，1984年，第280-294页。
[3] 罗常培：《罗常培语言学论文集》，商务印书馆，2004年，第405-410页。
[4] 《〈普通话异读词审音表（修订稿）〉征求意见公告》，中华人民共和国教育部政府门户网站，2016年6月6日。

《普通话异读词审音表》"所审,主要是普通话有异读的词和有异读的作为'语素'的字。"异读词是立足汉语而言的,着眼汉字就是多音字了。一字异读古已有之,在以单音词为主的时代,就曾较多地利用变读来记录新词。有学者指出:语音与语义、汉语与汉字发展的不平衡,历史地形成了异读词与多音字:义变音亦变,随声分义是为多义多音字;音变义不变,同义异读则为同义多音字。随声分义突出地反映了旧词的裂变和新词的增生,是一种适应词汇发展的经济手段;同义异读更多地表现了古今之音变与方音之歧异,实在是多余的负担。①

普通话中的异读词可大分为两类:一是使用场合不同的文白异读,一是使用习俗不同的习惯异读。普通话是"以北方话为基础方言"的,其同义异读主要还是历史音变在北京方言内部造成的歧义,尤其是古入声字念法的尚不稳定。同义异读是普通话中的消极因素,这种古今南北音的相持并存,是历史音变进程中的一种过渡现象。随着开放交流形势的发展,普通话中同义异读音的趋同之势是越来越明显了。《普通话异读词审音表》对于普通话的推广普及,对于现代通用汉字的定音、正音,发挥了重要的作用。

第四节 现代汉语通用字的定序

字序就是汉字的排列次序,它既关乎汉语字典、词典的编检,也关乎中文信息处理的编码,是汉字规范化中的重要一环。字表、字典、字库里收集的单字,从几千、几万到上十万,若不能根据汉字的某一特征制订规则进行排序,那便是一盘散沙了。各种汉字编检法的原理,都是把汉字的某种特征代码化,再按代码顺序排列汉字。传统字书的排检方法主要有两种,一是以《说文解字》为代表的 540 部的部首排检法,一是以《广韵》为代表的 206 韵的韵部排检法。

现代字典的字序排检法主要有三种:笔画序、音序和部首序。大型字词典用"部首序+笔画序"排检正文,同时提供一张"笔画序检字表";中小型字词典按"音序+笔画序"排检正文,同时提供一张"部首序+笔画序"的检字表:这便是当代汉语字词典排检体例的基本格局。本节着重讨论汉字的部首序。

一、汉字的笔画序

笔画序就是笔画排检法。金代韩孝彦的《四声篇海》最先按笔画排列同部字,但进

---

① 龚嘉镇:《现行多音字分析》,香港中国语文学会《语文建设通讯》第 45 期,1994 年。

一步完善并推广开来的是明代梅膺祚的楷书字典《字汇》。《字汇》的部首与同部字都是按笔画多少为序排列的，这种"部首序+笔画序"的排检方法，一直沿用到现在。笔画序的主要规则，是笔数规则和笔顺规则。首先按字的笔画数由少到多地排列；笔画数相同的字，再按起笔笔形的横竖撇点折的笔顺依次排序。

笔画序虽编排无异议但查检最费力，是一种只起辅助作用的字序法。因为汉字的笔画多，同笔画的汉字更多。即使在 3 500 常用字中，笔画在十五画及其以上的单字也有 300 多个。仅靠笔画序来查字，既难得数笔画，也难得比笔顺，更担心会数错，所以笔画序只是在较小的范围内发挥作用。只有部首排序、同音同调字排序、难检字排序，以及大型字典同部字的排序，才是按笔画序来编排的。

二、汉字的音序

音序主要是依音排检的，但最后还要借助笔画序，音序其实就是"音序+笔画序"的简称。音序的主要规则有两条：首先按照汉语拼音音节的首字母的次序排列同音字群；声韵母相同的字，再按声调的阴阳上去的次序排列；至于声韵调相同的字，则采用笔画序排列。多项统计表明，现代汉语约有 410 个基本音节，1 300 个带调音节。从文以记言的角度讲，汉字以字形提示词义的表意功能有效地区别了同音语素，汉字系统实质上就是若干异形别义之同音字群的集合。所谓音序排字法，就是按照音序排列汉字同音字群的方法。

按音序排列汉字始于韵书。韵书是把汉字按照字音分韵编排的一种音韵学工具书。隋代陆法言（约562—?）的《切韵》及其之前的韵书都已失传了。就北宋陈彭年（961—1017）等奉诏重修的《大宋重修广韵》来看，《广韵》计收 26 194 字，分属 206 韵。此书以四声统韵为分韵原则，其中的韵目是带声调的韵，"举平以赅上、去、入"的 206 韵，按声调的平上去入为序分置于五卷之中（平声字最多而分为两卷）。韵的排列顺序用序数加上韵目表示，如一东、二冬、三钟等。每韵之中再按声母的不同分别排列小韵，一个小韵就是一个同音字群。小韵的第一个字下加注反切，并标出这个同音字群的字数。

清人陈澧著《切韵考》，创用系联法来研究《广韵》的反切以归纳音类。自此以来先后有十几位学者对《广韵》的反切进行了计量研究。唐作藩等以周祖谟（1914—1995）的《广韵校本》为依据，对《广韵》的反切重新进行了全面的统计和深入研究。共得《广韵》小韵（同音字群）3 875 个，有 2 个没注反切。实有反切 3 873 个，其中反切上字 471 个，反切下字 1 191 个。[①]简而言之,《广韵》是先按声调的平上去入为序排列 206 韵，每韵之下再按声母的不同排列同音字群，但韵目中各小韵的排序没有规律，小韵中同音字的排序也没有规律。显然，在韵书中查字并不容易。

---

① 唐作藩、王春茂:《〈广韵〉反切上下字的统计和说明》，山东省语言学会编:《语海新探》第一集，山东教育出版社，1984 年，第 140 页。

民国政府教育部在1932年公布的《国音常用字汇》计收12 219个字，此书是第一部采用北京语音的现代字汇，并第一次采用以注音字母为序的音序排检法，由此开启了现代汉语字典的依音排字。《汉语拼音方案》在1958年颁布之后，注音字母排检法很快被更为先进的拼音字母排检法所代替。各种中小型字典词典，都实行了按汉语拼音的音序来排列正文。

按音索字一检即得，最为便捷。但汉字毕竟不是表音文字，用表音文字的定序手段来排检汉字，是有先天缺陷的。一是不认识或读不准音的汉字无从检索，二是同音同调的汉字还需排序。这就是《现代汉语词典》《新华字典》等中小型字词典，在按"音序"排检正文的同时，还要提供一张"部首序+笔画序"的检字表的技术性原因。至于《汉语大字典》《汉语大词典》这样的大型字词典，收字数万、收词数十万且为多卷本，使用者不知道读音的字实在太多了，根本不可能用音序法排检正文。但在中小型字词典中，音序法检索便捷的优势是相当明显的。

三、汉字的部首序

部首法是汉字字典特有的字序编检法。东汉的许慎集大成地总结了先秦两汉有关汉字的研究成果，通过对近万小篆字的析形求义，创造性地编撰了世界上的第一部字典《说文解字》。许慎立足于汉字是表意文字的实际，首创了部首编检法，据形系联地揭示了小篆的构形系统，以义类聚地创建了汉字的字义说解体系。自121年《说文解字》问世以来，伴随着汉字字体的隶变楷化与字形的简化规范化，汉字字典的部首设置和归部条例，经历了一个漫长的完善过程。[①]

下面从立部的原则、设部的源流、归部的条例三个方面，来历史地讨论部首排检法的演变源流与现代规范。

（一）分部类从的立部原则

许慎在分析近万小篆字的过程中，出于对汉字的分类而提出"建首"的思想，由此产生了"部首"的概念和"分别部居"的编字原则。他所设计的思路是：

>其建首也，立一为耑，方以类聚，物以群分，同牵条属，共理相贯，杂而不越，据形系联，引而申之，以究万原。[②]

许慎在对小篆字的析形求义中，发掘出了汉字"凡某之属皆从某"的形义对应关系，从中归纳出了540个部首。进而把近万小篆字分类归到相应的部首中去，据形系联地首创了汉字部首编字法。部首编检法随之成为后世历代字书的主要编检方法，成为一种历

[①] 龚嘉镇：《论汉字部首法的发展源流与现代规范》，《中华字典研究》第三辑，三晋出版社，2022年，第522-539页。

[②] 〔东汉〕许慎：《说文解字》，中华书局影印本，1989年，第319页。

史悠久应用广泛而影响深远的汉字编检法。

《四库全书总目》把《说文解字》的立部原则归纳为"分部类从"。[1]许慎"分部类从"的原则有两条：一是以义类聚（"方以类聚，物以群分"），一是"据形系联"。他努力通过部首的"据形系联"来揭示汉字以形表意的形义对应关系，这样的努力是可贵而有效的，但只是在表意部首中较好地实现了。因为"凡某之属皆从某"所表示的，只能是表意部首与其所从字之间的形义对应关系；但如果部首没有表意功能，如果所从字是字形混同的记号字，那就不可能从某即有某义了。

许慎从小篆字形中分析归纳出来的540部并不都是表意部首。例如"一"，原本是源于刻划记数的指事字。《说文解字》："一，惟初太始道立于一，造分天地化成万物。凡一之属皆从一。"许慎对记数字、干支字的说解基本如此，这样的解释显然不是文字学意义上的析形求义。《说文解字》"一"部，除部首字外计辖元（ ）、天（ ）、丕（ ）、吏（ ）4字。这4个字的甲金文构形，没有一个与"一"有关，亦无一字从"一"得义。"一"其实就是小篆字中的一个笔画部首。许慎的540部中不仅有36个无字部首，还有若干笔画部首和不成字部首。无字部首是无字相从，不成字部首则无义可属，它们都是没有表意功能的纯检字部首。《说文解字》的部首编检法，其实就是一种义聚为主形系为辅的编检法。

笔者对《说文解字》540部首的构字能力进行了统计和分析，现将有关数据以表9.2表示如下：

表9.2 《说文解字》540部首构字能力统计

构字能力		部首数		部属字（包括部首字）	
高能	468～100	25	79 部 14.6%	4 876	7 569 字 80.2%
	99～20	54		2 693	
中能	19～6	62	11.5%	709	7.5%
低能	5～3	104	399 部 74%	499	1 155 字 12.3%
	2～1	259		620	
无能	0 字	36		36	
合 计		540	100%	9 433	100%

《说文解字》540个部首的构字能力是很不均衡的。先看低端，构字为0～5字的无能或低能部首有399部，计构字（包括部首字）1 155个，全书74%的部首的合计构字数仅占全书总字头的12%。它们在构形与表意上都缺乏归纳性，这样的部首数量很多但构字很少。再看高端，构字≥20个的高能部首有79个，计构字（包括部首字）7 569个，《说文解字》中80%的字就是由这79个高能部首构成的。其中构字上百的25个超能部首竟然构字4 876个，占全书总字头的52%。这些构字能力很强且沿用至今的高能部首，都是由义符充当的表意部首。许慎的开创性学术贡献之一，就是不仅用540个部首据形

---

[1] 吴伯雄编：《四库全书总目选》，凤凰出版社，2015年，第138页。

系联地揭示了小篆以文组字的构形系统，而且主要通过几十个高能表意部首以义类聚地创建了汉字的字义说解体系。他用"分部类从"的思想，第一次把散沙似的近万小篆字整编成了一个系统。

汉字楷化之后，字典陆续增设了一些用于据形系联的部首，它们的部属字一般就是失去理据的记号字。需要指出的是，这些部首都是辖字很少的低能部首，因字形讹变而混同到表意部首中的字也是少数，部首混同与单字混同这两种变异都对汉字的表意性有所冲击，但并没有动摇汉字系统以形表意的基本格局。

汉字是表意文字，具有用字形提示词义的表意性，"表意性是汉字的命脉。"①汉字字典是以据形索义的形式集中表现汉字表意性的工具书，汉字系统的表意性突出地体现在表意部首的推类系字上。对汉字的表意部首与纯检字部首的构字能力，对汉字中的表意字与记号字的宏观比例，我们应该有一个量的认识：表意字与记号字是"大部"与"少数"的关系。大部分汉字是寓义于形而形义统一的，据形索义是汉字字典自古而今的传统特色。

汉字字典部首的"分部类从"，自《说文解字》以降到 20 世纪中期，都坚持了义聚为主形系为辅的立部原则。"义聚"的实质是"凡某之属皆从某"，是形义统一的据义归部；其"形系"特指"论其形不论其义"，是形义分离的从形归部。这样的立部原则，自然留下了部无定位的问题。

（二）字典设部的演变源流

汉字由甲金篆阶段向隶楷阶段发展的过程，其实质就是表意文字由初级阶段向高级阶段发展的过程。汉字的表意功能在这场演变中得到了传承与加强。第一，构形理据在语义化中递相传承。古文字中用可识性图象表形的形符，通过义音化而升华为用语义表意的义符。寓义于形的字形虽一变再变，但义符的表意功能却在对应的字符中递相传承下来了。第二，表意功能在形声化中系统加强。形声化通过基础义符的"以类附声"而"据形系联"，把义符的形义联系扩展为对形声字群的类联系，从而形成"凡某之属皆从某"的对应关系。形符的语义化与字式的形声化，使汉字系统在整体上保持了表意性质并加强了表意功能。

在《通用规范汉字表》的 8 105 字中，所构表意字≥15 个的高能表意部首有 71 个。（这 71 个高能表意部首的构形构意构字分析，详见第十二章。）《说文解字》中构字≥100个的超能表意部首有 25 个：人女广口言手心月（肉）纟衣阝（邑）辶火水土鸟鱼虫马艹木竹金玉。据笔者统计，这 71 个高能表意部首的部属字在《说文解字》小篆字中占到 77%，在《汉语大字典》楷体字头中占到 81%，在 8 105 个通用规范字中占到 90%。其中 25 个超能表意部首的部属字在《说文解字》小篆字中占到 52%，在《汉语大字典》楷体

---

① 曹先擢：《汉字的表意性和汉字简化》，中国社会科学院语言文字应用研究所编：《汉字问题学术讨论会论文集》，语文出版社，1988 年，第 17-27 页。

字头中占到 49%，在通用规范字中占到 63%。

这两组数据，有力地说明了这几十个高能表意部首在汉字系统中的基础地位，说明了高能表意部首的部属字在汉字系统中的主体地位。汉字的表意功能是主要通过义符/表意部首的类联系来实现的。高能表意部首表示的是具有主题性的类意义，一个高能表意部首所表示的就是一个类概念，其部属字群所表示的就是一个类聚的语义场。它们的集合全面地覆盖了华夏民族的基本社会生活，概括地反映了汉语语义的核心网络。71 个高能表意部首及其部属字，就是汉字系统保持表意性质的压舱石。它们在漫长的历史演变中从没乱过阵脚，"虽然有部分汉字在历史演变中失去了理据，但现行汉字在整体上仍然保持着相当系统的形义联系：义属某类之字多从某符，形从某符之字多有某义（类意义）"[1]。

汉字是主要从形义联系入手来记录汉语的表意文字，大部分汉字是据义构形而形义统一的表意字；构字表意能力强的传统部首都是由义符充当的表意部首，大部分汉字在据义定部与据形定部上是形义统一的。不成字部首数量不少但构字很少；因字形变异而混同到表意部首中的记号字，数量不多且占比甚小。在用举例的方式来讨论部首时，请不要忽视表意部首在汉字系统中的基础地位，不要忽视 71 个高能表意部首的部属字在通用规范字中占比九成的基本事实。

楷书通行以后，按楷体立部减并部首以便于检索，成为人们对字典编排的迫切需求。唐玄宗李隆基（685—762）的《开元文字音义》（失传）立足楷体字形，第一次把《说文解字》的部首归并为 320 部。[2]此后辽代僧人行均的《龙龛手鉴》收 26 000 多字，他加强了据形系联而改并为 242 部。明代梅膺祚的《字汇》更进一步，对《说文解字》的部首设置进行了三项改革：一是取消了无字部首和一些字少的部首，二是把包括重体在内的合体部首尽可能归并回独体部首，三是字形变异或混同者则按楷体字形归部。通过这三条措施，将《说文解字》的 540 部减并为 214 部，从而为古代字典体例的完善作出了创造性的贡献。唐代的《开元文字音义》、辽代的《龙龛手鉴》与明代的《字汇》，是对旧部首的三次大改良。

汉语字词典的部首设置和归部条例，在 20 世纪是大同小异而各行其是的。有些字字无定部，各字典部无定数，以及自始就有的部无定位，是部首编检法中长期存在的三大问题。针对部首设置和归部条例长期不统一的现象，中国文字改革委员会在 1983 年制订了一个设部 201 个的《统一部首表（征求意见稿）》，[3]后改称《汉字统一部首表（草案）》。教育部和国家语委在 2009 年发布了修订后的《汉字部首表》，该表坚持了《草案》的 201 个主部首，规定了 100 个附形部首。表中主部首按笔画数升序排列，同笔画数的主部首按横竖撇点折的笔顺排列；附形部首加括号列在主部首之后。这就是汉字部首的现行统

---

[1] 龚嘉镇：《汉字核心字根的构形表意及其历史演变》，《中国文字研究》第十八辑，上海书店出版社，2013 年。
[2] 〔宋〕王应麟：《玉海艺文校证·中》，武秀成、赵庶洋校证，凤凰出版社，2013 年，第 485 页。
[3] 《统一部首表（征求意见稿）》，《文字改革》1983 年第 11 期。

一规范。

在汉字字典的部首设置上,《说文解字》—《字汇》—《汉语大字典》,是继相传承、代有发展的三个阶段性类型。东汉许慎的《说文解字》创立了汉字部首法,设立了540个部首。明代梅膺祚的《字汇》把《说文解字》的540部裁增为214部,《康熙字典》等沿用了这套部首。《汉语大字典》和《汉语大词典》是统一设部的,其部首以《康熙字典》的214部为基础,删并了14部,计设200部。在《汉语大字典》所设200部的基础上,《汉字部首表》删去了茻部而增设了业、卓两部,计设201部。这就是汉字部首设置的源流。至于《说文解字》后历代字书增设的其他几十个部首,则先后被历史淘汰了。

笔者把具有对应关系的原形与变形(辵/辶)、繁体与简体(言/讠)视为同一个部首,对三个阶段性类型的字典与《汉字部首表》的设部进行了比较统计如表9.3所示。

表9.3 《汉字部首表》与三类字典的设部比较

比较样本	汉字部首表	汉语大字典 汉语大词典	字 汇 康熙字典	说文解字
设置部首	201部	200部	214部	540部
与《部首表》相同的部首	201部	199部	199部	193部

表中的数据说明,汉字的部首具有很强的历史传承性和广泛的社会基础。逐个地查源头发现,《汉字部首表》的201部,有193个是《说文解字》的部首,另外的弋、廾两部是唐代张参《五经文字》创立的,亠、无、父、艮4部是明代梅膺祚《字汇》创立的,业、卓两部是黎锦熙《国字四系七起笔新部首表》创立的部首,[①]后设的这8个部首是主要用于形系的检字部首。《汉字部首表》是一个据形定部而突出义聚的部首表。《现代汉语词典》《新华字典》等字词典,都很快采用了《汉字部首表》这个统一规范。

(三)归部条例的完善进程

汉字是由"大部"表意字和"少数"记号字组成的这一基本事实,决定了历代部首编检的格局只能是义聚为主而形系为辅。随着字体楷化字形简化的演变,汉字部首编排法的历史发展呈现出两个趋势:部首设置上,立足楷体逐步减并部首;归部条例上,在形系记号字的同时努力维护汉字据形索义的传统。汉字的归部条例经过了一个逐步完善的过程,大致可分为三个阶段。

1.《说文》的"凡某之属皆从某"

"分部类从"的机制在于"类从","类从"就是通过部首的类化而实现同部字的类聚。形声字是汉字的主体,"以类附声"的形声化其实就是汉字的系统类化过程。许慎特别注重以义类聚,每个部首后都反复强调"凡某之属皆从某",以此说明部首与部属字之间的形义关系。据此可知,许慎设想的部首是有构字能力的义符,其部属字是既从部首之形

---

① 黎锦熙主编:《新部首索引国音字典》,商务印书馆,1949年,第2-8页。

亦有部首之义的。《说文解字》中的表意部首，尤其是构形表意功能很强的部首与其部属字，确实具有从某部即有某义的形义对应关系；《说文解字》中大部分小篆字与其部首，确实是据义立部而从义归部的。许慎正是依靠一百多个高能、中能的表意部首，以义类聚了大部分的小篆字，由此创建了汉字的字义说解体系，这是《说文解字》最为可贵的认知价值之一。但不能忽视的是，《说文解字》的多数部首在构形表意上是缺乏归纳性的，其中构字为 0~2 字的部首居然占到 55%，多达 295 部；其包括部首在内的部属字仅有 656 个，不到小篆字头的 7%。虽然大部分小篆字与其部首之间具有"凡某之属皆从某"的关系，但确实还有很多部首与其部属字之间只是纯粹的据形系联，《说文解字》中确实存在着据义立部与据形立部两种立部类型。这种状况是随着部首法而产生的，并随着字体楷化字形演变而有所发展。

2.《字汇》的"论其形不论其义"

明代梅膺祚的《字汇》是古代字典编排史上的一座里程碑。《字汇》的历史性进步有三：一是设部上立足楷体字的实际，把《说文解字》的 540 部减并为 214 部，计统 32 179 字；二是字序上完善了金代《四声篇海》发明的笔画序，部首和部内字都"以字画多寡循序列之"，由此形成了"部首序+笔画序"的排检法；三是归部上发展了辽代《龙龛手鉴》据形系联的做法，明确提出了"论其形不论其义"的辅助条例。

> 《字汇·凡例》："字以偏旁属部。……某字入某部，得其字即得其部矣。偏旁艸入艸，月入月，无疑矣。至蔑从䒑也而附于艸，朝从舟也而附于月，揆之于义，殊涉乖谬。盖论其形不论其义也。"[①]

这段话的意思是，凡形义统一者，按"字以偏旁属部"的基本原则编排，即"某字入某部，得其字即得其部矣"。如艸旁的字入艸部，月旁的字入月部，这是毋庸置疑的。至于字体楷化字形混同而形义分离者，则以"论其形不论其义"的辅助条例编排。如《说文》中䒑部的"蔑"字现在就据楷体字形而改归艸部了，舟部的"朝"字也据楷体字形而归月部了。《字汇》在归部上的重大进步，表现为在继承许慎"凡某之属皆从某"思想的同时，能够正视汉字中形义分离的记号字现象，正视汉字隶变楷化的实际，第一次明确提出形义没有联系的字要"论其形不论其义"。这是梅膺祚对许慎"凡某之属皆从某"的可贵补充。形义统一的表意字按"凡某之属皆从某"编排以据形索义，形义分离的记号字按"论其形不论其义"编排而从形归部，一直是明代以来先贤努力坚持的原则。

3.《辞海》的"三取三不取"规则

汉字是以形声字为主体的，形声字的义符多在左在上，声符多在右在下。黎锦熙（1890—1978）有鉴于此，在 20 世纪 40 年代发明"国字四系七起笔新部首"来编纂字

[①]〔明〕梅膺祚撰、〔清〕吴任臣补：《字汇·字汇补》，上海辞书出版社影印本，1991 年，第 6-7 页。

典，最先提出了定位取部的思路，他把取部的位置定在左边和上方，明确指出在右在下者概不为部。是他第一次用可操作的定位取部规则，提出了在据形定部中如何排开声符取义符的思路。①

《辞海》（第二版）1961年的试行本发展了黎先生的思路，明确提出"依据字形定位取部"的归部原则，提出"一个字具有几个部首的"，"上、下都有部首的，取上不取下"；"左、右都有部首的，取左不取右"；"内、外都有部首的，取外不取内"等归部规则。表意部首是由义符充当的，义符在汉字结构中一般居左居上居外。"三取三不取"规则是立足汉字结构的基本格局归纳出来的，其可贵之处是在据形系联全部汉字的同时，较好地维护和突出了汉字据形索义的表意性。这一方案被作为《部首查字法（草案）》，于1965年向全国出版界推荐试用。②

教育部和国家语委在2009年发布的《GB13000.1字符集汉字部首归部规范》（简称《归部规范》），是汉字部首检字法的现行统一规范。这是对黎锦熙先生、新编《辞海》方案的进一步完善。《归部规范》立足现行汉字结构的基本格局来确定取部位置，其根本就是据形依序定位取部。归部规则计有5条而分两类。前两条是为"大部"汉字设立的基本条例，后三条是为"少数"汉字设立的辅助条例。③

一是优先为"大部"的表意字制定了两条定位取部的基本规则："1. 从汉字的左、上、外位置取部首。如果左和右、上和下、外和内都是部首，则只取左、上、外位置的部首。"这条规则其实就是"三取三不取"，即"一个字上下都有部首的，取上不取下；左右都有部首的，取左不取右；内外都有部首的，取外不取内"。④"2. 如果汉字的左、上不是部首，右、下是部首，则取右、下位置的部首；半包围结构的字，如果外不是部首，内是部首，则取内。"如"郊"取"阝（邑）"部，"监"取"皿"部，"载"取"车"部。

二是为其余的"少数"的记号字制定了三条据形取部的辅助条例：3. 左右上下都没有部首的字，按"先左后右、先上后下的顺序"，从偏旁中取部首，如"赢"取"月"部。4. 无部可归的字"从起笔的位置取单笔部首"，如"我"取"丿"部。5. 部首叠合的字取笔画多的"多笔部首"，如"威"取"戈"部。

《归部规范》中的前两条规则，是"据形依序定位取部"的基本规则。它是根据现行汉字结构的基本格局为义符量身定制的取部规则。这两条规则包括前提、次序、位置三要素，即在一定的前提下按一定的次序定位取部，其关键是定位取部的次序。

第一条归部规则的前提，是一字之内有两个部首。一个字如果有两个部首，要首先"从汉字的左、上、外位置取部首"。汉字的主体是形声字，其义符的位置一般出现在字

---

① 黎锦熙主编：《新部首索引国音字典》，商务印书馆，1949年，第10-18、1-2页。黎锦熙：《汉字新部首拟案》，《文汇报》1961年8月25日。
② 《〈部首查字法（草案）〉查字说明》，《中国大百科全书·语言文字》，中国大百科全书出版社，2002年，第201-202页。
③ 《GB13000.1字符集汉字部首归部规范》，语文出版社，2009年，第2页。
④ 《统一部首表（征求意见稿）》，《文字改革》1983年第11期。

的左旁、上部或外边，而形声字的声符则多居右居下居内，这是汉字结构格局的基本事实。这条取部规则教人直接排开声符去抓取义符。所谓"取左不取右，取上不取下，取外不取内"的实质，就是只取义符不取声符。《现代汉语通用字表》所收 7 000 字中的形声字，其义符居左居上者，计达 4 390 字，占全部通用字的 63%。①这 63%的字的部首无疑就是据义归部的表意部首，加上外形内声者和会意字，这些为人认同的表意部首的部属字已占到七成多了。

第二条归部规则的前提，是一字之内只有一个部首。如果一个字的左、上、外位置没有部首，那就取居右居下或居内的字符作部首。自许慎以来汉字就是主要以义符为部首，随着部首减裁与字形简化，一字多部的现象大为减少。稍加留意，就会发现一个极有意思的事实：在楷体字尤其是现代汉语通用字中，义符居右居下居内的合体字，大多只有一个部首；这个部首就是由居右、居下或居内的义符充当的表意部首。例如"阝（邑）"作义符一般居于右，8 105 个通用规范字中以"阝（邑）"为义符的字多达 97 个，其中只有邓、邢、邛、邝等字有两个部首。"鸟"作义符一般居右、个别居下，通用规范字中以鸟为义符的字亦有 97 个，其中只有鸡、鸣、莺、鸿等字有两个部首。

《归部规范》是据形定部的规范，它不仅把取部的基本位置明确定在左右、上下、外内三处，而且巧妙地为定位取部制定了次序性规则，这就有力地加强了据形定部与据义取部的一致性。"据形依序定位取部"的基本规则，从技术上大大加强了据义取部的可操作性，从而保证了作为"大部"的表意字得以从义归部而据形索义。据形取部的辅助条例，是主要针对形义分离与无部可归的现象设立的，这些"少数"的记号字因此得以据形取部而检索方便。

汉字是主要从形义联系入手据词构形的表意文字，寓义于形的表意字在古今汉字中始终处于主体地位。几十个高能表意部首的形义统一与超强构字能力，保证了大部分汉字的据形系联与以义类聚是统一的，保证了大部分汉字的从义归部与据形定部是统一的，表意部首在部首编检法中具有不可动摇的基础地位。《汉字部首表》和《GB13000.1 字符集汉字部首归部规范》两个规范顺应了汉字的规律与特点，推动了部首检字法的发展与规范。它使汉字的部首序由传统的"义聚为主形系为辅"，发展为"突出义聚定位取部"，基本实现了部有定数、字有定部、部有定位，从而在进一步方便读者查检的同时，更好地维护了汉字系统的表意性传统。

汉字是立足形义联系而据词构形的表意文字，用字形提示词义的表意性是汉字的命脉所在。汉字字典是通过据形索义集中反映汉字表意系统的工具书，字典内容的人文性与检索的技术性是不能颠倒的本末关系。汉字部首法检索技术的任何改良，都必须坚持突出汉字系统的表意功能。

---

① 李燕、康加深、魏励、张书岩：《现代汉语形声字研究》，《语言文字应用》1992 年第 1 期。

第十章
汉字演变的三大规律

一、字式：记词方式形声化
　　① 顺应同源词的系列分化
　　② 重建假借字的形义联系
二、字形：形体结构简明化
　　① 字体代变呈现常用趋简
　　② 类推简化促进系统优化
　　③ 现代常用字的整理简化
三、字用：社会用字规范化
　　① 异体的实质与变易方式
　　② 现代异体字的整理规范

提要：汉字是一个为适应华夏民族记录汉语的需要而逐步完善的自组织系统，它的演变是以系统的方式渐变优化的。记词方式形声化、形体结构简明化与社会用字规范化，是汉字的三大历史演变规律。为了顺应超时空记录汉语以利交流与传承的社会需要，汉字系统通过"以类附声"而历史地走向字式形声化，通过字体代变与省符类推而实现了常用字的字形简明化，主要通过分级定量与优化定形而推动了社会用字规范化。这是汉字系统在表意性质与经济原则支配下所形成的优化性趋势，汉字因而成为最适合记录汉语的文字。

　　所谓规律，是指事物在发展中的本质联系与历史趋势。汉字的历史演变规律，主要体现在表意化单音化的发展趋势与有理性系统性的内在联系上。
　　从甲骨文以来的三千多年里，汉字一直持续演变着，具有很强的历史传承性，汉字是一个不断适应汉语发展需要而始终缓慢演变着的自组织系统。汉字系统内部存在着既相互排斥又相互协同的三对矛盾：字式上的音化与意化，字形上的繁化与简化，字用上的变易与规范。这三对矛盾的双方既对立又统一，以此推动着汉字系统的逐步自我完善。

记词方式形声化、形体结构简明化、社会用字规范化,是汉字系统的三大历史演变规律,是汉字系统在表意性质与经济原则支配下所形成的优化趋势。汉字是以文组字以少驭多的符号系统,七八万汉字是由四五百个基础字符层级合成的。汉字系统是主要通过加旁、易旁而走向字式形声化的,主要通过省符、易符而走向字形简明化的,主要通过定量、定形而走向用字规范化的。

第一节 字式:记词方式形声化

汉字是记录汉语的书写符号,字的增加总是以词的增加为动力的。文字的功能与词汇的发展,要求汉字既要完整地记录汉语也要准确地表达汉语。同音词本是各种语言共有的现象,但汉语因语素单音节化而同音词特别发达;以单音词为单位构形的汉字,同音字就更多了。面对词汇发展、假借泛滥、方言音异的尖锐矛盾,社会迫切要求汉字为兼用借字的同形词和共享源字的同源词新造具有区别性特征的专用字。正是在这样的形势下,"以类附声"分化兼职的形声字遂应运而生了。

"以类附声"相承孳乳的结果,就同音字而言是兼职的分化,以形声字而论是字群的类化,形声字的发展过程其实就是一个有规律成系统的类化过程。正如清人俞樾(1821—1906)所说:"文随义变而加偏旁","经典之字若斯者众。山名从山,水名从水,鸟兽草木,无不如是,而字亦孳乳浸多矣"。[①]形声化将义符的形义联系推类扩展为对字族的类联系,汉字的形义之间遂随之形成"凡某之属(类)皆从某"的对应关系。字语协同作用而推类孳乳,既重建了假借字的形义联系,又顺应了同源词的系统分化。

一、顺应同源词的系统分化

作为记录汉语的符号系统,汉字既有作为载体的从属性和适应性,也有自身体系的系统性和传承性。汉语词汇系统的发展规律与汉字体系孳乳规律的协同作用,在形声字的发展上得到了充分的反映。

上古汉语以单音词为主,词汇的发展主要是通过词义的引申来形成新词的,而新词往往是在旧词的基础上变易音义而来的,词的衍生因而具有系统性。在词义运动中,词义沿着义核特点所决定的方向,不断延伸类推以形成引申系列。其中的常用义由于反复

[①] 〔清〕俞樾:《文随义变而加偏旁例》,俞樾等:《古书疑义举例五种》,中华书局,2005年,第145页。

使用而渐趋独立，最后脱离根词义列而裂变为新的同源词。由于增加的新词大量是通过根词的引申成系列地裂变出来的，所以词汇系统总是要求新字符能反映新词衍生的系统性。汉字体系中因词义引申而产生的形声字，一般就是在源字上增易义符相承孳乳以与新词相对应的。正如王筠所说："本字义多，既加偏旁则只分其一义也。"[①]就是说，这类同音字的分化是在同源词裂变的基础上进行的。字与词协同作用，词义的引申促成了同音字的分化，形声字的专用则标志着派生词的独立。

臧，甲骨文为 ，是从臣从戈的会意字；金文增"爿"声而为"臧"。《方言·卷三》："臧，奴婢贱称也。"据其以戈击臣之形和《方言》的释义，其字本义当指俘获的奴隶，如《韩非子·显学》："行曲则违于臧获，行直则怒于诸侯。""臧"字所记之词由奴婢的恭顺驯服中引申出"善"义，如"执事顺成为臧，逆为否"（《左传·宣公十五年》）。《诗经》中凡 21 见"臧"，义皆为善。故《说文解字·臣部》："臧，善也。"段玉裁注："凡物善者必隐于内也。"后从"善"义中引申出隐藏、收藏义，如"天子臧珠玉，诸侯臧金石"（《管子·侈靡》）。再从藏物这一动词义转移而指所藏之物，体内所藏之善莫过于内脏，如"吸新吐故以练臧"（《汉书·王吉传》）。天下所藏之恶则莫过于贼赃了，如"掩贼者为臧"（《国语·鲁语上》）。需要指出的是，"臧"这个词的这么多义项早先都是由"臧"字来记录的。

词义的引申发展了词的多义性，义项越来越多，义差越来越大，以致门户分立，一个多义词就裂变而为一组同源词了。在文字区别律的作用下，同音字随之分化兼职，于是"以类附声"孳乳出一组与新词相对应的形声字：加"艹"而为"藏"，加"肉"而为"臟"，加"贝"而为"贓"，古字"臧"因常用趋简原则而专表"善"义了。如表 10.1 所示。

表 10.1 "臧"字的分化源流

词	义	善	隐藏	脏腑	贼赃
	音	精母唐韵	从母唐韵	从母宕韵	精母唐韵
	字	臧	藏	臟	贓

通过词义引申同源分化这一途径所产生的形声字，清楚地反映了词汇系统的发展对文字系统的影响和文字系统对词汇系统的顺应。王筠说得好："音义皆小别矣，不为类聚则原流不明，不加区别则分用已久。"[②]一方面，词的音义小变而语源相同，随之产生的形声字遂用源字作声符以体现各同源词所共有的语源义；另一方面，词的音义相通而义类有别，形声字则用不同的义符以区别各同源词的不同类意义。正是词的同源派生决定和促成了字的相承孳乳。虽然词义引申是派生新词的根本原因，但新词的完全独立，又是通过专用字的流行来最后实现的。因为，同源词原本就是一个词，派生词在没有得到专职书面载体之前，总是被人们当作多义词的一个引申义的。

---

① [清]王筠:《说文释例》，武汉古籍书店影印本，1983 年，第 327 页。
② [清]王筠:《说文释例》，武汉古籍书店影印本，1983 年，第 346 页。

二、重建假借字的形义联系

形声字是分化同音字兼职的历史产物。字之兼职指的是一字记录多词，其中主要是一个同音字记录多个异义同音词。段玉裁说得好："凡字，有本义，有引申之义，有假借之义。"[①]这些义项分别来自不同的词源：字本义及其引申义反映了汉语中同一个词的多义性，字的假借义所记录的则是在意义上毫不相干的异义同音词。诚然，用一个同音字来兼职记录几个同音词的假借手段，确曾有效地缓和过有词无字的尖锐矛盾，在汉字发展史上发挥过重要的作用，但假借的普遍使用也使口语里的大量异义同音词在书面语中成为了同形词。鉴于"正义为借义所夺，因加偏旁以别之"，以后则"各适其用，不复相通"了。[②]就是说，这类同音字的分化是在异词同字的基础上进行的，它使原来的借音字因重建形义联系而具有了表意的功能。

莫，甲骨文为茻，"日且冥也"（《说文解字·茻部》），据其日落茻中之形与《说文解字》的释义，其字当是"暮"字的初文，如《礼记·聘义》："日莫人倦。"上古字少，常常借用现成的同音字去记录与字义毫无关系的同音词，这就是所谓的"本无其字，依声托事"。"莫"字就被借去记录否定副词，如"人知其一，莫知其他。"（《诗经·小雅·小旻》）借去记录无定代词，如"朴素而天下莫能与之争美"（《庄子·天道》）。还被借去记录沙漠的"漠"，帐幕的"幕"，思慕的"慕"，谟猷（谋划）的"谟"，寂寞的"寞"，疾瘼的"瘼"，镆铘剑的"镆"，等等。同音字"莫"的兼职实在太多，除所记否定副词和无定代词因使用频率较高而占用形体较简的古字之外，余皆"以类附声"陆续另造专用的形声字了。如图 10.2 所示：

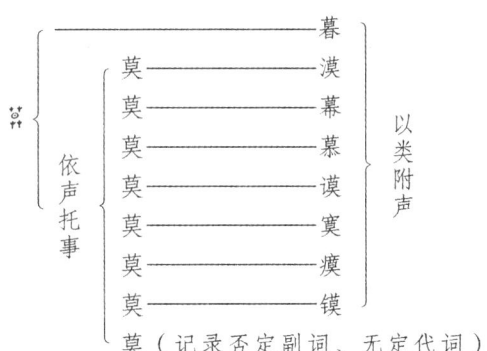

图 10.2 会意字（表形）→假借字（表音）→形声字（兼表义音）

如图 10.1 如示，通过同音假借这一途径所产生的形声字，有力地体现了汉字系统的表意化趋势。假借虽具一字数用"依声托事"的兼职之功，亦有数词一字异词同形的易混之弊。这就在缓解造字难的同时，削弱了文字传达信息的交际功能，也影响了汉字在方言区的流通。曹先擢指出："表意性是汉字的命脉"，"汉字的表意是指表示汉语的词

---

① 〔清〕段玉裁：《经韵楼集》，上海古籍出版社，2008 年，第 285 页。
② 〔清〕王筠：《说文释例》，武汉古籍书店影印本，1983 年，第 327、346 页。

义"。①曾一度普遍使用的假借字，原本只是纯粹的记音符号，其字形所示之义与所记之词在意义上并不相干。假借的泛滥使汉字原有的表意性逐步丧失，这就迫切需要重建字词之间的意义联系以强化汉字的表意功能。正是通过"以类附声"地分化兼职，大批"依声托事"的假借字才随之转化成为以形别义的形声字。

综上所述，汉语是以单音词为基础且同音词很多的民族共同语，汉字是记录汉语且需通行全国的通用文字。上古汉字面临着两大社会需求：一是面对据义构形造字难、借音记词兼职多的困窘，社会需要汉字完整而准确地记录汉语；二是面对地域辽阔方言音歧、文化悠久古今音变的矛盾，社会需要汉字超方言超古今地记录汉语。在文字区别律的作用下，字少则假借，为音同而标类；义多要裂变，因义混以加旁，其结果是涌现出了以不同的义符来区别异义同音词的形声字。"以类附声"推类孳乳的形声字，能动地顺应和满足了汉语词汇系统成系列衍生新词的发展需要，更好地保持和发展了汉字体系以形表义的历史传承性，有效地分化了古字兼职以区别了同音语素，尤其适合记录义音结合的单音节语素。春秋战国时期文化繁荣民族融合日趋一统，社会的大发展对汉字提出了更高更紧迫的要求，具有整体优势的形声字终于乘势而起加速发展了。

汉字记词方式的形声化具有历史的必然性，形声字因顺应华夏社会与汉语发展的需要而很快发展成为汉字的主体。

第二节　字形：形体结构简明化

汉字是交际工具性质的人文符号系统。经济原则对语言文字交际活动的支配作用，历史地决定了汉字的"字体代变"与"趋易避难"。在字体递变推动字形系统简化的基础上，经济原则还利用字频分布的不平衡而发挥作用，推动汉字沿着"常用趋简"的趋势演变，并采用基本字符类推简化的方式有力地促进了汉字构形系统的优化。

一、字体代变呈现常用趋简

汉字是我们民族记录汉语的工具，作为工具的汉字是逐步发展而自我完善的。清末学者卢戆章指出：

---

① 曹先擢：《汉字的表意性和汉字简化》，中国社会科学院语言文字应用研究所编：《汉字问题学术讨论会论文集》，语文出版社，1988年，第27、23页。

> 字体代变，古时用云书鸟迹，降而用蝌蚪象形，又降而用篆隶八分，至汉改为八法，宋改为宋体字，皆趋易避难也。①

"字体代变"而"趋易避难"，一语破的地揭示了作为交际工具的汉字在形体演变上的总体趋势。从殷商甲骨文发展至今，汉字的形体结构发生了很大的变化。一是在字体上经历了甲→金→篆→隶→楷的"字体代变"，使汉字由初级的表形阶段发展到成熟的表意阶段；二是在字形上通过构意语义化构形符号化的"趋易避难"，使汉字的字形逐步成系列地简化而更加便于习用。

汉字"字体代变"中最重大的一次历史演变是隶变。经本植（1939—2010）指出：

> 隶书的出现，大大突破了古文字形体的象形性质，古文字的曲线形体和小篆的圆匀线条也一变而为方折，形成了笔画。……可以说隶变奠定了近两千年来一直沿用至今的汉字形体的基础。……这种演变，对于汉字记录汉语的符号性质来说，是一场大变革，它使汉字的繁难程度大为降低，同时也使汉字的书写速度大为提高。②

秦国沿用的西周大篆后来逐步演变出正、俗二体，并在战国后期分别形成了小篆与秦隶两种字体。大量出土文字说明，隶书是在战国时秦国文字俗体的基础上逐渐形成的字体。字形结构的简化与书写方式的便易，是隶变的两大基本内容。它以线条笔画化和字形符号化改变了古文字的象形性面貌，并用语义化的方块字开启了今文字的新阶段。在汉字发展史上，"隶变"是汉字由表形阶段向表意阶段演变的重大发展，是比规范小篆字形更为重要的演变。正是秦汉时期的"隶变"，使汉字完成了从古文字向今文字的历史性演变，隶书大大提高了汉字作为交际工具易学便写的经济性，从此奠定了以后两千余年汉字的基本字形。

经济原则是语言文字交际活动中的一个基本原则。汉字既是符号又是工具，符号信息要明确与工具使用要简易的矛盾，始终存在于造字与用字的整个过程之中。反映在字形变化上，就是繁化与简化这对矛盾的对立与统一。繁是求明确但过繁则使用不方便，简是图简易但过简则字形少区别。汉字是人们日常使用的交际工具，人们总是希望用简省的字形传达出明确的信息，努力寻找简与明的最佳结合度。正是在简化与繁化的对立中，汉字执两用中地选择了形体结构简明化。汉字形体结构简明化，不仅强势地体现在甲金篆隶楷的整个历史演变过程之中，而且总是突出地作用于通用字常用字而形成常用趋简的趋势。

回顾汉字的发展史，古文字时期尤其是形声化过程中，由于相承造字增偏旁，汉字在整体上呈现出繁化的趋势；从古文字向今文字过渡的隶变过程中，汉字在整体上出现了简化的趋势。例如"星"，甲骨文写作，是一个像众星罗列之形的象形字，后又用它

---

① 卢戆章：《一目了然初阶》，文字改革出版社，1956年，第2页。
② 经本植：《古汉语文字学知识》，四川教育出版社，1984年，第43页。

来表星光明亮义的"晶",为区别遂加声符"生"而繁化为"曐",使用中求便易再省形而简化为"星"。再如"慈",从心兹声,本义"爱也",多指父母对子女的亲爱。后引申用于吸铁的磁石,如"慈石召铁,或引之也"(《吕氏春秋·精通》)。遂加旁别义而分化为"礠",如"礠,礠石,可引针也"(《广韵·之韵》)。使用中求便易再省声而简化为"磁"。

"鄉"是一个蕴涵着丰富文化信息的会意字。"鄉"是"饗"的初字,《说文解字·食部》:"饗,鄉人饮酒也。"杨宽(1914—2005)在对上古乡饮酒礼起源的文化考证中,进一步分析了此字的构形、本义及其引申。"鄉"字甲骨文写作 。"其中 像盛食物的簋形,整个字像两向对坐共食一簋的情况,其本义应为乡人共食。""乡邑的称'鄉'……实是取义于'共食'。其来源很是古老……是用来指自己那些共同饮食的氏族聚落的。"进入周代就"把郊内'国人'居住的聚落称为'乡'……作为'国'的基本组织单位"[①]。

会意字"鄉"用两人对坐而食的特写式构形,表示了乡人共食、宴饮之义。由乡人共食引申而指共同生活的氏族聚落,这就逐步产生了乡邑、家乡的引申义。由两人相向而食又引申出朝向义,如《左传·僖公三十三年》:"秦伯素服郊次,鄉师而哭。"还假借表示回声义,如《汉书·天文志》:"犹景(影)之象形,鄉之应声。"颜师古注:"鄉,读曰響。"义的引申与音的假借,使"鄉"成为了一个多义字,在文字区别律的作用下,后"以类附声"加旁别义,遂分化出饗、嚮、響等字,乡村义因最为常用就占用了字形较简的古字。这几个字都常用,而笔画却多达十几二十画,使用中求便易再分别简化为飨、乡、向、响。现将其源流关系制表10.3列示如下:

表10.3 "鄉"字的分化源流

鄉:乡人对坐共食。			
一字多义	本义	引申义	假借义
表词求区别 加旁趋繁	饗	鄉	嚮	響
习用求经济 常用趋简	飨	乡	向	响

总之,新造字因相承构形求区别而往往加旁趋繁,既成字为习用方便而常常省形趋简,正是在文字区别律与语言经济原则的作用下,繁与简相互制约,使汉字的形体结构向着简明化的方向发展。

"字体代变"而"趋易避难"。字体的变化往往带动了字形的系统简化,但单字字形的简化是并不平衡的。王凤阳(1929—)抓住这个问题,对《论语》《孟子》两书所用汉字的频次与笔画进行了分析统计,从中发现了汉字"常用趋简"的规律。他指出:

"常用趋简",这是从汉字应用频率当中提出的汉字简化规律。……字的使用频率越高,它们的平均笔画就越低;反之,字的应用频率越低,那么它们的

---

① 杨宽:《古史新探》,中华书局,1965年,第287-290页。

平均笔画数就越高。……应用频率高的字一般地趋向简化。"高频趋简",这是文字发展中的共同趋向。①

现将三项有关样本的统计数据制表 10.4 列示如下:

表 10.4　古今汉字的使用率与笔画数之反比分布统计②

统计样本	字量	字种	各频段字种平均笔画数					
十三经	616 328	6 794	超高频	高频	中频	低频	超低频	平均笔画
			79 字	899 字	994 字	752 字	4 070 字	
			6.82	10.17	12.07	12.85	13.60	12.76
汉字频度表	2 166 万	5 991	一级字	二级字	三级字	四级字	五级字	平均笔画
			500 字	500 字	500 字	1 500 字	2 991 字	
			7.24	8.71	9.68	10.44	11.60	10.54
现代汉语通用字表		7 000	常用字		次常用字	其他通用字	平均笔画	
			2 500		1 000	3 500		
			9.17		11.17	11.77	10.76	

表 10.4 中古今三套大样本的动态数据,客观地反映了字的使用率与笔画数的反比分布关系。常宝儒对三个高频字表的笔画数进行了统计分析,结果发现:在三种《1000 高频字表》中,1~9 画的字分别占 71.3%、70.8%、70.8%。③多项大样本字频统计数据表明,前 1 000 最常用字在现代自然语料中的累积覆盖率为 90%,而这最常用的前 1 000 字中居然有七成字只有 1~9 画。这两个数据具体地展示了汉字"常用趋简"规律在现代语用中的客观状况,典型地反映了语言经济原则在汉字演变中所发挥的神奇作用。在汉字孳乳分化的进程中,"常用趋简"还往往表现为"常用占简",即把笔画较少的字形分配给更常用的字。如"🐍(它)"字本是象蛇头之形的本字,后较多用于记录代词。后别义分化而加"虫"为"蛇(蛇)",笔画较少的"它"字遂成为常用代词的专用字了。

字典中的汉字虽多达七八万,但一个时代进入语用环境的通用字不过七八千,而常用字则只有两三千。这种高度集中而不平衡的字频分布,就是汉字记录汉语的实际状态。

---

① 王凤阳:《汉字学》,吉林文史出版社,1989 年,第 603-614 页。
② "十三经"的数据引自海柳文:《十三经字频研究》,高等教育出版社,2011 年,第 42-45 页。该书所得"十三经"全部字种的平均笔画数是 11.1 画,这与各频段的平均笔画数不合,也与使用简化字的《汉字频度表》《现代汉语通用字表》的平均笔画数太接近。笔者根据该书的数据重新计算,其平均笔画数实为 12.76 画。《汉字频度表》的数据引自贝贵琴、张学涛汇编:《汉字频度统计》,电子工业出版社,1988 年。《现代汉语通用字表》的数据引自费锦昌等:《汉字写法规范字典》,上海辞书出版社,1992 年,第 503 页。
③ 常宝儒:《论汉字属性》,陈原主编:《现代汉语用字信息分析》,上海教育出版社,1993 年,第 39-42 页。所引三种《1 000 高频字表》,依次是《三千高频度汉字字表》《现代汉语频率词典》《汉字信息字典》中的前 1 000 高频字。

汉字作为全民用以交际的书面符号，其通用字群是一个为数有限的动态系统；而一个字的语用频率，是由所记之词的使用价值与所记语素的构词能力决定的。是汉语单音词发达基本语素集中的特点，决定了汉字在语用中的高度集中而不平衡。

综上所述，汉字的交际工具性质，决定了汉字形体结构的简明化；社会用字集中的字频分布规律，决定了高频的常用字是字形简化的主要对象。字频分布不平衡，社会用字要经济，语言文字的经济原则利用字频分布的不平衡而发挥作用，使汉字的字形演变形成了"常用趋简"的趋势。历史形成的这种"常用趋简"，是汉字系统在字形演变上的一种优化性演变。

二、类推简化促进系统优化

多年前听一位姓周的老先生讲过一个段子："叫声秀才你莫傲，请你写个鼀、鼉、鱉、黿、竈。"这5个字除龟之外都是形声字，平均21画，后边3个还是现代汉语的常用字。构形复杂，笔画太多，构意晦涩，莫名其妙，实在太难掌握太难写了；即使写得出来，也往往会弄错笔顺。20世纪50年代简化汉字时它们都简化了：鼀→鼋、鼉→鼍、鱉→鳖、黿→龟、竈→灶。其中两字简化得最好。"龟"原本就是个单符为文的象形字，16画简为7画后更为神似。"灶"字原是声符难读的形声字，由21画简化为7画的会意字，其构意可谓一目了然。一些汉字就是这样，一个一个简化出来的；但是，大多数简化字并不是一个一个单独简化的，而是通过基本字符的简化成系列类推简化出来的。

字形趋简虽发生在常用字上，但主要还是高频部件的字形趋简。类推简化的部件，既有合体部件简化为独体部件的，更多的还是独体部件的逐步简化。"常用趋简"的趋势使汉字历史地形成了高频用简的局面，其中基本字符的类推简化有力地优化了汉字的构形系统。

汉字的构形系统是以少驭多层级合成的。汉字孳乳新字的方式是以文组字，逐步简化的字符凭借义音化而较好地保持了构形的理据与功能，因此，类推简化成为历来使用最多的简化方法。简化一个义符或声符，不仅类推简化了一系列同符字，而且还能保持原有的造字理据、字式结构和构形系统，正是基本字符的类推简化有力地促进了汉字的系统优化。

在通用规范汉字范围之内，所构表意字≥15个的核心义符有71个，它们都是高能表意部首。这71个高能表意部首从甲金篆到隶楷字，经过两三千年的逐步简化，其现行字形的平均笔画数已经只有4.6笔了。而71个高能表意部首的部属字在《说文解字》小篆字中占到77%，在《汉语大字典》楷体字头中占到81%，在通用规范字中占到90%。换言之，八成多的楷体字、九成的现代通用字都随着这些部首的逐步简化而成系列的类推简化了。汉字基本字符的类推简化是在造字理据语义化的基础上进行的。现行高频字符一般都是笔画较少的独体字符了，其造字理据在简明化中的传承有两种基本方式：多数是在维系独体字符的基础上递相传承逐步简化，还有是在减少构形层次的过程中递相传承逐步简化。且举鱼车、辵邑两组字符为例以为说明：

① 𩵋（甲）→𩵋（金）→𩵋（篆）→魚（隶）→鱼
　 𦥑（甲）→𦥑（金）→車（篆）→車（隶）→车

② 𢓊（甲）→𢓊（金）→辵（篆）→辵（隶）→辶
　 邑（甲）→邑（金）→邑（篆）→邑（隶）→阝（居右）

第一组是单符为文的独体字符，它们的简化是在维系"依类象形"的基础上逐步进行的。"鱼"的甲、金、篆字形都像鱼之形，具有可识的象物性，至隶书演变成为笔画化的方块字，后来再把由鱼尾形演变而来的四点简为一横。字形虽逐步简化，但作为寓义于形的符号却始终承载着约定的语义。"车"字的甲骨文像有轴有辕有衡的双轮车，金文构形仅改变了字的置向，虽有很强的可识性，但确实太难书写了。至小篆就以部分代全体只保留了一个比较圆的车轮，隶书将线条改为笔画，后来再省简为 4 笔的"车"。基础字符不仅以少驭多层级合成出众多的合体字，而且在逐层累加的合成结构中分级体现了不同的表词功能。

第二组原是合文成字的合体字符，它们的简化是在减少构形层次的过程中逐步进行的。"辵"的甲骨文是以迈步（止→趾）于路（行）之构意以表行走义的，金文省去"行"的右旁，小篆把左右结构变为上下结构，隶书再笔画化为方块字，用于构字后再简化为偏旁辶。此字古今两端虽已面目全非，但其间的形变轨迹则十分清楚。"邑"的甲骨文是用人跽于"囗"的构形来表示聚人之邑的，后用作义符而逐步简化为居右的阝，以此用指有关城邑、封国及姓氏的类意义，如邦、都、郡、郊、郑、邓、邵、郢等字。高频的合体字符大多通过减少构字层次而简化为更利构字的独体字符，并凭借造字理据的语义化而一脉相承地维系了字符的表意功能。现行高频字符一般都是笔画较少的独体字符了。

汉字是由数百个基础字符有理合成的符号系统，义符声符的系列类推简化是汉字简化的基本途径，类推简化字是简化汉字的主体部分。构字能力较强的义符、声符在历时的逐步简化过程中，不仅成为笔画较少愈利构字的独体字符，而且还通过义音化较好地传承了原有的造字理据。它们的类推简化，使汉字在保持原有表词功能与字式结构的基础上实现了系列简化，基本字符的类推简化有力地促进了汉字系统的优化。

三、现代常用字的整理简化

现代简化汉字的首倡者当推陆费逵（1886—1941）、钱玄同两位先生。陆费逵先生率先呼吁简化汉字以利普及教育。他在 1909 年首先提出普通教育应当采用俗体字（简体字）的主张，1921 年又提出简化汉字的范围和减省笔画的方法。[①]钱玄同先生最早提出简化汉字的具体方案。他于 1922、1934 年相继在国语统一筹备会上，提出了《减省现行汉

---

① 陆费逵：《普通教育应当采用俗体字》，《教育杂志》创刊号，1909 年；陆费逵：《整理汉字的意见》，《国语月刊》第 1 卷第 1 期，1921 年。

字的笔画案》《搜集固有而较适用的简体字案》两个提案，进而在 1935 年主持编制了收字 2 400 多个的《简体字谱》。在一批著名学者的积极参与下，20 世纪二三十年代兴起了一场研究和提倡简体字的运动，并推动民国教育部于 1935 年 8 月 21 日公布了《第一批简体字表》。此表计收 324 个简体字，是从钱玄同的《简体字谱》中挑选出来的。但在戴季陶等保守人物的极力反对下，半年之后即宣布"暂缓推行"而取消了。

新中国成立后，国家积极开展汉字简化工作。先后在 1956 年公布了《汉字简化方案》，1964 年公布了《简化字总表》，1986 年重新发表了《简化字总表》。从整体和大势来看，这次汉字简化有这样几个特点：

第一，这次汉字简化顺应了"常用趋简"的规律。《简化字总表》分三个表，计有 2 235 个简化字。第一、二表中的 482 字是个体简化字；第三表的 1 753 字是类推简化字，是由第二表的 132 个简化字和 14 个简化偏旁类推出来的。简化的字绝大多数是常用字通用字，只有 31 个没能进入后来的《现代汉语通用字表》。2 235 个简化字平均每字 10.3 画，所替代的繁体字平均每字 16.1 画，整整减省了三分之一的笔画，动态地看实际节省的功夫更多。2013 年的《通用规范汉字表》再收入已为社会广泛使用的 226 个类推简化字，该表计有 2 546 个简化字，简化字占通用规范字的 31%。这次汉字简化顺应了广大群众易学便用的社会需求，在普及教育发展文化上，产生了重大的积极作用和社会效益。

第二，这次汉字简化有着约定俗成的历史基础。482 个个体简化字，加上该表附录的习惯被看作简化字的 39 个异体字，计 521 字。据李乐毅（1937—）考察，这 521 个个体简化字中，80% 以上的简化字是 20 世纪 50 年代以前就早已流行而约定俗成的，其中源自先秦两汉的就多达 164 字占 31%，云、网等字形原本就是最初的写法。20 世纪 50 年代所造的简化字不过 101 字，还不到两成。这说明推行的这批简化字有着悠久的历史渊源与深广的群众基础。实际上，《简化字总表》只是做了优选历代的俗体字而使之规范化的普及工作。[①]

第三，这次类推简化优化了汉字的结构功能。汉字系统的基本成分是独体字，构字的基本方式是以文组字。因此，简化一个独体字充当的基本字符，不仅可以类推简化一批字，而且还能保持原有的字式结构和构形系统。作为一个符号系统，作为一种历史趋势，成系列地类推简化是汉字简化的基本方法。

首先，类推简化优化了系统结构。《简化字总表》中的字大多是类推简化字。类推简化字是依靠义符或声符的简化来系列简化的。其中，金→钅、言→讠、糸→纟、贝→贝、魚→鱼、鳥→鸟、車→车、門→门、馬→马、頁→页、食→饣这 11 个常用义符的简化，一下就类推简化了 1 156 个合体字，占表中简化字的 52%。《通用规范汉字表》计收 2 546 个简化字，其中 88% 是类推简化字。对常用部首、义符的简化类推，既保持了原有的类联系，又维护了构形的系统性，简明易学而对应规律，是汉字简化中较为理想的部分。

声符简化改善了表音功能。由于古今音变，不少声符已经不表音了，有的声符则笔

[①] 李乐毅：《简化字源》，华语教学出版社，1996 年，第 318-333 页。

画太繁，这次简化改善了表音功能。前者如幫→帮、遞→递、勝→胜、遲→迟、遷→迁；后者如癱→瘫、犧→牺、籲→吁、藝→艺、優→优等。在《简化字总表》中482个个体简化字中，有128个简化形声字。其中省声者124字，形声皆省者3字（護→护、響→响、驚→惊），另有一个省形的"願→愿"。在这127个简化声符的形声字中，新声符与形声字在现行音上全同或仅调有异者76字，它们准确或较为准确地标示了形声字的读音。用笔画较少的现行同音字去取代不表音的声符或结构繁复的声符，并以此系列类推，使不少形声字在简化中改善了声符的标音功能。

需要强调的是，汉字的类推简化是政府行为，社会应用应限于规范的范围之内。在有的大中型字典、古籍简体版与计算机字库中，有人对非现代汉语通用字也作了类推简化，这是不应该的，因为"这样生造出来的'类推简化字'，历史上不曾有今后也难得用，是既无保存前提更无实用价值。如此类推简化造字，只会给当前的汉字规范和今后的'书同文'平添不该有的麻烦"[①]。

20世纪50年代的汉字简化，主要优选古已有之的俗体字作个体简化字，并以其中构字能力较强者充当义符声符，进而类推简化了两千多现代汉语常用字通用字。这次汉字简化工作，是对20世纪初陆费逵、钱玄同以来半个多世纪汉字简化成果的历史性总结，是统一国语推行白话文后的首次汉字规范。它能动地顺应了汉字"常用趋简"而类推简化的演变趋势，有力地优化了现代汉语常用字通用字的结构功能，产生了重大的积极作用和社会效益。这次汉字简化给我们留下了宝贵的启示：立足构形系统，顺应常用趋简，优化基本字符，有限系列类推，是汉字简化的最优方法。

第三节 字用：社会用字规范化

语言文字是人类进行交际传达信息的符号系统，约定俗成的社会性是语言文字的本质属性。社会要求语言文字必须要有公认的标准，正是这种社会性使语言文字具有了传达信息的功能，从而成为人际交流的重要工具；否则，人际、人机之间就会因为没有"共同语言"而难以交流了。但是，语言文字是随着社会的发展而发展着的，语言文字的社会性不仅体现为约定俗成的老习惯，而且还体现为顺应发展的新规范。汉字作为人文符号的社会性，决定了社会用字规范化是汉字历史演变的一条规律。

从殷商甲骨文以来，汉字延绵不断地使用了三千多年。作为全民族用以记录汉语进行交际的符号性工具，语用状态中的汉字一直处在缓慢的变易之中。这不仅因为汉字所

[①] 龚嘉镇：《关于新时期汉字规范问题的思考》，《中国语文》2005年第6期。

记录的汉语汉文化在不断地发展着,使用汉语汉字的社会在不断地发展着,而且在于千千万万的个人在书写时的随意性也使变易不断地滋长着。当社会用字的变易影响到汉字的交际功能时,当旧的规范不能满足社会发展的需要时,社会就会启动调节机制而对社会用字进行人为干预,历代几次大的汉字规范总是伴随着社会的大发展而启动的。

在汉字发展史上,影响最大的汉字规范有三次:秦代小篆的"书同文字",唐代楷书的"字样之学",现代汉字的整理规范。这些在变易基础上建立起来的新规范无不具有鲜明的时代特征。它们既适应了一个时代的应用需求,也受到了那个时代的历史局限,但是,它们都在原有规范的基础上向前迈进了历史性的一大步。秦代的汉字规范为后人留下了宝贵的启示:"书同文字"是国家统一社会发展的历史趋势,规范用字要把淘汰异体与简化字形结合起来,通过辨异择优用正舍异地确定规范字形,以此推动社会用字的统一规范。唐代的汉字规范也留下了宝贵的启示:汉字规范既要"从正"以保持系统的表意性质,也要"随俗"以正视汉字的合理简化。从常用偏旁(义符、声符)的简化入手以成系列地类推简化汉字,既可保持理据又能简化字形,从而能动地顺应了汉字系统的优化发展,有力地促进了社会用字的规范化。这两次汉字规范的经验告诉我们:汉字系统的历史演变是在表意性质与经济原则的协同作用下逐步完善的,社会用字规范化一定要顺应汉字发展的历史规律。

秦代小篆的"书同文字"与唐代楷书的"字样之学",已在第四章中分别进行了专节论述;现代汉字的整理规范,已在第九章进行了专章论述。这里着重讨论异体字的整理规范。

一、异体的实质与变易方式

汉字是自源而悠久的表意文字,异体字是汉字的性质和特点所决定的一种变易现象。它是伴随着汉字的产生而出现的,并因造字的不同方式与用字的分合转移而大量涌现,直接造成了"一字异体"的歧异现象。历代字书所积存下来的七八万汉字,其中的大部分字就是这样的异体字。

黄侃关于汉字的历史演变,有一段提纲挈领之论。他说:

> 古今文字之变,不外二例:一曰孳乳,一曰变易。变易者,声义全同而别制一字。孳乳者,譬之生子,血脉相连,而子不可谓之父。中国字由孳乳而生者,皆可存之字;由变易而生之字,则多可废。[①]

黄侃深刻地指出,"变易"的实质在于"音义全同而别制一字",它是汉字演变过程中一种"多可废(淘汰)"的消极现象。《说文解字》把它总称为"重文",即重出的字形。后世多称之为"俗体",即流行民间的其他写法。无论"重文"还是"俗体",都是相对正字而言的异体字。异体字当然包括递变的历代字体,但后世学者所讨论的异体字,一

---

① 黄延祖重辑:《黄侃国学讲义录》,中华书局,2006年,第72、165页。

般都仅指楷书字系统内的"文字异形"现象。例如清人段玉裁的"一字异体"、王筠的"一字殊形",就是这样。①

异体字是同一个字种的不同字形,这是汉字中自古就有的一种变异现象。从字形变易的来源上,可以把异体字大分为两类:一是造字变易,二是用字变易。

第一,汉字并非出于一时一地,它并不是批量生产的机制产品,而是在久远的时空环境中逐步创造出来的人文符号。不同时代不同地域的人为记录同一个单音词,造几个甚至十几个形体不同的字,是很自然的,结果就出现了为同一个单音词造了一组异形字的现象。这就是造字变易。第二,在纵横数万里上下几千年的交际使用中,因字体递变定形有异,因古今音变南北音异,因缺乏规范书写讹变等原因,人们在记写语词时借用同音异义字、换用同音近义字、误用形似形讹字的现象也是常有的事。例如概称草类的"艸",甲骨文写作Ψ,金文写作ΨΨ,是一个象形字。而从艸早声的"草"本指"草斗",始见于小篆。《说文解字·艸部》:"草,草斗,栎实也。"徐弦曰:"今俗以此为艸木之艸,别作皁字为黑色之皁(皂)。"②艸/草后成异体并换用至今。这就是用字变易。正如《说文解字·叙》所说:"五帝之后,改易殊体;六国之世,文字异形。"异体字的泛滥,直接造成了社会用字的混乱。

自古而今的一字多形主要发生在常用字种上,用字的变易则远少于造字的变易。异体字中虽有不少是用不同字符不同字式造出来的,但变异的三种主要方式还是相承造字:通过加旁、换旁、省符而成为异体字。现以《说文解字》中的重文举例说明:

通过加旁而成为异体字。有象形字通过加声符或加义符而成为形声字的,有会意字通过加声符而成为形声字的。例如:云(古文)→雲(小篆)。古文"云"是象形字,在小篆中加义符"雨"而成为形声字"雲","云/雲"遂成异体字。皃(小篆)→貌(或体)。小篆"皃"是象形字,其或体加上有所省的声符"豹"而成为形声字"貌","皃/貌"遂成异体字。婦(籀文)→歸(小篆)。籀文"婦"是从止从婦省的会意字,表女嫁为归之意。在小篆中加声符"自"而成为形声字"歸","婦/歸"遂成异体字。

通过易旁而成为异体字。有形声字通过换声符、换义符或形声俱换而成为异体字,或换为义同义通的义符,或换为音同音近的声符。也有会意字通过把某义符换为声符而成为形声字的,有形声字把声符换为义符而成为会意字的。例如:鼀(小篆)→蛛(或体)。小篆"鼀"是从黽朱声的形声字,其或体把义符改为"虫"而为"蛛","鼀/蛛"遂成异体字。達(小篆)→达(或体)。小篆"達"是从辵羍声的形声字,其或体把声符改为"大"而为"达","達/达"遂成异体字。饕(小篆)→叨(或体)。小篆"饕"是从食號声的形声字,其或体形声俱换,改为从口刀声的"叨",《说文》就把"叨"列为"饕"的或体。贪食为饕,就上古文献中的用例来看,"饕/叨"确是一度的异体关系;

---

① 〔清〕段玉裁:《说文解字注》,上海古籍书店影印本,1981年,第176页;〔清〕王筠:《说文释例》,武汉市古籍书店影印本,1983年,第224页。
② 〔汉〕许慎:《说文解字》,中华书局影印本,1963年,第27页。

但后来异体异用，不再有可以互换的异体关系了。

通过省符而成为异体字。有形声字通过省声符、省义符或形声俱省而成为异体字，也有会意字通过省义符而成为异体字的。例如：䨮（小篆）→ 集（或体）。小篆"䨮"是从雥从木的会意字，用一群鸟聚在树上的构形来表示集合义。其或体把表"群鸟"的义符"雥"省作"隹"而为"集"，"䨮/集"遂成异体字。薶（小篆）→埋（俗体）。小篆"薶"是从艸貍声的形声字，其俗体把义符"艸"改为相通的"土"，把声符"貍"省作"里"而简为"埋"，"薶/埋"遂为异体字。蟁（小篆）→蚊（俗体）。小篆"蟁"是从䖵民声的形声字，其俗体形声俱省，省为从虫文声的"蚊"，"蟁/蚊"遂成异体字。

二、现代异体字的整理规范

1955年1月7日，中国文字改革委员会等四部门联合印发了征求意见的《汉字简化方案草案》，这个已经五易其稿的草案包括三个字表：《798个汉字简化表草案》《拟废除的400个异体字表草案》《汉字偏旁手写简化表草案》。这个文件第一次提出了"异体字"这个术语，并把异体字定义为"音同义同而写法不同的字"。这个定义可以说就是黄侃"声义全同而别制一字"的白话版。通过广泛征求意见再次进行修订，将原方案一分为二，分别拟订出《汉字简化方案修正草案》与《第一批异体字整理表草案》。1955年12月22日，文化部和中国文字改革委员会联合发布了《第一批异体字整理表》。该表"所列异体字810组，每组最少2字，最多6字，合计共1 865字。经过整理后共精简去1 055字。"

《第一批异体字整理表草案》中的异体字可以归纳为四类：字式变易、字符变易、结构变易、字符减省，另外还有笔画略异一类。下边从表中择字举例说明（例字按先正后异排序）：

字式变易：草（形声）/艸（象形）、岳（会意）/嶽（形声）、痴（形声）/癡（会意）。
字符变易：换义符，灾/災、咬/齩；换声符，韵/韻、踪/蹤。
结构变易：峰（左右）/峯（上下）、够（左右）/夠（右左）、裹（内外）/裡（左右）。
字符减省：省义符，焰/燄、臀/臋；省声符，涌/湧、汹/洶。
笔画略异：插/挿、厮/廝、册/冊、污/汚、屆/届。

字表的推行，精简了常用汉字中的冗余字数，加强了社会用字的规范，减轻了学习使用汉字的负担，深受各界尤其是教育界的欢迎。由于当时的认识水平所限，《第一批异体字整理表》并没能全面贯彻"音同义同而写法不同"这一定义，以致出现了异体字外延扩大化的问题。由此引发了对异体字的深入讨论，并先后对该表进行了四次小调整。学者们的讨论，是在"音同义同而写法不同"这个基础上展开的。最初主要针对《第一批异体字整理表》的收字扩大化等问题，多从历时梳理的角度，来讨论异体字的外延、分类与性质。后来随着《通用规范汉字表》的研制，讨论就逐步集中到现代异体字的整理范围与规范思路了。

第十章　汉字演变的三大规律

王力（1962）：异体字跟古今字的分别是：两个（或两个以上的）字意义完全相同，在任何情况下都可以互相代替。①

高更生（1975）：整理包孕字，也是精减字数的一条途径。……甲字包孕着乙字的含义的一组字，就叫做包孕字。……一般的异体字是两个（或几个）字的读音和意义完全相同。②

刘又辛（1979）：汉字之所以有许多异体字，主要是由汉字的性质决定的。……汉字是兼表形音的文字，常有用几个文字符号来表示同一词语的现象。③

蒋绍愚（1989）：异体字是人们为语言中同一个词造的几个形体不同的字，这些字意义完全相同，可以互相替换。④

刘志基（1997）：汉字的异体从来就是流动的，随着时代的变迁或生或灭，或分或合。因此，我们只有根据异体字的这种特点，以历时的眼光来看待异体字，才能比较全面、准确地认识这种文字现象。⑤

张书岩（2004）：异体字是在一种特定的字体中，具有相同功能，记录相同的词的一组字。……异体字要分古今，对古今异体字采取不同的处理方式。⑥

王力强调了异体字"在任何情况下都可以互相代替"的特点。高更生（1929—2022）最先指出，除音义全同的严格异体字之外，还有一种意义以大包小的包孕异体字。刘又辛、蒋绍愚（1940— ）两位先生从汉字记录汉语的视角，深刻地揭示了异体字"同词异形"的本质特征。刘志基指出不同时代有不同时代的正字与异体字，汉字的异体字是具有历时流变性的。张书岩强调"异体字要分古今，对古今异体字采取不同的处理方式"。学术界逐步形成了古今分流的共识：历时异体字应系统梳理重在学术认知，现代异体字须科学规范要在词有专字。

对历代异体字的系统梳理先后取得了不少令人瞩目的成果。《汉语大字典》在编写中对历代的楷书异体字第一次进行了通盘整理，其成果集中反映为所编的《异体字表》，该表"共收约 11 900 组异体字"⑦。冉友侨（1917—2000）主编的《汉语异体字大字典》，是古今楷书汉字异体字的大汇编。全书所收的近 4 万个字头，是从 6 万左右的汉字楷书单字中，甄别出来的音义相同、形体不同、可以互换的异体字。⑧台湾国语推行委员会编《异体字字典》（第五版，2004 年）收正字 29 892 个，收历代的异体字 76 338 字，总字

---

① 王力主编：《古代汉语》上册第一分册，中华书局，1962 年，第 155 页。
② 高更生：《精简字数的一条途径——试谈包孕字的整理》，《光明日报》1975 年 9 月 26 日。
③ 刘又辛：《大型汉语字典中的异体字、通假字问题》，《中国语文》1979 年第 4 期。
④ 蒋绍愚：《古代汉语词汇纲要》，北京大学出版社，1989 年，第 191 页。
⑤ 刘志基：《汉字异体字论》，李圃主编：《异体字字典》，学林出版社，1997 年，第 17 页。
⑥ 张书岩：《评〈第一批异体字整理表〉——兼及〈规范汉字表〉对异体字的处理原则》，张书岩主编：《异体字研究》，商务印书馆，2004 年，第 151-152 页。
⑦ 《汉语大字典（第八卷）》，四川辞书出版社、湖北辞书出版社，1990 年，第 5333 页。
⑧ 冉友侨主编：《汉语异体字大字典》，四川辞书出版社，2018 年。

数 106 230 个，①平均一个正字有 2.55 个异体字。

2001 年，国家启动了《规范汉字表》（后改称《通用规范汉字表》）的研制工作，异体字的研究随之进入了一个新阶段。研究的立足点，从过去偏重于历时梳理的学术讨论转向共时整理的应用规范；规范的对象，坚持限于音义全同的严格异体字与以大包小的包孕异体字两种。2013 年公布的《通用规范汉字表》，对《第一批异体字整理表》进行了全面复查，实际整理了"794 组共计 1 023 个异体字"②。表后附录的《规范字与繁体字、异体字对照表》，就集中反映了这些研究的成果。《通用规范汉字表》对异体字的整理，认真吸取了有关基础研究的成果，主要依靠大型基础语料库的使用度数据，其规范成果更为科学，更为接近语用实际，有力地促进了现代汉语词有专字的规范化标准化。

现代异体字的整理规范经历了半个多世纪，留下了值得总结的经验。

整理的范围：坚持古今分流用字分级，把异体字的整理圈定在现代汉语通用汉字的范围之内。异体字是有古今之别的，其异体关系或体现为共时层面上的并存换用，或反映在历时纵向上的转移分合。我们要把共时规范与历时研究区别开来，既要用历时的眼光去梳理历时异体字，更要坚持在共时层面上来整理现行异体字。

辨识的标准：坚持"同词异形"的认识，只有记录同一个单音词的不同字形才是需要整理的异体字。认识异体字要着眼于汉字记录语词的关系：只有记词职能能够被对应的规范字完全取代的字才是异体字。在语用实际中，除了音义功能全同的严格异体字之外，还存在一种音同且意义以大包小的包孕异体字，其记词职能也能被对应的规范字完全取代。

规范的思路：把维护汉字的表意性质与顺应语言的经济原则结合起来，把精减字数与简化字形结合起来，通过辨异选优用正舍异而实现词有专字，努力争取现代汉字定量定形规范的最优化。社会用字的规范是在"规范→变异→再规范"中辩证发展的，后起的某些异体字往往因代表了汉字的优化趋势而逐步成为了正体字。《简化字总表》中的 521 个个体简化字中，就有 420 个是历代的异体字。③《第一批异体字整理表》中的正体字，也有很多是字形趋简的字。汉字规范既要"守正"以保持汉字的表意性质，也要"随俗"以正视汉字在经济原则支配下所发生的优化性演变。

综上所述，汉字是以单音词为单位据义构形的表意文字；异体字是表意文字特有的一种字形变易现象，是一种影响交际需要规范的现象。在久远的语用时空中，由于造字、用字的歧异，汉字逐步积累了数以万计的异体字。汉字是记录汉语的有形符号，从汉语书面语的社会应用上讲，这种一个字种有几个不同字形的现象，其实质就是"同词异形"，即用几个不同的字形去记录同一个单音词。同词异形是异体字的本质特征；音义相同、功能相同且并存换用，则是异体字的区别性特征。整理异体字的字形，其实就是规范所

---

① 引自台湾学术网络《异体字字典·编辑略例》。
② 王宁主编：《〈通用规范汉字表〉解读》，商务印书馆，2013 年，第 56-63 页；《通用规范汉字表·规范字与繁体字、异体字对照表》，《语言文字规范手册》，商务印书馆，2014 年，第 59-138 页。
③ 李乐毅：《简化字源》，华语教学出版社，1996 年，第 318-333 页。

记单音词的词形。

现代汉语书面语中的"同词异形"现象，不仅出现在单音词上，而且也出现在合成词中。合成词中的异形词，多是有一个异形语素的双音词，如交代/交待、笔画/笔划、驾驭/驾御。异形词问题是殷焕先（1913—1994）在1962年最先提出来的，指出这是"词语书面形式的分歧现象"，认为异形词规范的"性质大同于异体字的整理"[①]。所谓的异体字，指的是同一个单音词有几个并存并用的不同字形。所谓的异形词，指的是同一个合成词有几个并存并用的不同词形。异体字、异形词问题的实质都是一词多形，其规范都是通过用正舍异去实现词有专字，但它们所处的层面不同。整理异体字是主要从文字层面上去认识和规范字形，重在淘汰异体以减少通用字种。整理异形词是主要从语言层面上去认识和规范词形，重在根据从众、有理、成系列的原则去优选异形语素的词形。这是着眼不同层面的两种语用规范。二者的分工互补，有力地促进了现代汉语词有专字的规范化。

2001年发布的《第一批异形词整理表》"选取了普通话书面语中经常使用、公众的取舍倾向比较明显的338组异形词作为第一批进行整理，给出了每组异形词的推荐使用词形"[②]。这一规范为现代汉语用词用字的规范化发挥了积极作用。

社会用字规范化是一个顺应发展优化系统的人为干预过程。历代的汉字规范都是在特定的历史时代面对特定的用字问题而展开的，都各具特点地向前迈进了一大步。秦代面临的主要难题是国家统一而"文字异形"，其规范把淘汰异体与简化字形结合起来而实行了全国的"书同文字"。这是最早的"用正舍异"，以今天的眼光视之，那就是力求词有专字。唐代面临的两难选择是"从正"还是"随俗"，其规范认真地总结了"相承隶省"常用偏旁以类推简化汉字的规律，这样的类推简化较好地保持了原字的字式与理据。当代面临的主要挑战是信息化社会的迅速到来，其规范坚持"古今分流用字分级"，把规范的对象圈定在现代汉语通用字的范围内以定量定形定音定序。总而言之，把维护汉字系统的表意性质与坚持语言文字的经济原则结合起来，是汉字规范必须遵循的基本原则。历代对汉字的整理规范，特别是秦代对小篆字的规范，唐代对楷书字的规范与当代的汉字规范，能动地顺应与推动了汉字系统的优化发展。

[①] 殷焕先：《谈词语书面形式的规范》，《殷焕先语言学论文集》，商务印书馆，2015年，第524-532页。
[②] 《第一批异形词整理表》，《语言文字规范手册》，商务印书馆，2014年，第236页。

第十一章
协同完善的结构功能

一、共时描写与汉字的剖面构造
  ① 中外先贤的可贵探索
  ② 现代汉字的剖面简析
二、基础字符与汉字的层级结构
  ① 层级结构的形成及特点
  ② 基础字符的构成及地位
三、直接字符与汉字的表词功能
  ① 直接字符的构字格局
  ② 表词功能的运作机制
四、字语协同与汉字的逐步完善
  ① 合成化与字语对应单位的调整
  ② 形声化与汉语书面语言的发展

提要： 汉字是记录汉语的自源文字，汉字的结构功能是在满足交际需要的前提下优化发展的，是在与汉语的协同互动中逐步完善的。其协同发展主要发生在两个方面：一是构字构词的合成化发展了汉字的层级结构，调整了字语对应的单位（词字→语素字），四五百个基础字符按照以少驭多层级合成的机制，按需生成了数万汉字而完整地记录了汉语。二是记词方式的形声化加强了系统的形义联系，发展了汉字的表词功能，逐步形成主要用义音兼表的形声字来记录单音节语素的格局，这就有效地区分了同音语素并兼容了词的语音变体，从而超时空地记录了汉语，能动地促进了汉语书面语的统一与发展。

  汉字是在特定历史语境中独立发展起来的自源文字。它延绵使用数千年，至今仍然为十几亿人所使用，这是人类文字史上绝无仅有的奇迹。汉字之所以具有历久弥新的强大生命力，就是因为它能动地适应并促进了汉语与华夏文明的发展。汉字"与时偕行"自我完善的过程，就是在汉字表意性质与语言经济原则协同作用下逐步优化的过程。

第十一章 协同完善的结构功能

第一节 共时描写与汉字的剖面构造

汉字是一个以少驭多层级合成的符号系统。七八万汉字并不是一堆散沙,而是由四五百个基础字符按有理的字式历时合成出来的。我们应该深入研究客观认识汉字系统的层级结构及其表词功能。

一、中外先贤的可贵探索

德国的威廉·冯·洪堡特是普通语言学的奠基人。他指出普通语言学的"主要任务"和"终极目标",是研究"人类的语言能力"。他深刻地论述了人类语言能力的创造性,指出语言和思维的开放性,决定了"语言必须无限地运用有限的手段"。[1]这一经典论述告诉人们,研究人类语言能力的基本内容,就是研究如何运用有限的元素和规则去生成无限语言的机制。

法国哲学家奥古斯特·孔德(1798—1857)是社会学的创始人。他认为社会与生物有机体有着极大的相似性,都是由有着内在联系的各种要素组成的整体结构。他最先借用生物学的概念与术语来研究社会的结构与发展,主张把社会当作有机体来考察。[2]这种借鉴自然科学的方法来研究社会的思路,不仅成为社会学的最早研究方法,而且逐步发展成为一种科学的方法论,这就是从系统出发对社会结构进行功能分析的结构-功能主义。

瑞士语言学家费尔迪南·德·索绪尔是现代语言学的奠基人。他最先把系统的思想运用于共时语言学,强调通过共时研究来整体把握语言系统的内部结构及其规则。索绪尔关于把语言当作一个共时的层级符号系统来研究的思想,开创了现代语言学的新格局。"语言是一种表达观念的符号系统"的语言观,[3]早已成为整个语言学界的基本共识。

洪堡特关于人类的语言能力在于"无限地运用有限的手段"的思想,孔德关于把社会当作有机体来进行结构-功能分析的思想,索绪尔关于把语言当作一个共时的层级符号系统来研究的思想,无疑都是内涵哲学智慧具有普遍意义的历史贡献。这些方法论对汉字研究有着重要的意义。

---

[1] [德]洪堡特:《论人类语言结构的差异及其对人类精神发展的影响》,姚小平译,商务印书馆,1997年,第114页。
[2] 引自[美国]刘易斯·A.科瑟:《社会学思想名家》,石人译,中国社会科学出版社,1990年,第9页。
[3] [瑞士]索绪尔:《普通语言学教程》,高名凯译,商务印书馆,1980年,第37页。

需要特别指出的是，中国古代学者在汉字研究中的相关思想与方法，同样值得重视与继承，其中最重要的当推东汉许慎、南宋郑樵的学术思想。东汉的许慎集大成地总结了先秦两汉有关汉字的研究成果，他把散沙似的近万小篆字视为一个系统，用部首编字法据形系联地揭示了小篆以文组字的构形系统，以义类聚地创建了汉字的字义说解体系，并坚持用"凡某之属皆从某"的条例来强调汉字形义之间的对应关系。他历史地认识到先有"依类象形"的"文"而后有"形声相益"的"字"，高度概括总结了汉字的构形模式，强调众多的汉字是由有限的"文（字符）"按"六书"模式"孳乳"生成的。[①]尤应指出的是，许慎在对近万汉字逐一析形求义时，执意坚持的是从"字"到"符（义符、声符）"的两级分析法，着意分析字形结构以释读其表词功能（字本义）。这种立足整字，通过分析字符功能及其合成模式以探求字本义（构意）的方法，至今仍是研究汉字结构功能的重要方法。许慎在一千八百多年前作出的这些历史贡献是难能可贵的。

郑樵继承和发展了许慎关于以"文"组"字"的思想而提出了"文字相生说"，认为"小学之义，第一当识子母之相生，第二当识文字之有间"。他分析了"文（独体）"与"字（合体）"的区别及其以文组字的生成关系，强调象形是六书之"本"，六书皆象形之"变"，象形是汉字构形系统得以形成和发展的基础字符。他着眼于字符的功能，分析了"母（义符）"与"子（声符）"的区别及其以文组字的合成模式，指出"二母合为会意"，"一子一母为谐声"，如此母子相生而孳乳出了无穷的合体之字。[②]郑樵这一理论贡献的影响是深远的，此后，研究字符如何孳乳为字族再集合为汉字系统的字原偏旁之学一直递相渐进，并发展为今天的汉字构形学与汉字源流谱系研究。中国古代学者的汉字研究，在方法论方面进行了许多可贵的探索，可谓寓虚于实而博大深厚，只是因为缺乏理论意识而未能进行更为科学的理论总结。

上述先贤的学术思想及其方法论，对于汉字结构-功能的研究无疑具有重要的启示。

第一，现行汉字是古老汉字历史发展至今的最高阶段，现代汉字的共时研究是最为重要、最具应用价值的汉字断代研究。应该注重现行汉字系统的共时研究，以此整体把握汉字系统的层级结构与表词功能。

第二，汉字是华夏民族为记录汉语而量身创造的自源文字，华夏民族记录汉语的开放性需求就是汉字发展的基本动因。应该注重研究华夏社会和汉语的发展需求与汉字系统的历史顺应，以此认识汉字系统结构-功能的生成、运作机制。

第三，汉字是在特定的文化语境中产生和独立发展起来的，汉字不仅历史地顺应了汉语的需求，而且能动地参与并促进了汉语书面语的统一与发展。应该注重研究汉字汉语的协同互动，以此认识汉字结构-功能在历史演进中的逐步协同完善。

[①]〔汉〕许慎：《说文解字》，中华书局影印本，1989年，第314页。
[②]〔宋〕郑樵：《六书略·六书序》，郑樵《通志略》，上海古籍出版社影印本，1990年，第112页。

二、现代汉字的剖面简析

汉字系统是一个"系统的系统",要整体把握汉字的内部结构,需要对"系统的系统"进行共时的剖面分析。现代汉字是古老汉字历史发展至今的最高阶段,汉字系统各要素的有机组织在现行汉字剖面上体现得最为成熟。研究汉字系统的结构功能,应该立足于现行汉字系统的共时研究,需要从汉字的系统出发对结构进行功能分析。下边用示意图11.1 来展示汉字系统各要素在现代汉字剖面上的层级结构与生成关系,表中的黑体字分别标示不同层级上的子系统。

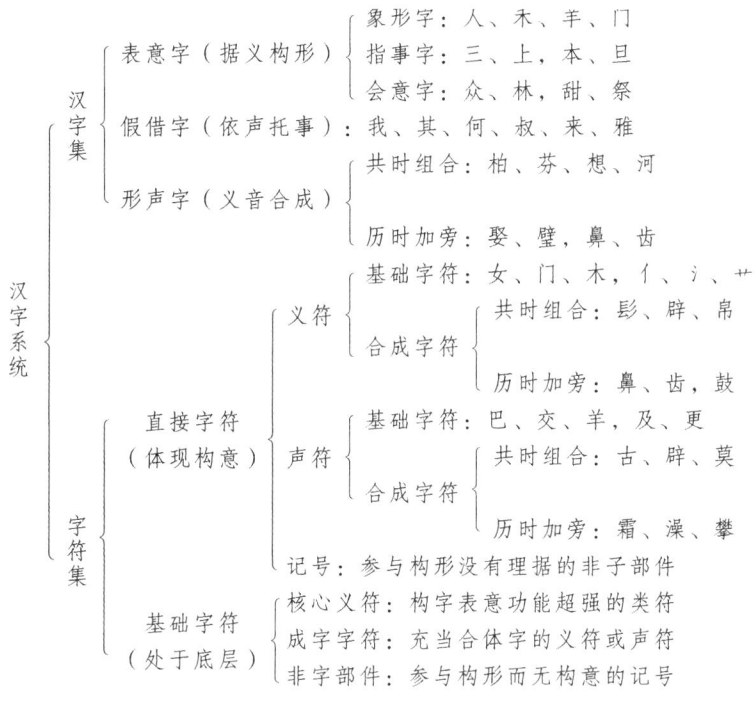

图 11.1 现代汉字系统的层级结构与生成关系剖面图

汉字系统是由字符集和汉字集两大部分组成的符号生成系统,其生成关系是体现为层级结构的。示意图简明扼要地展示了汉字系统中汉字集与字符集的整体结构与生成关系。传统的说法是:"独体为文,合体为字。"[①]汉字系统就是一个以"文"组"字"的层级结构。我们采用"两级多层法"来分析汉字的层级结构:首先把记词的"字"与构字的"字符"分为两个不同性质的"级";进而再在汉字集或字符集内部划分出不同平面上的"层"。这样的层级分类,提纲挈领以简驭繁地展示了整个汉字系统的宏观结构关系。

汉字系统是一个两级多层的层级结构。立足顶层,应分字、符"两级";着眼字、符,内部又有"多层"。

---

① 〔宋〕郑樵:《通志略》,上海古籍出版社影印本,1990年,第3页。

1. 立足顶层，应分字、符两级

汉字因以文组字的生成关系而大分为记词的"字"与构字的"字符"上下两级。着眼整个系统，汉字系统是由字符集和汉字集组成的具有上下级关系的生成系统；着眼单个汉字，除了数百单符为文的独体字，每个合体字都是由带着构意的直接字符有理合成的层级结构。汉字的构意只存在于具有直接生成关系的上下级之间，每个汉字的表词功能都是由直接字符的参构功能（表义/表音）及其合成模式（会意/形声）共同决定的，换言之，是直接字符的功能组合关系体现了汉字记录语词（表义标音）的有理性。这样的层级合成，通过逐层累加的构形以分级体现不同的构意，从而孳乳出大量的合体字。

2. 着眼字、符，内部又有多层

在汉字集内部，根据记词方式的不同，数万汉字可大分为据义构形的表意字、借符记音的假借字与兼表义音的形声字三大类。同是据义构形的表意字，又可按以形表意的不同方式再下分为"依类象形"的象形字、"视而可识"的指事字与"比类合谊"的会意字。在汉字集内部进行这样的层次分类，继承和发展了许慎的"六书说"和明清学者的"四体二用说"，既可取得学界的共识，又能深化对系统结构的认识。

在字符集内部，根据参构的位置，字符可大分为体现构意的直接字符与处于底层的基础字符。直接字符下，又可按参构的功能再分为义符、声符与记号；基础字符下则可按构字的能量再分为核心义符、成字字符、非字部件。这些字符虽然都是构字的部件，但它们因参构的位置、参构的功能、构字的能量不同而分别处在"字符"级中的不同层次上，这就形成了字符集内部的"多层"关系。层级结构不仅有效地减少和控制了基础字符的数量，而且有序地生成和体现了各个层次上的功能组合关系。人们用有限的基础字符按有理的合成字式，根据社会的需要而逐级生成了数以万计的汉字。汉字系统正是因为具有逐级合成的生成能力而拥有了按需造字的开放性，从而较好地适应和满足了华夏民族记录汉语的社会需要。

字符在结构、在系统中存在的理由，只是因为它具有一定的功能；字符以文组字的目的，只是为了合成出能够表词的功能组合关系。但这种关系组合并不是在字符层面上实现的，它们只能在上级的整字层面上完成合成。有的学者把汉字的组合类型分为平面结构与层级结构两种。其实记词的字与构字的字符，不仅性质不同，所处的层次也不同，即使是如由"刀""牛""角"几个义符一次性直接合成的会意字"解"，其义符的关系组合也是在上级的整字层面上完成的。正如李圃（1934—2012）所说："合素字中的字素……一旦合成一个新字，它们就在一个新的结构层次上表示着一种全新的关系意义。"[①]所有的合体字都是以"文"组"字"的层级结构。着眼其表词功能的生成方式，合体字的组合方式有两种类型，一是共时的直接合成，一是历时的加旁分化。历时的相承分化就是古人所谓的"加旁字"。

---

① 李圃：《甲骨文文字学》，学林出版社，1995年，第44页。

数以万计的汉字是由四五百个基础字符有理合成的符号系统。需要进一步深究的是，这四五百个基础字符是根据什么原理运用什么方式，合成了数以万计的汉字（生成机制）；是根据什么原理运用什么方式，形成了准确记录汉语的功能（运作机制）。下文就从基础字符与汉字的层级结构、直接字符与汉字的表词功能两个方面，进一步展开深入讨论。

第二节 基础字符与汉字的层级结构

汉字的字符有多种分类，最重要的两类是处于底层的基础字符与体现构意的直接字符。基础字符是具有组字功能的最小构字单位，是处在底层不再拆分的独体字符。基础字符与汉字的关系，主要体现在基础字符的以文组字与汉字层级结构的历史形成上。讨论这个关系的实质，就是研究有限的基础字符是如何通过多重组合历史地生成了汉字的层级结构，即汉字层级结构的生成机制。

许慎的认识是：先有以"物象"为本而"依类象形"的"文"，然后才"孳乳"出了"比类合谊""形声相益"的"字"。他用动物的"孳乳"生动地说明了汉字的合成，"孳乳"也因此成为文字学中的一个基本概念。郑樵强调"文字之有间"，他不仅明确指出"独体为文，合体为字"，二者之间具有"文合而成字"的生成关系，而且反复强调六书以"象形为本"，六书"皆象形之变"，象形字是汉字以文组字的基本字符。

一、汉字层级结构的形成与特点

汉字起源于记事图画的符号化，最先产生的是"依类象形"单符为文的象形字。独体的象形字个性张扬，图画性很强，既没有系统性又缺乏能产性，但象形字所记名词一般表示的是具有主题性类属性的基本概念。最先创造的数百个象形字，为汉字的合成化提供了表示主题性类属性概念的基础字符。以数百独体字为基础字符的构形合成化，发端乎会意字而发展于形声字，大批汉字遂由此孳乳而出。例如，米（木）、𠙻（目）二字早在甲骨文中就是独立记词的象形字，但"木"又以字符的身份参构了林、植、荣等421个小篆字，"目"则以字符的身份参构了眼、看、睦等113个小篆字。它们以义符的身份直接合成了会意字"相"；"相"字在独立记词的同时，又充当了霜、想、箱、湘、厢等形声字的声符；同理，形声字"霜"在独立成字的同时，再以声符的身份在更高的层面上合成出"孀"这个形声字。

汉字的孳乳是一个以文组字逐层累加的合成化过程，汉字随着合成化的发展而逐步形成为一个以少驭多有理有序的层级结构。这个层级结构在宏观上反映为系统的构成，其微观则表现为单字的合成。前者已如上文的现代汉字系统剖面图 11.1 所示,后者试以"藻""礴"二字的生成过程如图 11.2 所示。

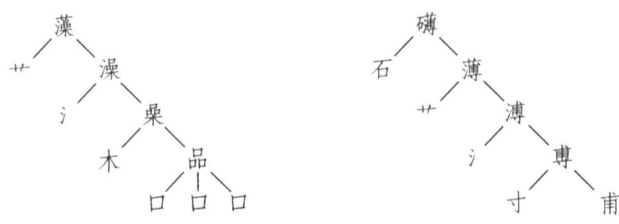

图 11.2 "藻""礴"二字的生成过程

三个独立记词的"口"字以字符的身份在上一层级上合成了会意字"品","品"再以字符的身份与"木"符在更上一层上合成了会意字"喿",依此类推,"喿"与"氵"再合成形声字"澡"。"藻""礴"字的生成亦是如法炮制出来的。这种逐层累加有理合成的结果,使品、喿、澡、藻、尃、溥、薄、礴等合体字有序地形成了阶梯似的层级结构。请注意:这两个图,往上看是逐层加旁的结构,直观地反映了汉字以文组字层级合成的机制;往下看是逐层切分的解构,具体展示了从字到符(直接字符)析形求义的方法。

王宁(1936—)在 20 世纪 90 年代组织团队开展了汉字构形史研究。这项课题对殷商甲骨文以降各个发展阶段的汉字构形系统,进行了断代的共时描写与历史比较,探讨了汉字形体的演变发展规律,其所提供的一些成套的基本数据很有价值。周晓文(1959—)根据这项研究的相关成果,进行了汉字构形层级的比较分析。现选取其从东汉碑隶、宋代雕楷两种样本中各抽取前 1 000 个高频字进行构形层级分析的有关数据,制表 11.1 列示如下:[1]

表 11.1 汉字构形的层级分布

组合层级	0(独体)	1	2	3	4	字均层数
例 字	口、寸	品、尃	喿、溥	澡、薄	藻、礴	
东汉碑隶	14.3%	47.1%	30.4%	7.6%	0.6%	1.331
宋代雕楷	18.1%	42.2%	31.9%	7.2%	0.6%	1.300

从表 11.1 中关于汉隶、宋楷高频字的抽测数据来看,如澡、薄、藻、礴那样经三、四重组合而生成的汉字只占 8%,一、二重组合生成的合体字则占七成多,另有一成多是不能分析没有层级的独体字。

汉字系统的层级结构是汉字在构形合成化过程中历史形成的。在汉字系统的层级结构中,字符与字是以文组字的上下级关系。由符到字的有理合成,不仅体现了字符的功能,而且合成了汉字的结构,进而构建了汉字系统的层级结构。汉字字(合体)多文(基

---

[1] 周晓文:《汉字构形属性历时演变的量化研究》,中国广播电视出版社,2008 年,第 58-59 页。

础字符）少，以文组字而生字熟旁，其层级结构具有三个特点：

第一，层级结构中的符号具有亦字亦符一体两用的灵活性。记词的字与构字的字符虽然性质不同，但层级结构中由下一级直接字符合成的合体字，在记词的同时又可以带着特定的功能（主要是表音）去充当上级字的直接字符，这就大大地提高了符号的利用率。

第二，层级结构的生成具有以少驭多层级累加的合成性。汉字虽多达七八万，但它们是由数百个基础字符按有理的模式层级合成的，并用这逐层累加的合成结构以分级体现不同的表词功能，这就有效地减少和控制了系统基础字符的数量。

第三，汉字的构形合成化以一、二重组合为主。常用汉字的字均层级约为 1.3 层，合体字的层级并非越多越好，这是语言的经济原则与汉字的工具性质所决定的。

汉字符号的一体两用与以少驭多的合成方式，用有限的符号实现了无限的表达。汉字系统因而既具按需合成的再生能力，又有编码简明的经济价值，从而较好地顺应和满足了华夏民族记录汉语的社会需要。

二、汉字基础字符的构成与地位

王宁持组织的"汉字构形史研究"，选取从殷商到明代各时期的原始写本为样本，归纳出断代所用的单字，再从全部单字中分析类聚出断代构字所用的基础字符。结果发现，从甲金文到现代汉字，汉字的基础字符一直保持在四五百个左右。现将这项研究的有关成果，再加上《现代常用字部件及部件名称规范》的有关数据，制表 11.2 列示如下：[①]

表 11.2　汉字各发展阶段的基础字符统计

断代汉字	殷商甲文	西周金文	春秋金文	战国文字 齐燕韩赵魏	战国文字 楚	战国文字 秦	说文小篆	东汉碑隶	隋唐五代碑楷	宋代雕楷	现代常用字
样本单字	1 380	1 013	1 286	2 538	1 887	1 778	10 020	2 125	3 893	4 856	3 500
基础字符	412	355	324	379	370	279	422	527	503	491	514

---

① 表中的甲骨文数据引自郑振峰：《甲骨文字构形系统研究》，上海教育出版社，2006 年；西周金文数据引自曹永花：《西周金文构形系统研究》，中国国家图书馆博士论文资源库；春秋金文数据引自罗卫东：《春秋金文构形系统研究》，上海教育出版社，2005 年；齐燕韩赵魏文字数据引自赵学清：《战国东方五国文字构形系统研究》，上海教育出版社，2005 年；楚文字数据引自李运富：《楚国简帛文字构形系统研究》，岳麓书社，1997 年；秦简文字数据出自宋珉瑛：《秦简文字与〈说文〉小篆字形比较研究》，转引自赵学清：《战国东方五国文字构形系统研究》；小篆字数据引自齐元涛：《〈说文〉小篆构形系统相关数据的测查》，其小篆字数据包括说解中的重文，引自北京师范大学中文系编《京师论衡》，北京师范大学出版社，2002 年；东汉碑隶字数据引自陈淑梅：《东汉碑隶构形系统研究》，上海教育出版社，2005 年；隋唐五代碑楷字数据引自齐元涛：《隋唐五代碑志楷书构形系统研究》，上海教育出版社，2007 年；宋代雕楷字数据引自王立军：《宋代雕版楷书构形系统研究》，上海教育出版社，2003 年；现代常用字数据引自教育部、国家语委发布《现代常用字部件及部件名称规范》，《语言文字规范手册》，商务印书馆，2014 年。

这组成套数据与大量事实表明，汉字早在甲金文时期，就基本形成了汉字的基础字符集（构件系统），初步形成了以文组字而以少驭多的逻辑构字规律。

四五百个基础字符组成了汉字的基础字符集。一般以是否独立成字为判，把基础字符分为成字字符与非字字符两类。鉴于基础字符的构字表意功能极不平衡而高度集中，我们是把基础字符分为核心义符、一般成字字符与非字构件三类的。

第一，成字字符是因语义化而具有表义或表音功能的有理字符。成字字符原本就是记词的汉字，在构形合成化中一体两用，又同时充当了构字的字符；成字字符语义化偏旁化之后构字更多，在合体字中充当义符或声符以体现造字理据。区分字符是否成字的目的，在于判断字符是否已经语义化而具有了表义或表音的功能。其主要标准不在于现在是否还能独立成字，而在于是否曾经独立成字而实现了与语词的结合。因此，成字字符既包括如女、木这样还能独立成字的字符，也理应包括如亻、氵这样已经偏旁化的有理字符，后者正是由于构意构形功能更强而偏旁化的。有的规范把亻、氵这样的高频有理部件视为"非成字部件"，似乎有失对社会用字的正确引导。

第二，成字字符中有七八十个具有超强构字表意功能的核心义符，主要来自于表示类概念的早期象形字，早在甲金文时期就是相当稳定的基础字符。这几十个核心义符是汉字系统得以形成和发展的基础构件。这些寓义于形而形义统一的核心义符，通过义类的集合全面地覆盖了华夏民族的基本社会生活，概括地反映了汉语语义的核心网络；其参构字一直是古今汉字的主体，是汉字系统保持表意性质的压舱石。正是考虑到核心义符在汉字构形表意系统中的基础地位，考虑到它在汉字教学与对外汉字教学中的实际重要作用，这才把它从成字字符中分立出来而另立一类。

第三，非字字符因不曾独立成字而没有约定的音义，为数不多构字亦少，在古今字符系统中一直处于辅助性的地位。古文字中的非字字符主要是附加在成字字符上起指示或区别作用的标志，后来产生的非字字符则一般是形变过程中丧失理据而仅具构形功能的记号，可统称为记号。

综上所述，四五百个基础字符所组成的基础字符集，是汉字系统得以形成和发展的基础构件系统。从源头上看，基础字符主要来自于象形字，这个基础字符集基本形成于甲金文时期，后增减有限而相对稳定。成字字符在语义化中获得了约定俗成的表词功能，其构形在偏旁化中逐步简化但符号递相对应。其中七八十个核心义符的理据保持最好，构字能力最强，具有很强的历史传承性，为汉字构形表意系统的形成和发展发挥了重要的历史作用。总之，四五百个基础字符的构字能力很不均衡，其所组成的基础字符集是一个圆球形的层级结构。从结构上看，基础字符集是以七八十个高频义符为核心，以体现造字理据的成字字符为主体，再辅以一些仅具构形功能的非字字符集合起来的。从功能上看，义符在汉字的历史发展中发挥着主导作用，基础字符集是以义符为本而声符从之，再辅以一些记号集合而成的。汉字总数虽多但基础字符有限，四五百个基础字符按照有理的字式通过层级合成，以少驭多地生成了七八万汉字。

第三节 直接字符与汉字的表词功能

直接字符是带着表词功能直接参与构字以体现理据的字符,它是由基础字符直接充当或逐层合成的。直接字符与汉字的关系,主要体现在直接字符的参构理据与汉字表词功能的运作上。讨论这个关系的实质,就是研究有理的直接字符是如何通过有理的合成模式以体现汉字的表词功能,即汉字表词功能的运作机制。

许慎在分析近万小篆字时,把每个汉字都视为两级结构,坚持从"字"到"符(义符、声符)"地分析字形,坚持通过对字符功能或字符功能组合模式的分析来探求字本义,坚持用"凡某之属皆从某"来推类系联汉字的形义关系,这是汉字研究中具有方法论价值的重要思想。

一、直接字符的构字格局

汉字系统是一个两级多层的层级结构。立足整字字分两级,着眼字符符有多层。尽管合成字符内部也有层次,但构成合成字符的下层字符并不参与整字的构意,只有直接参与构字的直接字符才能参与表现整字的表词功能。直接字符不仅以部件的身份直接参与新字构形的合成,而且以特有的理据直接参与新字构意的生成,直接字符的理据体现了表词的功能,字式结构则体现了记词的方式,这种层级组合具有表义标音的有理性,整字的表词功能就是由直接字符的功能组合关系来体现的。

结构分析的根本目的在于认识汉字的表词功能,在于释读汉字的构字理据。因此,在分析字形探求本义时,我们应该坚持许慎从"字"到"符(义符、声符)"的两级分析法,不管字符内部有多少层组合,只把整字切分到构意的直接生成单位为止。通过分析直接字符的功能(表义、标音)与字式结构的性质(独体/合体、会意/形声),来探求整字的构字理据与表词功能。这是对汉字进行结构–功能分析的基本原则。

直接字符是带着功能直接参与构字的字符。直接字符是由独体的基础字符与合成字符充当的,现行独体字符还包括如"更""及"这种因简化黏合而失去层级关系者。按参构的功能,直接字符又可分为表义的义符、表音的声符与仅有构形功能的记号三种。李国英(1954—)对《说文解字》中的 8 233 个小篆形声字进行了计量研究,[①]康加深、李燕等对《现代汉语通用字表》中的 5 631 个现行形声字进行了计量研究。[②]现将两项研究

[①] 李国英:《小篆形声字研究》,北京师范大学出版社,1996 年。
[②] 康加深:《现代汉语形声字形符研究》,李燕、康加深:《现代汉语形声字声符研究》,二文载于陈原主编:《现代汉语用字信息分析》,上海教育出版社,1993 年。

中的有关数据加工制成表 11.3。

表 11.3 古今直接字符的数量及其构字能力分布统计

统计样本	直接字符	合计/个	构形声字≥5个 字符数	占比	构字数	占比	构字 2~4 个 字符数	占比	仅构 1 字 字符数	占比
《说文》小篆字	义符	378	138	37%	7 829	95%	102	27%	138	36%
	声符	1 670	576	34%	6 255	76%	511	31%	583	35%
	合计	2 048	714	35%			613	30%	721	35%
现代汉语通用字	义符	246	101	41%			54	22%	91	37%
	声符	1 325	434	33%	4 320	77%	457	35%	434	32%
	合计	1 571	535	34%			511	32%	525	34%

现行形声字的义符、声符合计 1 571 个，减去少量重复者（如钅：铜/锦），加上会意字的专用义符与不多的记号，现代通用字大约有 1 600 个直接字符；其中构字≥5 个的义符、声符合计 535 个。表中的数据显示，汉字的直接字符与基础字符一样，构字能力很不均衡，常用字符高度集中而构字率很高，低频字符数量很多但构字率极低。构字≥5 个的古今义符、声符都只占 1/3，但它们的构字能力则举足轻重。其中 576 个小篆声符（构字≥5 个）计构字 6 255 个，占小篆形声字的 76%；434 个现行声符（构字≥5 个）计构字 4 320 个，占现行形声字的 77%。高能义符的构字能力就更强更集中了。据笔者统计，《通用规范汉字表》中构字≥15 个的核心义符/表意部首有 71 个。这 71 个表意部首的部属字，在《说文解字》中有 7 214 字，占 9 432 个小篆字的 77%；在通用规范字中有 7 312 个，占 8 105 个通用规范字的 90%。

综上所述，现代通用字大约有 1 600 个直接字符，其中构字≥5 个的直接字符、构字 2~4 个的直接字符与仅构一字的直接字符，大约各占直接字符总数的 1/3。最有应用价值的信息是，在现行汉字中，434 个高能声符（构字≥5 个）的参构字占到了现行形声字的 77%，71 个核心义符（构字≥15 个）的参构字占到了通用规范字的 90%。说明大部分现行汉字是主要由这 500 多个高能直接字符有理合成的；另外 2/3 的那一千余直接字符构字较少，其中 500 多个才参构了一个字。这就是现代汉语通用字中直接字符构字的基本格局。

二、表词功能的运作机制

所谓功能的运作机制，是指根据什么原理运用什么方式以实现结构的功能。汉字层级结构的根本，在于基础字符以少驭多层级组合的合成性；汉字表词功能的运作，依靠的是直接字符组合关系与组合方式的有理性。字符的组合关系体现为字符功能的合成模式，传统上大分为"比类合谊"的会意与"形声相益"的形声两种。字符的组合方式则体现为合体字的生成方式，是共时的组合还是历时的加旁分化。

第十一章　协同完善的结构功能

根据汉字以文组字的实际生成情况，我们把合体字的生成方式归纳为共时的直接组合与历时的加旁分化两种。共时组合的特点是一次性直接合成。如"人+人+人→众""月（肉）+又+示→祭"那样，会意字无论有几个义符，都是共时组合一次性直接生成的。形声字虽也有如"水+可→河""心+相→想"那样直接生成的共时组合，但大部分形声字来自于历时的相承分化，也就是古人所谓的"加旁字"。历时分化的特点在于用相承加旁的方式以分化古字（假借字/同源字）的兼职，其加旁字的记词职能此前是由古字兼职负担的。大量形声字是如"取（同源字）+女→娶""辟（假借字）+玉→璧"那样，通过"以类附声"的机制历时生成的。

记词方式形声化是汉字构形合成化的基本内容，也是汉字形成层级结构的主要动力。在小篆以降的历代通用字中，形声字一直处于占比八成的主体地位，汉字表词功能的运作机制就主要体现在形声字的生成机制上。古代学者很早就从加旁字入手来探讨形声字的生成机制，清人的认识尤为高明。戴震精辟地指出："古字多假借，后人始增偏旁。……谐声以类附声，而更成字。"[1]戴氏的假借包括义的"引申"与声的"旁寄"。王筠进而分析说："其加偏旁而义遂异者，是为分别文。其种有二：一则正义为借义所夺，因加偏旁以别之者也；一则本字义多，既加偏旁则只分其一义也。"[2]这就从表词功能对汉字的要求上深刻论述了形声字产生的原因、途径和方式，确中肯綮地揭示了"以类附声"分化同音字的兼职，是形声字的主要生成机制。这是传统文字学中最可宝贵的认识。

试以"辟"字的合成与孳乳为例，对形声字的生成机制与表词功能略作分析，如图11.3所示。

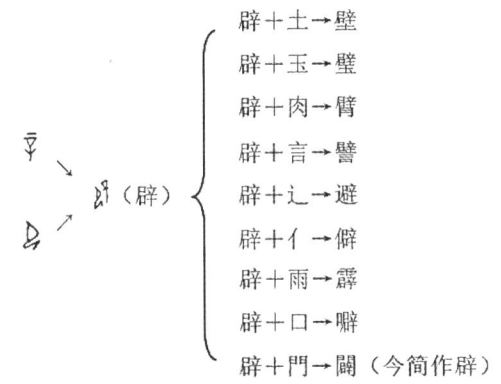

依类象形→比类合义→依声托事→以类附声

　　表形　　→　　假借　→　形声

图11.3　"辟"字的孳乳分化

---

[1] 〔清〕戴震：《戴震集》，上海古籍出版社，2009年，第73页。
[2] 〔清〕王筠：《说文释例》，武汉市古籍书店影印本，1983年，第327页。

辟，甲骨文多写作 ，前边的 像一个跪在地上的人，后边的 （辛）是一种有柄的刑刀。这是由两个象形字合成的会意字，它的构形表示了用刀对跪地之人施用刑罚的意思。《说文解字·辛部》："辟，法也。"如把夏商周三代的刑律称为"三辟"，商周把墨、劓、剕、宫、大辟五等刑罚称为"五辟"。古代君权至上，王命即王法，由此又引申而称君王为"辟"。"复辟"就是指君王失位之后的重新复位，如唐中宗李显的中宗复辟，明英宗朱祁镇的南宫复辟。

段玉裁说得好："凡字，有本义，有引申之义，有假借之义。"① "辟"字在《汉语大字典》中列有47个义项，除上述的本义和引申义之外，"辟"的大部分义项都是假借义。有词无字过度兼职与准确记录汉语的尖锐矛盾，迫切地要求汉字分化同音字的兼职，"以类附声"的机制遂应运而生。在"辟"字上加旁孳乳出来的形声字，在《康熙字典》中有39个，在7 000个现代汉语通用字中也有18个，大多就是用来分化"辟"字兼职的。如上图所示，加上土旁的"壁"，加上玉旁的"璧"等新造形声字，就分别分担了"辟"字的相应兼职。"辟"字不仅通过引申和假借产生出几十个义项来，而且又加旁分化出几十个形声字来，实在是多义字和分化字中的典型。

从以上分析来看，"辟"是由"依类象形"的独体字按"比类合谊"的方式合成的会意字，后来它一度被大量用作"依声托事"的假借字去记录异义同音词，最后通过"以类附声"而相承孳乳出一批兼表义音的形声字。汉字记词方式的历史发展相当复杂，但我们仍能从"辟"字的生成与孳乳中，略见一斑地看到汉字的记词方式是如何经过"表形→表音→兼表义音"的辩证演进而走向形声化，汉字的表意功能是如何由"依类象形→比类合谊→以类附声"而逐步自我完善的。

综上所述，汉字是有理性的符号系统，其构字的字符是有限量、有功能的，其字符的组合是有模式、有层级的。以象形字为主体的四五百个基础字符，在语义化中获得了约定俗成的表义表音功能，进而通过层级合成孳乳出了七八万汉字，其中居主体地位的最优组合层级是一、二级。一千五六百个直接字符以有理的功能组合关系，逐个体现了汉字的构字理据，其中居主体地位的最优合成字式是形声字。这种以少驭多层级合成的原理，这种用有限的字符按有理的字式而以文组字的方式，就是汉字合成化的生成机制。记词方式形声化是汉字构形合成化的基本内容，历时分化的"以类附声"是汉字形声化的主要途径。这种用逐层累加的合成结构以分级体现不同表词功能的原理，以及主要用兼表义音的形声字来记录义音结合的单音节语素的记词方式，就是汉字表词功能的运作机制。汉字层级结构的生成机制与表词功能的运作机制（见表11.4），典型地说明了洪堡特关于"语言必须无限地运用有限的手段"之认识的科学性。

---

① 〔清〕段玉裁：《经韵楼集》，凤凰出版社，2010年，第270页。

表 11.4　汉字层级结构的生成机制与表词功能的运作机制

运作原理	以少驭多层级合成，用逐层累加的合成结构以分级体现不同的表词功能				
合体结构的生成方式	共时的直接合成		历时的兼职分化	
表词功能的合成模式	会意 （比类合义）	形声 （形声相益）	形声 （以类附声）	形声 （古字加声）
例　字	从、森、涉、祭	江、河、芬、想	溢、娶、譬、慕	罔、鼻、齿、饲

第四节　字语协同与汉字的逐步完善

汉字是在特定历史语境中独立发展起来的。汉字的基本功能在于完整而准确地记录汉语，华夏民族记录汉语的开放性需求就是汉字发展的基本动因；汉语是依托汉字而形成书面共同语的，汉字能动地参与和促进了汉语书面语的历史发展。汉语、汉字两个符号系统是在协同互动中逐步走向完善的。

华夏民族在创制汉字以记录汉语的过程中，曾经遇到有词无字造字难与古今方言音有异两大难题。汉字功能的发展亦主要表现在两个方面：一方面是在单音词为主且新词日增的条件下，如何按需造字而完整地记录汉语；另一方面是在同音词很多且方言复杂的语境中，如何准确地记录汉语而通行全国。前者要在如何以文组字层级合成以按需生成合体字，后者要在如何以形示义区分同音语素并兼容语音变体。以文组字形成了汉字的层级结构，以形示义增强了汉字的表词功能。作为一个自组织系统，汉字的结构-功能不仅是在顺应和满足这两方面的交际需要中不断发展的，而且是在汉字、汉语两个系统的协同作用下逐步自我完善的。

汉字是记录汉语的文字，人们较多地认识到汉语对汉字的制约与汉字对汉语的适应，而汉语对汉字的依托与汉字对汉语的促进作用则较少论及。汉字、汉语两个系统的互动互补关系是多方面、多层次的，其中最重要、最基本的两个关系，一是汉字记录汉语的方式，二是汉字记录汉语的单位。两个系统的协同互动就主要发生这两个关系的完善上。下面着重讨论合成化与字语对应单位的调整、形声化与汉语书面语的发展两个问题。

一、合成化与字语对应单位的调整

字语协同互动的一个重要方面，就是通过构字构词的合成化，把字语的对应单位由以词字为主调整成为以语素字为主，逐步形成主要用合体字去记录基本语素的格局。正是这种以少驭多层级合成的生成机制，有效而经济地解决了因有词无字造字难而不能完整记录汉语的问题。

在回顾汉字汉语合成化的基本事实时，需要强调两点：

首先，汉字构字、汉语构词的合成化，是围绕着"单音节"展开的。上古汉语以单音节词为主，单音词是汉字产生的语言基础，汉字就是以单音节词为单位据义构形的表意文字，汉字形音义结合的立体结构最为适合记录以单音节语素为主的汉语。"单音节"在汉字汉语的对应关系上，由源及流都具有事关基础、事关系统的重要性。

其次，汉字、汉语作为符号系统，是依靠以少驭多层级合成的机制生成符号的。结构底层所需用的基础符号数量最少，而基础符号层级生成合成符号的能力最强。这一特点在汉字构形系统、汉语词汇系统中特别突出。社会中的新词不断涌现，汉语构词的基本语素却相当集中相当稳定；汉字的单字多达七八万，但都是由有限的基础字符按有理的合成模式层级生成的。如此经济的编码是在适应社会需要的发展中历史形成的，是在汉字构字合成化与汉语构词合成化的协同作用下逐步完善的。

（一）汉字的构字合成化

汉字起源于记事图画的符号化，汉字记录的上古汉语以单音节词为主，这样的历史语境决定了汉字的体制具有表意化单音化的特质。但单纯的据义构形与单音成字，则使早期汉字因据义构形造字难而不能完整地记录汉语。虽然一度通过增加字的义项（引申、假借）来缓解有词无字的矛盾，但过度的兼职又削弱了汉字的区别律，这就大大影响了汉字的交际功能。汉字早在起源阶段就出现了合成构形的萌芽，在出土的新石器时期的记事陶符中，便出现了少许由部件组成的合体符号，这无疑就是后来合成构字的滥觞。[1]

汉字的构字合成化远早于汉语书面语的构词合成化，早在甲金文时期就形成了构字合成化的趋势。刘志基立足于古文字数字化平台，对殷商、西周、战国三个时期汉字的"四书"分布状况，进行了计量分析及历时比较。他的研究表明：甲骨文中独体字（象形、指事）的单字数占到样本总单字数的50%，独体字的字频次占到样本总字次的84%；380个象形字的使用频次居然占到样本总字数的72%。独体字的单字数、字频次，在西周金文中分别下降到样本总数的11%、55%；在战国楚简帛文中分别只占6%、38%了。楚简帛文中形声字的单字数、字频次，则已分别占到样本总数的82%、40%。[2]这组逐步消长的数据，客观地描写了汉字合成化在古文字时期的发展过程。

---

[1] 龚嘉镇：《试论汉字起源的探索》，《中国文字研究》第十五辑，大象出版社，2011年。
[2] 刘志基：《字频视角的古文字"四书"分布发展研究》，《古汉语研究》2009年第4期。

（二）汉语的构词合成化

词汇在语言三要素中发展变化最快，新词不断产生而旧词逐步消亡，汉语词义演变的主要方式是义的引申，汉语构词方式的发展方向是合成化。伍宗文（1945—）对几部先秦典籍的构词情况分别进行了动态、静态的计量分析，现选取其中两部典籍的有关数据，加工制表 11.5 列示如下：[①]

表 11.5　两种先秦文献构词状况的计量分析

时期	统计样本	静态的词种比较					动态的词频比较						
		总词种数	单音词		复音词		总词次数	单音词			复音词		
			数量/个	占比/%	数量/个	占比/%		频率/次	占比/%	均次	频率/次	占比/%	均次
春秋	论语	1 479	1 150	78	329	22	13 728	12 890	94	11.8	838	6	2.5
战国	吕氏春秋	3 992	2 844	71	1 148	29	85 565	81 400	95	30.1	4 165	5	3.6

多项计量研究表明，先秦文献中的单音词，其词种一般占比七成多甚至八成，其词频则高达九成以上。上古汉语以单音词为主，单音词不仅在静态的词种数量上占绝对优势，而且在动态的使用频率上占比更高。汉语的交际需求推动了构词方式的合成化，单音词的合成化就是在单音词因义项过多而影响表达的背景下产生的，是从相关单音词的临时连用而逐步约定合成开始的。魏晋南北朝是上古汉语向中古汉语发展的转变时期，转变的一个基本内容就是单音词合成化的较大发展。汉语构词方式随之发生了两大变化："从单音词占优势到迅速兴起双音词，而双音词中则从语音造词（叠音词、联绵词）为主转变为以语义造词（复合式、附加式）为主。"[②]构词合成化促进了语素的单音节化，原有的单音词随之转化为单音节的传承语素。单音词的语素化，反过来又促进了构词方式的合成化。

（三）合成化调整了字语对应的单位

通过回顾汉字构字合成化与汉语构词合成化的基本事实，可以看到构字、构词的合成化虽时有先后，但都是因为兼职过多影响交际而走向合成化的，都是为了满足按需造字造词以准确表达的社会需要而走向合成化的。

汉语的字词合成化是分别通过独体字的字符化与单音词的语素化而实现的。一方面，汉字的构字合成化使记录语词的文字单位，逐步由"依类象形"的独体字升级为以文组成的合体字，记词层面的独体字遂一体两用地偏旁化为构字层面的字符，这就既增强了字符孳乳新字的能产力，又有效地控制了汉字基础字符的数量。另一方面，汉语的构词合成化使汉字记录的语言单位，逐步由独立的单音词降级为合成词的语素，句法层面的

[①] 伍宗文：《上古汉语复音词研究》，巴蜀书社，2001 年，第 328、372 页。
[②] 李如龙：《论汉语的单音词》，《语文研究》2009 年第 2 期。

单音词遂一体两用地分化为词法层面的基本语素，这就在控制基本语素数量的同时，有效地控制了常用字的数量。

合成化把记录语词的文字单位由独体上升为合体，把文字记录的语言单位由词下调为语素，通过此升彼降而协同地调整了字语对应的单位。汉字遂随之由以词字为主发展成为以语素字为主，即从主要用独体的象形字去记录单音节词，发展到主要用由基本字符组成的合体字去记录合成词中的基本语素。这不仅减少了基本字符、基本语素的数量，而且大大加强了构字、构词的系统性。构字构词的合成化通过以少驭多层级合成的机制，协同地调整了字语的对应单位，使汉字具有了完整记录汉语的功能。即使在新词不断大量涌现的今天，汉字也不会因有词无字犯难，更不会为新词产生而另造新字了。

二、形声化与汉语书面语言的发展

字语协同互动更为重要的方面，是汉字的记词方式由单纯的表形、借音辩证地演进为兼表义音而形声化，汉字遂逐步形成以象形字为基础以形声字为主体的基本格局。兼表义音的形声字特别适合记录义音结合的单音节语素/词，通过形义联系既区分了异义的同音语素，又兼容了同义的语音变体，从而在古今方言音有异的特定语境中促进了汉语书面共同语的统一与发展。

在认识汉字记词方式形声化与汉语书面共同语发展的基本事实时，需要强调两点。

首先，语言文字的符号性质决定了音义之间、字词之间的联系具有约定俗成性。这种没有必然联系的社会性，不仅直接形成了人类语言文字的多样性，而且决定了语言文字符号的能指与所指之间的关系具有约定性。就汉字而言，虽然字形与所记之词的结合并没有先天的必然联系，但形义、形音的结合关系一旦进入社会交际，其字形就成为语义化的符号而具有了约定的表义、表音功能。

其次，基础字符的语义化对于体现汉字的表词功能至关重要。最先创造的数百个表形字通过语义化偏旁化而成为汉字的基础字符，它们虽然在历史演变中早失去了象物性，但其表义标音的理据却因语义化而在对应的字形符号中递相传承下来了。这些语义化的基础字符具有很强的表词功能与生成能力，不仅层级生成了所有的合成字符，而且有的还同时充当了表词功能最强、构字数量最多的直接字符。

（一）汉字具有通方言通古今的功能

中国历史悠久地域辽阔，人口众多方言复杂，华夏民族很早就形成了自己的民族共同语。民族共同语是在民族内部通过长期交往而在主要方言的基础上历史形成的。虽然历代的通语音系之间、各地的方言音系之间存在着一定的对应关系，但古今音变方言音歧仍然严重影响着文化的传承与异地的交际。即使在改革开放大力推广普通话多年的今天，全国也仍然有30%的人不能用普通话交流。[1]早在先秦时代，随着华夷交融，国家趋于统一，汉语便依托表意的汉字而逐步形成了民族的书面共同语——文言。文言是以先秦口语为基础形成的上古汉语书面语，具有执意仿古脱离口语的特点，并一直沿用到"五四"时期。语不同音而"书同文"，定型化的文言是我国古代文献所使用的基本书面语，它的沿用与通行有效地破除了古今通语、南北方言在语音上的交际障碍。

瑞典的高本汉一生致力于中国语言文字与中国历史文化的研究，是第一位运用历史比较语言学理论研究汉语汉字的学者。他在中国实地调查了24个汉语方言点，从中认识到汉语方言的歧异与汉语书面语的统一之间的关系，认识到汉字与汉语与中国文化的深厚渊源关系，在1923年最先强调汉字对汉语的适应。他深刻地指出：

> 中国地方有许多种各异的方言俗语，可是全部人民有了一种书本上的言语，以旧式的文体当作书写上的世界语。……不但可以不顾方言上的一切分歧，彼此仍能互相交接……而且可以和以往的古人亲密的交接。这种情形在西洋人士是很难办到的……现今英国人在他自己的文书里，通常很难读至三四百年以前的作品。

> 中国的文字和中国的语言情形非常适合，所以他是必不可少的。中国人一旦把这种文字废弃了，就是把中国文化实行的基础降伏于他人了。[2]（这最后一句后来被改译为）：中国人扔掉汉字之日，就是他们放弃自己的文化基础之时。[3]

高本汉的这一认识得到了很多学者的认同。朱德熙就认为："汉字的最大优点是通古今、通方言。……汉字的这个特点对于文化的延续和继承，对于说不同方言的人之间的交际和理解，具有重要的作用。"[4]汉字对汉语、汉文化的能动适应，汉字对汉语书面共同语的促进作用，正在被越来越多的学者所重视。

（二）汉字能够超时空记录汉语的原因

汉字可以通古今、通方言是人们已经认识的事实，需要进一步探究的是：汉字为什么会具有这种超时空记录汉语的功能？究其所以然：第一，"书同文"的汉字所记录的汉语是民族共同语而不是方言，汉字凭借民族共同语而取得了通古今、通方言的基础；第二，汉字"以义为本而音从之"，[5]是全国"书同文"的表意文字而不是表音文字，汉字依靠形义联系有效地区分了异义的同音语素而兼容了所记之词的语音变体。

---

[1]《国家语委：中国尚有4亿多人不能用普通话交流》，新华网，2014年9月21日。
[2] [瑞典]高本汉：《中国语与中国文》，张世禄译，商务印书馆，1933年，第45、50页。
[3] [英]帕默尔：《语言学概论》，李荣等译，商务印书馆，1983年，第118页。
[4] 朱德熙：《在"汉字问题学术讨论会"开幕式上的讲话》，中国社会科学院语言文字应用研究所编：《汉字问题学术讨论会论文集》，语文出版社，1988年，第14页。
[5] 〔清〕王筠：《说文释例》，武汉市古籍书店影印本，1983年，第2页。

1. 汉字是依靠形义联系而得以通古今通方言的

记词的汉字是形音义的结合体,但汉字的形义联系远强于形音联系。看功能,义符的表意功能比声符的表音功能强;论结构,义符系统亦比声符系统的系统性强。最先创造的数百个表形字(主要是象形字)通过语义化偏旁化而成为汉字的基础义符,寓义于形的义符所表示的是一种主题性的类意义(核心语素)。形声化把义符的形义联系扩展为对字群的类联系,进而建构了"凡某之属(类)皆从某"的形义对应关系,从而有力地维系和加强了汉字表意的系统性。

汉字所标示的读音是音节音,但这音节音是富有弹性的"宽式音标"。尽管各方言区的人们用南腔北调去读汉字,但对字形及其所表之义的认识则是一致的,对汉字记录的汉语书面语的理解是一致的。在文化悠久国家统一书同文字而方言复杂的中华大地,汉字之所以始终抓住所记之词的语义不放而没有记录音节的内部语音结构,之所以形音联系较弱而没有反映语音在时空上的变化,其根本原因就是为了适应华夏民族在古今南北音有异的语境中准确记录汉语的社会需要。"义是字词的核心和内容,正是凭借形义之间的联系,汉字才在复杂纷纭的语音变异之中得以相对超脱,从而以对应传承的字形兼容了所记之词的古今南北之语音变体。"[①]

2. 汉字系统的形义联系是因记词方式的形声化建立起来的

自源的汉字在初始阶段都是依靠形义联系而按物绘形的表形字,按物绘形创造了最早一批基础汉字,它们是汉字系统得以形成和发展的基础。但逐个"依类象形"与"比类合谊"的造字能力实在太弱,遂改而借用已有的表形字兼作音符,去记录那些难以据义构形的同音词。这种通过形音联系的"依声托事",一度在甲骨文时期成为汉字记录汉语的主体字式。但假借的泛滥,不仅使大量同音词成为了书面语中的同形词,而且也难以在方言区通行。汉字体系迫切需要重建形义之间的联系,来分化字的兼职以区分异义的同音语素,去兼容同义的语音变体。汉字再次调整形音义的关系以改进记词方式,遂采用增加义符的方式来分化同音字的兼职(同形词、同源词)。这种历时分化的"以类附声",就是汉字形声化的主要途径。形声字兼表义音的整体优势更好地适应了汉语发展的需要,尤其适合记录义音结合的单音节语素。春秋战国时期社会大发展,形声字乘势加速发展,并在此后的历代通用字中保持了占比八成的主体地位。

汉字经过"表形→表音→兼表义音"的辩证演进,历史地实现了记词方式的形声化与汉字系统的类联系。"以类附声"相承而生的形声字,不仅适应了汉语词汇系统成系列衍生新词的需要,而且能动地参与了汉语书面共同语的发展;文言的脱离口语与汉字的"书同文字",则有力地维护了汉语书面共同语的长期统一。正是汉字汉语的协同互动,使汉字记录的书面共同语具有了通古今通方言的社会功能。这对于我们这个文明古国的国家统一、民族认同与文化的传承发展,无疑产生了极其重要的历史作用。

[①] 龚嘉镇:《论汉字的性质、功能与规律》,向光忠主编:《文字学论丛》第二辑,崇文书局,2004年,第28-29页。

汉字是记录汉语的文字,汉语汉字是具有表里关系而协同互动的两个符号系统。汉字的单音性表意性特质,是在华夏民族记录汉语的特定文化语境中历史形成的。如果说汉字的单音性主要体现了对汉语特点的顺应,那么汉字的表意性则更多地表现为对汉语发展的促进。汉字记录汉语的历史,即使从甲骨文算起也有三千多年了,从未中断从未突变而连绵使用逐步发展。在信息化时代的今天,汉字仍然充满勃勃生机,表现出鲜明的民族特色与强大的生命力。

第十二章
推类示义的表意功能

　　一、合成构形用义符表意
　　　　① 现行汉字仍具表意性
　　　　② 汉字表意主要靠义符
　　二、核心义符的构形表意
　　三、基础字符的发展完善
　　　　① 构形在偏旁化中简化
　　　　② 构意因语义化而传承
　　四、以形表意的运作机制
　　　　① 义符义引申出语义场
　　　　② 形声化建立起类联系

提要：汉字具有以字形提示词义的表意功能，汉字的表意功能主要依靠寓义于形的义符来实现，记词方式的形声化将义符的形义联系扩展为对字族的类联系，正是义符的以象推类为汉字建立起了系统的形义联系。义符的构字能力很不均衡而高度集中，71个核心义符的参构字因而成为古今汉字的主体，成为汉字系统保持表意性质的压舱石。虽然有部分汉字在历史演变中失去了理据，但现行汉字在整体上仍然保持着相当系统的形义联系：义属某类之字多从某符，形从某符之字多有某义（类意义）。

　　华夏民族记录汉语的特定文化语境，使汉字历史地选择了从形义联系入手来记录汉语，自源的汉字是据义构形单音成字的表意文字。据义构形而以字形提示词义的表意性，是汉字生成发展的命脉，也是汉字区别于表音文字的特色。表意性作为汉字的命脉是与生俱来的，这不仅在于汉字因源于记事的图画而选择了据义构形的造字方式，而且在于汉字为适应汉语单音节语的特点而选择了以单音词为单位构形。表意性作为汉字的特色是自我完善的，这不仅在于造字理据的语义化，使汉字的表意方式从用形符的物象表形发展到用义符的语义表意；而且在于记词方式的形声化，把义符的形义联系推类扩展为对字群的类联系，汉字随之建立起了"凡某之属（类）皆从某"的形义对应关系，从而有力地维系和加强了汉字表意的系统性。

汉字以字形表示词义的表意性主要体现在汉字的形义联系与表意功能上，其形义联系具体反映为义符对参构字群的类联系，其表意功能具体反映在义符为参构字提示了所记之词的类意义。要而言之，汉字的表意性是主要依靠义符尤其是核心义符的类意义及其类联系来实现的。研究汉字表意功能的重点有二：一在依类象形以形示义的义符，一在推类扩展形义联系的机制。因此，认真考察汉字核心义符的构形表意及其偏旁化语义化，深入研究核心义符在"以类附声"的形声化中建立系统形义联系的机制，应该就是探讨汉字表意功能的基本思路。

第一节　合成构形用义符表意

系统的结构是功能的基础，汉字系统的表意功能是汉字形义联系的结构所决定的，汉字系统的表意功能是主要依靠义符的推类系联而实现的。义符的构字能力很不平衡而高度集中，其中主要来自象形字的几十个高能义符，具有超强的构形表意功能。

一、现行汉字仍具表意性

汉字的表意性，在古文字阶段反映为其象形或象意的图画式字形，能够为单个的汉字表示形义统一的可识性意义。甲金篆等古文字所具有的这种"视而可识"的表意性，是学术界所公认的。

东汉的许慎在前人认识的基础上建立了"六书"理论，"六书说"立足于形义联系而析形求义，历史地总结了汉字据义构形的生成方式与以形示义的表意机制。早在战国后期，汉字系统就初步形成了以象形字为基础以形声字为主体的基本格局，这种格局在小篆字中得到了进一步的发展并持续至今。《说文解字》对近万汉字"凡某之属皆从某"的系统分析，宏观地展示了小篆字的形义联系与表意功能。

小篆出现两千多年来，汉字沿着符号化语义化的方向发生了很大的变化，线条变笔画，物象变意象，单字变字符，繁体变简体。有人对现行汉字的表意性持怀疑态度。其理由有三：一是象形字的字形已经不象形，二是会意字的构意不明确，三是形声字的义符表义不具体。前两说似忽视了汉字是语义化的符号，后说则混淆了字符与单字的功能。

作为人类创造的人文符号系统，任何一种文字都是约定俗成的符号，都只有通过学习才能掌握，即使是如日、月、山、水这样的字，它们的意义也需经过学习才能明白。

所谓学习汉字，就是掌握字形与其音义之间的特定联系。未经学习就能见形知义，那当是看图而不是识字了。说象形字的字形不象形，会意字的构意不明确，那是忽视了汉字的符号化语义化。而形声字的义符是构字的字符而不是记词的单字，两三百个义符不可能表示数万汉字所记之词的具体义，正是由于义符表意的概括性，数万汉字才得以各从其类形成系统而不是一盘散沙。如果所有的形声字都如爸、锦、船、视、趋等字那样，其义符能够表示字的具体义，那即使是常用字的数量也会多到难以习用。

汉字是由表形文字发展为表意文字的，表形文字是表意文字的初级阶段。就如今人把"形声相益"现象说成是"义音合成"那样，传统上是把形声字的表意字符称为"形符"的。历史而论，甲金文中用物象表其形者，确是名副其实的"形符"；后失去象物性而语义化者，今人多称作"义符"；至于类聚性很强构字率很高的义符，称作"类符"当更为切实。形符、义符、类符，虽然所处的发展阶段有先后，所具的表意功能有强弱，但它们都是形声字中的表意字符。至于会意字的字符则一般只称作义符或意符。

事实说明，虽然有部分汉字在历史演变中失去了理据，但现行汉字在整体上仍然保持着相当系统的形义联系，仍然具有较强的表意功能。研究汉字要注重一个基本事实：汉字几千年来从未中断也从未突变过，其历史发展始终是以系统的形式和渐变的方式进行的。

二、汉字表意主要靠义符

汉字是一个以少驭多层级合成协同完善高度类化的自组织系统，它先按物绘形地创造了四五百个独体的"文"以表示基本概念，再按有理的模式生成了七八万合体的"字"以记录汉语。汉字以"文"组"字"合成化的基本内容是记词方式的形声化，形声化其实就是一种有规律成系统的类化过程。汉字通过类化建立起了系统的形义联系，这种形义联系主要是依靠义符建立起来的，义符在汉字系统的历史发展中发挥着主导作用。

（一）基础义符主要来自按物绘形的象形字

象形字脱胎于记事图画的符号化，一般是记录名词的独体字。它依类取象而按物绘形，既以物象为形又取物名为音，直接用描绘人物象貌的方式来构形，具有整体象物"视而可识"的象物性。这种可识的象物性，正是古文字以形表意的主要方式。三千多年来，汉字的形体结构在符号化简明化中发生了很大的变化，逐步扬弃了古文字的表形功能。但汉字以形表意的方式与功能，却在构字构词的合成化中协同发展起来，由最初主要用独体的象形字去记录单音节词，逐步发展为主要用合成的形声字去记录单音节语素。这是一个历史的发展进程：首先是独立记词的象形字，通过偏旁化而转化为合成构字的基础字符；进而是"依类象形"的物象性形符，通过语义化而发展为寓义于形的意象性义符；最后是形声化把义符的形义联系推类扩展为对字群的类联系，汉字遂由单字的用物象表形发展为系统地以义符的语义表意了。六书以"象形为本",象形字是最原始的汉字,是汉字的孳乳之本,它是以文组字的字根,也是推类表意的基因。象形字是汉字构形系统也是汉字表意功能得以形成与发展的基础。

另外,与形声字有同源关系的那部分声符也兼表语义。如声符"并",甲文为𠀤,以二人并立之形表相合之义,后词义引申而分化出的骈、胼、饼、骈、姘等并声字,虽所指各异,但都有声符的相合义。这类分化形声字所区别的是音同义通的同源派生词,其声符自然既能标音又示语源。古人很早就认识到声符兼义的现象,并提出了"右文说"。右文说致力于通过声符探求语源以解释和系联同源字族,其实质就是从形声字产生的历史途径上,去揭示部分声符与其形声字之间的同源分化关系。这种关于音义联系的研究在训诂学中颇有价值,尤其是在"就古音以求古义"上,取得了重要的成果,并发展成为"音近义通"而"因声求义"的词义探求理论。

清人黄承吉(1771—1842)进而提出:"谐声之字,其右旁之声必兼有义,而义皆起于声。"[1]这种以偏概全之论是缺乏历史分析的。因为语词的音义联系是约定俗成而不是先天必然的。王力多次强调:"越过真理一步就是错误。……'声近义通'只是可能,不是必然。"[2]沈兼士在全面检讨前说的基础上,把"右文"分化的一般公式归纳为两类:一为"音符即本义者"的本义分化式,一为"音符仅借音者"的借音分化式。[3]我们应该全面而历史地认识形声字的生成方式与两类声符的不同性质,绝不能忽视借音分化字的声符是假借字这一历史事实。

汉字是主要立足形义联系而据词构形的,汉字的孳乳关系并不等同于语词的孳生源流,因为汉字中的谐声系统与汉语中的词族系统毕竟只是部分相合而并非完全重合。汉字是"以义为本而音从之"的表意文字,[4]汉字声符的构字能力与系统性是远弱于义符的。小篆形声字中有1 670个声符,符均构字4.9个;现行形声字中有1 325个声符,符均构字4.3个。[5]尽管可以举出一组又一组的例字,来说明有些形声字的声符兼有示源的表义功能,但这类字在宏观上并不是形声字的主体。在沈兼士主编的《广韵声系》中,具有同源分化关系的形声字显然是少数;在立足《现代汉语通用字表》所编的《现行形声字汇编》中,[6]声符的示源表意功能更是零碎而有限的。

---

[1] 〔清〕黄承吉:《字义起于右旁之声说》,黄生撰、黄承吉合按:《字诂义符合按》,中华书局,1984年,第75页。
[2] 王力:《王力文集》第十六卷,山东教育出版社,1990年,第71页。
[3] 沈兼士:《沈兼士学术论文集》,中华书局,1986年,第73-173页。
[4] 〔清〕王筠:《说文释例》,武汉市古籍书店影印本,1983年,第2页。
[5] 数据分别引自李国英:《小篆形声字研究》,北京师范大学出版社,1996年;李燕、康加深:《现代汉语形声字声符研究》,陈原主编:《现代汉语用字信息分析》,上海教育出版社,1993年。
[6] 龚嘉镇:《现行汉字形音关系研究》,湖北人民出版社,1995年,第217-296页。

（二）义符的构字能力很不平衡而高度集中

李国英（1954—）用系统方法来研究《说文解字》中的小篆形声字，康加深对《现代汉语通用字表》所收 7 000 字中的形声字进行了计量分析。[①]现将二位关于古今义符构字频度的统计结果列表 12.1 如下：

表 12.1 古今形声字义符构字能力分布比较

构字能力	小篆义符 义符 数量	小篆义符 义符 占比	小篆义符 所构形声字 数量	小篆义符 所构形声字 占比	平均构字	现行义符 义符 数量	现行义符 义符 占比	现行义符 所构形声字 数量	现行义符 所构形声字 占比	平均构字
≥20 个	73	19%	7 171	87%	98.2	54	22%	4 898	87%	90.7
5～19 个	65	17%	658	8%		47	19%	642	11.4%	
2～4 个	102	27%	268	3%	3.5	54	22%			3.8
1 个	138	37%	136	1.7%		91	37%	91	1.6%	
合　计	378	100%	8 233	100%	21.8	246	100%	5 631	100%	22.9

汉字的义符具有较强的类聚性与系统性。义符的数量在古文字时期就远少于声符，后来在类化过程中又经过人为整理而优化。纵向比，246 个现行义符较之小篆义符减少了 1/3；横向比，现行义符的数量还不到现行声符的 1/5。两个统计的对比分析中最值得重视的，小篆义符与现行义符在构字频度上的分布竟然基本相同：37%的义符仅构 1 个字，所构形声字不到形声字总数的 2%；构字少于 20 个的义符多达八成，平均构字不到 4 个，其所构形声字只占形声字总数的 13%；而几十个高产义符平均构字 90 个以上，其所构形声字在古今形声字中居然都占到 87%。汉字系统的表意功能就是主要依靠这几十个核心义符来实现的。义符构字的极不平衡而高度集中，可谓古今一致，究其奥妙似在两端：义符所指与人的关系是远是近，义符义对义类的概括是弱是强。

第二节　核心义符的构形表意

美国语言学家莫里斯·斯瓦迪士（1909—1967）在 20 世纪 50 年代提出了核心词概念。核心词研究把语言的词汇研究引向比基本词汇更基础、更通用、更稳定、更具构词

---

① 李国英：《小篆形声字研究》，北京师范大学出版社，1996 年，第 48、95-108 页。康加深：《现代汉语形声字形符研究》，陈原主编：《现代汉语用字信息分析》，上海教育出版社，1993 年，第 68-83 页。

第十二章 推类示义的表意功能

能力的核心词层面。核心词研究强调了人类语言中基本语义概念的社会性、共通性与传承性，而这正是语言成为人际交往工具的基础，也是外语可以译为汉语，今人可以读懂古籍的原因。历史语言学的研究对象是书面语言，汉字是具有形义联系且三千多年来从未间断的表意文字，高度类化的汉字是以义符为单位来提示语义的。悠久的表意汉字为我们在更为基础的层面上去探求基本语义概念，提供了比使用表音文字的印欧语更为优厚的物质基础。汉字的核心义符研究，是比核心词研究更为基础更为深入的研究。

入手的问题在于：哪些义符是汉字中最能体现基本语义概念的核心义符？换言之，哪些表意部首是汉字中构字能力最强的高能表意部首？逻辑研究与历史分析相结合的方法认为，现状是历史发展至今的最高阶段。现行汉字就是古汉字历史发展到今天的现实状态，应该从现行表意部首的构字能力入手来筛选核心义符/高能表意部首。《通用规范汉字表》中构字≥15个的高能表意部首有71个，《说文解字》中构字≥100个的超能表意部首有25个，它们就是汉字系统的核心义符。详见表12.2。

表12.2 高能表意部首构字能力的共时分布与历时流变统计（71个）

义类	部首	篆	楷	现	义类	部首	篆	楷	现	义类	部首	篆	楷	现
近取诸身（人）（23个）					远取诸物（人造物）（25个）					远取诸物（自然物）（23个）				
身	人	245	1 193	306	衣	糸	248	1 049	185	天象	日	70	650	143
	女	238	956	170		衣	116	681	91		雨	47	398	33
	疒	102	693	103		巾	62	417	43	地理	水	468	1 874	490
	走	85	338	17	食	酉	67	383	58		土	131	1 007	228
	歹	32	262	23		食	62	556	55		山	53	946	133
	骨	25	229	17		米	36	373	51		阜	92	456	68
	黑	37	213	16		邑	184	549	97		田	29	292	43
头部	口	180	1 587	369	住	宀	71	405	74	动物	虫	153	1 161	170
	言	245	1 115	171		广	49	389	54		鱼	103	796	118
	目	113	764	82		门	57	432	52		鸟	116	1 027	97
	见	45	227	17		穴	51	381	36		隹	39	296	24
	页	93	514	56		囗	26	197	30		羽	34	244	36
	耳	32	238	23	行	彳	37	364	43		犬	83	610	87
	欠	65	269	20		车	99	534	64		马	115	618	75
	齿	44	263	18		舟	12	282	35		羊	26	292	30
	彡	38	319	17		火	112	851	151		牛	45	329	29
手足	手	265	1 367	299	用	刀	62	510	84	植物	艹	445	2 123	419
	攴	77	380	38		贝	59	411	71		木	421	1 639	371
	辶	118	616	109		示	60	325	57		竹	144	1 038	129
	足	85	730	105		革	57	431	34		禾	87	618	74

续表

近取诸身（人）(23个)					远取诸物（人造物）(25个)					远取诸物（自然物）(23个)			
义类	部首	篆	楷	现	义类	部首	篆	楷	现	义类	部首	篆	楷	现
其他	心	263	1 332	226		戈	26	194	34	矿石	金	197	1314	282
	月	140	961	182		弓	27	223	26		玉	126	600	186
	力	40	212	39		皿	25	181	25		石	49	687	135
						网	34	214	21					
						未	7	106	19					

注：表中"篆"栏中的数字为《说文解字》中部首的辖字数，"楷"栏中的数字为《汉语大字典》中部首的辖字数，"现"栏中的数字为《通用规范汉字字典》中部首的辖字数。表中各类部首的排序以部首在《通用规范汉字字典》中的辖字量降序排列，其中有几组近义部首破例排在一起。

统计显示，《通用规范汉字字典》中的71个高能表意部首，全部都是《汉语大字典》的高能表意部首，除未、舟二部之外也是《说文解字》的高能表意部首。现将表12.3的数据归纳如下：

表12.3 超能和高能表意部首构字统计表

统计样本	《说文解字》	《汉语大字典》	《通用规范汉字字典》
字典收字数	9 433字	54 678字	8 105字
25个超能表意部首构字	4 876字	26 911字	5 106字
	52%	49%	63%
71个高能表意部首构字	7 214字	44 121字	7 312字
	77%	81%	90%

据笔者统计：71个高能表意部首的部属字，在《说文解字》9 432个小篆字中占到77%，在《汉语大字典》54 678个楷体字头中占到81%，在8 105个通用规范字中占到90%。其中在《说文解字》中构字在百个以上的表意部首是：人女广目口言手心月（肉）纟衣阝（邑）辶火水土鸟鱼虫马艹木竹金玉。这25个超能表意部首的部属字在《说文解字》小篆字中占到52%，在《汉语大字典》楷体字头中占到49%，在通用规范字中占到63%。这组数据有力地说明了这几十个高能表意部首在汉字系统中的基础地位，说明了高能表意部首的部属字在汉字系统中的主体地位。

为求简明扼要一目了然，特制成字表来描述这71个核心义符的基本状况。核心义符主要来自象形字，按义符构意的取象关系，将其大分为"近取诸身（人）""远取诸物（人造物）""远取诸物（自然物）"三个字表。其内容由义符的义类、字形溯源、析形说义、构字举例四部分组成。"构字举例"中的例字都是通用规范汉字，按字形有所提示的现行常用义的性质而大分为三：①类是表名词义的字，②类是表动词义的字，③类是表形容词义的字。

表 12.4 "近取诸身（人）"的核心义符（23 个）

义类	核心义符	字形溯源 简	字形溯源 隶	字形溯源 篆	字形溯源 金	字形溯源 甲	析 形 说 义	构 字 举 例
身	亻		人				像手脚分工的直立人之形，表有关人的类意义	①体伦伯俪儒众位值；②作从传休；③健傲俭倦伪
身	女		女				像直身跽坐双手持作的人之形，表有关女性的类意义	①妇姓妈姐妻婚；②嫁媾妊娩始；③好妙娇娴妄婪
身	走		走				像人摆臂奔跑之形，表有关奔走的类意义	②趋赶超越赴趣起趟趱趫；③赳趑赳趔
身	疒		疒				会人卧床上之形，表有关疾病的类意义	①病疾疫瘟癌症痰疮疤瘾；②疗疯；③痛痹痒疲瘦
身	歹		歹				像残破的骨架之形，表有关死亡、枯败的类意义	①殃殖；②死歼殛殁殂殇殡殉殒殓殍；③残殆殊殚
身	骨		骨				会肉中长骨之形，表有关骨骼的类意义	①骼骸髓髋骰骶髁髀骺骶骼髑髎骸骷髅髑骺
身	黑		黑				像脸部遭受墨刑（刺字染墨）的正面站立之人，引申表有关黑色的类意义	①墨黔黯黡；②黜；③默黯黛黝黠黢黟黩黥黧黪
头部	页	页	页				像突出头部的人身之形，表有关头的类意义	①颅顶颠题额颜颈项须；②顿顾颤；③硕顺颀烦颊
头部	目		目				像眼睛之形，表有关眼睛的类意义	①眼睛眉睫泪；②看睹瞻盼省督睁睡瞒；③睦眩瞎
头部	见	见	见				像突出眼睛的人身之形，表有关看见的类意义	②观览视觅觉觐觑觇觊觎觌；③觍
头部	口		口				像张开的口之形，表有关口的类意义	①嘴唇喙喉唾；②吃喝呼吸唱和叹咨问啊；③哽哑
头部	讠		言				会口吹箫管之形，表有关言说的类意义	①语词论话誓课；②说讲读评识译诉谢；③谦诚谐
头部	欠		欠				像人张口舒气之形，表有关口的动作、表情的类意义	①歌欲；②吹饮歃歇欺歔歆歉欤欹；③欢欣歇
头部	齿	齿	齿				像口中牙齿之形，表有关牙齿的类意义	①龄龈龇龆龋龅；②龀龅；③龊龌龊龃龉龂龄

续表

义类	核心义符	字形溯源 简	字形溯源 隶	字形溯源 篆	字形溯源 金	字形溯源 甲	析形说义	构字举例
头部	耳		耳	耳			像耳朵之形，表有关耳朵、听觉的类意义	②取闻聆聊耴聍聐耸；③聪聋聩謦耽耿
	髟		髟	髟			会长彡（毛发）之意，表有关毛发的类意义	①鬓髦髯髻髫髭髹鬘鬟鬏髳髦鬐鬒；②鬘鬟
手足	扌		手	手	手	手	像伸张的手之形，表有关手及其动作的类意义	①掌拳指拇；②拱拜握抚援拿持扬搏撰打推抓搞
	攵		攴	攴	攴	攴	会以手持棍之形，表有关击打的类意义	①敌政效；②敲攻放改救教数敛收败；③敬敏敢散
	𧾷		足	足	足	足	以在下之止（趾）指腿下之脚，表有关脚及其行动的类意义	①趾跟踝蹄距路；②跑跨跳跃蹲跪蹈踏践；③躁跛
	辶		辵	辵	辵	辵	会迈步（止）于路（行）之形，表有关走的类意义	①道途；②迈达进追造迎逢违避；③近远通迫迟迷
其他	忄小		心	心	心	心	像心脏之形，表有关思维、感情的类意义	①意志慧性情；②想思感悟慕恋忘；③怡快愁愚懒
	月		肉	肉	肉	肉	像一肉块之形，表有关肉的类意义	①肌脂肪膏脸腰胞脉胆肴；②育脱腐；③肖胖腋腥
	力		力	力	力	力	像翻地的农具之形，引申表有关力气的类意义	①劲男功励势；②劳动务夯努助励劫；③勇勤勃劣

表12.5 "远取诸物（人造物）"的核心义符（25个）

义类	核心义符	字形溯源 简	字形溯源 隶	字形溯源 篆	字形溯源 金	字形溯源 甲	析形说义	构字举例
衣	纟		糸	糸	糸	糸	像拧成的丝束之形，引申表有关织物的类意义	①丝绸纱经纬纸；②纺织组续缝结；③细红素纯素
	衤		衣	衣	衣	衣	像抄襟交掩的上衣之形，表有关衣被的类意义	①衫袄裘装裳裤裙被褥衾；②裁补裂衷；③裕初褴
	巾		巾	巾	巾	巾	像下垂的佩巾之形，表有关巾状织物的类意义	①帕布帛帽帼帻帔帜带帘帖幅幌幔幛帐帷幕帆

/ 194 /

第十二章 推类示义的表意功能

续表

义类	核心义符	字形溯源 简	隶	篆	金	甲	析形说义	构字举例
食	米		米	米	米	米	像一堆米粒之形，表有关粮食的类意义	① 粮糯粟粱料粉糕糖糠；② 籴粜；③ 精粹粲粘粗糙
	飠		食	食	食	食	像内盛食物上有盖子的食器之形，引申表有关饭食的类意义	① 饭馒馍饼饵馆；② 餐饮饲蚀饷馈饯；③ 饶饱饿馋
	酉		酉	酉	酉	酉	像圆腹尖底的酒壶之形，引申表有关酒的类意义	① 酒醇醪醋；② 酝酿酵配酬酹醉酤醒；③ 醇酷醑酣
住	阝居右		邑	邑	邑	邑	会人跽于"口"之形以指聚人之邑，表有关城邑、封国及姓氏的类意义	① 邦郡都邻鄢邮郭邸郊郑邓邱邵邹郛鄂郴邯郸
	门	门	門	門	門	門	像双扇门之形，表有关门的类意义	① 闺阁闱阊阀阙闸闾间；② 阐闯闭闪；③ 阔阗阑闵
	宀		宀	宀	宀	宀	像有顶有墙的房子之形，表有关房屋（多为家宅）的类意义	① 宅家宫室宇寓官宦；② 守寝宿宠；③ 富实安寡寞
	广		广	广	广	广	像傍崖搭建的房子之形，表有关房屋（多为场所）的类意义	① 庵庐庙府庠库廪庭廊座底序庶；② 庆庇废；③ 庞
	穴		穴	穴	穴	穴	像凹陷的洞穴（先民曾穴居）之形，表有关洞穴的类意义	① 窑窖窝窟窠窍；② 穿窜容窥窃；③ 穷空突窒窘窄
	囗		囗	囗	囗	囗	像绕而包围之形，表有关墙、界域的类意义	① 围园国图囫囵圈图圄；② 围困囚；③ 圆固团囤囵
行	彳	彳	彳	彳	彳		取"行"（十字路形）字左旁，表有关道路及行走的类意义	① 行街径德役；② 往征御循衍待得徘徊；③ 徐微彻
	车	车	車	車	車		像双轮车之形，表有关车的类意义	① 辇轿辆辕轮轴辅轨辙辐；② 载输转轧；③ 轻软轰

/ 195 /

续表

义类	核心义符	字形溯源 简	字形溯源 隶	字形溯源 篆	字形溯源 金	字形溯源 甲	析 形 说 义	构 字 举 例
行	舟		舟	舟	月	戌	像小船之形，表有关船的类意义	① 船舶舰艇舫舸舳舻艨艟舢舨艄舵舷艚艘；② 航
用	火灬		火	火	山	山	像火焰燃烧之态，表有关火的类意义	① 焰炬灯炮灶煤；② 烧照炊煮炸炼；③ 炎热灿焕燥
用	刂		刀	刀	刀	刀	像有柄的刀之形，表有关刀的类意义	① 剑剪刃则刑；② 切劈刻割删剖创制判剿；③ 刚利
用	贝	贝	贝	貝	貝	貝	像贝壳（古曾用作货币）之形，表有关钱财的类意义	① 财货资费贿；② 贸贷贩购贺赠赚赔；③ 贵贱贫贪
用	礻		示	示	示	丅	像神主牌位之形，表有关祭祀、福祸的类意义	① 神社祖宗禅礼祀福祉祸祟；② 祭祈祷祝禁；③ 祥
用	革		革	革	革	革	像剥下来的整张兽皮之形，表有关皮革的类意义	① 鞋靴靶鞘鞭鞍鞒鞯鞴鞑靼靺鞨靰鞡；② 勒鞭
用	戈		戈	戈	戈	戈	像长戈之形，表有关兵器、战伐的类意义	① 战武戒戟；② 伐戎戍戮戡戕戢戛夏戗截戳戡；③ 威
用	弓		弓	弓	弓	弓	像射箭的弓之形，表有关弓及射箭的类意义	① 弦弩弧弢弨琼弸；② 引弯弹张躬弛彀；③ 强弘弭
用	皿		皿	皿	皿	皿	像盛物的器皿之形，表有关器皿的类意义	① 盆盂盒盘盅盏盃篮盦盖；② 盛监盥盟；③ 盈盎益
用	罒		网	网	网	网	像捕鱼捕鸟的网之形，表有关网的类意义	① 罩罗罟罾留罥罘罥罜；② 罚罹羁罟罢
用	耒		耒	耒	耒	耒	像弯柄的掘土农具之形，表有关农具及耕作的类意义	① 耧耙耪耖耠耪耜耰；② 耕耘耪榜耩耗耦糖

第十二章 推类示义的表意功能

表 12.6 "远取诸物（自然物）"的核心义符（23 个）

义类	核心义符	字形溯源				析形说义	构字举例
		简	隶	篆	金	甲		
天象	日		日	⊙	⊙	⊙	像太阳之形，表有关太阳、时间的类意义	① 阳晖景时晓晚昨春暑；② 映晒晾昧；③ 明昭暖暗
	雨		雨	雨	雨	雨	像落雨之状，表有关雨、天气的类意义	① 霖零雷雪電霜雾露霉霞霓；② 震需；③ 霍霎霭霾
地理	氵		水	水	水	水	像流水之状，表有关水的类意义	① 江河汉源浪汗法；② 流治涉洗渔；③ 活深清滞污
	土		土	土	土	土	像地上一土堆之形，表有关土地的类意义	① 地坤壤尘域坡基城；② 培增垦填在坐；③ 坚均坦
	山		山	山	山	山	像起伏的山峰之形，表有关山的类意义	① 峰岭岗岳峦崖岸；② 崩嵌；③ 崇崔嶄巍峨崛屹峻
	阝居左		阜	阜	阜	阜	像峭崖边的梯阶之形，表有关山岳、台阶的类意义	① 陵陆阿障限阶陛；② 陟降隕陷防隔阻；③ 陡险隐
	田		田	田	田	田	像阡陌纵横之形，表有关田地的类意义	① 亩界畦畔畴甸畎畈畛畬畯疃畚；② 畋毗；③ 畸
动物	鸟	鸟	鳥	鳥	鳥	鳥	像鸟之形，表有关飞禽的类意义	① 鹊鹤鸭鹅鸽鹄鹏鸾鸥鹰鹃鹂鸠鹭鸳鸯鸵；② 鸣
	隹		隹	隹	隹	隹	像小鸟之形，表有关飞鸟的类意义	① 雀雄雌雕隼睢雏雁翟雉；② 集雠；③ 雅隽霍
	羽		羽	羽	羽	羽	像鸟的羽翼之形，表有关羽翼及飞翔的类意义	① 翅翼翎扇翚翡翠翮翔；② 翱翔翻翘翕翥；③ 翌翩
	鱼	鱼	魚	魚	魚	魚	像鱼之形，表有关水生动物的类意义	① 鲤鲢鲫鲍蟹鳅蟮鲵鳄鲸鳌鳖鲨鲲鳃鳞鳍；③ 鲜
	虫		虫	虫	虫	虫	像长虫之形，表有关虫的类意义	① 蛇蚕蚁蛛蝇蛾蜂蝶蝉虾蛙蛟虹；② 蠕蜕；③ 蛮蠢
	犭		犬	犬	犬	犬	像尾巴上翘的犬之形，表有关走兽的类意义	① 狗猪猫狮猴猩狼狐；② 猎献犯猜；③ 独狂狠猛狡
	马	马	馬	馬	馬	馬	像鬃毛纷披的马之形，表有关马的类意义	① 驹骥骛驴骡；② 骑驾驭驯驰驱驻；③ 骄笃骇骧骜
	羊		羊	羊	羊	羊	像双角下弯的羊头之形，表有关羊的类意义	① 羔群羌姜羚羝殺羯羰牦；③ 美善

/ 197 /

续表

义类	核心义符	字形溯源 简	隶	篆	金	甲	析形说义	构字举例
动物	牛	牛					像双角上翘的牛头之形，表有关牛的类意义	① 牲犊牢牺物牡牝犍牯牾；② 犁牧牵悟犒；③ 犟犇
植物	艹		艸				像萌芽的小草之形，表有关草本植物的类意义	① 草花苗菜薯茶药；② 萌获藏落蔽；③ 芬茁萎荒茫
	木	木					像有根有干有枝的树之形，表有关树木的类意义	① 树本林梅松材楼械机；② 植采析榨；③ 荣朴枉枯
	禾	禾					像垂穗的禾株之形，表有关粮食作物的类意义	① 稻稷稼穗秧季秋科税；② 种积移；③ 稚秀香稳稠
	竹		竹				像下垂的竹叶之形，表有关竹的类意义	① 笋竿管笔简篇籍签筹笛符箭策筐筵；② 算笑笞
矿石	钅		金				析形存疑，表有关金属的类意义	① 铜银钢钱钞锄锤钟锋；② 锻铸镇鉴铭销；③ 锐钝
	石		石				像崖下一石头之形，表有关石的类意义	① 岩矿碳砂砖础砚；② 砌砍研破碰砸；③ 硬碎碧磊
	王		玉				像用绳连成的玉串之形，表有关玉的类意义	① 瑜琼珍宝珠环璧璋玷；② 理琢弄玩；③ 瑞瑰璨琐

注：① 甲骨文中像手之形的 ，独立成字时用表右、又等义，但在父、为、及等字中充当字符，都是以手这一本义参与构字的，据此将 作为字符"手"的甲骨文字形。

② "肉-月"二符的古文，字形近似且月部字少，"肉"偏旁化后亦变为"月"。二符形混同但义迥异，《现代汉语通用字表》中月部的156字绝大部分从肉，仅有朔、朗、朦、胧、期等字是从月亮义的。

③ "刀"字的初文在商代金文中为 ，后来的甲金文将刀片线条化而简为 。为表格所限，权将这早于甲文的 放在金文一栏，特予说明。

汉字的析形求义一定要立足古文字的构形。研究古文字构形表意的主要目的，在于探求汉字形义之间的约定联系，在于探求汉字的造字理据。所谓造字理据，指的是先民造字时词构形的指向性构意。在漫长的历史演变中，有些汉字已经丧失或部分丧失了造字理据，有些字符已经成为只有构形功能的无理性记号。但是，构字最多的核心义符，其造字理据传承最好，并最终发展为系联字群的类意义，有力地维护了汉字系统的表意性质。71个核心义符的古文字有63个是象形字，其余的"疒、言、攴、辵、邑、金、骨"7个是拼图式的合形象意字（早期会意字），"髟"是合义的会意字。除"走""见""攴""辵"等符之外，它们都是早期的名物字。表中的内容不仅反映了古今核心义符在义类分布上的一脉相承，而且也展示了义符的逐步自我完善。其完善主要体现在义类更为概括和形变愈利构字两个方面。核心义符在构字过程中逐步简化，71个现行核心义符居然平均只有 4.6 笔了。

从以上三表的"字形溯源"与"构字举例"中可以看到，核心义符的构形表意分别体现在两个层次或者说两个阶段：首先是义符的产生，核心义符主要来自于按物绘形而物象可识的象形字；进而是义符的孳乳，核心义符作用于以文合成推类表意的合体字。汉字的表意性，既反映在古文字形能够为单个的汉字表示形义统一的可识性意义，更表现在通过表意字符的据形系联建立起了整个汉字系统的形义对应关系。由于核心义符是参构字中的表意字符，义符义主要体现为义符在参构字中所使用的意义。因此，核心义符的析形说意，既应立足于义符独立成字时的古文字构形及其在甲金文中的语用义，更要注重归纳义符后来在以文组字系联字族中所表现出来的实际类意义。源流之间总是相承相通的，如此互补互证更能深化认知。例如同以房屋义构字，"宀"多用于家居的住宅而"广"多用于活动的场所，这一认识就是从参构字中归纳出来的。表中的"析形说意"，力求为核心义符构字的实际类意义找到与之相合相通的构形理据；解析是在学术界已有成果的基础上择善而从的，其间也略有拙见。表中一千多个例字则具体展示了核心义符在构字上的孳乳能力与表意上的类化指向。

一个汉字的语用价值，主要在于所记之词/语素的使用频率与构词能力；而一个义符的语用价值，则在于它的表意功能与构字能力。71 个核心义符之所以能够系统地维系八九成汉字的形义联系，是因为它们全面而概括地反映了华夏民族的基本社会生活，从而拥有了超强的表意功能；是因为汉字以文组字字符集中的构字规律，使这些最具代表性的表意字符具有了超强的构字能力。

核心义符的表意功能之所以超强，是因为它们所记录的是汉语中全民通用、长期稳定、构词能力最强的基本语素。核心义符原本记录的是名词，因而所表示的是具有主题性的类意义。一个核心义符就是一个类概念，一个类聚的语义场，它是汉字系统中具有基础地位与基因性质的表意类符。其所指与人的关系最近最紧密，其义符义对汉语义类的概括最强最典型，其义类分布最为集中最为稳定地覆盖了华夏民族的社会生活与生存环境的各个基本方面。汉语的基本语素不是散沙的堆积而是类聚的集合，这个集合不仅是一切合成词赖以层层生成的物质基础，而且是汉语语义层级网络的核心体系。汉字是记录汉语的符号，表中义符的"义类"分布表明：汉字的核心义符高度概括地反映了汉语语义的核心网络，汉字的义符系统与汉语的语义系统在很大程度上保持着对应关系。用这 71 个核心义符作表意类符以维系汉字系统的形义联系，无疑是华夏社会历史选择的结果。

核心义符的构字能力之所以超强，是汉语汉字的特质及其构词构字规律所赋予的。单音词是汉语词汇的源头与基础，记录汉语的汉字因此以单音词为单位而据义构形，汉字的构字规律亦适应汉语的构词规律而趋于基本一致。汉语中常用的基本词在构词上往往又是高产的基本语素，汉字中的基础象形字在构字上往往又是高产的基础义符，都是一体两用而常用高产。汉语用语素组成合成词，汉字用字符组成合体字，其有限的组合模式都逻辑有理而灵活高产。汉语词虽多但基本语素集中，记录基本语素的字就是常用的语素字；汉字字虽多但基础字符集中，构字表意功能超强的基础义符就是汉字系统中的核心义符。以文组字再以字（语素字）组词，如此经济而有理的编码方式，系统地建构了汉语词多字（语素字）少、汉字字多文（基础字符）少的逻辑格局，从而有效地维系了汉字系统以形表意的形义对应关系。

综上所述，七八万汉字不过是由四五百个基础字符孳乳生成的，这些字符的构字是很不平衡而高度集中的，其中构字表意功能超强的 71 个核心义符是汉字的高能表意部首。寓义于形而形义统一的核心义符主要来自于表示类概念的象形字，它们的集合全面地覆盖了华夏民族的基本社会生活，概括地反映了汉语语义的核心网络。这些核心义符不仅在以文组字相承孳乳上具有字根性质，是汉字系统得以形成和发展的基础构件，而且在推类系联以符表意上具有基因作用，是汉字体系赖以保持类联系的表意部首。要而言之，核心义符所表示的类意义，就是发生学意义上的基本语义概念；71 个高能表意部首及其部属字，则是汉字系统保持表意性质的压舱石。[①]

第三节　基础字符的演进完善

从殷商甲骨文到秦代小篆字，是汉字发展史上的古文字阶段。在这千余年里，汉字一直以系统的形式缓慢地渐变着，到战国时期就开始了加速发展。其发展趋势，主要表现为从表形文字向表意文字发展，即表意文字的初级阶段向高级阶段的发展。这种趋势的形成是一个字语协同自我完善的自组织过程，其协同完善的历史发展主要发生在三个方面：

基础字符的偏旁化语义化。原本独立记词的象形字在偏旁化中演变为构字的基础字符，其物象可识的形符因语义化而发展成为寓义于形的义符。四五百个基础字符是汉字构形表意系统得以形成和发展的基础，七八十个核心义符为汉字的系统类化发挥了至关重要的作用。

构字方式的合成化形声化。以文组字的合成化始于会意而成熟于形声，记词方式形声化是构字合成化的主要内容，"以类附声"分化同音字是形声化的主要方式。合成化使汉字成为以少驭多按需生成的符号系统，形声化将义符的形义联系扩展为字群的类联系，从而发展了汉字系统的表意功能。

字语对应单位的协同调整。构字合成化与构词合成化的协同推进，使字语的对应单

[①] 龚嘉镇：《汉字核心字根的构形表意及其历史演变》，《中国文字研究》第十八辑，上海书店出版社，2013 年。

位由"词字"逐步发展为"语素字"。汉字最初主要用按物绘形的表形字去记录单音词(甲骨文中的假借字也是主要由象形字充当的),后发展为主要用义音合成的形声字去记录义音结合的单音节语素。

三者协同互动,使汉字的表意方式与表意功能逐步发展,表意的汉字随之形成以象形字为基础以形声字为主体的基本格局,汉语书面语遂因汉字的形义联系而发展成为我们民族通方言、通古今的书面共同语,见表12.7。

表12.7 汉字基本格局的历史形成进程

基础字符	构字方式	字语对应单位	表意功能
构形偏旁化 单字→字符	构字合成化 独体字→合体字	主要用表形字记词→ 主要用形声字记语素	单字用物象表形→ 字群用义符的语义表意
构意语义化 形符→义符	字式形声化 表意字→形声字	词字→语素字	单个表形→推类表意

上文的三个字表宏观而具体地展示了71个核心义符构形表意的实际状况,下边着重从两个方面来进一步讨论汉字的表意功能:先说基础字符的演进完善,再论表意功能的运作机制。

一、字符的构形在偏旁化中逐步简化

甲金文还处在汉字发展的早期阶段,其字符具有象物性强、异写体多、构字率低等特点。这显然既不便于书写与传习,更不利于组字以孳乳,因此,进一步符号化便成为字形演变的必然趋势。字形的符号化主要表现有三:线条笔画化、结构简明化、字符偏旁化。

早期汉字把立体的实物抽象为平面的物象,是运用线条按物绘形的;符号化的基本内容则是去象形性,使"随体诘诎"的绘画式线条逐步演变为平直方折的笔画。如像太阳之形的"日"字,其演变就较为典型:⊡(甲)→⊖(金)→日(篆)→日(隶)。这一演变渐进于整个古文字阶段,并最终完成于汉代的"隶定"。线条的笔画化彻底改造了古文字的象形性结构,使汉字成为了整齐的方块形符号,从而结束了古文字而开创了今文字的新阶段。

汉字既是记录汉语的符号,也是进行交际的工具,人们总是希望用较为简省的字形传达出明确的信息。早期的象形字具有整体象物的可识性特征,但书写时则构形有繁简、线条有多少、置向有变异,其字形远未固定而统一。汉字形体结构的简明化,不仅强势地体现在甲金篆隶楷的"字体代变"之中,而且还总是突出地作用于常用字而表现出"常用趋简"的特点。71个核心义符的形变轨迹,就具体而典型地反映了汉字常用趋简的历史演变大势。

甲骨文中已初步形成了一批相对稳定的基础字符。随着汉字形体的逐步定形与合体字的大量孳生，构字的字符遂因势而走向了偏旁化。偏旁是组成合体字的构件，古有左偏、右旁、上头（盖）、下底、外框之分，总则都称偏旁。方块汉字的结构求平衡、书写图简便的社会需求，促使由单字充当的字符逐步趋简而发展成为便于组字的构字偏旁。在形声字逐步发展成为汉字主体的演变中，偏旁的简化就对整个汉字系统的形体结构简明化，发挥了举足轻重的宏观作用。

基础字符尤其是核心义符的偏旁化是一种系统的类推简化，它既保持了原有的类联系，又维护了构形的系统性，对应规律而推行容易，是汉字演变中历来使用最多而最为可行的简化方式，是汉字形体结构简明化的基本内容。核心义符的类推简化，不仅为汉字的相承孳乳与系统简化创造了条件，而且为义符表意功能的推类扩展提供了可能。核心义符的偏旁化在汉字构形表意系统的形成和发展中发挥了重要的历史作用。

二、字符的构意因语义化而递相传承

曹先擢深刻地指出："表意性是汉字的命脉"，"汉字的表意性自古迄今没有改变，但汉字的表意内容和表意的形式却是有发展变化的。"[1]三千多年来，汉字的形体结构在简明化过程中发生了很大的变化，但多数现行汉字还基本保持了古文字的形义联系。究其形虽变而理犹存的主要原因，一在汉字始终是系统地连续渐变，二在象形性字符逐步实现了语义化，三在构字最多的核心义符保持了基因性质的表意功能。

第一，汉字是数千年连绵不断的自源文字体系。上古汉语以单音词为主的特质，脱胎于记事图画的特定起源，使汉字历史地选择了以单音词为单位据义构形而单音成字的民族形式。悠久、深厚、完整的汉语汉文化传统，则为汉字体制的得以坚持与发展，提供了稳定的社会大环境。因此，汉字体系保持了很强的历史传承性。不仅始终坚持了单音化表意化的发展大势，而且始终是连续地渐变系统地完善，从来没有发生过突变与断裂。

第二，古文字在据词构形以记录语词之时就开始了语义化。语义是词的有音之义，所谓语义化就是义音化。古文字表示字本义（造字理据）的构形与所记之词的语义逐步结合起来，使汉字成为形音义结合的意象性符号。意象的特质是意象结合而寓意于象，我们的民族特别注重意象思维，擅长用形象的方式来反映客观事物。从思维方式上讲，象形字的语义化就是一种意象化，它通过形义结合而成为寓义于形的表意符号，从而在去象形性的简明化演变中保存和传承了古文字构形的造字理据。此后，所记之词的语义作为字形的约定内涵而基因似地递相传承，在逐步失去象形性的隶变、隶省过程中找到了自己对应的符号，从而实现了从用物象表形到以语义表意的升华。因此，尽管古今字形大变，但语义化的造字理据却在系统的连续渐变中得到了较好的传承，从而使后来的字形历史地继承了约定的音义而成为语义化的文字符号。

---

[1] 曹先擢：《汉字的表意性和汉字简化》，中国社会科学院语言文字应用研究所编：《汉字问题学术讨论会论文集》，语文出版社，1988年，第27、19-20页。

第三，71个核心义符的参构字在古今汉字中多达七成到九成，这些表示类意义的义符传承和发展了原有的造字理据。汉字在甲金篆隶楷的简明化演变中，其字符系统也随之简化并出现了异符混同的现象，统字的部首则由《说文解字》的540部逐步合并减少到今天的200多部。面对如此大的冲击，虽然也出现了如几个从月的字混入肉部、熊燕等字混入火部之类的情况，但71个核心义符的理据保持传承得最好则基本未乱阵脚。正是最为基础而构字最多的核心义符坚持了基因性的表意功能，这才在系统上维系了汉字的表意性质，维系了多数现行汉字的形义联系。

第四节 以形表意的运作机制

汉字用字形提示词义的表意功能，汉字的字形结构对于其字所记之词的词义具有可解释性，是主要依靠义符在形声化中建立的类联系来实现的：一是围绕义符的名物义引申出类化的语义场，一是通过字式的形声化建立起字族的类联系。首先需要探究的问题是：汉字的基础字符尤其是核心义符，为什么主要来自记录名词的象形字？义符在参构字中以形表义的语义场，是如何围绕着义符的名物义（字本义）展开的？

一、围绕名物义引申出类化的语义场

南宋的郑樵精辟地指出：

> 小学之义，第一当识子母之相生，第二当识文字之有间。……六书也者，象形为本。……六书也者，皆象形之变也。[①]

推类孳乳象形为本，我们应该从象形字入手来认识汉字的构形系统与表意功能。正如张世禄（1902—1991）所说：

> 偏旁者，吾国文字之基本成分也。自此基本成分臻于固定……而后依类象形之法亡矣；自以古之物象为造字之本，而后字体孳乳，惟取于形声相益之途矣。[②]

下面着重从"以古之物象为造字之本"入手，来讨论汉字围绕着义符的名物义聚合出一个个类化性字群的运作机制。

[①]〔宋〕郑樵：《通志略》，上海古籍出版社影印本，1990年，第112页。
[②] 张世禄：《字形孳乳说》，《张世禄语言学论文集》，学林出版社，1984年，第262页。

汉字据义构形以记词，初创时期多"依类象形"而造字。名词所指一般是具体的人或物，故而可以按物绘形，但抽象的动词义、形容词义就很难取象甚至根本无象可取，所以象形字一般记录的只能是名词，记录名词的象形字是最早产生的基础汉字。动词义表示的是特定名物的动作行为，形容词义表示的是特定名物的性质状态，这些动词义、形容词义与名词义之间有着内在的语义联系。清代的王筠把这种联系称作"物能生事"，认为"状物之字"可以表现"无形之事"。①黄侃亦指出："《说文》中形、动字多假物体为象。盖形、动字若不假物体以为象，则无所附丽。故其偏旁多以名字为之，如宽从宀、廣从广是。"②人们把按物绘形的象形字用作基础字符，利用其"物能生事"的语义联系，从而孳乳出了大量记录动词、形容词的合体字。

核心义符原本主要是记录类属性名词的早期象形字，其所依类取象的事物，都是与人关系最为紧密的基本事物；其所抽象出来的意象，具有类的独特形象与类的主题性概念。偏旁化语义化使核心义符成为类化的义符、类聚的部首，形声化则将义符的形义联系扩展为对字群的类联系。因此，按取象的名物类为表意字符所作的分类，在很大程度上反映了汉字表意系统的内部结构与表意范畴。且看 71 个核心义符的义类分布，如表 12.8 所示。

表 12.8　71 个核心义符的意义关系与义类分布

近取诸身（人）（23 个）				远取诸物								
^	^	^	^	人造物（26 个）				自然物（23 个）				
身	头部	手足	其他	衣	食	住	行	用	天象	地理	动物	植物	矿石
人女走扩歹骨黑	页目口言见欠齿耳彡	手攴辶足	心肉力	纟衣巾	米食酉	邑宀广穴门囗	彳车舟	火刀革示贝戈弓皿皿耒	日雨	水土山阜田	鸟鱼虫犬马牛羊隹羽	艸木禾竹	金石玉

试以核心义符"女"字为例以为说明。"女"本指女人，是女性的类属性通称，后语义化偏旁化而作为表意字符参与构字，《说文解字》女部收 238 字，《现代汉语通用字表》女部收 121 字。从认知思维的角度分析，发现义符在参构字中的以形表意是主要通过三种类推方式来实现的。

一是从一般到个别，以提示相关的名词义。从抽象的女性引申而指个别的具体女人。或表不同关系的女性亲属，如婆、姥、妈、娘、姑、婶、姨、妻、嫂、姐、妹、媳、姪等字。与"姑"对应的"姪"，原本是女子对兄弟之子的称谓。用指男性的"婿"，也是因为与其女儿有夫妻关系而字从女旁的。或表不同身份的女人，如妇、媪、孀、妾、妓、婢等字。最早的姓也多从女旁，《说文解字》明确指出是姓的 13 个字中就有 11 个从女，

---

① 〔清〕王筠：《说文释例》，武汉市古籍书店影印本，1983 年，第 17 页。
② 黄延祖重辑：《黄侃国学讲义录》，中华书局，2006 年，第 108 页。

如姜、姬、嬴、姚、妫、姞等字。

二是从功能到行为,以提示相关的动词义。如从女性的生育机能出发,引申出了女性婚育过程中的一系列行为,如媒、妁、娉、嫁、娶、婚、姻、媾、妊、娠、娩、始等字。"始,女之初也。"(《说文解字·女部》)"始,息也,言滋息也。"(《释名·释言语》)"始"本指孕妇生产,后引申而泛指开始之义。

三是从特质到性状,以提示相关的形容词义。从女性的特质引申出女人的姿容、品性,或形容女人的姿容情态,如妙、姣、娇、娟、嫩、嫣、媚等字;或形容女人的品性,如好、娴、婧、婉、媛、如等字。

后两种类推方式有学者称为"转指",这种转指也是以类同性关联为基础的,本质上当仍然属于类推。总之,语言是随着思维认知的发展而发展的,词义发展中的引申就具体反映了思维认知的类推结果。

从女字群的表意范畴覆盖了女性基本社会生活的各个方面,为人们展示了一个语言中的女性世界。基础义符通过"以类附声"而"据形系联",使同义符的字在义符义上类聚成为一个字群;义符在参构字中的以形表义,则是围绕着名物义(字本义)展开的,它沿着名物的功能、性状以及其间的关系而逐步引申,最后形成一个具有类联系的语义场。正是一个一个这种类化性字群的集合才形成了汉字系统,汉字系统亦因此建立起了"凡某之属(类)皆从某"的形义对应关系。

二、通过形声化建立起字族的类联系

"方以类聚,物以群分。"(《易传·系辞上》)我们民族在认知思维上特别注重类的集合与区分。"推类"之说最早见于《墨子·经说下》和《荀子·正名》,推类是中国逻辑的一种主导推理类型,是一种能由此及彼获得新知的创造性思维方式。推类这种思维方式在汉字系统的表意机制上发挥得尤为充分。"飞禽即须安鸟,水族便应着鱼,虫属要作虫旁,草类皆从两中"[1],由此建立起了汉字系统的形义联系。从东汉《说文解字》的"凡某之属皆从某",到北宋《类篇》的"凡某之类皆从某";从中唐张参的"以类相从",[2]南宋戴侗的"六书推类而用之",[3]到清初戴震的"谐声以类附声而更成字",[4]这些论述反映了古代学者对汉字类化规律的深刻认识。许慎的"依类象形"而"比类合谊",确中肯綮地总结了表意字的生成机制与历史发展;二戴的"以类附声"而"推类用之",一语破的地指出了形声字的生成机制与类化方式;而"凡某之属(类)皆从某",则经典地概括了汉字系统以形表意的形义对应关系。

系统的功能是由系统的结构所决定的,汉字表意功能的发展根本在于形义联系的构

---

[1] 〔唐〕陆德明:《经典释文》,中华书局影印本,1983年,第3页。
[2] 〔唐〕张参:《五经文字》,中华书局影印本,1985年,第5页。
[3] 〔南宋〕戴侗:《六书故》,上海社会科学出版社影印本,2006年,第17页。
[4] 〔清〕戴震:《戴震集》,上海古籍出版社,2009年,第73页。

建,汉字系统的形义联系主要是在记词方式形声化的过程中建立起来的。汉字的形声化是一个相承孳乳系统类化的过程,其类化是主要依靠核心义符的推类系联即"以象推类"来实现的,正是义符系统的优化及其推类系联,有力地促进了汉字构形表意系统的形成与完善。①

义符在形声化中的推类表意具有如下特点:

第一,提示词义的概括性与推类孳乳的系统性。汉字的义符所提示的是一种名物性的类意义,是一种寓义于符而以符标类的主题性语义。义符在构字中的以形表意,是依靠义符的引申在触类旁通中展开的,是通过形声化所建立的形义联系而实现的。"以类附声"的形声化把义符的形义联系扩展为形声字的形义联系,同义符的字因义符义的类联系而成为类化性的字群。义符与参构字的语义关系是本义与引申义的关系,它们在表示词义上是合作分工的:寓义于形的义符以其本义提示词的类意义,参构字以义符的引申义表示词的具体义,汉字的表意功能就是在形声化的发展与义符义的引申中逐步推类扩展的。这种依靠义符的推类系联,以建立"凡某之类皆从某"的形义对应关系,就是汉字表意功能的运作机制。

且看从"女"的"妈"字,义符"女"只提示了这个词的女性义,"妈"字才具体表示了所记之词的母亲义;但是,"妈"字的母亲义不仅是从义符的女性义中引申出来的,而且是依靠义符之形才得以表示出来的,是义符"女"为"妈"字建立起了形义之间的类联系。寓义于形的义符在参构字中的表意范畴,就是这样围绕着字符义而引申展开的,不仅逐个提示词的类意义以区别同音字,而且通过类化字群使汉字成为具有表意功能的符号系统。

第二,思维认知的多维性与形义联系的多样性。"横看成岭侧成峰",人们对客观事物的认识是多途径、多角度、多层次的。汉字义符的意象性为义符义的指向引申提供了义类根据,而思维认知的多维性则决定了形义联系的多样性。由一般到个别、由功能到行动、由特质到性状,是逻辑认知的基本类推方式;而借助意象所联想到的相似性关联义,则内含着较多的人文认识与主观态度。义符义的引申反映了思维认知的发展,义符义与参构字的字义之间,或类推以相通,或联想而相似,总是有着某种语义上或近或远、或实或虚的关联,这些关联义的集合便形成了义符在参构字中推类表意的语义场。形声字中的义符大部分是基于类同性关联以提示词的类意义,还有一些则是借助相似性联想而与词义发生联系的。如"法"之从水,缘于法的公平与水面之平在性质上的相似性;"漠"之从水,则缘于大漠流沙与水波荡漾在景象上的相似性,隐喻手法的巧妙运用形象地提示了词的特征义。

需要指出的是,汉语中类属义场的划分并不一定符合科学分类的要求,汉字义符的"类"虽与逻辑的"类"密切相关,但并非全都重合。汉字以形所表的语义,不仅表现了

---

① 龚嘉镇:《论汉字的性质、功能与规律》,向光忠主编:《文字学论丛》第二辑,崇文书局,2004年。

先民对客观事物的抽象认知，而且包涵先民对事物概念的人文认识，具有较强的时代意识，蕴涵着不少的历史信息。比如从女的"姓"字，姓起源于母系氏族社会，"姓，人所生也"（《说文解字·女部》），从"明血缘"的角度说明了姓就是氏族的所生之源，姓也因此成为全体氏族成员的公称。这就是女生为姓之构意所蕴涵的人文信息。至于后来的奸、妖、妄、婪、妒等贬义字之所以从女，则完全出于男尊女卑意识对女性的歧视与偏见，它与女性的品质并无内在联系。形义联系的灵活性多样性，有力地扩大了义符的类化系列与表意范畴。

"凡某之属皆从某"，是《说文解字》类聚立部据符系字的编排条例，它精辟地概括了汉字形义对应而以形示意的形义关系。汉字是据义构形单音成字的表意文字，在漫长的历史演变过程中，虽然有部分字因形体省简或异符混同而失去了造字理据，但整个汉字系统仍然在自我完善中保持了表意性质，发展了表意方式，强化了表意功能。汉字以少驭多字符集中的构形规律与依靠义符推类系联形义对应的表意方式，不仅具有理论上的认知意义，而且在汉字规范、小学识字教学与对外汉语教学中具有广泛而重要的应用价值。我们应该重视对汉字核心义符的深入研究，并努力把研究成果应用到相关领域中去。

汉字在从表形文字向表意文字演变的历史进程中，表意字符的语义化偏旁化与表意实现类联系是事关系统的重大变化。语义化偏旁化有力地增强了核心义符的构字表意能力，使之成为基础的义符与部首，从而为汉字的系统优化与形声字的大批涌现创造了充分的条件。而推类孳乳的形声化则将义符的形义联系扩展为对字群的类联系，进而建构了"凡某之类皆从某"的形义对应关系。汉字由单字的用物象表形逐步发展为系统地以类符的语义表意，成为以象形字为基础以形声字为主体的表意文字。虽然有部分汉字在历史演变中失去了理据，但现行汉字在整体上仍然保持着相当系统的形义联系：义属某类之字多从某符，形从某符之字多有某义（类意义）。

综上所述，汉字义符的构形表意及其历史发展见表12.9：

表 12.9　汉字义符的构形表意及其历史发展

发展	历史走向	思维方式	构　形	形义关系	表意方式	历史地位
初创阶段	主要是记录名词的象形字	具体→抽象据词为文	依类取象按物绘形	以象表形单字的形义统一	用可识的物象表示词的具体义	汉字系统得以形成和发展的基础
成熟阶段	偏旁化语义化的义符	一般→个别以文组字	以类附声相承分化	推类表义字群的形义对应	以义符的语义提示词的类意义	系列孳乳的字根推类表义的基因

第十三章
高度集中的社会用字

一、字频词频的计量描写
二、社会用字的分布规律
  ① 高频字词的覆盖率极高但数量有限
  ② 低频字词的数量庞大但使用率极低
  ③ 用词用字时有变化但基本字词稳定
三、规律形成的历史必然
  ① 单音词的发达促成了基本语素的集中
  ② 汉字形义联系维护了基本语素的稳定
  ③ 常用语素字比基本语素更为集中稳定

提要： 字频词频的深入研究，为我们展示了汉字字频在社会用字中的分布规律。汉语字词的语用频率是很不平衡的，字种词种总数很多但常用字词高度集中而相当稳定。汉语单音词的发达促成了基本语素的集中，汉字是以单音词为单位据义构形的。汉字常用字的集中和稳定，主要是由汉语基本语素的集中和稳定所决定的；而汉字的表意性与多义性，则使汉字的常用语素字更为稳定更为集中。汉语汉字具有词多字（语素字）少以字构词而生词熟字的规律，这一规律体现了汉字作为交际工具的经济原则，具有重要的认知意义与广泛的应用价值。

  记录汉语的汉字是我们民族进行语文交际的重要工具，不同的字种在社会交际中的使用频率，是很不平衡的，这种不平衡呈现出一种规律的分布。汉字的使用频率及其分布，直接体现了所记之词的使用价值与所记语素的构词能力，客观地反映了汉字在执行交际功能时所具有的统计性规律。质的分布规律是可以通过量的统计描写出来的。字频的统计分析就是对社会用字的计量描写，由此入手，可以深入认识汉字的社会用字规律，可以深入研究汉语的构词规律。

  汉字历来被人认为字数太多而难以学习掌握。汉字多达七八万，即使普及到小学生人手一册的《新华字典》也收字 1.3 万个。冯志伟（1939—）指出：

> 传统的文字学认为，汉字具有形、音、义三个要素。但是，汉字作为记录汉语的符号，它必须作为一种交际工具而存在。在交际过程中，有的汉字使用得多些，有的使用得少些，呈现出一定的统计规律性。因此，从使用的角度来看，汉字还具有第四个要素——字频。[①]

确如冯先生所说，字频与字形、字音、字义是汉字的四大要素。汉字的语用频率及其分布，直接体现了所记之词的使用价值与所记语素的构词能力，更为真实地反映了语言文字使用的客观情况。它不仅反映了汉字在执行交际功能时的统计性规律，而且从社会用字上客观地反映了汉语的构词规律。社会的发展需要人们加强基础研究，信息时代呼唤人们对社会的用字用词要心中有"数"。这个"数"，不仅包括古今汉语尤其是现代通用语层面上到底使用了多少字词、哪些字词，而且包括这些字词在语用频度上的分布规律以及在此基础上的分级定量。

第一节 字频词频的计量描写

用数学手段来研究语言已经有很长的历史了。陈鹤琴（1892—1982）1928年出版的《语体文应用字汇》，从六类语体文中抽取出554 498字的语料进行统计，计得4 261个字种。其中出现1次的字有574个，出现1 000次以上的字有104个，出现次数最多的前十字居然占到全部语料总字量的23.4%。陈先生最先指出：汉字的使用次数是不平衡的，具有"次数愈小"则"字数愈多"的反比分布特点，认为使用次数直接反映了字的语用价值。[②]陈先生的这项研究成果，是与美国物理学家贡东发现词频分布规律的同一年出版的，是在美国语言学家齐普夫（1902—1950）提出齐普夫定律之前发表的。在九十多年前能使用如此科学的方法，能有如此深刻的认识，实在难能可贵！

电子计算机是20世纪最伟大的科技发明之一。它所引发的信息革命大大地改变了人类的生活，有力地推动了社会的发展，也有力地促进了语言文字研究的发展。正是计算机技术的广泛应用与计量语言学研究的迅猛发展，使汉语汉字的研究在20世纪80年代出现了突破性的长足发展。这一突破是从利用计算机技术对字频、词频进行计量分析上展开的，并因此取得了一系列基础成果。时至今日，把计算机技术与系统论方法结合起来，把计量分析与定性分析结合起来，已经成为汉语汉字研究中一种不可或缺的研究方法。

---

① 冯志伟：《现代汉字和计算机》，北京大学出版社，1989年，第109页。
② 陈鹤琴编：《语体文应用字汇》，商务印书馆，1928年，第1-12页。

汉字汉语的字频词频研究取得了许多重要成果,现将其中的部分数据制成表 13.1~13.4 列示如下:

表 13.1 若干古代文献的字频分布统计 [1]

统计样本		总字量	单字数	高频字（累积覆盖前99%）				一用字	
				核心字		常用字		数量	占比
				50%	80%	90%	99%		
四库全书四部丛刊		790 301 003	30 136	214	951	1 755	5 772	828	2.7%
十三经		616 328	6 794	105	511	993	3 501	1 664	24.5%
前四史	史记	572 864	4 932	108	470	868	2 580	1 017	20.6%
	汉书	806 263	5 897	146		988	2 820	1 301	22.1%
	后汉书	687 175	5 581	187		1 143	2 970	1 027	18.4%
	三国志	368 183	4 323	176		1 069	2 614	746	17.3%
四大名著	三国演义	485 938	3 928	146	546	936	2 346	526	13.4%
	水浒传	681 143	4 185			975	2 469		
	西游记	589 331	4 420			1 012			
	红楼梦	729 119	4 384			756	2 364		

表 13.2 若干现代汉语样本的字频分布统计 [2]

统计样本	总字量	总字种	高频字（累积覆盖前99%）				罕用字（使用1~10次）			一用字	
			50%	80%	90%	99%	始现序号	数量	占比	数量	占比
汉字频度表	2 166 万	5 991	163	563	949	2 430				345	5.8%
汉字频率表	181 万	4 574	116	507	908	2 418				424	9.3%

---

[1] 《四库全书》《四部丛刊》的数据引自北京书同文数字化技术有限公司编:《古籍汉字字频统计》,商务印书馆,2008 年;朱岩:《中国古籍用字频与分布统计分析》,《国家图书馆学刊》2004 年第 3 期。"十三经"的数据引自海柳文:《十三经字频研究》,高等教育出版社,2011 年。"前四史"的数据引自李波:《史记字频研究》,商务印书馆,2006 年,第 53-56 页。《三国演义》的数据引自桑哲:《〈三国演义〉字频研究》,曲阜师范大学博士论文,2013 年。《西游记》《水浒传》《红楼梦》数据引自陈丹丹:《四大名著字频研究》,曲阜师范大学硕士论文,2012 年。

[2] 表 13.2、表 13.3 中,年度媒体用字用词数据,引自历年的教育部语言文字信息管理司组编:《中国语言生活状况报告》,商务印书馆。《汉字频度表》数据引自贝贵琴、张学涛汇编:《汉字频度统计》,电子工业出版社,1988 年。《汉字频率表》数据引自北京语言学院语言教学研究所编:《现代汉语频率词典》,北京语言学院出版社,1986 年。《综合汉字频度表》数据引自《社会科学·自然科学综合汉字频度表》,国家语委、国家标准局编:《现代汉语字频统计表》,语文出版社,1992 年。8 套小学语文教材包括内地 6 套,港、台各 1 套。其用字数据引自《中国语言生活状况报告(2009)》下编,商务印书馆,2010 年,第 440 页。12 套对外汉语教材用字数据引自《中国语言生活状况报告(2006)》下编,商务印书馆,2007 年,第 183-194 页。

续表

统计样本		总字量	总字种	高频字（累积覆盖前99%）				罕用字（使用1~10次）				
				50%	80%	90%	99%	始现序号	数量	占比	一用字	
											数量	占比
综合汉字频度表		1 187万	7 754	162	606	1 057	2 851				659	8.5%
媒体年度用字报告	2014	10.08亿	11 792	181	597	963	2 443	7 566	4 226	35.8%	1 460	12.4%
	2010	10.13亿	10 613	178	601	972	2 431	7 323	3 290	31.0%	1 211	11.4%
	2007	10.07亿	10 123	176	595	984	2 394	6 976	3 147	31.1%	1 212	12.0%
8套小学语文教材		101万	4 372	117	584	1 069	2 632					
12套对外汉语教材		68万	4 041	116	520	951	2 310					

表13.3　若干媒体年度样本的词频分布统计

统计样本		总字量	总词种	高频词（累积覆盖前90%）				低频词（累积覆盖后1%）			
				50%	80%	90%	用字	数量	占比	一用词	
媒体年度用词报告	2014	10.08亿	244万	560	4 941	14 304	2 819	221万	90.6%	122万	50.0%
	2012	10.62亿	239万	539	4 814	13 719	2 647	218万	91.1%	118万	49.2%
	2010	10.12亿	218万	536	4 864	13 672	2 770	199万	91.3%	106万	48.7%
	2009	10.07亿	235万	594	4 636	12 517	2 696	218万	92.7%	124万	52.8%
	2007	10.07亿	230万	571	4 658	12 676	2 705	213万	92.6%	120万	52.2%
	2005	7.32亿	165万	558	4 179	11 213	2 554	152万	91.8%	87万	52.6%

表13.4　2006年媒体样本所用语词的词性分析[1]

词种的词性分类		2006年媒体语料所用语词				2006年媒体高频词（覆盖90%）			
		词种	占比	词次	占比	词种	占比	词次	占比
语文词	普通名词	56 386	2.72%	15 336万	26.53%	5 373	0.26%	13 580万	23.49%
	动词	21 850	1.05%	14 788万	25.58%	4 599	0.22%	13 797万	23.87%
	形容词	7 682	0.37%	3 171万	5.49%	1 150	0.06%	2 873万	4.97%
	助词	76		4 524万	7.88%	24		4 522万	7.82%
	副词	1 909	0.09%	3 915万	6.77%	573	0.03%	3 837万	6.64%
	介词	177	0.01%	2 591万	4.48%	75		2 589万	4.48%
	代词	850	0.04%	2 584万	4.47%	211	0.01%	2 558万	4.43%
	数词	2 653	0.13%	1 725万	2.98%	162		1 686万	2.92%
	量词	784	0.04%	1 720万	2.98%	218	0.01%	1 693万	2.93%

---

[1] 表四中的数据引自国家语言资源监测与研究中心编:《中国语言生活状况报告(2006)》下编，商务印书馆，2007年，第21-29页。

续表

词种的词性分类		2006年媒体语料所用语词				2006年媒体高频词（覆盖90%）			
		词种	占比	词次	占比	词种	占比	词次	占比
语文词	连词	274	0.01%	1 596万	2.76%	98		1 587万	2.75%
	其他	14 012	0.68%	1 067万	1.85%	392	0.02%	667万	2.75%
	小计	106 653	5.14%	53 017万	91.72%	12 875	0.62%	49 389万	85.45%
专有名词	人名	798 320	38.46%	1 411万	2.44%	435		323万	0.56%
	地名	303 647	14.63%	1 350万	2.34%	461		1 018万	1.76%
	机构名	737 638	35.53%	544万	0.94%	134		177万	0.31%
	时间词	124 782	6.01%	1 268万	2.19%	463		992万	1.72%
	其他	4 805	0.23%	212万	0.37%	132		122万	0.21%
	小计	1 969 192	94.86%	4 785万	8.28%	1 625	0.08%	2 632万	4.55%
合计		2 075 845	100%	57 802万	100%	14 500	0.7%	52 022万	90%

注：表四中语文词中的"其他"类，包括叹词、语气词、拟声词、词缀及成语、缩略语等。

以上各表中的成套数据显示，通过建设出土古文字、传世文献和现代汉语的自然样本的语料库，利用海量语料的数字化来进行字频词频的计量研究，取得了令人瞩目的丰硕成果。表中的这些成套基本数据，展示了字词在交际应用中的分布特征，让我们在对汉语汉字的宏观研究中终于得以心中有"数"。

汉字计量分析的统计单位，是信息处理的基本信息单元。根据样本实际与研究需要，可以分别采用"字种"或"单字"为统计单位。字种是坚持正字标准的统计单位，各种现代汉语规范字表所收的"字"，就是"字种"的"字"。正如周有光所说："'定量'是定'字种'的总量。一个汉字可以繁简不同，形体不同，但是属于同一'字种'，以'正字'为标准。"[①] "单字"也被称为"字形"，是执行保真原则的统计单位。在古文献语料的计量分析中，字形不同的异体字也是不同的"单字"。

字频研究取得了丰硕的成果，但不少字频统计并没有明确说明、清楚界定统计的单位，有的虽有界定但往往与实际运作有些名不符实，把"单字"当作了"字种"统计。汉字的计量研究报告应该明确说明所使用的统计单位，是执行"保真原则"的"单字"，还是坚持"正字标准"的"字种"。汉字计量单位的选取应遵循"古今分类、统计分层"的原则，根据语料的实际与研究的需要而定。古文字与古文献的字频统计一般应坚持保真原则，以单字为统计单位而兼收异体字，这样才能历史地反映古人的用字实际。现代汉语语料的字频统计尤其是出于规范目的的字频统计，应该加强规范意识而实行分层统计。先从真实文本中统计出字形不同的单字，再对这些单字进行去重（异体、繁体）而

---

① 周有光：《周有光语言学论文集》，商务印书馆，2004年，第339页。

抽取出真正的字种。因为，坚持正字标准的"字种"数据更能反映社会通用字的实际状况，从而为汉字规范提供更为客观的语用信息。

第二节 社会用字的分布规律

不同字词的语用频率是很不均衡的，少数字词使用得非常频繁，而只出现一两次的字词又非常之多，这种分布的不平衡在汉语汉字的使用上表现得尤为突出。样本字量多达数亿，所用词种多达数百万，但所用的字种比较少，尤其是覆盖语料99%的常用字就更少。字频词频的深入研究，使人们不仅发现了汉语汉字"词多字少"这一长期熟视无睹的现象，而且认识到了汉语汉字在语文交际中字词分布的不平衡。字词应用的不平衡分布具有三个特点：高频字词的覆盖率极高但数量有限，低频字词数量庞大但使用率极低，字词应用具有时代特征但基本字词相当稳定。

一、高频字词的覆盖率极高但数量有限

1980年，周有光（1906—2017）从当时不多的字频成果中，敏锐地发现了"汉字出现频度的不平衡规律"。后来他进一步提出为现代汉语用字"分级定量"的设想，并总结出"汉字效用递减率"。这些见解具有深刻的认知意义和重大的应用价值。周先生指出：

> 为了提高学字和用字的效率，教育用字要根据概率分级定量。……先要有一个现代汉语用字的范围，才便于进行分级定量。不分古今的分级定量是没有意义的。[1]

高频字词集中分布在高端，数量有限但使用率覆盖率极高。国家语言资源监测与研究中心从2005年开始逐年发布《中国语言生活状况报告》。其中关于报纸、广播电视、网络（新闻）用字用语的统计数据和调查报告，是对10亿字次级的年度真实样本进行动态计量分析的成果，宏观而即时地反映了我国现行通用语层面上用词用字的实际状况。从已经发布的十多个媒体年度统计数据来看，字词的使用分布具有很强的规律性，10亿字次媒体年度样本所用词种数量基本稳定在230万个左右，所用字种基本稳定在1万个左右。以上几张表中的古今多套大数据显示，无论是古代文本还是现代文本，无论语料多达10亿计还是只有几十万，只要是共时的自然语料，100多个核心字就覆盖了50%的

---

[1] 周有光：《周有光语言学论文集》，商务印书馆，2004年，第308页。

语料，600个核心字覆盖了80%的语料，1 000个常用字覆盖了90%的语料。这套数据客观地展示了高频字在共时语用中的分布格局。

历时用字的集中程度虽然低于共时用字，但社会用字相当集中的特点仍很突出。《四库全书》是清代乾隆年间官修的百科全书，它汇集了从先秦至乾隆以前的历代主要传世古籍3460余种，是中华传统文化最为丰富最具代表性的集成之作。《四部丛刊》是20世纪初由张元济（1867—1959）主持纂辑的477种中国古籍经典，多为宋、元、明三代的刊刻本及精校名抄本。北京书同文数字化技术有限公司对两书的用字情况进行了统计（不包括字书、韵书中的罕见字），详见表13.5。①

表13.5 《四库全书》《四部丛刊》的字频分布

统计 样本	样本 字量	所用 单字	各段通用字对样本语料的累积覆盖率					
			50%	80%	90%	95%	99.5%	99.99%
四库全书 四部丛刊	7.9亿	30 136	214	951	1 755	2 769	7 325	21 897

中国浩如烟海的传世古籍所用汉字及其分布，因这项统计而有了量的认识。结合其他的古籍字频研究成果，现在已经有条件研制一份分级定量的《古代汉语文献通用字表》了。《通用规范汉字表》集中体现了现代汉字字频研究的成果，该表收字8 105个，对9 100万字的现代汉语平衡语料库的累积覆盖率达到99.99%。推今及古，《古代汉语文献通用字表》所收字，似乎也应该累积覆盖古汉语文献语料的99.99%，大约有22 000字。研制这个字表，对于立足传世自然语料来整理异体字、编制汉字谱系，编写一部《古代汉语通用字大字典》，都是很有意义的基础工作。

《现代汉语频率词典》统计了181万字的现代语料，其语料分别选自报刊政论、科普文章、生活口语和文学作品四大类，计得31 159个词种。其中的"8 000个高频词出现的频率占全部语料的95%以上"②。这样的高频词一般就是所谓的语文词。语文词是语文交际中全民通用的基本词，又称普通词语，它因表义多为概指而具有通用、稳定、高频的特点。语文词也是一个随着社会发展的动态系统，但其中历时沉积下来的基本部分长期保持着通用、稳定、高频的特点。

就十多个年度的《中国语言生活状况报告》所提供的统计数据来看，覆盖现代自然语料90%的高频词种所用的字种，基本稳定在2 700个左右，这些字一般都是高频字。如2010年度的高频词种使用了2 770个字种，它们都是出现在年度用字总表的前3 500位的高频字。③正是社会用字的高度集中，在很大程度上缓解了汉字字种数量太多所带来的困难。

---

① 数据引自北京书同文数字化技术有限公司编：《古籍汉字字频统计》，商务印书馆，2008年。
② 常宝儒：《现代汉语频率词典的研制》，陈原主编：《现代汉语定量分析》，上海教育出版社，1989年。
③《2010年中国语言生活状况报告》，教育部网，2011年。

二、低频字词的数量庞大但使用率极低

低频字词集中出现在低端，数量庞大但使用率、覆盖率极低。从表 13.2、表 13.3 可见，在 10 亿字次级的现代通用语料样本中，占总字种三分之一的罕用字（使用 1～10 次）集中出现在覆盖率达到 99.99% 之后的低端，占总词种九成以上的低频词集中出现在覆盖率达到 99% 之后的低端。《史记》中只出现 1 次的一用字种有 1 017 个，虽占全书总字种的 20.6%，但只覆盖了全书的 0.18%。[①]从表 13.1 的数据可见，一用字在"前四史"中占到文本总字种的二成左右，"十三经"中的一用字竟高达四分之一。即使在现代媒体 10 亿字次级的海量样本中，一用字种也仍然高达 10% 以上。2014 年度媒体样本中的一用字就有 1 460 个，占总字种的 12.4%；其累计使用次数在 10 亿字次级样本中的比重微不足道。一用词现象更为突出。从表 13.3 可见，每年媒体样本的总词种为 230 万个左右，其中居然有一半是一用词，它们只覆盖了全部语料的 0.2%。如 2012 年度媒体样本中的一用词就多达 118 万个，虽占总词种的一半，但仅覆盖了语料的 0.19%。[②]

在 10 亿字次级的现代媒体通用语样本中，覆盖语料后 1% 的低频词占总词种的九成，使用 1～10 次覆盖语料后 0.01% 的罕用字占总字种的三分之一。如此大量的低频词、罕用字究竟是些什么词什么字呢？《中国语言生活状况报告（2006）》中的《词语的词性调查》较好地回答了这个问题。该调查对 2006 年度媒体样本中的词语进行了词性分析，计得带词性的词种 207.6 万个，总词次为 5.78 亿次。其中的名词多达 202.6 万个，占总词种的 97.6%；使用频次为 2.01 亿，占总词次的 35%。[③]

但凡交际必有对象与话题，但凡句子多有主语与宾语，交际的对象与话题、句子的主语与宾语，都是主要由名词来充当的，词种中的名词自然占比最高。名词可大分为专有名词和普通名词。专有名词表示的是某个特定的人、地、机构、时间等的专指名称；普通名词则是表示某类人、某类事物或抽象概念的概指名称，普通名词一般属于通用高频的语文词。从表 13.4 可见，占总词种 95% 的 197 万个专有名词，其使用频次仅占总词次的 8%；而占总词种 5% 的 10 万个语文词，则占总词次的 92%；尤其是占总词种 0.6% 的 1.3 万个高频语文词，其使用频次竟然占到总词次的 85%。这项调查所展示的语文词与专有名词在语用中的分布格局，合理地解释了这样一个现象：12 卷《汉语大词典》收古今语词 37 万多个，第六版《现代汉语词典》收现代语词 6.9 万多个，为什么媒体通用语的年度用词竟然多达 200 多万个？原来这 200 多万词种中，有一半是一用词，九成是累积覆盖后 1% 的低频词，有 95% 是专有名词。在社会的语文交际中，低频字词的出现具有很大的偶然性，其使用率覆盖率都极低，而常用字与语文词则相当集中相当稳定，具

[①] 李波：《史记字频研究》，商务印书馆，2006 年，第 39、246-292 页。
[②] 教育部语言文字信息管理司组编：《中国语言生活状况报告（2013）》，商务印书馆，2013 年，第 199 页。
[③] 国家语言资源监测与研究中心编：《中国语言生活状况报告（2006）》下编，商务印书馆，2007 年，第 21-29 页。

有很高的使用率与覆盖率。学习汉语,重在掌握常用字与语文词。

三、用词用字时有变化但基本字词稳定

汉语字词的应用随着时代发展而变化,但通用的基本字词相当稳定。文字是记录语言记录文化的符号,社会的用词用字客观地记录了当时的社会生活,因而有着鲜明的时代特征。如"造反""批斗""封资修"等,随着"文化大革命"的结束而退出了高频词,而"改革""开放""互联网"等,则成为20世纪80年代以来的高频词,这些词语的消长就历史地反映了时代的发展。社会的用字用词虽具随时的动态性,但与人们生活密切相关的基本词,则使用频繁最为稳定,记录这些基本词的常用字亦随之高频通用而具有更强的稳定性。全民通用的基本字词,长期保持着稳定、高频的语用状态。

国家语委的现代汉语平衡语料库中,列有两个语料库字频表。一个是基于2 000万字语料的《现代汉语语料库字频表》,一个是基于1 500万字语料的《古代汉语语料库字频表》。现将两表中的前100高频字种作一个分析比较,见表13.6。①

表13.6 《古代汉语语料库字频表》与《现代汉语语料库字频表》前100高频字种的比较

词 类	《古代汉语语料库字频表》 前100字种覆盖1 500万字语料的38.2%	《现代汉语语料库字频表》 前100字种覆盖2 000万字语料的41.9%
名 词	人子天中事时心后里家地,道日王言山将师公今君故处门夫军书风前文意方/33	人子天中事时心后里家地,国主经方工面所理体时物法性民力本部义样/30
动 词	是有得如来上说作下去生可行出能,日为了见知问云相若使至当从欲已/30	是有得如来上说作下去生可行出能,要到会学发对成用过动分种现同产起进还定从化等把看/39
形容词	大多长,明太/5	大多长,小好/5
代 词	这我他自,之其何此/8	这我他自,们那你/7
助 词	的,也者所/4	的,了着之然么/6
介 词	以在于,与/4	以在于,为/4
副 词	不,无只又未亦皆/7	不,就也都/4
连 词	而,则然/3	而,和/2
数 词	一,十二三/4	一/1
量 词	个年,月/3	个年/2

注:前表中的繁体字已转化为简化字,表中的兼类词放在使用率较高的一类。逗号前是古今皆在列的字。

这两个字频表中的前100高频字,其实就是古今汉语中使用频次最高的前100常用

---

① 引自教育部语言文字信息管理司网站上的现代汉语平衡语料库。

词，就是古今汉语中表示最基本的语义概念、最基本的语法关系的前 100 核心语素，它们分别覆盖了古今汉语中 40% 左右的自然语料。这是汉字研究尤其是应用研究应该十分重视的事实。古今比较可以发现，现代汉语发展得更为丰富更为准确更具表现力了。但覆盖古代汉语语料近四成的这 100 个最常用字，至今仍然全部是现代汉语的常用字。在这两个前 100 高频字比较表中，古今皆在列的有"人、有、大、我、不、于、而、一"等 48 字，另有"曰→说、见→看、至→到、欲→要、此→这、皆→都"等文白对应者 6 组。汉字中表示基本概念的常用字，不仅具有很强的稳定性、传承性，而且坚持在传承中有所发展逐步完善。这一特质值得重视。

再看表 13.7 中两部古籍的用字在现代汉语中的流向：[1]

表 13.7 《古文观止》《三国演义》用字流向统计

古籍用字的现代流向			收入《现代汉语常用字表》		收入《现代汉语通用字表》		《现代汉语通用字表》未收	
文 本	总字量	字种数	字量	占比	字量	占比	字量	占比
古文观止	106 890	3 846	2 512	65.3%	3 607	93.8%	239	6.2%
三国演义	485 938	3 928	2 857	72.7%	3 819	97.2%	109	2.8%

《古文观止》是清康熙年间吴楚材、吴调侯选编的一部供学塾使用的古文启蒙读本。所选之文上起先秦而下至明末，多为历代传诵的经典名篇。《三国演义》是我国第一部古典长篇小说，它是元末明初的罗贯中在史学著作基础上创作的讲史话本。表 13.7 中数据表明：《古文观止》《三国演义》两书中六七成的字种被收入《现代汉语常用字表》，九成以上的字种被收入《现代汉语通用字表》。这说明汉字中的通用字具有相当强的稳定性和传承性。古今用字虽然随着社会的发展而有较大的变化，但记录语文词语和基本语素的通用字则大多沿用而相当稳定。

需要强调的是，测量分析社会用词用字变化的主要指标，不在低频字词而在常用字词的变化，不在词种字种的数量而在字词对语料的覆盖率。覆盖率集中反映了字词在语用中的使用频率与分布格局，只有高频字词的历时变化才客观地反映了社会用词用字的变化。随着字频词频研究的深入开展，人们逐步认识到了"词多字少"现象的实质。所谓"词多字少"，就是汉语的词种虽然很多，但构词的基本语素相当集中相当稳定，记录基本语素的常用汉字更为集中更为稳定。汉语构词研究和汉字用字研究由此别开生面，围绕"词多字少"而展开，利用"词多字少"而逐步深入。

透过"词多字少"的现象，人们发现汉字在总数很多这一表象后面，存在着一条极具应用价值的统计学规律：社会用字中的字频分布很不平衡而集中两端，集中于高端的高频字量少、常用，覆盖率高达 99%，集中于低端的罕用字量大、少见，覆盖率极低，

---

[1] 王庆绣：《〈古文观止〉用字初探》，《聊城大学学报》2011 年第 2 期。桑哲：《〈三国演义〉字频研究》，曲阜师范大学博士论文，2013 年。

社会用字的字频分布规律体现了汉字作为交际工具的经济原则。它有两个基本特点：一是汉字的单字数量多到数以万计，但全民通用的常用字高度集中；二是汉字的社会应用具有时代特征，但记录基本语素的常用字相当稳定。要而言之，汉字字种的总数很多，但社会常用字高度集中而相当稳定。①

第三节 规律形成的历史必然

"理者，物之固然，事之所以然也。"②清初哲学家王夫之（1619—1692）认为，"理"不仅在于"物之固然"，而且在于"事之所以然"。这个认识具有方法论的意义。探求事物的客观规律，既应把握其"固然"的统计学特点，更应认识其"所以然"的动力性原因。通过对大量古今字频统计数据的分析研究，初步认识了汉字在语用中的字频分布规律，进一步的工作就是从汉字记录汉语的关系上，去探究这一规律形成的历史必然性。

汉字是记录汉语的书写符号系统，汉字在语用上的字频分布规律其实就是汉语的构词规律在社会用字上的反映，因此，讨论汉字的社会应用不能不讨论汉语的构词规律。汉语构词之要，无外乎构词材料与构词规则，主要集中于基本语素与构词模式。宏观地考察现代汉语词汇的语用状况，可以概括出四个特点：高频的单音词，大量的合成词，能产的基本语素，意合的构词模式。要而言之，现代汉语词汇系统就是一个以单音词为核心、以双音词为主体再辅以一些多音节词的球形层级结构。

一、单音词的发达促成了汉语基本语素的集中

汉语单音词的发达，不仅表现为它在古今汉语中的使用频率都占压倒优势，而且表现在它兼职充当基本语素而具有极强的构词能力。这种一体两用地以根词兼作词根的特质，使单音词变得特别简明、高效、经济，由单音词充当的基本语素因此而相当集中。

汉语的单音词发达，单音词在汉语中的地位重要。单音词在汉语中的地位经历了一个历史发展的过程，这个过程是可以用计量描写的方式展现出来的。现选取先秦文言文、明代白话文和现代汉语有关样本的统计数据，用计量描写与历时比较的方式来讨论单音词的历史发展。春秋的《论语》与战国的《吕氏春秋》，是先秦的代表文献。明代冯梦龙（1574—1646）所编"三言"（《喻世明言》《醒世恒言》《警世通言》），是以宋元时期的话

---

① 龚嘉镇：《论汉语字词的语用频率及其分布规律》，《中国文字研究》第二十六辑，上海书店出版社，2017年。
② 〔清〕王夫之：《张子正蒙注》，中华书局，1975年，第168页。

本和拟话本为底本，改编创作的白话短篇小说集。《现代汉语频率词典》对181万字的四大类现代汉语语料的统计分析，4套义务教育《语文》教材用字用语的调查分析，较为客观地展示了单音词在现代社会的使用频率与分布情况。现将有关统计数据进行统一加工后，制表13.8列示如下：

表13.8 单音词在历代文献中的动态分布及其历史走向[①]

样本		总字量	总词种	总词次	类型	词种 字量	词种 占比	词次 词次	词次 占比	词次 均次	对语料覆盖率
先秦文言	论语	15 962	1 479	13 528	单音词	1 150	78%	12 690	94%	12	79.5%
					复音词	329	22%	838	6%	3	20.5%
	吕氏春秋	101 005	3 992	85 565	单音词	2 844	71%	81 400	95%	30	80.6%
					复音词	1 148	29%	4 165	5%	4	19.4%
明代白话	三言	102万	38 752	76万	单音词	3 868	10%	539 344	71%	139	53.1%
					双音词	27 787	72%	200 477	26%	7	39.5%
					多字词	7 097	18%	21 181	3%	3	7.4%
现代汉语	现代汉语频率词典	181万	31 159	131万	单音词	3 751	12%	845 366	64%	225	46.8%
					双音词	22 941	74%	451 048	34%	20	49.9%
					多字词	4 467	14%	17 990	2%	4	3.3%
	4套义教《语文》	159万	50 670	108万	单音词	3 670	7%	626 439	58%	171	39.3%
					双音词	33 010	65%	405 386	38%	12	50.9%
					多字词	15 933	28%	45 538	4%	3	9.8%

注：表中的"多字词"特指由三个及三个以上汉字记录的复音词。

表13.8中的成套数据客观地反映了单音词在汉语中的动态分布与历史发展。上古汉语以单音词为主，单音词不仅在静态的词种数量上占绝对优势，而且在动态的使用频率上占比更高。就《论语》《吕氏春秋》来看，先秦文献中的单音词一般占总词种的七成多，其使用频次占总词次的九成以上，对文本的覆盖率在80%左右。构词合成化在明代已经发展得相当充分了，"三言"中的单音词只占文本总词种的一成，其使用频次占总词次的七成以上。《现代汉语频率词典》的数据显示，现代汉语中的单音词虽只占总词种的一成多，但它的使用频次仍然占总词次的六成以上，对文本的覆盖率高达47%。即使是义务教育的《语文》教材，其中单音词的使用频次也占到总词次的近六成，对教材的覆盖率

[①] 《论语》《吕氏春秋》的数据引自伍宗文：《上古汉语复音词研究》，巴蜀书社，2001年，第362、371页。"三言"的数据引自周飞：《"三言"词汇统计研究》，广西师范学院硕士论文，2012年。《现代汉语频率词典》的数据引自北京语言学院语言教学研究所编《现代汉语频率词典》，北京语言学院出版社，1986年，第1489页。"4套义务教育《语文》"的数据引自苏新春《基础教育语文新课标教材用字用语调查》，国家语言资源监测与研究中心编：《中国语言生活状况报告（2007）》下编，商务印书馆，2008年，第437-474页。

达到了四成。

2008年发布的《现代汉语常用词表（草案）》收常用词56 008个，其中有3187个单音词，但单音词在高频段位的分布优势令人瞩目。[①] 2009年度媒体样本为10.07亿字，计使用了235万个词种，其中覆盖语料90%的高频词有12 517个，而覆盖语料50%的高频词只有594个。详见表13.9：

表13.9　2009年度媒体高频词的动态分布与静态占比[②]

高频词	动态分布					静态占比	
累积覆盖率	10%	20%	30%	40%	50%	词种	占比
单音词	6	31	79	137	228	2 047	16%
双音词		4	31	140	362	8 914	71%
三音词					4	1 236	10%
4～8音节词						320	3%
合计	6	35	110	277	594	12 517	100%

表13.9中数据说明，双音词在高频词种的静态数量上已占比七成，但从覆盖10亿字语料50%的前594个高频词的分布来看，单音词在高频段位上具有明显的优势。累积覆盖语料到20%的高频词有35个，其中不仅有31个单音词，而且是在第28位上才开始出现双音词的。累计覆盖语料到40%的段位，单音词与双音词尚处于对半开的态势。直到累计覆盖语料50%的段位，双音词才开始多于单音词。

随着新词的涌现和构词合成化的发展，合成词在词种数量上早已占八成多了，但即使在现代汉语中，单音词的使用频次仍然占总词次的六成左右。在说现代汉语词汇是以双音词为主时，不要忘记这只是就词种数量而言的认识。动态的词频分布较之静态的词种比重，无疑更为客观地反映了语词使用的真实状态和语用价值。单音词在汉语中的地位实在太重要了。

随着构词的合成化，原本主要记录单音词的汉字主要用于记录单音节语素了，这样的语素就是单字语素。汉字所记语素构词能力的大小，因而成为不同单字相与区别的本质属性。常宝儒分析说：在《现代汉语频率词典》所统计的181万字的语料中，"构词能力在100条以上，出现字次在1 000次以上的前70个字，它们参与构成的词条总数达到11 133条，占不同词条总数的35.7%。能力强得惊人。……再往下扩展分析，构词能力在10条以上的字共1 689个，累计字次达到91%强，构词能力也达到不同词条数的90%以上"[③]。

[①]《现代汉语常用词表》，语文出版社，2008年，第2页。
[②]《2009年度媒体高频词语表》，国家语言资源监测与研究中心编：《中国语言生活状况报告（2009）》下编，商务印书馆，2010年，第11、171-179页。
[③] 常宝儒：《现代汉语频率词典研制》，陈原主编：《现代汉语定量分析》，上海教育出版社，1989年，第56页。

单音词的高使用率及其在高频段位上的分布优势,它兼职充当基本语素时的高构词能力,正在为愈来愈多的人们所重视,现代汉语中最基本最常用的高频词仍然是单音词。

汉语单音词发达的事实应当重视,汉语单音词何以如此发达的缘由值得深究。任何一种语言在词的使用上都具有不平衡性,都历史地形成了自己的基本词汇。基本词汇所表示的是人际交流中必不可少的语义要素,是与人类社会生活密切相关的基本概念,这些词因其"基本"而全民通用而长期稳定而成为构造新词的基础。基本词汇的核心部分是根词,根词最能反映出语言的本质特点。各种语言都有自己的根词,汉语的根词因由单音词充当而尤为发达,颇具特色。

汉语的根词都是单音词。上古汉语以单音词为主,单音词不仅是汉语词汇的源头与基础,是词汇系统的核心与语法系统的基点,而且是汉字产生的语言基础,汉字就是以单音词为单位据义构形的表意文字。随着构词合成化的发展,字语对应的单位亦由以词字为主发展为以语素字为主。这是认识汉语汉字的基本出发点。

第一,充当根词的单音词一般是表示基本类属概念的通用词。"方以类聚,物以群分。"(《易传·系辞上》)华夏民族的思维方式特别注重类的集合与区分。在适应汉语发展需要的漫长演变过程中,所有语词都经受了优胜劣汰的历史选择,只有表示基本类属概念和基本语法关系的词才最终沉积为通用稳定的根词。

第二,充当根词的单音词一般都是内涵丰富的多义词。汉语词义演变的基本方式是义的引申,汉语汉文化的悠久完整,为语词特别是根词的词义引申提供了跟随社会发展的历史大环境,从而使历时的引申义列沉积而为共时的一词多义。

第三,充当根词的单音词除少数只能单用为词之外,一般就是构词能力最强的词根,是汉语中的基本传承语素。汉语词汇中的传承语素具有能产性、类聚性和稳定性的特点。在缺乏形态变化而以句法构词为基本构词方式的特定条件下,汉语中现成的根词天然地兼职或专职地成为词根,使用率最高的基本词通过职能的转变而成为构词力最强的基本传承语素。

总之,充当根词的单音词是汉语词汇中最基础、最稳定、使用率最高、构词力最强的词。它单音多义信息量大,通用稳定生命力强,既高频为词又高产构词,汉语单音词这些简明经济的优势,不仅决定了造句平面上基本词的相对集中,而且决定了构词平面上基本语素的更为集中。这就是汉语语词虽多而基本语素相当集中的原因。

二、汉字的形义联系维护了汉语基本语素的稳定

汉字自产生之日起就与汉语建立起了紧密的协同联系,它历史地顺应了汉语的需求,也能动地促进了汉语的发展。汉字不仅以单音词为单位据义构形,并随着构词合成化由词字发展为传承的语素字,而且通过形声化建立起系统的形义联系,帮助汉语书面语发展成为通古今通方言的民族书面共同语。汉语正是依靠汉字的形义联系才更多地保留了传承语素及其语义基因。

合成词是不同语素按一定语法关系结构而成的，其词义当然不是语素义的简单相加。有人举望文生义的例子，来说明语素义与合成词义之间没有多大关系。其实望文生义的情况确实存在，但所占比例较小；否则对基本语素与构词模式的研究就没有意义了。

苑春法、黄昌宁采用系统计量的方法，对 40 958 个二字复合词进行了分析统计，结果发现：复合词义是两个语素义的组合者占 89.8%，复合词义发生转化而不再是语素义的组合者占 0.7%，介于二者之间即复合词义与语素义有关但不全是语素义的组合者占 8.8%。这项统计分析说明："语素在构词时，一般总是保持原来的意义不变"，绝大部分二字复合词的"意义是由两个语素的语义共同决定"的。[①]

单音词以单字语素的形式兼职充当了汉语的基本语素，汉语的构词模式是为数有限而有理的；语素一般总是带着原有的语义参与构词，绝大部分复合词的词义是植根于语素义的合成之中的。汉字不仅具有以字形提示词义的表意功能，而且是以一字一语素的对应关系来记录汉语的。从语素字入手，深入认识传承语素在现代汉语词语构成中的重要地位，进而科学筛选基本语素与系统归纳构词模式，因而成为当前汉语构词研究的热点。而把语法与语义的分析结合起来，把定量与定性的分析结合起来，则是构词研究所应坚持的原则。

历史语言学的研究对象是书面语言。作为一个民族约定俗成以交流信息的符号系统，任何语言的基本语素都是高度集中相当稳定的，但汉语的基本语素因由单音词充当而更为集中，因汉字的系统形义联系而更为稳定。汉字是记录汉语以供全民交际的符号，这样的工具性质决定了汉字中的通用字群是一个为数有限的动态系统。虽然汉字的数量由古而今不断增长到七八万之多，但一个时代进行交际的通用字总是保持在六七千个；虽然历代的通用字都会随着社会的发展而有所变化，但其中记录基本语素的常用字却变化最慢最小而具有很强的稳定性。我们今天之所以还能读懂两千多年前的《周易》《诗经》，就是因为记录汉语的汉字不仅是世界上唯一使用数千年从未中断的自源文字，而且是以单音节语素为单位据义构形的表意文字。这就是汉语基本语素尤为稳定的主要原因。

三、常用语素字比基本语素更为集中更为稳定

一个民族的特定文化语境，决定了一个民族用以交际的字词是相对集中的；一个时代的特定历史背景，决定了一个时代社会使用的字词是更为集中的。汉语的通用词是有限的，记录通用词的常用汉字就更少了。从表 13.3 可见，在 10 亿字次级的年度媒体语料中，覆盖语料 90% 的高频词基本稳定在 1.3 万个左右，而记录这些高频词种的字种一般稳定在 2 700 个左右。万余条高频词的高覆盖率及其用字高度集中的现象，体现了汉语汉字优化编码的经济原则。汉语汉字的这种"词多字少"现象，是在词的合成化与字的多义化协同作用下的一种自我完善。

[①] 苑春法、黄昌宁：《基于语素数据库的汉语语素及构词研究》，《世界汉语教学》1998 年第 2 期。

  构词规律决定了用字规律。汉语是在单音词高度发达的基础上出现构词合成化的,汉语合成构词的最大特点,在于汉语的根词是由单音词充当的。原本高频的根词兼作高产的词根,这种一体两用即基本词与基本语素的同一性,直接促成了单音节基本语素的相对集中。用传承语素去合成新词,不仅使构词更为方便,词义更为明确,而且使汉字由主要记词变为主要记录语素,社会用字因此更为集中了。这就在客观上大大提高了常用汉字的语用频率与编码能力,从而以少驭多地用"有限"的字种去记录"无限"的语词。

  汉字的义项多于词的义项。汉字汉语在历史发展过程中,先后从增加字的义项(引申、假借)和增加词的长度(合成构词)两个方面来控制汉字的数量。"凡字,有本义,有引申之义,有假借之义。"①现代通用字中的单义字极少,而用一个字去记录几个语素的现象则相当普遍。例如"花"这个字,不仅可以记录花朵的"花"这个语素(本义)而合成出鲜花、花园等词,可以记录花状物的"花"这个语素(引申义)而合成出雪花、火花等词,而且还可以记录花费的"花"这个语素(假借义)而合成出花钱、花销等词。因此,在汉语词多而基本语素相对集中的基础上,记录基本语素的常用汉字就更为集中了;加之汉字是沿用数千年从未间断的表意文字,常用汉字遂因形义联系而比基本语素更为稳定了。

  研究汉字的最终目的还是要透过字形去认识它所记录的词/语素。汉语的基本语素绝不是散沙的堆积而是类聚的集合,这个集合不仅是一切合成词赖以层积生成的物质基础,而且是汉语语义层级网络的核心体系。汉字的"字"与汉语的"词/语素",在理论上虽是不同的概念,但它们在文以记言的关系上是对应的字语单位,这种对应单位由词字为主早已发展为以语素字为主。作为记录语言的符号,不同的汉字在功能上的差异,主要体现为所记之词的使用频率与所记语素的构词能力;而一个词/语素的使用频率与构词能力,则取决于它所表示的语义在语文交际中的价值与地位。语义是语言的核心,语言文字之所以能够成为人际和人机之间的交际工具,就在于它们是表示语义的符号。正是字词的不同表义价值,决定了词频字频在语用中的分布格局。

  综上所述,字频词频的深入研究,使我们认识到了汉字的社会应用具有集中两端很不平衡的字频分布规律。汉语词多而基本语素相当集中、相当稳定,汉字字多而常用汉字更为集中更为稳定,记录基本语素的字就是常用语素字,反之,常用语素字记录的就是基本语素,以字带词因而成为现代辞书的编写模式,成为汉字教学中的有效方法。究其所以然,汉字常用字种的集中和稳定,主要是由汉语基本语素的集中和稳定所决定的;至于常用语素字的更为稳定更为集中,则是汉字的表意性与多义性所促成的。综合汉语构词与社会用字两方面的规律性,可以得到这样的认识:汉语汉字具有词多字(语素字)少以字构词而生词熟字的特点。汉字在语用中的字频分布规律,体现了汉字作为交际工具的经济原则。认识这一规律,不仅深化了人们对汉字的理论认知,而且有力地推动了社会用字规范化,进而可以大大提高小学语文识字教学与对外汉语教学的效率。

---

① 〔清〕段玉裁:《经韵楼集》,凤凰出版社,2010年,第270页。

第十四章
多重联系的形音关系

一、字群：音同形不同的同音字
　　① 现行同音字的计量描写
　　② 同音字现象的历史分析
二、单字：形同音不同的多音字
　　① 现行多音字的分类描写
　　② 多音字现象的历史分析
三、字符：符同音或异的形声字
　　① 现行声符表音功能的测量
　　② 声符功能弱化的历史分析

提要：汉字是立足形义联系而据义构形单音成字的表意文字，它用一个方块字形来记录一个整体音节，并没有标示词的语音结构。汉字的形音结合具有先天的脆弱性，既弱于表音文字的形音联系，也弱于汉字的形义联系。在漫长的历史发展过程中，汉字汉语的演变并不完全同步，方块字形也没有反映出语音的变化。这种历时性渐变的不平衡，使原本结合脆弱的形音关系在不同的层面上出现了不同程度的脱节，从而历史地形成了一种多层次的综合结构关系：字群层面上的同音字音同形不同，单字层面上的多音字形同音不同，字符层面上的形声字符同音或异。

　　汉字是以单音节词为单位记录汉语的文字符号，每一个方块字都能读出特定的音节音来，形音之间具有约定俗成的特定关系。但是，汉字是从形义联系入手据义构形的表意文字，它用一个方块字形来记录一个整体音节，既没有标示词的语音结构，也不能反映词的历时音变，其形音关系远比表音文字复杂。汉字复杂的形音关系具有两个特点：一是形音结合的脆弱性，二是形音联系的多重性。
　　汉字形音关系的这种复杂性，是与生俱来的，也是历时加剧的。汉字据词构形的方式是"以义为本而音从之",①汉字不仅具有文字标音的本质,而且具有以字形提示词义的特色,字形与所记之词的音义同时直接发生联系。张世禄指出:表音文字的形音义三要素呈"直线关系",其认知方式是由形得音而知义。汉字形音义三要素呈"三角关系",其认知方式是通过字形同时从音义两个渠道来识别其字所记的词。他将这两种文字的区别如图 14.1 表示(箭头为笔者所加):②

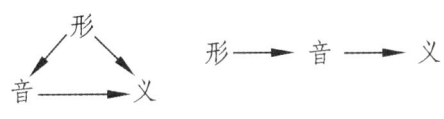

图 14.1 两种文字的形意义关系

文字以形标音的本质与汉字以形示义特点的结合,使汉字主要运用形兼音义的方式来记录汉语。虽然每一个方块汉字都能读出音来,但它记录的毕竟是一个整体音节,并且还有成群的同音字;拼音文字则通过特制字母的拼合来记录词的语音结构,而且其字母是以音素为单位的专职音符。汉字形音之间的结合程度,既弱于表音文字的形音联系,也弱于汉字的形义联系。形音结合的脆弱性,确实是汉字形音关系的一个重要特点。

汉字形音关系的复杂性,不仅在于内在结合的脆弱性,而且在于联系形态的多重性。汉字以单音节词为单位据义构形,它用一个方块字形来记录一个整体音节,并没有标示出所记之词的语音结构。这样的记词方式使汉字在形与音的内在结合上,一开始便具有了脆弱性。在数千年的历史发展过程中,汉字汉语不同步地运动着,方块字形并没有反映出语音的历时变化。这种历时性渐变的不平衡,使原本结合脆弱的形音关系在不同的层面上出现了不同程度的脱节。正是形以记音单位之特殊对应与形以标音关系之历时演变的相互作用,使汉字的形音关系更趋复杂化,并历史地形成了一种多层次的综合结构关系:字群层面上的同音字音同形不同,单字层面上的多音字形同音不同,字符层面上的形声字符同音或异。这种形音联系的多重性,确实是汉字特有而不见于表音文字的复杂关系。

经本植指出:

> 汉字有形有音有义,现代汉字在这几方面的关系到底如何?这是一个摆在我们面前"熟视无睹"而又长期悬而未决的问题。③

从整体上和动态上在字群、单字、字符三个层面上,去研究汉字形音之间的逻辑联系及其历史演变,是一项颇有意义的工作。这不仅可以在理论上更为深刻地认识汉字系统的本质特征、发展规律及其整体功能,而且在汉字教学、汉字规范和中文信息处理等

---

① 〔清〕王筠:《说文释例》,武汉市古籍书店影印本,1983 年,第 2 页。
② 张世禄:《张世禄语言学论文集》,学林出版社,1984 年,第 556 页。
③ 经本植:《〈现行汉字形音关系研究〉序》,龚嘉镇:《现行汉字形音关系研究》,湖北人民出版社,1995 年,第 1 页。

方面，也具有重要的应用价值。

笔者1990年申报承担了国家社会科学基金项目《现行汉字形音关系研究》。课题以《现代汉语通用字表》所收7 000字为样本，采用计量描写、历史分析与现实应用相结合的方法，从字群、单字、字符三个层面上，第一次对现行汉字的形音关系进行了较为全面深入的研究。①《现代汉语通用字表》收字7 000个（内含2 500常用字、1 000次常用字），计有625个现行多音字，本音之外的现行异读音共有705个。以一音为一字计，现行汉字当有7 705个。笔者以普通话读音为标准，在7 705个现行汉字的范围内，分别编制了《现行同音字汇编》《现行多音字汇编》和《现行形声字汇编》。首先将系统方法和数学方法结合起来，逐层进行了竭泽而渔的计量描写，通过大量成套数据，分别展示了现行同音字、现行多音字和现行形声字的宏观状态、内在结构与声符的表音功能；继而在定量分析的基础上进行历史分析，着重从文以记言的方式和字语发展的不平衡上，去历史地探析同音字增多、多音字产生和声符表音功能弱化的根本原因和演变过程。

下面即从字群、单字、字符三个层面来讨论汉字的形音关系。

第一节　字群：音同形不同的同音字

一、现行同音字的计量描写

现行汉字的读音有多少个音节，是语言文字研究和中文信息处理中经常遇到的一个问题。笔者据《现代汉语通用字表》测量的结果是：7 705个现行汉字有405个基本音节，其中仅15个音节为一字专用。这15个字中有11个常用字、1个次常用字：me 么、fó 佛、néng 能、nín 您、nuǎn 暖、liǎ 俩、gěi 给、shéi 谁、rì 日、zéi 贼、sēn 森、sēng 僧、diǎ 嗲、nòu 耨、lo 咯。就是说现行汉字中只有这15个字没有同音字。除此之外的音节都有同音字，平均一个音节有19.8个，其中 ji, yi, yu 三个音节的同音字多达一百个以上。

现行汉字有22个声母，平均一个声母有350个双声字，其中零声母字的字数近乎14%，以绝对优势占居首位；而以浊音 r 为声母的字最少，仅有107个。在汉语语音史上，零声母和舌尖后音、舌面音都出现得比较晚。值得注意的是，ø, zh, ch, sh, r, j, q, x 这后起的8个声母计有3 654个双声字，居然占到现行汉字的47%。

---

① 龚嘉镇：《现行汉字形音关系研究》，湖北人民出版社，1995年。本章未注出处的数据都引自此书。

现行汉字实有 40 个韵母（-i 视作两个韵母），《汉语拼音方案》外还有一个 io，平均一个韵母有 193 个叠韵字，i 和 e 二韵母的叠韵字最多；字最少的韵母是 ê 和 io，都只有 4 个叠韵字。由单元音充当的 10 个单韵母居然有 2 544 个叠韵字，1/3 的现行汉字是单韵母字。零声母的单韵母字，即单元音音节字占 5%，平均每 20 个现行汉字中就有一个单元音音节字。

现行汉字中的阴平字、阳平字各占 1/4，去声字竟然以近 1/3 的比例占了压倒优势，是上声字的两倍。现行汉字中有 59 个轻声字，有的轻声字的出现率相当高。多项字频统计显示，一个"的 de"在现代汉语自然语料中的覆盖率就高达 4%。

综上可见，汉字的形音关系在字群层面上有两个特点：一是汉字的同音现象普遍，同音字很多。从文以记言的角度来看，汉字系统实质上就是若干异形别义之同音字群的集合。二是汉语语音系统具有乐音化简明化的发展趋势。在现代汉语通用字中，有 1/3 的字是单元音韵母字，有 14% 的字是零声母字，有近 1/3 的字是去声字。单韵母、零声母和去声调的大比重增多，反映了汉语语音系统乐音化简明化的历史发展趋势。①

二、同音字现象的历史分析

（一）汉语音系的简明化趋势

纵观汉语音系的历史演变，虽然也有分化，但同化归并和弱化脱落一直是大势，是主流，整个声韵调系统呈现着简化的趋势。人们总是力求言者省力顺口，闻者好听悦耳。诸如全浊声母悉数并入相应的清音声母，起首辅音的失落以导致零声母的扩大，韵尾辅音的失落使闭音节转化为以元音收尾的开音节，主要元音的混同而并等为呼，短促入声调的派入四声，等等，无不反映了汉语音系的简明化趋势。声韵调种类逐步减少，特别是发音费力且不响亮不悦耳的噪音淘汰更多，音节结构和拼合规则随之简化。其结果是音素种类减少元音占据优势，音节结构精简拼合趋于简便。

汉语音系这种乐音化简明化的发展趋势，在现代汉语中尤为突出地反映在单韵母、零声母和去声调的扩大上。单元音韵母发音省力而声音响亮，零声母音节没有起首辅音，其乐音化简明化的倾向是很明显的。段玉裁指出"上、入声多变而为去声，平声多转为仄声"②，认为后出的去声是从平上入三声中分化出来的。后出的去声是降调，其频率由高而低，声带由紧而松，发音顺口省力，顺应了声带活动在语流中先紧后松的生理特点，故而特别易于加大振频，展宽音域，延续音长而用作别义的重读音。恐怕这就是古人强调新分之义时要破读去声的主要原因吧。

---

① 龚嘉镇：《现行同音字分析》，《语言研究》1994 年增刊。
② 〔清〕段玉裁：《说文解字注》，上海古籍出版社影印本，1988 年，第 815 页。

据笔者统计，去声字在《宋本广韵》中占 21%，在《中原音韵》中增至 26%，[①]在现行汉字中竟将近 1/3 了。

表 14.1　汉语声调历时消长情况统计

样　本	平　声 阴平	平　声 阳平	上声	去声	入声	轻声	收字总数
宋本广韵	9 754		4 810	5 301	5 402		25 267
	38.6%		19.0%	21.0%	21.4%		
中原音韵	1 312	1 311	953	1 554	735		5 866
	22.4%	22.4%	16.2%	26.5%	12.5%		
现代汉语通用字表	1 914	1 986	1 276	2 470		59	7 705
	24.8%	25.8%	16.6%	32.0%		0.8%	

单韵母、零声母和去声调在现代汉语中发展到了如此重要地位的事实，有力地说明了人们在语言文字交际中总是在寻求简与明的辩证结合，力求用简便顺口的发音传达出明确悦耳的听觉符号，力求用简便合理的字形传达出明确易解的视觉符号。经济原则是语言文字运转的基本原理，简明化不仅是汉字系统的发展趋势，也是汉语音系的发展趋势。

（二）同音字多的根本原因

各种语言的语音单位都是有限的，用这种有限的语音单位去记录无限的概念，不同概念的词当然也就可能同音了。语言的社会性和生理性，决定了同音词是一切语言共有的现象。文字是记录语词的符号，自然也就有了同音字。问题在于，7 705 个现代汉语通用字中只有 15 个字没有同音字，汉字中的同音现象为什么这样普遍？平均一个基本音节就有近 20 个同音字，甚者竟多达 118 个，汉字中同音的字为什么这样多？

第一，汉语是单音节的词根语，其易调别义的特有手段，促成了汉语单音节同音词的发达。汉语的声调与元音、辅音一样具有区别意义的作用，声调的运用成倍地增加了音节的负荷能力，推动了汉语单音节词的发达。表义的音节有限而新生的词语无穷，单音节词之间自然特别容易同音。汉语单音节同音词的发达，直接造就了众多的同音字。

第二，汉字是立足形义联系的表意文字，其以字形提示词义的表意功能，加强了汉字在语音上的兼容性。汉字是形音义的结合体，其所记之词的意义，是既通过语音来传达，也直接用字形来提示。汉字形兼音义这一区别于表音文字的本质特征，不仅扩大了汉字表意上的信息量（那么多同音的汉字竟一看就懂），而且加强了汉字标音上的兼容性（这么多异形的汉字又读音相同）。多词共一音，一音有多字，字词对应而音同字不同，

[①] 中国书店根据张氏泽存堂本影印的《宋本广韵》自谓收字 26 194 个，笔者反复统计的结果是 25 267 字。《中原音韵》的数据据杨耐思《中原音韵音系》一书中的《〈中原音韵〉同音字表》统计所得，中国社会科学出版社，1981 年。

词有专字以异字记异词,这就从书面上有效地分化了多义音节,区别了同音语素。

第三,汉语音系的简明化进程,直接促成了后世同音字的增多。从《广韵》音系到今天的普通话音系,声母由 35 个减少到 21 个,韵母由 142 个减少到 39 个,两呼四等归并为开齐合撮四呼。随着音素种类减少,音节结构简化,不少异音字逐渐变成了同音字。

汉字同音字多的原因还有一些,诸如译音词、联绵词的用字等,但最根本的是以上这三条。从文以记言的角度讲,汉字以字形提示词义的表意功能有效地区别了同音语素,汉字系统实质上就是若干异形别义之同音字群的集合。《新华字典》《现代汉语词典》等中小型字词典,一般是按汉语拼音字母的次序排列单字条目的。这种编排方式的实质,就是按音序排列汉字的同音字群。

(三)同音词的区别与分化

汉字原本是以单音节词为单位据词构形的。尽管可以用不同形体的同音字来记录和区别同音词,尽管可以凭借具体的语言环境来排除同音词的歧义,但单音节的同音词太多了,总不免要发生语义上的混淆:口头上说不清,书面上写别字。于是,复音合成词便应运而生并很快发展起来了,汉字所对应的语言单位也跟着发生了转移。汉字所记录的就大多不再是词而是语素了,同音字所记语素构成的合成词也一般不再是同音词了。就几种根据某一词典所作的静态统计来看,同音词都仅占 10% 左右。[①]现代汉语中同音词的比例远少于现行汉字中的同音字。

总而言之,汉语中的单音词凭借特有的声调手段而特别发达,多词一音经济地解决了音少词多的矛盾。面对随之产生的同音歧义问题,字语双方都进行了内部调整。先在记词方式上,利用以形示义来区别同音词,有力地发挥了汉字对汉语的能动作用;继而在构词方式上,采用复音合成来分化同音词,大大减少了异词同音的可能性;同音复合词多了,又通过轻重音、儿化音等手段来从意义、词性、感情色彩上加以区分。正是通过这样的不断自我完善,才使现行汉字这一由若干同音字群组成的符号系统,得以准确地记录更加丰富更加严密的现代汉语。

第二节
单字:形同音不同的多音字

汉字大多数是一字一音,也有少部分是一字多音,单字层面上的一字多音是方块汉字特有的现象。讨论现行多音字的宏观状况,应该归纳多音字各音项的语音差异以认识

[①] 引自《同音词问题讨论综述》,《语文建设》1987 年第 2 期。

一字异读的音变方式,考察不同多音字的表词功能以认识一字多音的音义关系,在此基础上对多音字形音义关系的形成进行历史分析。

一、现行多音字的分类描写

描写现行多音字的宏观状况,可以从两方面展开:一是归纳多音字各音项的语音差异以认识一字异读的音变方式,二是考察不同多音字的表词功能以认识一字多音的音义关系。

(一)一字异读的音变方式

7 000 现代汉语通用字中有 625 个现行多音字,占总字数的 9%;有 705 个现行异读音,占本音数的 10%。2/3 的现行多音字是常用字和次常用字,89%的多音字只有 2 个现行音项。着眼于现行多音字各音项在语音上的差异,可以把多音字分为四类:仅调有异、韵同声异、声同韵异、声韵全异。详见表 14.2:

表 14.2 现行多音字音变方式的分类统计

类　别	仅调有异	韵同声异	声同韵异	声韵俱异	合计	占比
常用字	178	46	58	44	326	52%
次常用字	37	26	10	18	91	15%
其余通用字	58	57	26	67	208	33%
合　计	273	129	94	129	625	100%
占比	43%	21%	15%	21%	100%	

声调区别词性和意义,增加音节信息量的重要作用,在多音字中得到了充分的反映。王力指出:"在声调转化的许多词当中,就有一部分词是为了区别词汇意义和语法意义而引起声调的分化的。"[①]现行音项的差别仅在于声调不同的多音字有 273 个占 43%;其中有 251 个一字两调,而 2/3 的两调字中有去声,多达 163 个。这种现象并不是偶然的。一字多义仅别之以调,固然尤为经济;但变作何调有利,当然更要优选。去声是后起的声调,多用以标示后起的分化义。为了区别和强调分立之义,自然多选用在语音上易于加强的声调。去声是个降调,发音顺口,易于重读,所以复合词中的重读音以去声为多。有去声的两调字在异调多音字中占压倒优势,这是变调别义上优化选择的结果。

现行多音字中音项差异在于声母不同者有 129 个,占 21%;其中很多声母不同是因为声调不同造成的。历史音变与发音方法、发音部位的改变有着直接的关系。中古以后,发音方法上的一个重大变化就是全浊声母的清音化:其平声字变成了发音部位相同的送气清音,其仄声字变成了发音部位相同的不送气清音,其声母分别为 b/p, d/t, g/k, z/c,

---

① 王力:《汉语史稿》上册,中华书局,1980 年,第 211 页。

zh/ch，j/q。在这一规律的演变中，决定声母变化的条件就是声调的平仄。这种因调异造成声母不同的多音字有 65 个，加上异调多音字两类计达 338 个，占现行多音字的 54%。这两类字的使用频率也高，其中常用字就有 257 个，占常用字、次常用字中多音字总数 417 个的 62%。就是说，现行多音字各音项在语音上的差异，多数是声调不同或调异所致。声调之于一字多音，可谓举足轻重。

（二）一字多音的音义关系

多音字各音项在语音上的差异，是音变方式的差异。其实质性的区别，是表现在音义关系与表词功能上的。着眼于音义关系的不同，可以从文以记言的角度把多音字大分为多义和多用两大类。一字多义者，各音项所表意义不同，异词同形，为别义而变读，是谓多义多音字；一字多用者，各音项使用场合不同，同词异用，随分用而异读，是谓多用多音字。

1. 异词同形的多义多音字

多义多音字的特点是异义异读以"随声分义"。从文以记言的角度讲，就是用同一个字的不同音项来分别记录几个异义的同形词。又可分为"音随义转"的同源裂变、"依声托事"的借字记词和"名从主人"的专名异读。各音项所记之词的区别主要表现在意义、词性和构词三个方面。

（1）"音随义转"的同源裂变。

难，有两个现行音项：nán, nàn。难（nán），"艰也"（《广韵·寒韵》），侧重于不易，单用时作形容词；难（nàn），"患也"（《广韵·翰韵》），侧重于不幸，单用时作名词。构词上，都能与近义语素构成并列式合成词，如"困难""艰难""灾难""患难"。除此之外，"难（nán）"多与别的语素构成"难忘""难产"这样的偏正式合成词，难（nàn）多与别的语素构成遭难、落难这样的动宾式合成词，其他的情况就比较少了。

丧，有三个现行音项：sāng, sàng, sang。《说文解字·哭部》："丧，亡也。"段玉裁注："亡，非死之谓。……凡丧失字本皆平声，俗读去声，以别于死丧平声，非古也。""丧"在上古仅读平声，《广韵》时代也尚未截然分读。后义项裂变渐趋独立。"存亡与生死分别言之"，遂变调别义，各记其词了。丧（sāng）表丧死义，多用作丧事、丧钟这样的名词；丧（sàng）表丧失义，多用作丧志、丧气这样的动词。后"哭丧"义泛化扩大，常用于"哭丧着脸"，"丧"在现代汉语中便又有了 sang 这一音项。

"难""丧"二字以异音记异词，词虽各别而义实相因。不论是从不易义的"艰难"到不幸义的"患难"，还是从"丧失"到"丧死"再到灰心失望义的"哭丧着脸"的"丧"，其间的引申线索都是颇为清晰的。这类多义多音字所记录的异词，原本就是同一个词。只是因为词义运动才产生了多个引申义项，或活用为他类词，或破读成别的音，一旦使用频繁到某义项约定用某音项表示的时候，便随声分义裂变而为音义相通的同源词了。

（2）"依声托事"的借字记词。

在单音词为主的上古，有词无字的矛盾是很尖锐的，人们利用文字约定俗成的符号性质，发明了借音记词的假借，即借用一个现成同音字来记录"本无其字"的异义同音词。这种一字数用的手段十分经济，后来也成为音译外来词和简化繁体字的一种方法。

占，是一个从卜从口的会意字，本义占卜，并引申出窥察、推测等义项；后来又借用这个字去记录一个占有义的同音词。什，是一个从十从人的会意字，古代户籍以十家为一"什"，军队以十人为一"什"，它义同于"十"，并引申出品杂数多的意义，如什物、什锦；后来又借用它去记录一个疑问代词，如什么、为什么。占卜义的占 zhān、什锦义的什 shí 是会意字，占有义的占 zhàn、什么义的什 shén 是假借字。字虽同而词迥异，它们在意义上风马牛不相及。

娜，本读 nuó，如婀娜、袅娜，多用于形容女子姿态的柔美。茜，本读 qiàn，是一种草本植物，因其根可作红色染料，又引申出红色义。但这两个字用作外国女人名的音译字时，"娜"就要读 nà，"茜"就要读 xī 了，如托尔斯泰的《安娜·卡列尼娜》、译制电视片《茜茜公主》。

现行多音字中有 26 个是由于简化合并而成为多音字的，都是常用字。如斗/鬥、几/幾、吁/籲等。这些被合并的字不仅原本音义有异，而且有的如舍/捨、辟/闢、卷/捲等组中的加旁字，其"依类附声"而"随声分义"的目的就是为了分化古字的兼职。异义异音之字合并之后，当然便成了多义多音字。

古字假借、外词音译和简化合并而成的多义多音字，是借字记词的产物。它们所记录的同形词从来就不是同一个词，在意义上并没有内在的联系。

（3）"名从主人"的专名异读。

这类多音字大多是两个音项的字。一个是常用义音项，一个是专用义音项，后者专门用于姓名、地名、术语等特殊音。区，常用的区域义读 qū，而用于姓氏则要读 ōu 了。厦，常用的房屋义读 shà，但用于福建厦门市的"厦"则要读 xià 了。轧钢的"轧"读 zhá 而不统读作 yà，巷道的"巷"读 hàng 而不统读作 xiàng，就因为工人们都那样读而不这样读。这类"名从主人"的专名异读一般视为异用。其实，它异读的作用仍是在于区别意义，而且其中异用音项所表示的意义还尤为专有。

2. 同义异读的多用多音字

多用多音字的特点是同义异读而随俗分用。各音项所表示的意义基本相同，只是使用场合或使用习俗不同罢了。从文以记言的角度讲，就是用同一个字的不同音项来记录同一个词的异读音。这类多音字一般没有区别意义的作用，又可分为使用场合不同的文白异读和使用习俗不同的习惯异读两种。

（1）使用场合不同的文白异读。

使用场合不同的文白异读多系古今音变所致，主要来自于中古辞书的注音。其区别主要在构词上，文读音多在合成词中用作语素，结合紧密些；口语音多单用作词再组成短语，结合松散些。如名词"爪"，文读为 zhǎo，例如爪牙、张牙舞爪等；口语为 zhuǎ，例如猪爪子、鸡爪子等。动词"削"，文读为 xuē，例如剥削、削足适履等；口语为 xiāo，例如削铅笔、削苹果等。形容词"熟"，文读为 shú，例如成熟、深思熟虑等；口语为 shóu，例如饭煮熟了等。这种文白异读除了使用场合不同、结合能力有异外，在意义上是很难辨析出什么差别来的。

对于文白异读，《普通话异读词审音表》或舍文取白，或舍白取文，统读了许多。注明文白异读的只有 31 个，但这些字大多是常用的字，应用中有时仍无所适从。王力当年曾就《审音表》初稿指出：表中有许多"一律"和"不取"，"这些都很受群众欢迎，似乎还可多搞一些'一律'和'不取'，少迁就一些文白异读"。①

（2）使用习俗不同的习惯异读。

使用习俗不同的习惯异读多是方音混合或歧异的结果。这种习惯异读无论是意义、词性还是构词上，都说不出什么应该分读的道理。例如"扫"在扫地、打扫中读 sǎo，在扫帚中读 sào。"倔"，在倔强中读 jué，在倔头倔脑中读 juè。"核"，在核桃、细胞核中读 hé，在桃核儿、煤核儿中读 hú。这类多音字所记录的其实就是尚待规范的异读词。指，《普通话异读词审音表》初稿（1963 年）有 zhī、zhí、zhǐ 三读，1985 年定稿中统读为了上声。谁，在 1985 年修订的《普通话异读词审音表》中尚存 shéi、shuí 两读，现在人们一般都把它统读为了 shéi。国家语委于 2011 年启动了第三次普通话审音工作，在修订原则中明确提出："充分考虑北京语音发展趋势"，"尽量减少没有别义作用或语体差异的异读。"在征求意见的《普通话异读词审音表（修订稿）》中，虹、血、螫、荨、杉、葚等 15 个同义异读词也被统读了。②同义异读是普通话中的消极因素，这种古今南北音相持并存的现象，毕竟是历史音变进程中的一种过渡现象。

综上所述，立足于音义关系与表词功能，多音字可从文以记言的角度大分为多义和多用两大类。多义多音字记录的是异义同形词，多用多音字记录的是同义异读词。前者一字多词而随声分义，不失为经济的手段；后者一字一词却随俗异读，实在是徒增烦难。归纳分类如图 14.2 所示：

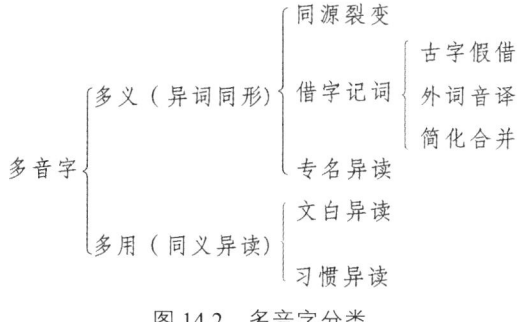

图 14.2 多音字分类

---

① 王力：《论审音原则》，《中国语文》1965 年第 6 期。
②《〈普通话异读词审音表（修订稿）〉征求意见公告》，教育部网，2016 年 6 月 6 日。

二、多音字现象的历史分析

在现状描写的基础上，对多音字形音义关系的形成进行历史分析，着重讨论三个问题：汉字汉语发展的不平衡，词汇的发展与随声分义，语音的演变与同义异读。

（一）形音义发展的不平衡

上古汉语以单音词为主，汉字是以单音词为单位据义构形的。一字记一词，一形一音一义，字词单位对应，词的音义也就是字的音义。汉语、汉字虽然都随着社会的发展而发展，但它们的发展是不平衡的。语言中的词汇最为活跃，旧义不断引申，新词大批涌现。语音是语义的载体，汉字是汉语的载体，这种关系的性质决定了语音的发展必然落后于词汇的发展，汉字的发展必然落后于汉语的发展。字语之间、音义之间的不平衡发展，增加了载体的负荷而一体多用，这便出现了同形词和多音字。"凡字，有本义，有引申之义，有假借之义。"① 这种现象，就字而言是一字多义，它们都是同一个字的不同义项；就词而论则是异义同形，它们分属几个同形词：或是同根生事的新词，或是"依声托事"的另词。一字之有数义，多系一字而记数词，探其源，不外引申、假借二途也。

乌，这个字的意义最初只是用来指一种叫乌鸦的鸟。由于词义的引申，由乌鸦的习性引申出了"乌合之众"的"乌"，由乌鸦的毛色引申出了"乌黑"的"乌"，前者虽作状语仍是名词，后者则裂变而为形容词了。通过字形的假借，这个字又借去记录同音叹词"乌乎"的"乌"（后加旁为"呜"分化出去了），记录同音代词"乌足道哉"的"乌"，还记录"乌托邦""乌克兰"等译音词中的"乌"。显然，尽管形音仍然相同，但字义和词义已不再是对应的关系了。正是这种不平衡的发展，使汉字从一形一音一义走向了一形一音多义。

这种义变音不变的多义字，从文以记言的角度讲，就是用增加一个字的义项的方法去记录一个多义词或几个同音词。随着构词的复合化，同一个多义字所记的不同语素活跃在不同的合成词中，并凭借语素间相互制约相互补充的作用而使词义明确丰富起来。一字记多义既节制了文字数量，构词复合化又区别了同形语素，所以，记录基本语素的常用字一般多是这样同音同形的多义字。

词汇发展、语音演变与汉字发展的不同步，即音义、字语发展的不平衡，不仅使常用字普遍成为多义字，而且产生了不少"随声分义"的多音字与同义异读的多音字。就现代汉语通用字而言，如"我""她"这样一形一音一义的字是很少的，如"乌""花"这样的一形一音多义字是普遍的，而如"难""丧"这样的一形多音多义字则将近一成。汉字在形音义关系上的这种基本格局，是在语言经济原则的支配下优化形成的。

---

① 〔清〕段玉裁：《经韵楼集》，凤凰出版社，2010年，第270页。

（二）词汇发展与随声分义

面对新词的涌现、词汇的发展，人们很早就注重从构词法上来调整字词关系。就历时的大势而言，汉语后来固然主要采用了合成构词法，通过复音合成来创造新词。但在以单音词为主的时代，还是较多地利用音变构词法来记录新词，即用转音变读来区别新词的词性和语义。

北宋贾昌朝（997—1065）的《群经音辨》，对经籍中的1 100多组异音异义的同形词进行了分类辨析，在汉语史上第一次较为全面地讨论了古汉语常用异读词音变构词的问题，这也是我国古代的第一部多义多音字字典。他在该书的《序》中提出了"随声分义"说，指出由于"古字不繁，率多假借，故一字之文音诂殊别者众"[1]，认为"一字之文"的"音诂殊别"，其实就是为了"随声分义"，即利用同一个字的别义异读来表示不同的义项。清代学者钱大昕从音义关系的约定分工上进一步指出："古人音随义转，故一字数音。"[2]贾昌朝的"随声分义"与钱大昕的"音随义转"，真是一语破的，堪称经典之论。汉语中转音变读的实质，就在于凭借"音随义转"的音义关系而发挥"随声分义"的表词功能。这就是今天所谓的通过改变语音从旧词中分化出新词的音变构词法。音变构词有声变，有韵变，有声韵俱变，但更多的还是声调之变，变调别义是随声分义的主要方式。汉字是记录汉语的符号，汉语的音变构词直接促成了多义多音字的产生。

一字两读以声调别义，清儒多谓肇自六朝，是中古以后的现象。周祖谟用汉代学者的大量音训材料来考证四声别义，认为"一字两读，……盖远自后汉始。"[3]洪诚（1910—1980）认为："如果以同字为训的事例看，一字两读的事实……当远起周末。"[4]周秦时期一字异读现象的材料，虽然不多但确实是有，试举"伐""正"二字以为说明。

> 《公羊传·庄公二十八年》："《春秋》伐者为客，伐者为主。"何休注："伐人者为客，读伐长言之，齐人语也。……见伐者为主，读伐短言之，齐人语也。"[5]清初的顾炎武进一步解释说："长言则今之平上去声，短言则今之入声也。"[6]
>
> 《史记·秦始皇本纪》：秦始皇"以秦昭王四十八年正月生于邯郸，及生，名为政"。《正义》："正，音政，周正建子之正也。……后以始皇讳，故音征。"《史记·秦楚之际月表》："端月，正月也，秦讳正谓之端。"[7]

《春秋》中的一个"伐"字何以有两读，何休（129—182）、顾炎武（1613—1682）

---

[1] 〔宋〕贾昌朝：《群经音辨》，中华书局影印本，1985年，第1-3页。
[2] 〔清〕钱大昕：《十驾斋养新录》，中华书局影印本，1985年，第19页。
[3] 周祖谟：《问学集》上册，中华书局，1966年，第81-119页。
[4] 洪诚选注：《中国历代语言文字学文选》，江苏人民出版社，1982年，第157页。
[5] 〔清〕阮元校刻：《十三经注疏》，中华书局影印本，1980年，第2241页。
[6] 〔清〕顾炎武：《音学五书（一）》，上海古籍出版社，2011年，第60页。
[7] 〔汉〕司马迁：《史记》，中州古籍出版社影印本，1991年，第51、135页。

先后从变调别义的音义关系上进行了解读。秦因始皇生于正月取名为"政"而讳"正":既易字把"正月"改称"端月",又变调将"正月"改读"征月"。可见,"伐""正"在当时就是一字两读而随声分义的多音字。这种利用声调的屈折变化从旧词里分化出一个新词来的手段,是汉语特有的一种形态构词法。

词义运动的主要方式是在旧词语义基核上的引申,义项常用而渐趋独立,破读久用亦相沿成习;义的裂变导致了形态的变化,音的异读区别了派生的新词,这就是所谓的"音随义转"。词已分化而载体不变,异音同形自一字两读以"随声分义"。至于借音记词的字,无论是"依声托事"的假借字、记录外词的音译字,还是异字合并的简化字,它们所记录的从来就不是同一个词,其读音有的原本就有小别,有的后来亦生分歧,音义本异而字形相同,一字多音理在必然。

这种"随声分义"形态有别的同形词,不管是词义运动同源裂变所致,还是有词无字"依声托事"所致,都反映了汉字的发展落后于汉语的发展。正是字语发展的不平衡和汉语音变构词法的相互作用,形成了复杂的形音义配合关系,这就是产生多义多音字的根本原因。

三、语音演变与同义异读

明代陈第最早指出:"盖时有古今,地有南北,字有更革,音有转移,亦势所必至。"[①]古今音的并存导致了文白异读,南北音的混杂造成了习惯异读。意义基本没变,读音却不相同,这种异读词的存在,就是产生多用多音字的根本原因。需要强调的是,普通话是"以北京语音为标准音"的,我们说习惯异读是南北音混杂的结果,这混杂固然包括外地方音的影响,但主要还是历史音变在北京方音内部造成的歧异。

语言的演变表现在时间和空间两个方面。历史比较法的方法论基础,就在于通过比较语言在空间上的南北差异,去探索语言在时间上的演变规律。时间上的古今音变因各地演变的不同步,往往呈现出空间上的方言音异来。这一特点在文白异读上表现得尤为典型。

张清常(1915—1998)、徐通锵两位先生指出:

> 张清常:"古代入声字在现代北京音里比别类的字(原来古代平上去的字)更容易出现意义相同用法相同的一字异读的情况。"其"最主要的原因应该是由于入声在北京音中消失了,因此古入声字就在这一演变过程里产生了更多的一字异读现象。"[②]

---

① 〔明〕陈第:《毛诗古音考》,中华书局,1988年,第7页。
② 张清常:《北京音里面的一字异读问题》,《南开大学学报》1956年第2期。

> 徐通锵："通过文白异读的形式表现出来的两种方言系统的竞争,是语音演变的一种空间表现形式。"[1]

《普通话异读词审音表》中注明文白异读的 31 个字中就有 17 个古入声字。其他同义异读中的雀、着、角、结、核、答、吓、说、骨、撮、倔等也是古入声字。共时地看,实在难以讲出之所以分读的道理,但它们的不同音项又确实并存在北京音里。而一旦运用历史分析的方法,就会认识到古今音变在北京方音内部造成的歧异,特别是古入声字念法的尚不稳定,才是产生同义异读现象的主要原因。对这类异读音的逐步规范,正是顺应和促进了普通话语音的规律发展。在进入信息化时代的今天,汉语的同义异读呈现出单音化的统读趋势,无论是文白异读、习惯异读,还是姓氏地名异读、音译词异读,都在向着单音化的方向发展。大多数或此或彼的同义异读,通过深入的调查和慎重的审订,是应该也可能趋于统读的。我们应该顺应同义异读单音化的语用趋势,进一步加强异读词的整理规范。

综上所述,多音字是方块汉字特有的现象,作为记录语词的符号,它是音义、字语发展不平衡的历史产物。正是这种不平衡的发展,历史地形成了各种错综复杂的形音义配合关系。义变音亦变,异词同形而为多义多音字;音变义不变,同词异读而为多用多音字。前者突出地反映了旧词的裂变和新词的增生,后者更多地表现了古今之音变与方音之歧异。这就是汉字中一字多音现象的实质。[2]

第三节　字符：符同音或异的形声字

形声字是"形声相益"的合体字,它以义音合成的结构而具有义音兼表的功能,早在战国后期就发展成为汉字的主体。汉字的形声字是借用现成同音字充当声符的,造字之初的声符与形声字是同音关系,其所谐的形声字亦当是同符即同音的关系。但是在现行形声字中,声符与形声字则未必同音了。讨论现行形声字的形音关系,其实质就是讨论现行声符的表音功能。科学测量现行声符系统的表音功能并归纳其表音的特点,深入研究形声字系统的形音关系及其演变的原因与历史,不仅具有认知意义,而且具有应用价值。

---

[1] 徐通锵:《汉语研究方法初探》,商务印书馆,2004 年,第 188 页。
[2] 龚嘉镇:《现行多音字分析》,《语文建设通讯》第 46 期,1994 年。

概 论

一、现行声符表音功能的测量

现行声符仍然具有表音功能,这是不争的事实。讨论这个问题的价值在于,现行声符系统在标示现行形声字读音上所发挥的有效作用究竟达到了什么样的程度,这就需要对现行声符系统的表音功能进行宏观的计量描写。我们将计量分析与系统方法结合起来,着重描写现行声符正确标音的有效范围和表音性质的嬗变程度,着重考察它在库存状况下的静态功能和在实际应用中的动态分布。

(一)正确标音的有效范围

7 000 个现代汉语通用字中有 625 个多音字,以一音为一字计,有 7 705 个现行汉字。其中有 6 252 个现行形声字,现行通用汉字中有 81%的字是现行形声字。6 252 个现行形声字有 1 226 个现行声符,平均一个现行声符有 5.1 个现行形声字,但其中近 1/4 即有 295 个现行声符只谐一个现行形声字。现行声符正确标音的有效范围,是按照现行声符与它的现行形声字是否同音这一标准,从两个视角来测定的。此处所谓的标音,特指的是基本音节音。计量分析结果如下:

第一,现行形声字与声符的声韵调完全相同的有 1 975 个,仅声调不同的有 1 152 个,合计有 3 127 个现行形声字能够根据声符正确地读出音节音,声符能正确标示音节音的现行形声字刚好是 50%。第二,能够正确标示其全部现行形声字音节音的现行声符,即同符必同音的现行声符有 442 个,占现行声符总数的 36%;这 442 个声符所谐的形声字计 1 093 个,只占现行形声字总数的 18%,平均 1 个声符才谐 2.5 个形声字。

着眼于据符能读音,测量的是声符在标示单个形声字读音上的作用;着眼于同符必同音,测量的是声符在标示其现行谐声系统读音上的作用。计量描写表明,虽然同符必同音的现行形声字只占 18%,但有 50%的现行形声字能够根据声符正确地读出音节音。

(二)表音性质的嬗变程度

现行声符正确标音的有效范围,是采用非此即彼(同音者为 1,异音者为 0)的判定方式所得到的计量结果,这无疑是必要的。但仅此为止,则未必能够揭示整个现行声符系统在表音性质上的嬗变程度。因为,在以是否同音为据而取值为 0 的这 50%的现行形声字,大多还与声符保持着叠韵或双声等语音联系,其表音性质实际处在一种亦此亦彼的模糊状态。采用非此即彼的标准,将这部分亦此亦彼之声符的表音度简单地判定为 0,不仅抹杀了声符在与形声字之关系上的历史传承性,而且也忽视了现行声符在发挥表音作用时的复杂性。这就有必要运用模糊集合论的方法,用隶属度的概念来描述现行声符系统的表音隶属度。

模糊性是人类认识的重要特性,也是语言文字的重要特性。所谓模糊性,就是对象的类属边界不清晰或性质状态不确定的一种特性,它是事物普遍联系和连续运动在人们思维活动中的一种客观反映。声符由表音到不表音是逐渐变化的,这种渐变不仅反映在

符能标音的形声字和同符必同音的声符的减少上，而且也反映在各单个形声字内部声符表音作用的减弱上。前者的减少是明晰的，后者的减弱则是模糊的。内涵上的模糊变化较之外延上的明晰变化，更深刻地反映了声符表音性质的嬗变程度。

模糊集合论中的隶属度分析，就是对模糊变化进行数学分析的一种科学方法。笔者把全部现行形声字中各声符的表音功能看作一个模糊集，每个字的声符都有一个在表音性质上介于 0（不属于）到 1（属于）之间的隶属度。笔者把声母、韵部、介音和声调的比值确定为 4∶4∶1∶1。即与现行形声字声韵调完全相同的声符的表音值为 1，音节同而调有异者的为 0.9，韵母同而声母异者为 0.5，韵部同而声母、介音异者为 0.4，声母同而韵部异者为 0.4，声母韵部都不同者为 0；其中多音声符的表音值则按以上取值的 1/2 计算。据此求出全部现行形声字中声符在表音性质上的平均隶属度。计量分析结果显示，现行声符系统的表音隶属度为 0.65，声符的表音隶属度大于符能标音之形声字的比重。这说明现行声符就整个系统而音，仍然具有表音的性质，但表音的作用确实不强了。

（三）表音功能的动态分布

国家语言文字工作委员会 1988 年公布的《现代汉语通用字表》和《现代汉语常用字表》，不仅第一次将现代汉语通用字定量为 7 000 个，而且第一次将现代汉语通用字划分为常用字、次常用字、通用字三个用字级别。这种对现代汉语通用字的分级定量，本身就是动态分析的结果。

笔者充分利用了现代汉语通用字分级定量的成果，把以上对现代汉语通用字的整体考察深入为分级考察，由此测量了现行声符的表音作用在不同用字级别上的动态分布，如表 14.3 所示。

表 14.3　现行声符表音功能在不同用字级别上的动态分布

考察角度	现行形声字	现行形声字的动态分布		
		常用字	次常用字	其余通用字
现行形声字	81%	67%	87%	91%
声符能标音的形声字	50%	46%	56%	59%
同符必同音的形声字	18%	13%	19%	20%
声符表音隶属度	0.65	0.60	0.66	0.67

表中成套的四组数据，清楚地传达出了这样一个信息：现行形声字的多少，现行声符表音功能的强弱，与形声字的语用频度恰成反向分布。现代汉语通用字中的形声字多达 81%，但形声字的分布则随字频级别的降低而逐步增多：形声字在常用字中占 67%，在次常用字中占 87%，在其余通用字中竟高达 91%。声符能正确标示音节音的形声字占现行形声字总数的 50%，它的分布亦随字频级别的降低而逐步增多：符能标音的形声字在常用级的形声字中占 46%，在次常用级的形声字中占 56%，在通用级的形声字中则高

达59%。现行声符系统的表音隶属度的分布也是随字频级别的降低而逐步增高的。以上成套数据显示：语用频度越低的汉字，其中的形声字越多，其声符的表音度越高；反之，越是高频的常用字，其中的形声字就越少，其声符的表音度就越低。这固然是"常用趋易"的规律在起作用（词即常用趋短，字则常用趋简），因为历代字形简化的对象多是常用的字，其受影响最大的部分又总是声符。但另一方面的原因也不能忽视：越常用的字人们越熟悉，声符的标音作用也就越无所谓；越少见的字越陌生，人们也就越需要声符能够提示字的读音。于是，常用字较多地简化字形，低频字较多地能够标音，况且现行形声字中的常用字远少于低频字，这就既方便了书写，又有利于认读。可见，现行声符的标音功能在熟悉的常用字中弱而在陌生的低频字中强，乃是汉字系统一种优化性演变的结果。

（四）表音功能的量化方法

现行声符表音功能的计量研究，是一个颇为复杂棘手的问题。笔者首先将全部现行形声字集合为一个系统，逐一弄清楚这个系统中每一个现行形声字与它的声符在以符标音上的实际状况；在充分占有事实的基础上，再综合运用各种有效的数学方法，对收集的全部有关信息进行多状态、多方位的定量分析。

第一，根据非此即彼的排中律，按照形声字与它的声符是否同音为取值标准，来测定现行声符系统正确标音的有效范围。结果发现有50%的现行形声字能够根据声符读出正确的音节音，但只有18%的现行形声字保持了同符必同音。

第二，鉴于对象亦此亦彼的模糊性，按照现行声符与它的形声字有多少语音联系为取值标准，运用模糊集合论中的隶属度分析方法，来量化现行声符系统表音性质的嬗变程度。因为各单个形声字内部声符表音作用的模糊减弱，较之同音形声字和同音声符的明晰减少，更深刻地反映了声符表音性质的嬗变程度。

第三，在静态考察的基础上，笔者充分利用了现行汉字分级定量的研究成果，对现行声符表音功能在现行用字中的实际发挥情况进行了动态分析，从中发现现行声符表音作用的大小，与形声字的使用频度恰成反比分布。

我们对现行声符系统表音功能的计量分析是逐步深入的。首先采用聚类分析去测定其占比，在静态上把握现行声符正确标音的总体状况；继而运用以量析质的隶属度分析，从模糊状态中去认识声符表音性质的嬗变程度；最后通过概率统计，去研究现行声符的表音功能在不同用字级别上的动态分布规律。其方法扼要如表14.4所示。

表14.4 现行声符表音功能的计量分析方法

研究视角	计量方法	认知目的
非此即彼的静态个体	聚类分析	正确标音的有效范围
亦此亦彼的模糊性态	隶属度分析	表音性质的量变程度
或此或彼的随机现象	概率统计	表音功能的动态分布

这就从个别到整体，从外部到内容，从静态到动态，一步一步地接近了对象。把对象作为系统进行这样多视角多方法的计量分析，不仅丰富和发展了传统的归纳方法，而且在思维方式上变严格决定论为统计决定论。这样做既深化了对语言文字的研究，也顺应了现代信息社会对语言文字研究的要求。需要指出的是，以上任何一个数据都不能全面而只是部分地反映了现行声符系统的表音功能。定量分析原本是自然科学的方法，由于社会科学研究对象的复杂性，借用时是有一定局限的。现行声符系统的表音功能不可能是一个比值或几个比值的平均值。

综上所述，汉字形音关系的复杂性最为集中地体现在声符的表音功能上，用一个比值或几个比值的平均值去量化其表音功能，是把复杂问题简单化了。通过对现行声符正确标音之有效范围、表音性质之嬗变程度和表音功能之动态分布的计量考察，发现现行形声字的形音关系有两个特点：一是声符相同的形声字未必同音，符同音或异是现行形声字形音关系的重要特点；二是声符的表音功能与形声字的使用频度呈反向分布。我们没有刻意追求形式化，而是把结论表述为这样的文字：现行声符系统的表音功能确实不强了，但还保持着表音的性质，它在大量低频字中的较强标音作用更具应用价值。①

二、声符功能弱化的历史分析

形声字声符表音功能弱化的趋势，是与生俱来的，也是历时加剧的。先天之根在于汉字是表意文字而形音联系较弱，其声符的"借音符"性质，其标音的"直音"方式，具有表音的局限性；后天之因则主要是声符与其形声字在历史音变过程中未能完全同步，从而导致形音联系的部分脱节。符同音或异因此成为现行形声字形音关系的一个重要特点。

（一）汉字声符的先天局限

汉字是以象形字为基础以形声字为主体的表意文字，形声字的声符虽有表音功能，但并不是独立的音标。所谓音标，是从语音中抽象出来的专职记音符号，具有一音一符的特点，即一个音素只用一个符号表示，一个符号只能代表一个固定的音素。如汉语拼音字母、国际音标等。上古的谐声完全本乎自然，其声符都是借用的现成同音字，这种"借音符"是在记词方式形声化的进程中历史形成的。大多数声符原本就是形声字的古字，它们是在"以类附声"分化兼职的机制中被倒逼成为声符的；而"形声相益"直接合成的形声字，则是选取现成同音字来充当声符的。造字出自众手，历时异地逐步积累而成，何况声符及其形声字还历经了数千年的演变发展。这种历史形成的声符不仅具有"借音符"的性质，而且是用"直音"的方式来标注形声字的音节音，所以汉字声符的表音功能具有先天的局限性。汉字声符在表音功能上的局限性，具体表现有三：

---

① 龚嘉镇：《现行声符表音功能分析》，西南师范大学汉语史研究室编：《汉语史论文集》，西南师大出版社，1995年。

第一，声符数量太多而构字率很低。8 233 个小篆形声字有 1 670 个声符，符均构字 4.9 个，其中只构一个形声字的声符有 593 个，占 36%。[①]6 252 个现行形声字有 1 226 个现行声符，符均构字 5.1 个，其中只构一个现行形声字的声符有 295 个，占 24%。

第二，声符的分布以一音多符为主。汉字系统是四百多个同音字群的集合，因此一个基本音节设置一个声符，即一音一符者当最为理想。但汉字的声符是在历时异地的背景下逐步形成的，其一音多符的现象相当普遍。详见表 14.5：

表 14.5　现行单音项声符在各基本音节中的分布状况

声符分布	1	2	3	4	5	6	7	8	9	10	11	12	14	15	16	18	19	24	合计
音节数	92	78	62	33	22	13	8	7	3	2	2	1	6	2	1	1	1	1	335
所谐形声字	484	799	1 037	623	487	446	304	250	105	107	111	60	425	141	83	102	68	106	5738

注：表中的"声符分布"是按一个基本音节有几个现行单音项声符来划分的。如"声符分布"为 5 一列就表示，拥有 5 个现行单音项声符的基本音节有 22 个。

现行汉字有 405 个基本音节，有些音节没有现行声符，还有 88 个由现行多音字充当的声符。1 138 个单音项声符分布在 335 个基本音节中，平均 1 个音有 3.4 个单音项声符，但声符的分布很不均匀，大多数音节有多个声符。从上表可知，现行形声字中一音一符的基本音节只有 92 个，计谐形声字 484 个，在现行声符总数、现行形声字总数中都只占 8%。而拥有≥10 个现行声符的基本音节就有 17 个，yi 音节的 106 个现行形声字竟然有 24 个现行声符。

第三，有 8% 的现行声符是由多音字充当的。声符的基本功能是标注形声字的读音，理想的声符应该是由没有异读的单音字充当的。在现行声符中有 88 个声符是由现行多音字充当的，计谐现行形声字 514 个，在现行声符总数、现行形声字总数中都占 8% 左右。在现行声符中，单音声符有 1 138 个，占 93%；其所谐字计 5 738 个，占现行形声字总数的 92%。3/4 的现行声符是由常用字和次常用字充当的，有 906 个；其所谐形声字计 4 782 个，亦占现行形声字总数的 3/4。

在形声字的形音关系上，汉字形音结合的脆弱性，主要体现在借用同音字作声符以直音式来为形声字注音。这样的先天局限性直接造成了如下的缺陷：声符多达千余个而构字率很低，一音多符现象普遍且相当突出，还有 8% 的现行声符由多音字充当。

（二）符字音变不完全同步

社会的发展推动了语言文字的发展，但语言文字内部各要素的发展是不平衡的。在这极其漫长的历史演变过程中，不仅语音的变化快于字形的变化，而且形声字与它的声符在音变中也不完全同步。历史音变的不完全同步造成了形声字形音联系的部分脱节，

---

① 李国英：《小篆形声字研究》，北京师范大学出版社，2019 年，第 60、146-166 页。

声符记音的"直音"方式又不能反映语音的历史演变，于是有的声符就逐步失去了表音的功能。时至今日，能根据声符正确读出音节音的现行形声字者仅占一半，其同符不同音的现象较为突出。

历史音变的不完全同步导致形声字形音联系之部分脱节的现象，是相当普遍而颇有规律的。在现行声符及其形声字中，那些因声母不同而字不谐符或同符异音的，其不同声母的发音部位或发音方法大多是类近的。就发音方法看，其声母分别是 b/p、d/t、z/c、g/k、j/q、zh/ch 的现象相当普遍。它们不仅发音部位相同，而且在发音方法上也仅有送气不送气之分，这显然是中古以来全浊声母清音化的结果。就发音部位看，轻唇音是从重唇音中分化出来的，所以 b、p/f 多混谐；翘舌音是从舌头音中分化出来的舌上音逐步演变而成的，所以 d、t/zh、ch、sh 多混谐。

与声符不同韵母的现行形声字有 1 559 个，但其中差别仅在于介音的有无或不同的就有 301 个，近乎五分之一。详见表 14.6。

表 14.6　现行形声字与声符同韵异呼情况统计

现行声符		开口呼	齐齿呼	合口呼	撮口呼	合　计	
现 行 形 声 字	开口呼		108	23		131	301
	齐齿呼	95		8	1	104	
	合口呼	22	5		29	56	
	撮口呼	9	1			10	

其中声符有 i 介音而形声字无介音的形声字有 108 字，声符无介音而形声字有 i 介音的形声字计 95 字；其为开口呼者声母多是翘舌音而绝无舌面音，为齐齿呼者声母多是舌面音而绝无翘舌音。王力指出："四呼是近代汉语和现代汉语的特点，韵头的变化是具有普遍的规律的。"① 这种 i 介音的产生与失落，即开口呼与齐齿呼的转化，多受声母发音部位的影响。一方面，二等开口韵在前边喉音、舌根音声母的影响下，逐步产生 i 介音而成为齐齿呼，并随之将声母腭化为舌面音。另一方面，舌上音和正齿音合流而为翘舌音，其后的 i 介音因受声母排斥而失落成为了开口呼。现行形声字中开口呼与齐齿呼大量混谐而声母不同的现象，历史地反映了在产生舌面音声母和翘舌音声母的过程中，韵头所发生的相应变化。

汉字的谐声系统是历史形成的，其韵部声类是后人归纳古语材料的结果，并不是先设计了什么顶层方案，再据此规则地炮制出一个一个的谐声系统。任何一个谐声系统都不是同时同地产生的，它们在逐步形成的过程中，不可能不受到异代方音的影响，有的字在造字时就未必与声符完全同音。据当时当地之音来选定的声符与它的形声字，在长时期大范围的使用过程中，自然要受到古今音变和异域音歧的影响。由于声符原本就是有独立读音的现成字，所以声符与形声字在音变中就未必完全同步了，有的如"非/辈"

---

① 王力：《汉语史稿》上册，中华书局，1980 年，第 136 页。

那样声符音变而字音不变（古无轻唇音），有的如"登/橙"那样字音变而声符不变（古无舌上音）。声符和形声字的字形虽也递有变化但结构多基本对应，并没有在字形上反映出语音的这种变化来。

声符的表音功能从古至今呈减弱的趋势，但在弱化的同时也保持了较强的历史传承性。声符不标音与符同音或异的现象，共时地看，其读音确实有了差异；历时地看，其间却存在着一定的内在联系，它客观地反映了语言的演变及其规律，反映了语音的分合与字形之间的内在对应关系。现行声符在发挥表音功能时因而具有四个特点：一是具有传承性，共时地看较差而历时地看较强；二是具有系统性，单个地看较差而类推地看较强；三是具有互补性，割裂出来较差而结合义符较强；四是具有分布上的差异性，在常用字中较差而在低频字中较强。

在进行计量分析的基础上，历史地考察声符的表音功能，可以清楚地看到语言文字发展的不平衡性和渐变性。形音、字语发展演变的不同步，导致了字形与字音的部分脱节，使声符的表音功能出现弱化的趋势。但这种不平衡的发展毕竟是以系统的方式渐变进行的，即使那些分合了的语音也大多与字形有着内在的对应关系，所以，现行声符系统还仍然保持了表音的性质。字不尽谐符和符同音有异的现象，在形声字内部结构这个更深的层面上，历史地反映了汉字系统在数千年演变中逐步形成的复杂形音关系。

第十五章
汉字的科学教学

一、学科的特点与现状分析
二、教材的编写与顶层设计
　　① 汉字教学要分段定量循序渐进
　　② 低段启蒙应集中识字提早阅读
　　③ 小学识字需控制字量提高质量
三、教法的改进与能力培养
　　① 转变理念：培养能力教会自学
　　② 认识汉字：字符有限合成有理
　　③ 学习母语：一靠实践二靠积累

　　提要：汉字的科学教学，是事关小学语文教学与对外汉语教学的重要应用研究。其研究大分为二：一要根据常用字词高度集中的分布规律，切实加强教材编写的顶层设计，尽快为识字教学研制一个分段定量循序渐进的教学字表。二要遵循汉字以少驭多合成有理的构字规律，以改进教法提高教学效率，让小学生在两年内形成初步的阅读能力。汉字不是一盘散沙而是一套人文符号系统，应有序成串地教，可有理有趣地学。首先掌握核心义符，功夫多在以文组字，重点抓住形义联系。从掌握象形字（基础义符）入手去类推学习合体字，从掌握常用字（基本语素）入手去类推学习合成词，是科学教学字词的有效方法。

　　加强汉字教学的科学性，是汉字学中事关小学语文教学与对外汉语教学的重要研究内容，是汉字应用研究中惠及广大小学生和外国留学生的应用研究，其中存在着一个基础理论如何指导应用实践的大问题。这一研究可大分为二：一是如何吸取汉字用字高度集中的研究成果，以加强教材分段定量的顶层设计；一是如何遵循汉字以少驭多合成有理的构字规律，以改进教学方法而提高教学效率。

　　中国的近代教育，是在列强入侵辛丑大辱的民族危机中起步的，是在创办新式学堂、鼓励出国留学和废除科举制度的进程中发展起来的。在《辛丑条约》签订后的第二年即1902年，清政府痛定思痛，颁布了由管学大臣张百熙（1847—1907）拟订的《钦定学堂章程》。1904年1月13日又颁布了修订后的《奏定学堂章程》，由此统一了全国各地各级各类学堂的体制，从而开始形成了全国的教育系统。《奏定学堂章程》规定：初小5年，设"中国文字"科；高小4年，中学5年，设"中国文学"科，课文都是文言文，都简称为"中文"科。这就是教育史上所谓的"癸卯（1903）学制"。1905年，清政府废除科举制度。"停科举以广学校"，各地相继兴办新式的小学堂（县）、中学堂（府）和高等学堂（省），初步建立起了中国的近代教育体制。[①]

1912年1月19日，中华民国临时政府教育部颁布了《普通教育暂行办法及课程标准》，将此前中小学的"中国文字""中国文学"科统一改称"国文"。[②]五四运动反对文言文，提倡白话文。北洋政府教育部在1920年将小学的"国文"科改称"国语"，并把小学各科教材一律改为白话文。1922年11月1日，北洋政府颁布了由全国教育会联合会反复研讨后提出的《学校系统改革案》，规定小学学制6年，初小4年，高小2年；中学学制6年，初中、高中各3年。这就是教育史上所谓的"壬戌（1922）学制"。[③]该学制规定了中小学的"六三三制"，这种学制一直沿用到今天。

早在民国初期，"语文"一词就开始用指我们的母语，但作为一门课程的专称，则始用于1949年。叶圣陶（1894—1988）当时在华北人民政府教育部门主持中小学语文科课程标准的起草工作，他提出将"国语"和"国文"合二为一，改称"语文"。"以为口头为'语'，书面为'文'，文本于语，不可偏指，故合言之。亦见此学科'听''说''读''写'宜并重。"[④]叶老主持编撰的《小学语文课程标准》与《中学语文课程标准》始用"语文"之名，"语文"从此成为这门课程通用的专称。现将"语文"科名称的由来归纳为表15.1。

表15.1　"语文"科名称的由来

1904年	1912年	1920年	1949年
清朝光绪后期	民国政府	北洋政府	新中国
初　　小：中国文字	国文	小学：国语	语文
高小-中学：中国文学		中学：国文	

从光绪后期的"中国文字""中国文学"，到民国时期的"国文""国语"，再到新中国的"语文"，这就是我国中小学母语课程通称"语文"的由来。"语文"的由来反映了

[①]《清史稿（上）》，中国文史出版社，2003年，第867-871页。参看璩鑫圭、唐良炎编：《中国近代教育史资料汇编》，上海教育出版社，2007年，第302-337页。
[②] 璩鑫圭、唐良炎编：《中国近代教育史资料汇编》，上海教育出版社，2007年，第605-610页。
[③] 璩鑫圭、唐良炎编：《中国近代教育史资料汇编》，上海教育出版社，2007年，第1008-1012页。
[④] 叶圣陶：《叶圣陶语文教育论集》，教育科学出版社，1980年，第730页。

人们对这门课程的性质、内容之认识的深化过程,也从一个侧面反映了中国教育近代化的发展进程。

第一节 学科的特点与现状分析

语言文字是人类用以进行思维与交际的重要工具。任何语言及其文字都是约定俗成的符号系统,任何语言文字都需要经过长期学习才能熟练运用以进行交际。培养学生理解和运用母语(汉语汉字)的能力,是中小学"语文"课程的根本宗旨。如何大面积提高汉字教学(小学识字教学与对外汉语教学)的效率,是汉字应用研究的重要内容。"目前,全球180多个国家和地区开展中文教学,81个国家将中文纳入国民教育体系,开设中文课程的各类学校及培训机构共8万多所,正在学习中文的人数超过3 000万。"[1]中华语言文化走出去的新形势,也对汉字教学提出了迫切的要求。汉字据义构形、合成有理、用字集中,加强和推广汉字的科学教学极具价值大有可为。汉字教学是小学语文的启蒙教学。培养学生认识一定量的常用字并学会独立识字,以尽早形成初步的阅读能力,应该是小学低段识字教学的基本任务。

一、学科的特点与古代的识字教学

语文科具有很强的特殊性:语文是学习母语的实践性课程,虽然语文教/学处处离不开知识,但语文科并不是一般的知识性学科。其他教材,无论是理科的数、理、化,还是文科的史、地、品德课,都有自己明确的知识内容体系,都是按"课程"特有的知识结构及其逻辑序列来编写的,知识前后续接一般不重复,内容依次成序一般不改变。但"语文教材无非是例子,凭这个例子要使学生能够举一而反三,练成阅读和作文的熟练技能"[2]。学生学习语文,主要是通过学习范文来逐步提高语文素养,通过听说读写训练来逐步形成语文能力的。

我们应该认识和重视语文教材的特殊性。语文教材主要由一篇篇范文组成,语文教学的内容及其教学序列不仅是隐性的,而且与课文(范文)内容没有必然的逻辑联系。各种语文知识不规则地重复出现在课文中,在一篇课文中教什么、教到什么程度、进行

---

[1] 《教育部发布〈中国语言生活状况报告2023〉》,央广网,2023年8月16日。
[2] 叶圣陶:《叶圣陶语文教育论集》,教育科学出版社,1980年,第152页。

何种训练,具有很大的自由度或者说随意性。因此,"教什么""教多少"与"先教什么",一直是困扰着一线语文教师的问题。这一问题在小学字词教学的种、量、序上特别突出。

我国古代的识字教材,据《汉书·艺文志》记载,最早当推西周宣王时太史籀所编的《史籀篇》,是"周时史官教学童书也"。出土文献中最早的是秦代"书同文"时丞相李斯编的《仓颉篇》,其"文字多取《史籀篇》"而有所增删。传世文献中最早者是西汉元帝时黄门令史游编的《急就篇》,所用之字"皆《仓颉》中正字也"。①所谓《急就篇》,其实就是学童的速成识字课本。《急就篇》原文 31 章计 1 953 字,所用不同单字 1 649 个;为后人续补的今本 34 章计 2 144 字。在原文的 1 649 个单字中,有 1 185 字进入了《现代汉语常用字表》,占 72%;1 484 字进入了《现代汉语通用字表》,占 90%;1 539 字进入了《现代汉语词典》,占 93%;没有收入两表一典的字只有 110 个,不到 7%。②社会用字虽代有变化,但古今的常用汉字是高度集中而相当稳定的。古代编撰和流行的识字教材,所用之字一般就是当时的常用字。

我国古代识字教学有两大特点:选取常用汉字编成课文以集中识字,立足识字着眼启蒙而注重文道结合。从《史籀篇》《苍颉篇》到《急就篇》,再到南北朝的《千字文》、宋代的《三字经》,都体现了这样的特点。都是先通过蒙学课本集中学习一千多个最常用字,然后再读"四书""五经"的。

二、义教《语文》教材的字词状况

苏新春(1953—)主持完成的两项调查研究,对小学《语文》字词教学的宏观状况进行了量化性质的探究。③其中一项调查显示,8 套小学《语文》教材(内地 6 套,港台各 1 套)总字量为 111 万字,计用字种 4 372 个。其中 1 569 个最常用字累计覆盖了全部语料的 95%,前 2 632 个常用字累计覆盖了语料的 99%,另有占总字种 40%的 1 740 个字,仅累计覆盖了语料的后 1%。8 套教材计列生字 3 855 个,其中 2 488 个、798 个分别是《现代汉语常用字表》中的常用字、次常用字;另有该表未收的非常用字 569 个,占教材生字总量的 15%。其中内地 6 套《语文》教材平均每套的总字量为 16.2 万字,均用字种 3 353 个,均列生字 2742 个。教材用字在字种数量上的超标现象是较为普遍的。

另一项调查显示,4 套义务教育《语文》教材总字量为 159 万字,计用词种 50 670 个。每套教材的词种量都在 2.5 万个上下,其中仅有四成的词种为四套教材共有。在这 159 万字的语料中,9 101 个最常用词累计覆盖了全部语料的 90%,而出现 1~3 次的低

---

① 〔汉〕班固:《汉书·艺文志》,《汉书》,中州古籍出版社影印本,1991 年,第 287-288 页。
② 陈黎明:《〈急就篇〉用字初探》,《中国语文》1996 年第 6 期。
③ 苏新春撰稿:《基础教育阶段小学语文教材汉字使用调查报告》,国家语言资源监测与研究中心编:《中国语言生活状况报告(2009)下编》,商务印书馆,2010 年,第 435-464 页。
苏新春:《基础教育语文新课标教材用字用词调查》,国家语言资源监测与研究中心:《中国语言生活状况报告(2007)》下编,商务印书馆,2008 年,第 437-474 页。

频词居然多达 33 165 个。占总词种 65%的这 3 万多低频词，大多就是专用名词，而覆盖语料 90%的九千常用词则一般都是语文词。常用字词高度集中覆盖率极高，低频字词数量庞大使用率极低，汉语用字用词的这种宏观格局，我们一定要重视。详见表 15.2。

表 15.2　8 套小学《语文》所用字种、4 套义教《语文》所用词种对教材语料的累积覆盖状况

对教材语料的累积覆盖		50%	60%	70%	80%	90%	95%	99%	后 1%	100%
8 套小学《语文》	所用字种	117	205	344	584	1 069	1 569	2 632	1 740	4 372
	最低字次	1 579	1 024	637	343	153	77	18	1	
4 套义教《语文》	所用词种	220	540	1 336	3 320	9 101	17 505	39 897	10 773	50 670
	最低词次	542	223	89	35	10	4	1	1	

九年义务教育分为四个学段：小学 1~2 年级为第一学段，3~4 年级为第二学段，5~6 年级为第三学段，初中 1~3 年级为第四学段。小学《语文》第一册一般学习三百多个字，在第一学段集中学习一千五六百字。需要说明的是，教材的识字量应该是教材所使用的全部字种。内地 6 套小学《语文》实际平均使用字种 3 353 个，有 600 来个是没有列入生字表的。为了展示生字新词在教材中的分布状况，现取上述 6 套内地小学《语文》各学段生字的平均数，取 4 套义务教育《语文》各学段新词的平均数，制成表 15.3。

表 15.3　6 套内地小学《语文》中的生字、4 套义教《语文》中新词的分布状况

学期、学段	第一学期	第一学段	第二学段	第三学段	第四学段	合计
6 套小学《语文》的生字	293	1 495	934	313		2 742
4 套义教《语文》的新词		3 151	5 476	5 675	11 528	25 830

从 1950 年到 2021 年的 70 多年间，教育部先后颁布了 10 个《小学语文教学大纲》和 3 个《义务教育语文课程标准》，原则地规定了各学段的字词教学任务。2011 年之前的历届教学大纲和课程标准对识字教学的要求，可以说是字量要求明确，字种要求原则，教学次序则无要求。作为落实课程标准的教材，各种小学《语文》课本都程度不同地存在着字数超量、字种超标、字/词教学无序的问题。这些问题在小学第一学段表现得尤为严重。在上述 8 套小学《语文》教材中，第一册的生字竟然只有 33 个是 8 套共有的字。长期以来，小学《语文》教材在启蒙的第一册、第一学段，到底应该教学哪些字词、先教学哪些字词，是并无依据而各行其是的。加强小学《语文》字词教学的科学性以提高教学效率，这是必须尽快补上的一块短板。

第二节 教材的编写与顶层设计

课本课本，一课之本。《课程标准》所要求的"目标与内容"，是主要由教材来落实和安排的，一线教师更是主要依据教材来进行教学的。需要指出的是，小学各学段应该教/学多少字（字量），各学段应该教/学什么字（字种），低段应该先教/学哪些字（字序），是应该有科学依据与教学要求的。但是，语文自独立设科以来，其课程内容及其教学序列一直缺乏明确的表述，其中的识字教学是随文（课文）学字而分散学习的。我们应该深入研究汉字教学和母语学习的规律，切实加强《课程标准》与教材编写的顶层设计，尽快为识字教学建立一个分段定量循序渐进的教学内容体系。

一、字词教学要分段定量循序渐进

我国社会用字的分级定量始于1988年，当年发布的《现代汉语常用字表》收2500个常用字和1000个次常用字。《义务教育语文课程标准（2011年版）》附录的两个字表，第一次从字种上明确了小学初中识字教学的"目标与内容"。一个是《识字、写字教学基本字表》，收构形简单、重现率高、构字力强的300个基本字，"作为第一学段教科书中识字、写字教学的重要内容"。一个是《义务教育语文课程常用字表》，收常用汉字3500个。根据它们在当代各类语料中的出现频率和汉字教学的需要，又分成两个字表。《字表一》收2500个常用字，"可作为第三学段识字、写字教学评价的依据"。《字表二》收1000次常用字，主要放在初中阶段教/学。这就从字种、字量上，为小学识字教学的分段定量提供了科学的依据。

在《义务教育语文课程常用字表一》所收2500个常用汉字的基础上，充分吸取字频研究的成果，进一步科学地研制出分段定量的常用字表，应用价值特别大。因为只有这种按学段分段定量的常用字表，才能从字量、字种、字序上具体落实《课程标准》在各个学段的要求，从而为汉字教学建立起一个科学合理而循序渐进的教学内容体系，为教材编写和教师教学提供可以参考的科学依据。其中"第一学段常用字表"尤为重要，其选字的标准应该有三条：一是构字能力最强的基本字，二是使用频率最高的常用字，三是儿童语言中的常用字。三条之要皆在高频常用。这三条标准并不矛盾，构字能力最强的基本字一般也是使用频率最高的常用字，儿童语言常用字大多也是使用频率最高的常用字。希望这种分段定量的字表尽快出台，希望这种分段定量的教材早日面世。

二、低段启蒙应集中识字提早阅读

古代识字教学对于今人的最大启示是：在发蒙阶段先集中学习一定量的最常用字，使学童尽快形成初步的阅读能力。古代识字教学的经验和大量现代识字教学的实验证明，小学低年级的语文教学应该把重点放在识字上，只有先集中认识一定量的常用字，才有可能在两年内形成初步的阅读能力。

汉语的用词用字具有高度集中的特点，少儿读物之类的浅易文章，用词用字就更为集中了。8套小学《语文》教材的总字量是111万字，计用字种4 372个，其中最常用的117个字就覆盖了教材语料的50%，1 569个常用字累积覆盖了教材语料的95%。其实，多套大样本字频研究的结果早已表明，1 500最常用字对现代自然语料的累积覆盖率就是95%，它们记录的就是汉语中使用频率最高构词能力最强的基本语素。4套义务教育《语文》教材的总字量是159万字，计用词种50 670个，其中最基本的220个词就覆盖了教材语料的50%，3 320个常用词累积覆盖了教材语料的80%。就大样本词频研究的结果来看，要累积覆盖80%的自然语料，需要4 000多个最常用词；但小学《语文》是少儿读物，故而只用了3 300多个。这两套数据十分重要，它告诉我们，学习并掌握1 500个最常用字和3 000个最常用的基本词，就能够基本形成初步的阅读能力。

小学字词教学的方法可大分为二：一种是随文学字，以字带词；一种是集中识字，以字带词。第二、第三学段是以前者为主的，但在启蒙的第一学段，确应坚持"集中识字，以字带词"。所谓"集中"，是指有的、有序地把最常用的字词编排到课文中去。因为只有先集中学习掌握了一定量的最常用字与最基本的词，才能形成初步的阅读能力。所谓初步的阅读能力，特指独立阅读浅易文章的能力。须知着意让启蒙的学生尽早形成初步的阅读能力，是培养小学生学习能力最重要的基础工作。

小学字词教学的内容有三：各学段应该教/学多少字词（量），教/学什么字词（种），先教/学哪些字词（序），其中最重要的是教学字词的"序"。如果我们把覆盖整套小学《语文》课文50%的一百多个最常用的字、两百多个最基本的词，尽可能地编进小学《语文》第一册的课文中去，那该多好啊！要知道这些字词都是最常用最普通的字词。让小学生在第一学段集中认识1 500个最常用的字，学习交际中最需要的3 000个基本词，从而用两年时间形成初步的阅读能力，是我们通过努力可以实现的教学目标。

三、小学识字需控制字量提高质量

在小学阶段，尤其是小学低段，是否识字越多就越利于阅读能力的形成？有的教材把1~2年级的识字量安排为2 000个，有的识字教学法让学生两年识字2 500个甚至更多；有的小学语文教材所用字种多达3 600多个。让学童在小学、在低段尽快多识字，已经成为这些年各种识字教学法争相比较的一个重要指标。

讨论小学低段识字教学，首先要明确小学低段加强识字教学的目的。因为"教什么""教多少"是由"为什么要教"所决定的。学习的基本方式是阅读，阅读是儿童开智成长的基本途径，是学习一切学科的重要基础。让学生从小养成阅读习惯，掌握阅读方法，加快阅读速度，从中不断提高感知语文的理解能力，是培养学生语文综合素养的重中之重。但是，读书须从识字始，不掌握一定数量的常用汉字，是无法整句整段地阅读的。在小学低段加强识字教学的目的，是为了让学生认识一定量的最常用字以尽快开始独立阅读浅易读物，是为学童初步的阅读和写作打基础的。

更重要的问题在于：哪些汉字是最常用字？要认识多少最常用字，才能形成初步的阅读能力？20 世纪 80 年代以来开展的汉语字频词频研究，取得了突破性的重大成果。这些成果使人们透过汉字字种很多的表象，认识到了汉字的语用分布规律：数以万计的汉字在语用交际中的字频分布是很不平衡的，常用汉字高度集中而相当稳定。汉字字频分布的研究成果，早为中文信息处理和汉字规范研究所依重与运用。但遗憾的是，这一具有重大应用价值的规律，在小学《语文》教材编写中并没有得到足够的重视。

《通用规范汉字表》集中体现了现代汉字字频研究的成果。《通用规范汉字表》研制工作组发表的"汉字覆盖率示意图"，清楚地标示了各频段字种对国家语委现代汉语平衡语料库中 9 100 万字语料的覆盖率。①现引示如下：

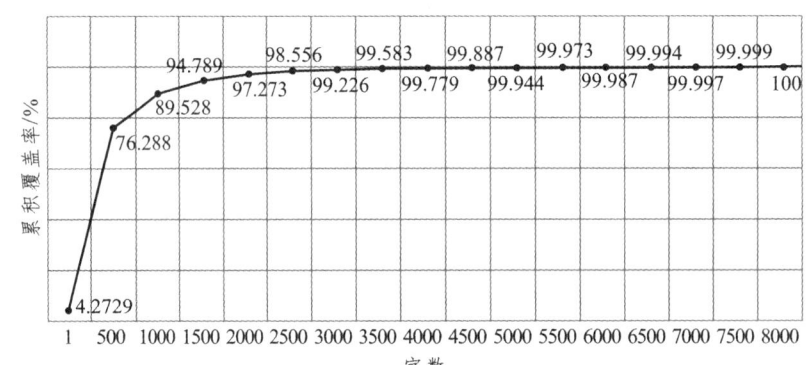

图 15.1　汉字覆盖率示意图

《通用规范汉字表》和多套现代汉语字频统计的大数据，为我们提供了一套现代汉语常用字在现代自然语料中的字频分布参数。现将有关参数与《义务教育语文课程标准》的识字要求对应比较，详见表 15.4。

表 15.4　义务教育阶段的识字要求与常用字字频分布比较

《义务教育语文课程标准》的识字要求			现代汉语常用字覆盖率	
第一学段	认识常用字 1 600 个	其中 800 个会写	前 1 500 常用字	95%
第二学段	累计认识常用字 2 500 个	其中 1 600 个会写	前 2 500 常用字	98%
小学 6 年	累计认识常用字 3 000 个	其中 2 500 个会写	前 3 000 常用字	99%
义教 9 年	累计认识常用字 3 500 个		3 500 常用字	99.5%

---

① 王宁主编：《〈通用规范汉字表〉解读》，商务印书馆，2013 年，第 15 页。

数据表明：前100多个高频字对现代汉语自然语料的覆盖率是50%，前600高频字的覆盖率约为80%，前1 000高频字的覆盖率约为90%，前1 500常用字的覆盖率约为95%，前2 500常用字的覆盖率约为98%。而3 500常用字之外的非常用字虽然多达数万，但只覆盖了全部自然语料的0.5%。目前文科大学生的一股识字量在四千左右。《义务教育语文课程标准》要求小学1～2年级认识常用汉字1 600个，3～4年级累计认识常用汉字2 500个左右，这样的要求是符合汉字的字频分布规律的。根本的问题出在科研成果转化的"最后一公里"上：如何把汉字研究的相关前沿成果尽快应用到小学的字词教学中去，如何把覆盖现代语料95%的1 500最常用字科学地编进小学1～2年级的《语文》教材中去。

小学语文教学和对外汉语教学，一定要接受和重视汉语字频词频研究的重大成果，一定要认识和遵循汉字语用分布的规律：汉字的用字很不平衡，常用字高度集中而相当稳定。汉语字频的研究成果宏观而具体地回答了小学第一、第二学段识字教学应该"教多少（字量）""教什么（字种）""先教什么（字序）"三大根本问题。这对于教材编写与一线教学，具有重大的应用价值。遵循这一规律，无疑能够提高字词教学的科学性，从而大大提高字词教/学的效率。

在小学阶段尤其是小学低段的识字教学中，长期存在着因缺乏科学依据而超量超标的现象。识字是需要循序渐进的。花了不少时间，费了不少劲，学了一些非常用字。由于小学生的阅读量有限，而非常用字重现率很低，超前学习的那些非常用字很容易遗忘。这种超量超标超前的识字教学，看似热闹实则低效，它忽视了儿童的认知发展水平，不仅加重了学生的负担，而且直接影响了学生阅读能力的形成。我们应该立足学生初步阅读能力形成的需求，充分吸取汉字字频分布的研究成果，科学控制小学阶段尤其是低段教学的识字量。在小学语文教材尤其是低段教材中，要尽量少用超标字，特别是3 500常用字外的超标字。把白话选文中的非常用字合情合理地改为常用字，是小学语文教材编写实践中的一条经验。社会对此应该理解，应该支持。

汉字是形音义三结合的文字符号，所谓识字，就是认识其形音义的约定关系而会认、会读、会用、会写。正如叶圣陶所说："仅仅知道生字生语的读音与解释，还不能算充分认识；必须熟习它的用例，知道它在某一种场合才可以用，用在另一种场合就不对了。这才真个认识了。"[1]汉字是表意文字，形义联系远强于形音联系。识字的基本要求是了解形义联系而明义会用，然后才是会写。提高小学识字教学的效率，要控制字量提高质量，在学以致用上下大功夫。把覆盖现代自然语料95%的1 500常用字的基本义及其用法学到手，从而学以致用地提早独立阅读，应该成为小学低段识字教学的基本定位。

---

[1] 叶圣陶：《叶圣陶语文教育论集》，教育科学出版社，1980年，第7页。

第三节 教法的改进与能力培养

教育是以人为本面向未来的事业，教师是受国家和社会的委托以培养新生代的人。这种职业使命对教师提出了特定的职业要求：师德、学识、教法，是教师不可或缺的基本素质；建设科学的教学关系与和谐的师生关系，是教师永恒的专业修养；让学生看到希望并得到发展，是教师全部工作的人格意义。信息化智能化社会的迅速到来，使教育发生了日益深刻的变革，向教师的素质提出了更高的要求。深入继续学习，开展教学科研，已经成为广大一线教师的自觉行动。

教育部制定的《义务教育语文课程标准（2011年）》，在"前言"中明确指出："语言文字是人类最重要的交际工具和信息载体"，"语文课程致力于培养学生的语言文字运用能力。"并在"教学建议"中进一步强调："识字、写字是阅读和写作的基础，是第一学段的教学重点，也是贯穿整个义务教育阶段的重要教学内容。"为了让学童尽早形成独立读写的学习能力，小学语文要加强汉字教学的科学性。这是一项转变理念顺应规律的科学探索，意义重大而大有可为。这一探索大要有三：更新教师的教育理念，认识汉字的构字机制，遵循母语的学习规律。

一、更新理念：培养能力教会自学

叶圣陶有一句名言："'教'是为了达到用不着'教'。"吕叔湘阐发说："教学、教学，就是'教'学生'学'。"这种思想，具体体现了重在培养学生自学能力的教学原则。

> 叶圣陶："教师教任何功课（不限于语文），'讲'都是为了达到用不着'讲'，换个说法，'教'都是为了达到用不着'教'。""故教师之为教，不在全盘授与，而在相机诱导……乃为善教者也。"[①]
>
> 吕叔湘：教学、教学，就是"教"学生"学"。主要不是把现成的知识交给学生，而是把学习的方法教给学生，学生就可以受用一辈子。[②]

叶老的这一观点，继承和发展了我国古代关于"授人以鱼不如授之以渔"的教学思

[①] 叶圣陶：《叶圣陶语文教育论集》，教育科学出版社，1980年，第152、721页。
[②] 吕叔湘：《〈叶圣陶语文教育论集〉序》，叶圣陶：《叶圣陶语文教育论集》，教育科学出版社，1980年，第4页。

想。教学不只是给学生讲授知识，更重要的是教给学生自己学习知识的方法，培养学生的自学能力。学无止境，知识是不断发展而无限的，学生一旦掌握了求知的方法，形成了自学的能力，便如掌握了打开知识宝库的金钥匙而将受益终生。激发学生的学习兴趣，培养学生的学习能力，鼓励学生树立终生学习的观念，已经成为现代教育的发展趋势。

人生是一个在适应社会中生存，在服务社会中发展的过程。在信息化智能化大步发展的今天，学习能力已经成为人们最基本的生存能力与发展能力。今后的文盲将不再是不识字的人，而是不会学习和学了知识不会应用的人。教学的根本问题在于教师如何教、学生如何学。教学过程既是传授知识的过程，更是培养学习能力的过程。教师要自觉更新自己的教育理念，把教学的立足点由主要传授知识转变到着重培养能力上来，把着眼点从老师的"教"转向学生的"学"。我们要发挥教师的主导作用，努力使学生成为自主学习的主体，使学生不仅"学会"，而且"会学"和"好学"，从小养成自学的能力和好学的习惯，为终生学习打下良好的基础。但是，不少人仍然把教学等同于并局限于传授知识。在识字教学阶段，只注重教学生学会一个个生字，往往忽视了培养学生的独立识字能力，这是需要改进的。

刘又辛说："无论是写文章还是讲课，凡是自己没弄懂的问题，是千言万语也说不清楚的。"深入浅出是教师教学的一项基本功。要想"浅出"，先须"深入"。只有对汉字构字、表意的原理有了基本的理解，才能用浅显易懂的语言去分析讲解汉字，让学生有理有趣地掌握学习汉字的方法。

每一位语文教师都应该面向未来，努力跟上时代的步伐，自觉更新自己的教育理念，不断提高自己的基本素质，努力培养学生运用母语进行思维与交际的语文能力。小学生记忆力好求知欲强，是培养阅读能力与养成阅读习惯的最佳时期。我们应该加强识字教学方法的科学性，努力提高语文教学的效率与质量，让低年级小学生尽快进入独立阅读而自主学习。

二、认识汉字：字符有限合成有理

汉字教学应该按照汉字的规律进行教学。大要有二：一是汉字的用字分布规律，从字频的视角告诉人们应该教/学什么（内容：字种、字量、字序）；一是汉字的构形表意机制，从构字的视角告诉人们应该如何教/学（方法）。

加强汉字教学方法的科学性，应该对汉字有一个科学而宏观的基本认识：第一，汉字并不是一盘散沙，而是一个以少驭多经济编码的符号系统。第二，汉字的表意性是主要依靠义符来实现的，义符在汉字系统中一直发挥着主导作用。第三，形声字是汉字的主体，现代汉语常用字中还有几百个会意字，二者的字式结构与表意方式是不同的。在改进汉字教学的探索中，我们应该自觉地遵循和运用这些规律性知识。

汉字的构字规律主要体现在字符有限与合成有理两个方面。

第一，汉字的字符有限。汉字的基础字符集基本形成于甲金文时期，七八万汉字是由四五百个基础字符层级合成出来的；这四五百个基础字符的构字能力是很不平衡而高度集中的。充分认识和利用基础字符构字的不平衡性，在汉字教学上具有重要的应用价值。

现代汉字设201个部首。在《通用规范汉字表》所收的8 105字中，构字≥15个的高能部首有71个，它们就是构字最多表意功能最强的核心义符。其参构的形声字、会意字计达7 312个，占通用规范字总数的90%。汉字的基础字符主要来源于甲金文中的象形字。原本按物绘形独立记词的象形字，在构形合成化构意语义化中演变成为寓义于形的义符。它们既独立成字也兼作构字的字符，构形逐步简化但构意递相传承，具有很强的历史传承性。另外，《现代汉语通用字表》所收的7 000通用字中，有5 631个现代形声字，其声符多达1 325个（多为合体字符），符均构字4.25个。其中构字≥15个的高能声符有48个，所构形声字计838个，占现代形声字总数的15%。[①] 现将8 105个通用规范字中的71个核心义符，7 000个现代汉语通用字中的48个高能声符，分别按构字量降序排列，制表列示如下：

表15.5 现代高能义符、声符构字能力分布状况

字符	构字能力	字符数	构字	高 能 字 符
义符	490~103	24	7 312 90%	氵艹木口亻扌钅土忄王纟月(肉)讠女虫火日石山⺮鱼辶足疒
	97~51	20		鸟阝(邑)礻犭刂目马禾灬贝阝(阜)车酉米衤页亻广门米
	43~16	27		彳巾田力攵羽穴舟革戈雨羊口(围)牛弓皿隹耳歹罒(网)欠未齿走骨见彡黑
声符	23~15	48	838 15%	各非古今肖干乍者圭青且台占交莫娄卑包分辟尧由夋方工龙区皮吾召俞艮比其羊音扁白丁句加亥果合良票奇尚

几十个核心义符是汉字构形表意系统得以形成和发展的基础构件。小学低段的识字教学，应该首先下功夫让学生掌握这些核心义符。核心义符主要来源于记录名词的象形字，教学这类字的最佳方法，是利用古文字字形让学生看图识字。这样的看图识字，形象直观有趣有理，视而可识易记难忘。看图识字教学既要让学生由形及义地认识某个单字的形义联系，更要注重培养学生举一反三的迁移能力。"鸟"字的甲骨文写作，它就是一个按鸟绘形的象形字。学生学习这个字，不仅要掌握这个字的基本义，而且还要懂得有"鸟"旁的字如鹊、鹏、鸣等，一般也具有与飞鸟有关的类意义。汉字是以象形字为基础以形声字为主体的表意文字，只有先下功夫一个一个地掌握好核心义符，才能以

[①] 李燕、康加深：《现代汉语形声字声符研究》，陈原主编：《现代汉语用字信息分析》，上海教育出版社，1993年，第87-92页。

字符带字而成串学习合体字。从掌握核心义符（象形字）入手去成串学习合体字，应该成为低段识字教学的基本思路。

第二，汉字的合成有理。汉字的合成机制是一种经济的编码机制，它用有限的字符按有理的字式合成出"无限"的合体字，汉字因而具有字多文（字符）少以文组字而生字熟旁的特点。在掌握基本字符（多来自象形字）的基础上，如何根据字式的合成方式（形声、会意）与字符的表词功能（表意、表音）而有的施教成串学字，则是合体字教学中的根本问题。

要重视常用字的字式分布格局。小篆之后一般只造形声字，很少再造表意字了。古文字时期所造的象形字、指事字和会意字，因多是基本字而大多成为了历代的通用字。中古以降各个时代的通用字一般保持在六七千左右，其中约95%的字是合体字，约八成的字是形声字。但是，在小学阶段所教学的常用字中，各字式的分布格局则有异于通用字。据笔者统计，在《现代汉语常用字表》所收的2 500个常用字中，形声字占比六成多有1 600多个，会意字占比两成有500多个，独体字（主要是象形字，还包括指事字和记号字）占比一成多有300多个。象形字是基础，形声字是主体，还有几百会意字；小学识字教学内容的这个基本格局，一定要心中有数。

要重视形声字会意字的不同特点。形声字与会意字都是合体字，都有表意字符，其义符一般都以字的本义参与构意，但它们的字式结构、表意方式是不同的。形声字是由一个义符和一个声符构成的合体字。它在据词构字上综合利用了形义与形音两方面的联系，以其义音合成兼表义音的整体优势而成为汉字的主体。需要强调的是：形声字是用义符来提示整字的类意义的，形声字的字义一般就是义符义的引申义。有些形声字产生于同源分化，其声符也兼有示源功能，但这类字在现行形声字中占比较小，大多数现行形声字的声符只有表音功能。

会意字是由意义相关的义符直接合成的合体字，有的义符或能表音纯系偶然。就如夫妇结合所生之子，会意字的字义并不是某个义符的单方面引申，而是所有义符义在整字层面上意合生成的一个关系义。例如二木为林，三人为众；日月为明（并列式），舌甘为甜（主谓式），分贝为贫（述宾式），心音为意（偏正式）等，这些会意字的意义都是参构义符按照某种关系意合生成出来的。要而言之，形声字主要用义符的类意义来提示字义，会意字则根据参构义符的关系来合成字义；要引导学生从掌握义符义入手去理解形声字的字义，从认识参构义符的关系入手去理解会意字的字义。不同的构意方式，决定了不同的教学方法。那种牵强附会地把声符当作义符解释的做法，即用教会意字的方法来教形声字的做法，是有害无益的，因为这不仅不符合汉字的构字事实，而且在学习方法上误导了学生。

要重视义符声符表词功能的有强有弱。形声字是义音合成的合体字，具有表意为本而标音渐弱的特点。义符不仅逐个提示词的类意义以区别同音语素，而且通过据形系联使汉字成为了形义对应的符号系统。义符的这种类联系是围绕着义符的名物义来推类扩展的。例如义符"水"的甲骨文写作 ，就是一个像流水之形的象形字。这个义符的本义

就是流水的"水",它既可提示液、江、源这样的相关名词义,可以提示流、涉、洗这样的相关动词义,还可以提示活、深、清这样的相关形容词义,这些义项都是"水"这个类意义的引申义。在漫长的历史演变过程中,虽然有部分字因形体省简或异符混同而失去了造字理据,但整个汉字系统仍然在自我完善中保持了表意性质和表意功能。"现行汉字在整体上仍然保持着相当系统的形义联系:义属某类之字多从某符,形从某符之字多有某义(类意义)。"①

至于声符,无论构字能力还是表词功能,都远不如义符,因为汉字并没有表音文字那样的专职音符。形声字的声符是借用现成的同音字来充当的,借用之初确是能够标音的。但在漫长的历史音变过程中,这种直音式的"借音符"与形声字并不完全同步,于是形音联系就出现了部分脱节。声符"交"的音节音今读 jiao,它的形声字如郊、姣、狡、饺、绞、较等也读 jiao,但有的如"效、咬"以及学校的"校"等形声字,它们的声符就不表音了。所谓"读字读半边",说的就是声符失去了注音功能的这部分形声字。现代声符系统在整体上仍然保持着表音性质,但它的表音功能确实不强了,只有50%的现代形声字能够根据声符正确地读出音节音。在识字教学中,我们应该充分利用义符的类意义及其类联系来成串学习形声字,但在利用声符的表音功能时则不能贸然类推"读半边",要引导学生勤查字典,利用拼音读准音。

三、学习母语:一靠实践二靠积累

关于语文课的性质和特点,《义务教育语文课程标准(2011年版)》是这样阐述的:

> 语文课程是一门学习语言文字运用的综合性、实践性课程。义务教育阶段的语文课程,应使学生初步学会运用祖国语言文字进行交流沟通,吸收古今中外优秀文化,提高思想文化修养,促进自身精神成长。工具性与人文性的统一,是语文课程的基本特点。②

母语教育是根的教育,语文课程是学习母语的综合性课程,语文教师是培养学生学习母语的老师。语文教学要坚持教书育人,既应利用课文的人文内容,对学生进行"我是中国人"的教育,进行思想情感价值观的教育,也要以课文为范文,着力培养学生理解和运用祖国语言文字的能力。古代语文教学具有文道结合的好传统,今天的语文教学更应当坚持工具性与人文性的统一。各种人文课程都具有人文性,历史、地理、思想品德等人文课程的开设,都自有其独特的任务和科学的定位。语文课文具有很强的思想性和文学性,语文教学无疑需要注重思想教育和情感教育,但语文课又不能上成政治课上

---

① 龚嘉镇:《汉字核心字根的构形表意及其历史演变》,《中国文字研究》第十八辑,上海书店出版社,2013年。
② 教育部:《义务教育语文课程标准(2011年版)》,北京师范大学出版社,2012年,第2页。

成文学课。因为"国文教学自有它独当其任的任，那就是阅读与写作的训练"。[1]吕叔湘更是直接主张："语文教学的首要任务是培养学生各方面的语感能力。"设置语文课的主要目的，是通过语文教学培养学生理解和运用祖国语言文字的能力。其核心是培养学生的语感能力，即直接感悟母语的理解能力与自如运用母语的表达能力。这是语文课的本体内容与独当之任。

学习语文就是学习母语，学习的目的全在于运用，在于养成理解和运用母语的能力。所谓语文能力，就是运用母语（汉字汉语）进行听说读写的能力。听与读，是接纳信息学习知识的理解能力；说与写，是陈述思想进行交流的表达能力。语文能力归根到底是一种思维能力，它不仅是学好其他课程的基础能力，而且是一个人在社会上得以生存发展的基本能力。总之，语文教/学之要，要在语文能力的培养。语文教师要在如何培养理解能力与表达能力上下大功夫，着意提高学生运用母语进行思维与交际的听说读写能力。

工具性与实践性是语文课程的两大基本属性。工具性强调的是学习语文的目的和作用，实践性强调的是学习语文的方法和途径。在母语环境中学习母语，要重视母语学习的规律。语文能力的养成，一靠在实践中的科学训练，二靠在学习中的逐步积累。《义务教育语文课程标准》反复强调："语文课程是实践性课程，应着重培养学生的语文实践能力，而培养这种能力的主要途径也是语文实践。"所谓语文实践，就是听说读写的训练与运用。知识只有在运用中才能转化为能力，而各种能力无不是在实践中练出来的。就知行观而言，语文能力也是始于学（知）而会于用（行）的，它只能在听说读写的语文运用中逐步习得逐步提高。毋庸讳言，语文教学效率不高的一个根本原因，就是程度不同地忽视了语文能力的培养。主要表现有三：一是重讲授，轻训练；二是重经验，轻规律；三是重教字，轻学法。

近几十年来，各地一线教师创造了二三十种识字教学法，如分散识字、集中识字、注提识字、部件识字、字族文识字、字频识字等。这些识字法反映了一线教师很强的敬业精神与创新精神。他们的精神令人敬重，他们的探索给人启示。下边着重讨论汉字教学的两种基本模式。

母语学习，一靠实践，二靠积累。实践与积累是培养语文能力的两大基本途径。在遵循汉字用字、构字规律的基础上，加强科学训练与注重有序积累，则是小学识字教学的基本方法。我们把小学识字教学的基本模式大分为立足新课的基本式与着眼积累的开放式两种，见表15.6。

表15.6　汉字教学法的两种基本模式

类　型	教　法　要　义
基本式 （立足新课）	分析结构认清"形"，依靠义符了解"义"，利用拼音读准"音"，通过组词学会"用"

---

[1] 叶圣陶：《叶圣陶语文教育论集》，教育科学出版社，1980年，第57页。

续表

类型	教法要义
开放式 （着眼积累）	把象形字当作核心义符教，通过类推构字以成串学习合体字。 例：目、眼、睛、泪、看、盼、睡、睁、瞎……
	把常用字当作基本语素教，通过类推组词以成批学习合成词。 例：美，美丽、美观、美德、美食、美好、优美……

第一，立足新课的基本式。汉字是形音义的结合体，教生字的基本式可以归纳为一句话：通过读用写以掌握形音义。其法大要有四：分析结构认清形，依靠义符了解义，利用拼音读准音，通过组词学会用。教师一定要引导学生努力掌握识字的基本方法，努力掌握汉语拼音和查字典这两套工具，尽快形成独立识字的能力。

分析结构认清形。识字的第一步是认清形。汉字是具有表意功能的有理性符号，汉字的独体字主要来源于象形字，八成现行常用字是形声或会意字，这是汉字的基本实际。教学方法在很大程度上是由教学内容所决定的。独体字具有一体两用的特点，它独用就是字，构字则为旁（义符、声符）。利用看图识字学习独体，通过字式分析认识合体，就是切合汉字实际的好方法。因为这两种方法都是从形义联系入手，引导学生由形及义地认识汉字，直接抓住汉字的字理去掌握汉字的字义。启蒙阶段的识字教学，要注重形象直观。尽量运用图画、卡片、动画等教具，尽量运用现代信息技术手段，力求教得有理又有趣，着意激发和培养学生主动识字的学习兴趣。利用古文字的图形，看图识字学独体，拼图组字学合体，是这个阶段两种行之有效的识字方法。看图识字和拼音识字，巧妙地调动了学童已有的生活经验，用形象的图画生动地再现了汉字的文化内涵。这样的学习，不仅兴趣盎然学得扎实，而且还在学生的心中播下了热爱汉字热爱中华文化的种子。

依靠义符了解义。汉字是据义构形的表意文字，汉字的表意性是主要依靠义符来实现的，义符在汉字的历史发展中一直处于主导地位。基础字符的构字能力是很不平衡而高度集中的，其中构字能力与表词功能皆强的义符、声符不过一百多个。学习合体字首先要分清它是形声字还是会意字。形声字要分清哪是义符哪是声符，义符提示了什么义，声符是否还表音。会意字要认识参构义符之间的意义关系，从中了解会意字的意合义。这样的分析只需分析到直接字符。形声字是汉字的主体，形声字的字义一般就是义符义的引申义，从把握义符入手去理解字义以成串学习形声字，是识字教学中至为重要的一环。有的义符有变体，要让学生熟悉核心义符的正体与变体的对应关系，不要把义符当记号浪费了。至于失去理据不能分析字式的记号字，那就只分析字形的外部结构，如"春"字是上下结构，"归"字是左右结构，切不可画蛇添足强为之解。

利用拼音读准音。读准音与认清形、了解义是一样重要的。汉字的表音功能不强，虽然形声字有声符，但有的已经不表音了。这就需要依靠汉语拼音，汉语拼音就是为汉字注音的法定音标。利用拼音读准音，是识字教学中不可忽视的重要一环。至于写字教学，首先要让学生明白：汉字是方块字，大多数汉字是合体字。提笔讲笔顺，写字重方正，左右要靠拢，上下应对齐，是写字教学的基本要求。在电脑普及提笔忘字的今天，加强小学生的写字练习尤为重要。

通过组词学会用。识字的目的在于学以致用，义是字的内容，它表示的是所记之词的词义。会写可以后推一步，但明义会用则是识字的基本要求。不懂其义不会用的字，不能算是认识。汉字的形义联系远强于形音联系，会用的关键在于明确形义联系而掌握义。要学生明义会用，既需老师讲，更要学生练。练的方法有组词、造句、作文等，这些方法既需有书面的，也应有口头的。最适合低段学生的是组词，尤其是在课堂上、分组讨论中以及家庭中的口头组词。这种方法能激发学生积极思考主动参与，从而较快地掌握生字的字义及其用法。

第二，立足积累的开放式。汉字是以少驭多经济编码的表意文字，立足积累的开放式可以归纳为一句话：从象形字（核心义符）和常用字（基本语素）入手，有序推类地进行字词教学。其核心就在于从形义联系入手注重推类迁移。这种方法可大分为二：从掌握象形字入手，通过构字以成串学习合体字；从掌握语素字入手，通过组词以成批学习合成词。

汉字是为记录汉语而创制的人文符号系统，它们在合成与语用上不仅具有很强的协同性，而且表现出了很强的经济原则。汉语的构字构词都具有以少驭多层级合成的生成机制，汉语的用字用词都具有高度集中的分布规律。这种以少驭多的编码机制与分布集中的语用规律，为科学的字词教学提供了执简御繁经济高效的基本思路。教师应该注重汉字教学的课程文化建设，着意保护学生好奇的赤子之心，从小培养学生探究的求知习惯，努力把汉字教学课上得有理又有趣。

汉字具有基础字符集中以文组字有理的构字规律。"无限"的汉字是由"有限"的基础字符合成出来的，其中起主导作用的核心义符主要来源于象形字。面对大量的合体字，忽视结构不加分析地教整字，是不可取的；忽视字符拆开整字教笔画，更是办不到的。利用汉字字多文少以文组字而生字熟旁的构字特点，坚持把象形字当作基础义符来教，可以使学生从掌握象形字入手去成串学习合体字。例如懂得了义符"目"的基本义是眼睛，再学从"目"的眼、睛、泪、看、睡、睁等合体字，就容易多了。因为这些合体字虽是生字却有熟旁，形可类推而义有引申，举一反三有理有趣。

汉语具有基本语素集中以字构词有理的构词规律。"无限"的语词是由"有限"的基本语素合成出来的，这些基本语素一般是由常用字来记录的。"以字带词"因而成为汉语词典的一条编写原则，也是字词学习的一个基本方法。汉语构词之要，一在基本语素，一在构词模式。面对大量的合成词，忽视基本语素与构词模式而只顾逐词讲解，是费力不讨好的。利用汉语词多字少以字构词而生词熟字的构词特点，坚持把常用字当作基本语素教，就可以使学生从掌握语素字入手来成批学习合成词。例如懂得了常用字"美"的基本义是好看，好，善，再通过组词学习美丽、美观、美德、美食、美好、优美等合成词，就容易多了。因为这些合成词虽是生词却有熟字（语素），这样的迁移性学习既可立足已知由此及彼地学习新词，又能通过对新词的学习加强对已学语素的理解与运用。

总览汉字,"独体为文,合体为字。"① 汉字是符号系统,应有序成串地教;汉字是文化载体,可有理有趣地学。顺应规律循序渐进而执简驭繁,是汉字教学应该遵循的原则。首先掌握核心义符,功夫多在以文组字,重点就是形义联系。从掌握象形字(基础义符)入手去类推学习合体字,从掌握常用字(基本语素)入手去类推学习合成词,其效率就会因教与学的有理有序而大大提高。

语文素养是日积月累的基础修养,语文能力是听说读写的综合能力。为了有效培养不断提高学生的这种基础修养与综合能力,语文教学一定要下大功夫让学生打好字词句的基础。让新生代扎扎实实地过好"识字关",则是基础中的基础。加强汉字教学方法的科学性,基本途径仍在教材教法:一是切实加强《课程标准》与教材编写的顶层设计,尽快为汉字教学建立起一个分段定量科学有序的教学内容体系,并认真落实到教材编写中去;一是扎实推进一线教师的继续教育与教学科研,努力按汉字的特点和母语学习的规律开展识字教学,着意培养学生独立识字的能力。

在加强汉字教学方法的科学性的进程中,如何把汉字用字的分布规律与构字的编码机制的研究成果,有效地应用到小学语文的教材编写与汉字教学中去,是一项尤为紧迫很有价值的工作。把汉字学近几十年的相关重要成果,编进大学的《现代汉语》《古代汉语》教材,编进中小学语文教师的继续教育教材,则是更为根本的重要举措。加强汉字教学的科学性,同样需要打通学术成果转化的"最后一公里"。

---

① 〔宋〕郑樵:《通志略》,上海古籍出版社影印本,1990年,第3页。

第十六章
汉字的研究方法

一、古为今用：在温故知新中传承
　　① 汉字学的独立及其古今拓展
　　② 先贤的学术成就与哲学智慧
二、洋为中用：在守正创新中发展
　　① 坚持断代研究基础上的历史比较
　　② 立足形义联系的结构-功能分析
　　③ 注重计量描写与定性分析的结合
三、结语

提要：20世纪80年代以来，中国的汉字学研究注重从汉语汉字的实际出发，注重中西语言学的有效结合，在守正的基础上开展了综合创新的深入探索：坚持在断代研究的基础上去进行历史比较，立足形义联系以开展结构-功能分析，注重计量描写基础上的深化认知。在取得一系列重大成果的同时，逐步形成了一套汉字学的现代研究方法：立足于表意文字的实际，把共时描写与历史比较结合起来，把计量分析与定性分析结合起来，把字语研究与文化研究结合起来，以力求理论上的深化认知与实践中的有效应用。这种既有现代意义又有民族特色的研究方法，是中国学者对现代语言学的贡献。

在社会深刻变革科技迅猛发展的今天，社会科学的各个领域都更加重视对科学方法论的深入研究和自觉运用了。进入20世纪80年代以来，我国社会科学领域在方法论上的一个重大突破，就是在信息科学迅猛发展和电子计算机技术广泛应用的推动下，大大加快了自然科学方法向社会科学的扩散和渗透。这些方法更多地运用在现实生活迫切需要解决的复杂性问题上，不少学科因此而面目一新，出现了长足发展的势头，有的甚至迅速发展为独立的新兴学科。立足现代，面向世界，在方向上加强理论研究与实践应用的结合，去努力研究和解决发展中的新问题；继承传统，洋为中用，在方法上加强社会科学与自然科学的结合，去努力实现研究方法的现代化，已经成为当今社会科学的发展趋势了。

任何一门学科产生的原因和发展的动力,都是因为理论认知与社会应用的需要;任何一门独立发展的学科,都有自己特定的研究目的和研究方向。自许慎创立说文学以来,中国的传统文字学已有一千九百多年的历史了,积累了丰富的学术思想,形成了优秀的研究传统。进入 20 世纪以来的百余年间,西方语言学、信息科学等新理论新方法的输入,古文字、大数据等新材料的涌现,为汉字学的学科建设拓展了别开生面的新领域,提供了可贵的新方法、新材料。汉字学随之取得了长足的发展,逐步建立起具有现代意义的学科理论体系。

在中华民族文明复兴的今天,我们应该立足汉字实际和汉字的传统研究,注重中西语言学研究方法的有效结合,围绕"汉字如何顺应社会需要而改进记录汉语的方式"这个主题,深入开展汉字学的基础理论建设。

第一节 古为今用:在温故知新中传承

"观水有术,必观其澜。"(《孟子·尽心上》)观澜索源,鉴往知来。梁启超(1873—1929)就主张:"凡研究一个时代思潮,必须把前头的时代略微认清,才能知道那来龙去脉。"[①]

一、汉字学的独立及其古今拓展

古代学者早在春秋战国时期就开始了对汉字的研究,东汉的许慎集大成地总结了先秦两汉有关汉字的研究成果,呕心沥血地创作了《说文解字》而创立了文字学。一千多年来,历代学者对汉字进行了多方面的深入研究,取得了丰硕的成果,汉字学早已成为中华传统文化中的重要内容。但是,以《说文解字》为中心的传统文字学,一直是所谓"小学"的一个部分,而"小学"则被视为经学的附庸,被视为语文学的内容。文字学的独立经历了一个漫长的渐进过程。

语文学是一门依附文献而尚未独立的学科,它主要研究文献中语言文字的个别现象,重在随文注释通经致用,其注释的内容一般包括文字、训诂、音韵、校勘等。中国文化历史悠久,古代文献浩如烟海,中国的语文学资料特别丰富。需要强调的是,中国的语文学资料中蕴藏着极为丰富的文字学内容。不仅在随文注释中有大量的深刻见解,在字

---

① 梁启超:《中国近三百年学术史》,东方出版社,1996 年,第 2 页。

书中有不少系统性归纳，而且还出现了一批经典的文字学论文。例如东汉许慎的《说文解字·叙》、宋代郑樵的《六书略·六书序》、宋末元初戴侗的《六书故·六书通释》、清代戴震的《答江慎修先生论小学书》、段玉裁《说文解字注·叙》、王筠《说文释例·分别文》、朱骏声《说文通训定声·自叙》等，都是值得认真研读的文字学论文。因此，人们又把"小学"中的文字学内容称作传统文字学。

章太炎发展了清人治小学形音义互求的方法，注重把《说文》研究扩展为语言研究。他在1906年发表了《论语言文字之学》一文，最先宣称：语言文字研究不应再作为"经学之附属品"，不应再称作"小学"，"其实当名语言文字之学"。[①]"语言文字学"这一名称的提出，标志着中国现代语言学的发端。章太炎、黄侃生活在新旧文化交替、中西文化交流的大变革时代，他们一方面继承和发展了国学的传统，另一方面又吸取了西方语言学的思想和研究方法。作为清代朴学的殿军人物，章黄注重从语言的角度来研究《说文解字》和文献文字，为把依附于经学的传统"小学"发展成为独立的"语言文字学"，作出了贡献。

1899年殷墟甲骨文的发现，1900年莫高窟敦煌文书的发现，是中国文化史上的两件大事，更是汉语文字学史上的大事。殷墟甲骨文的发现，大批金文、简帛文字的出土，为更客观地认识汉字提供了宝贵的古文字材料。二重证据法的运用与甲金文字的大量考释成果，极大地开阔了人们的眼界；对《说文解字》与"六书说"的批判性继承，则有力地促进了文字学理论的发展。在孙诒让、罗振玉、王国维、郭沫若等先生的研究基础上，唐兰1934年出版了《古文字学导论》。"《古文字学导论》是第一部古文字学理论性著作。……此书标志着现代意义的古文字学的建立"，也"奠定了现代意义的文字学的基础"。[②]正是古文字研究的深入发展，有力地推动了文字学的学科独立。

随着音韵学、训诂学的先后分立，"所谓文字学，名义上虽兼包形音义三部分，其实早就只有形体是主要部分了"[③]。文字学重视汉字形体演变的传统由来已久。最早的有关文献，是东汉许慎关于秦书"八体"（大篆、小篆、刻符、虫书、摹印、署书、殳书、隶书）和古文"六书"（古文、奇字、篆书、佐书、缪篆、鸟虫书）的论述。[④]现代著作则推容庚（1894—1983）的《中国文字学形篇》（1931年出版）为最早。容著之后较长一段时期的文字学著作，一般主要讨论两大问题：一是沿着甲金篆隶楷的线索历时地讨论汉字的字体演变，一是以"六书"为纲共时地分析汉字的结构。这种状况，在后来的大学教材《古代汉语》《现代汉语》中的"文字"部分，表现得尤为突出且持续到了20世纪后期。

朱德熙在1986年尖锐地指出：

---

① 章太炎：《国故论衡》，商务印书馆，2010年，第207页。
② 裘锡圭、沈培：《二十世纪的汉语文字学》，刘坚主编：《二十世纪的中国语言学》，北京大学出版社，2004年，第94、112页。
③ 唐兰：《中国文字学》，开明书店，1949年，第6页。
④ 〔东汉〕许慎：《说文解字》，中华书局影印本，1989年，第313-314页。

> 过去研究文字学的人只讲字形，讲六书，对语言不感兴趣。这是传统文字学很大的弱点。我们现在研究汉字学，要突破这个框框。字形当然要研究，但尤其要研究汉字和汉语的关系。①

朱先生的强调一针见血。汉字是记录汉语的文字，是立足形义联系的表意文字。深入的汉字研究，一定要研究汉字与汉语的关系，要研究汉字与文化语境的关系，这些关系集中体现为汉字如何记录汉语，如何随着社会的需要而改进记录汉语的方式，尤其是如何用字形提示或区别所记之词的语义。

20世纪80年代以来，相继出版了多部致力于学科建设的汉字学专著，这些论著把汉字学的理论建设不断推向深入。裘锡圭在1988年出版了《文字学概要》，这部书是继唐兰《中国文字学》之后，文字学理论研究和体系建构方面最有成就的一部著作。它深入总结了前人的研究成果，大量利用了古文字材料和文献资料，注重从语言的角度来研究汉字，有力地推动了汉字学的理论建设。这个时期汉字的应用研究取得了令人瞩目的发展，并随之形成了一门新兴的分支学科——现代汉字学。汉字的应用研究，前沿在中文信息处理，大头在汉字教学，而制约两端健康发展的则是现代汉字规范。汉字的应用研究极大地丰富和发展了汉字学的学科建设。

陈寅恪（1890—1969）指出："一时代之学术，必有其新材料与新问题。取用此材料以研求问题，则为此时代学术之新潮流。"②20世纪是中国现代学术发端、发展和取得重大成就的时期。在中西文化大交流与甲骨文等新材料被大量发现的时代背景下，汉字研究逐步形成了用新方法新材料去研究新问题的学术新潮流。古文字学为"新材料"的大批出土而在20世纪30年代率先建立，现代汉字学因中文信息化提出的"新问题"而在20世纪80年代应运诞生，现代意义的汉字学是在传统文字学的厚实基础上，吸取现代语言学的理论方法而逐步形成的，是在20世纪向古今领域的深入拓展中大步发展起来的。汉字学是一门古老而年轻的学科，是一门极富民族特色又有时代精神的学科。汉字学研究不仅具有重大的社会应用价值，而且具有重要的文化认知意义。

二、先贤的学术成就与哲学智慧

人类文化总是在传承中逐步积累向前发展的，任何一门人文学科都有它的历史传承性。孔子的"温故而知新"，辩证地总结了继承与创新的关系。温故知新不仅是传承文化的正确态度，而且是古为今用的科学方法，学术上的温故知新重在继承发展前贤的研究方法。

> 孔子："温故而知新，可以为师矣。"③

---

① 朱德熙：《在"汉字问题学术讨论会"开幕式上的讲话》，中国社会科学院语言文字应用研究所编：《汉字问题学术讨论会论文集》，语文出版社，1988年，第12页。
② 陈寅恪：《金明馆丛稿二编》，三联书店，2015年，第266页。
③ 杨伯峻译注：《论语译注》，中华书局，1980年，第17页。

> 杨树达："温故而不能知新，其病也庸；不温故而欲知新，其病也妄。"①
> 顾炎武："今之学者能取其大而弃其小，择其是而违其非，乃可谓善学《说文》者与。"②
> 许嘉璐："任何学术的发展史，其实都是该学科研究方法的演进史。前人的知识、精神当然是要继承的，但是更重要的是要把他们的方法学到手，并在此基础上吸收时代的其他学科的营养，改进、引进新的方法。"③

杨树达（1885—1956）的阐释深刻地道出了温故知新的奥妙："故"与"新"为学问之两端，"庸"与"妄"乃治学之两病。做学问是探求知识追求真理的事，应该力避"庸"而切戒"妄"。做学问是学习前贤智慧的过程，在研究一些基本问题时，一定要下功夫去了解前贤的探索思路及其学术贡献，在前贤的基础上努力有所创新有所发展。"不温故而欲知新"，往往容易陷入在原地转圈、在外围徘徊的困惑。顾炎武说的是如何学习《说文解字》，其实说的也是如何继承传统文化的原则。这就是："择其是"而"取其大"地发扬好传统，"违其非"而"弃其小"地正视其局限。这一原则的可贵之处在于：辩证地分析前说，批判地继承传统，进而取其精华去其糟粕地发展学术。杨树达说的是温故知新的态度，顾炎武讲的是温故知新的原则，许嘉璐（1937—）强调了温故知新的重点在于继承发展前贤的研究方法。许先生以学术发展史的视野，来强调研究方法的演进对于学术发展的重要性，认为研究方法的"继承和创新"是"更重要"的温故知新。这种批判地继承前人成果的态度与方法，应该成为我们继承传统和吸纳西学的基本态度与方法。

"古为今用"需要"择其是"而"取其大"。对传统汉字学研究的继承，既包括发展前贤的宝贵认识和学术思想，也包括吸纳前贤研究中的科学思路和思维方式。

（一）发掘传统研究中的丰富宝藏

汉字是连绵使用数千年至今仍然为十几亿人所使用的自源文字，是在古今南北音有异的语境中，能够超时空记录汉语的表意文字。自许慎以来的历代学者对汉字进行了多方面的研究，深入探讨了汉字的一些规律性系统性的基本问题，为我们留下了丰富的学术宝藏。例如关于归纳构字用字模式的"六书"研究，把据义构形与"依声托事"区别开来、把引申与假借区别开来的体用研究，以"文"组"字"而析形求义的结构功能研究，"音以载义"而"因声求义"的语源研究，"以类附声"相承分化的"孳乳"研究，"据形系联"而"分部类从"的系统观，汉字"以义为本而音从之"的基本认识，等等，都是相当深刻而极为可贵的汉字学理论认识。在这座丰富的宝藏中，许慎关于始于"依类象形"而备于"形声相益"的汉字发展史观，汉字以有限之"文""孳乳"出无数之"字"的生成机制，立足形义联系以析形（结构）求义（功能）的分析方法等三大认识，尤为

---

① 杨树达：《积微居小学述林》，中华书局，1983年，第214-215页。
② 〔清〕顾炎武：《日知录集释》，黄汝成集释，岳麓书社，1994年，第754页。
③ 许嘉璐：《对训诂学发展的思考》，《语文建设》1994年第12期。

后来的学者所推崇。人们沿着这三个方向进行了更为深入的不断研究，其学术认识成为传统汉字学中最具理论价值的基本内容。

立足形义联系而一字记一语素，是汉字区别于表音文字的内在规定性。深入研究可以发现，传统的汉字研究始终是沿着形义联系这条主线展开的，"表意性是汉字的命脉"，①据义构形而析形求义是汉字研究的核心。我们应当重视汉字是据义构形单音成字的表意文字这个最大实际，深入发掘虚心学习先贤的真知灼见，努力发扬汉字研究重形义联系、重历史分析的好传统。

（二）继承先贤方法中的哲学智慧

文化的深层内涵是价值观念和思维方式，先哲们认识世界的智慧是特别珍贵的文化遗产。荀子讲"天行有常"（《荀子·天论》），指出客观世界的演变有着自己的发展规律。庄子说"道进乎技"（《庄子·养生主》），认为解决问题的最好途径是遵循事物的客观规律。《礼记·大学》说"物有本末，事有终始"，强调要致力于根本问题的研究以理清源流与因果。前者说的是认识世界要客观，后两条讲的是研究方法要科学。传统的汉学研究为我们留下了穷理致知与历史分析的好方法。司马迁、王夫之（1619—1692）、王国维的下述论述，具有认识论的意义，值得我们深思。

> 司马迁："究天人之际，通古今之变，成一家之言。"②
> 王夫之："理者，物之固然，事之所以然也。"③
> 王国维："求事物变迁之迹，而明其因果者，谓之史学。……各科学有各科学之沿革，而史学又有史学之科学。……凡事物必尽其真，而道理必求其是，此科学之所有事也。而欲求知识之真与道理之是者，不可不知事物道理之所以存在之由与其变迁之故，此史学之所有事也。……治科学者，必有待于史学上之材料；而治史学者，亦不可无科学上之知识。"④

西汉司马迁是中国历史学的开山祖师，他呕心沥血地创作了中国第一部纪传体通史《史记》，为中国的史学研究留下了"究天人之际，通古今之变"的好传统。王国维把出土古文字资料与传世历史文献结合起来，用二重互证法去考证古史，推动了传统史学向现代史学的发展。郭沫若赞曰："王国维是新史学的开山。"⑤清初王夫之认为，"理"不仅在于"物之固然"，而且在于"事之所以然"；探求事物的客观规律，既需把握其"固

---

① 曹先擢：《汉字的表意性和汉字简化》，中国社会科学院语言文字应用研究所编：《汉字问题学术讨论会论文集》，语文出版社，1988年，第27页。
② 〔汉〕司马迁：《汉书·司马迁传》，中州古籍出版社影印本，1991年，第1030页。
③ 〔清〕王夫之：《张子正蒙注》，中华书局，1975年，第168页。
④ 王国维：《观堂集林（外二种）》，河北教育出版社，2003年，第700-701页。
⑤ 郭沫若：《鲁迅与王国维》，郑振铎主编：《文艺复兴》2卷3期，1946年。

然"的客观事实，亦应认识其"所以然"的历史必然性。王国维强调，史学研究不仅要客观地考察"变迁之迹"，而且要"科学"地探究"变迁之故"；学术研究不仅要重视材料的真实，而且要注重方法的"科学"。王夫之、王国维的认识，显然是对司马迁史学思想的继承和发展。

现实是历史发展的结果，历史是形成现实的根源。历史演变的不平衡决定了共时现象的复杂性，共时平面上的差异性反映了历史进程中的阶段性。现实虽然表现为统计性规律，但它是按历史因果律来分布的。"天行有常"，事物的发展过程都是有规律的。现实不仅是历史的延续，而且在很大程度上是由历史来决定的。从司马迁到王国维，先贤为我们留下了一种具有方法论意义的思维方式：学术研究既要实事求是地考察古今之变的基本过程，更要历史辩证地探究如此之变的因果关系，从而透过复杂现象去认识历史规律。我们应该认真继承这份宝贵的文化遗产。

司马迁、王国维说的是史学研究，但包括汉字学在内的其他人文学科，在研究基本问题时都应该坚持这样的历史发展观，努力从复杂的现象中弄清楚事物的来龙去脉与前因后果。如果在每一个基本问题上，都能首先下功夫梳理出学术源流与发展进程，既坚持从现状入手去追溯历史，也注重用发展的眼光来理解现状，力争既逻辑地再现历史的演变进程，又历史地解释现状的逻辑联系，那么，对汉字系统的逻辑结构与演变规律的认识，就一定会更为客观更为深刻。这种求实的态度、历史的眼光与批判的精神，应该成为学术研究的基本品质。

研究汉字首先须知：汉字是记录汉语的符号系统，汉字发展史的"古今之变"，在本质上体现为记词方式逐步完善的基本进程及其发展趋势；而华夏社会在特定语境中记录汉语的交际需要，则是汉字记词方式辩证演进的根本动力。现代汉字是汉字历史发展至今的最高阶段，共时的研究可以使我们认识现代汉字"固然"的逻辑结构，但很难从中看到现行结构之"所由成"的过程与"所以然"的原因。我们应该把共时研究与历史分析结合起来，在研究现代汉字的结构-功能的基础上，也注重探究"固然"之现状的形成过程及其历史必然性，着意构建一种立体的认识结构。

第二节

洋为中用：在守正创新中发展

21世纪是全球化信息化大步发展的时期，也是中西文化大交流、汉语言文字学大发展的时期。就语言学的研究方法而言，如果说19世纪是历史语言学的世纪，20世纪是共时语言学的世纪的话，那么，21世纪就正在走综合创新之路。把结构功能研究与历史演变研究结合起来，把共时描写法与历史比较法结合起来，把西方语言学与汉语言文字传统研究结合起来，已经成为当代汉语文字学研究的主要潮流。

近百年来，对中国语言学影响最大的西方语言学著作，当推瑞典高本汉的《中国音韵学研究》、瑞士索绪尔的《普通语言学教程》。前者为我们送来了历史语言学和历史比较法，后者向人们讲述了共时语言学和结构-功能法。20世纪80年代以来，伴随着信息化浪潮而来的信息科学，则将汉语言文字学推向了一个新的发展阶段。就方法论来看，历史语言学重在比较同源语言之间的现时差异以推求语言的历史演变，共时语言学重在通过语言系统的共时研究以认识语言内部的结构功能，计量语言学重在通过对大样本自然语料的计量分析以认识语言的结构与演变。要而言之，对于当代中国的汉语汉字研究来说，历史语言学、共时语言学和计量语言学，是影响最大的三个学术流派；历史比较法、结构-功能法和计量分析法，是运用最多的三种研究方法。

20世纪80年代以来，中国学者立足于汉语汉字实际，立足于汉字传统研究，在字式演变的历史分析、结构功能的共时描写和系统要素的计量分析三个方面，进行了"洋为中用"综合创新的探索，逐步形成了一套汉字学的现代研究方法。下边分别对这三方面的探索展开讨论：坚持断代描写基础上的历史比较，立足形义联系的结构-功能分析，注重计量分析基础上的深化认知。

一、坚持断代描写基础上的历史比较

汉字是一种形音义结合的符号系统，它不仅是一个有着特定内在结构和外向功能的逻辑系统，而且是一个在特定文化语境中开放演变着的动态系统。要更为客观地接近对汉字的整体把握和历史认识，就必须把共时描写与历史比较结合起来。第一，共时描写首先是针对事物的现状的，因为现状是历史发展至今的最高阶段。第二，历史比较坚持从历史发展中去认识事物，因为事物总是作为过程出现的。对现代汉字结构功能的内部联系进行共时描写，对汉字记词方式辩证演变的发展进程进行历史比较，因而成为汉字学研究的两大基本内容。定格式的共时描写能够如CT拍片那样，截取出系统的横剖面结构；通过现代汉字的共时研究，可以更好地认识汉字系统的结构功能及其运作机制。纵向的断代比较可以从系统要素在不同阶段的消长中，发现系统的演变进程；通过不同阶段汉字主体字式消长的历史比较，可以认识汉字记词方式的辩证演进及其历史必然性。只有把共时描写与历史比较结合起来，我们才能对汉字系统有一个更为客观的整体认识。

（一）历史比较法的原理与应用

历史语言学是一门研究语言的发展历史及其规律的学科，它起源于18世纪后期的欧洲。历史语言学的开创者是英国的威廉·琼斯（1746—1794）。他在1786年提出了著名的"印欧语假说"，认为印度的梵语与欧洲语是同源于一个原始母语的亲属语系。这个假说把人们对语言的研究引向了印欧语系诸语言的同源比较研究，主要是在语音、语法方面的历史比较，并逐步发展成为历史语言学。历史语言学的诞生，标志着语言学成为了一门独立的学科。

历史语言学的基本研究方法，是把历史分析与比较推求结合起来的历史比较法。所谓比较，就是通过对应要素的辨异求同以探求规律，这是人类认识事物的一种基本方法。"时间"和"空间"是事物和运动存在的形式，语言的演变就表现在时间和空间两个方面。历史比较法坚持时空结合的原则，认为亲属语言或方言之间的共时差异，能够反映语言在不同阶段的历史演变。遂利用语言演变过程中的时空关系，从"已知"出发去推求"未知"，即主要通过对亲属语言或方言在空间差异上的语音对应比较，去推求语言在时间上的古今演变及其规律。这种历史比较无论在印欧语研究还是汉语研究中，都主要用于已无实证材料（实录的音档）的语音学研究。

需要强调的是，今人构拟的古音并不就是古代的实际读音。正如法国语言学家安杜恩·梅耶（1866—1936）所说，人们根据语音对应关系去构拟原始共同语，但"构拟并不能得出人们说过的那种真正的拉丁语，任何构拟都不能得出曾经说过的'共同语'"。梅耶指出，构拟原始共同语的价值不是再现原始语的实际读音，而是可以将历史比较的成果用音系的方式展现出来，以得到简明合理的系统解释。[①]这种认识已经成为历史比较法的一条基本原理。

甲骨文以降三千多年的汉字发展史研究，无疑具有与之大不同的特殊性。汉字发展史研究的最大特殊性，或者说最大优势就在于，汉字是人类四大自源文字中，唯一连绵使用数千年至今仍然为十几亿人所使用的古老文字。从甲骨文至今的3300多年里，不仅汉字的使用从未中断从未突变，而且历代所用汉字的原始材料亦大量保存。浩如烟海的历代传世文献，不断出土的大量有字文物，生动地展示了汉字在各个发展阶段的原始生态。

要而言之，汉字的演变史研究从根本上讲就是一种重在归纳的实证研究。拥有最为丰富最为完整的原始材料，是汉字史研究的独特优势，这是其他文字史研究、语言史研究都无可比拟的独特优势。因此，汉字史研究最重要的工作不是推求和拟测，而是对原始材料的整理、描写、归纳与比较。其比较当然也包括不同文字之间的比较，如通过古汉字与苏美尔楔形文字、古埃及圣书字的比较，以研究人类文字的起源；通过甲骨文与纳西象形文字的比较，去推求甲骨文之前的汉字状况；通过汉字与表音文字的比较，以认识汉字在人类文字发展史上的地位。但是，汉字发展史的研究主要还是不同阶段之汉字的历史比较。这种历史比较必须立足于对汉字不同发展阶段原始材料的科学归纳，其比较应该力求实事求是的客观性，其结论应该具有接受事实检验的可证性。汉字发展史研究只有通过不断深入的实证研究，才能更加接近汉字的客观发展历史，进而揭示汉字的历史发展规律。

---

① [法]梅耶：《历史语言学中的比较方法》，岑麒祥译，世界图书出版公司，2008年，第16-17页。

（二）汉字史研究的优势与发展

两千多年来，中国的古今学者在尽量占有材料的基础上，对汉字如何记录汉语的发展历史进行了不断深入的探究，取得了不少重要的认识。东汉许慎关于汉字始于"依类象形"而备于"形声相益"的汉字发展史观，陈梦家1943年关于"象形字→声假字→形声字"的文字演进"三书说"，是关于汉字发展史的两大假说。刘又辛特别重视假借在汉字发展史上的重要地位，他把汉字发展史划分为表形字、假借字、形声字三个阶段，在1957年提出了"汉字发展三阶段说"，并对此进行了长期的研究。[①] 陈先生的"三书说"显然是对许说的重大发展，刘先生的"三阶段说"则是对陈说的完善与论证。

文字是记录语言的符号系统，文字体系的演进过程就是能动适应语言发展需要的过程，就是逐步改进记录语言的方式的过程。20世纪90年代以来，一批学者在这方面做了大量扎实的论证工作。他们首先选取某一历史阶段足够量的原始写本为材料，通过穷尽性的逐字分析归类计量，由表及里地进行共时的断代描写。在此基础上，通过不同阶段断代汉字主体字式消长的历史比较，去认识汉字记词方式逐步演变的进程及其历史必然性。人们在断代描写基础上所进行的历史比较，进一步验证了"汉字发展三阶段说"。

综上所述，汉字是以单音词为单位记录汉语的，它创始于"依类象形"而发展于"比类合谊"的合成化，拓展于"依声托事"而完备于"以类附声"的形声化，经过"表形→表音→兼表义音"的辩证演进，历史地形成了以象形字为基础以形声字为主体的表意文字体制。汉字不仅能动地适应了汉语的需要，而且有力地促进了汉语书面语的统一和发展，在古今南北音有异的语境中实现了超时空地记录汉语，因而延绵发展数千年至今仍然生机勃勃。汉字坚持表意化单音化的方向并辩证发展为记词方式形声化，具有历史的必然性。

汉字是研究人类文字的发生和发展的一座宝库，汉字研究主要是立足于丰富原始材料基础上的实证研究，甲骨文以降的汉字发展史研究，必须接受历代原始材料的验证。我们应该坚持在断代研究的基础上去进行不同阶段的历史比较。既要从不同字式的消长与主体字式的转换中，去客观认识汉字记词方式辩证演进的历史进程；亦要从汉字对社会记录汉语之需求的能动适应上，去深入探究汉字坚持表意化发展的历史必然性。通过科学地总结汉字发生发展的历史进程及其规律，实事求是地阐述汉字在人类文字史上的历史地位。

二、立足形义联系的结构-功能分析

历史语言学主要研究语言在历史长河中的演变过程及其发展规律，共时语言学则主要研究语言系统内部要素在横剖面上的逻辑结构及其外向功能。

[①] 刘又辛：《从汉字演变的历史看文字改革》，《中国语文》1957年第5期。

（一）共时研究催生现代汉字学

索绪尔是共时语言学的奠基人，他把语言研究严格区分为共时研究与历时研究。

> 索绪尔："语言是一种表达观念的符号系统。""有关语言学的静态方面的一切都是共时的，有关演化的一切都是历时的。同样，共时态和历时态分别指语言的状态和演化的阶段。"[①]

索绪尔之所以特别注重对系统的内部要素及其关系进行共时研究，是因为语言的共时静态更为客观地反映了语言的内部结构。他反复强调的"共时态"的"系统"，其实就是后来语言学家们所说的"结构"。索绪尔把语言当作一个共时的层级符号系统来研究的思想，为现代语言学建立起了一个开放性的理论体系。索绪尔关于共时语言学的思想，以及其后用"分布分析法"和"结构-功能法"来进行共时描写的方法，即从整体出发对结构进行功能分析的方法，对汉语汉字研究产生了重大的影响。需要指出的是，语言与文字都是人文符号系统，其功能是社会功能，其结构功能是由社会交际的需要所决定的。在对汉字系统进行共时分析时要认识到：汉字超时空记录汉语的社会功能，是在顺应华夏社会交际需要的进程中历史形成的。

自然语言处理（NLP）是研究如何实现人与计算机之间用自然语言进行信息交流的前沿学科。语言是人类智能的重要组成部分，自然语言处理为人工智能技术提供了语言学支撑，它是计算机科学、人工智能和语言学界所共同关注的一个重要方向。文字是记录语言的符号，文字处理技术是语言处理技术的基础。汉字信息处理的实质就是通过汉字信息的数字化，从而实现计算机系统之间的信息交换。数字化是将一般文字转化为编码文字，编码汉字是汉字在计算机内的基本表达形式。有关的国家标准和国际标准的研制，为汉字的数字化与输入输出提供了统一的数据编码，中国的汉字信息处理技术在多方面取得了迅速的发展。

信息化时代的迅速到来，极大地推动了现代汉字的共时研究。我国的汉字信息处理研究始于1974年启动的"748工程"。该工程组织两千多人经过两年多的手工操作，在1976年完成了对2163万字抽样语料的汉字查频工作。20世纪80年代是我国汉字信息处理的研究和应用快速发展的阶段，其间最大的突破在于开始了从现代自然语料中归纳常用字通用字的基础工作，对现代汉语字频、词频及其语用分布，对现代汉字的结构、字符及其构字能力，展开了大规模的测查。这两方面的多项大规模自然语料测查项目，为现代汉字的应用与研究提取出大量成套的基本数据，从信息科学的角度深入分析了汉字的基本特征。这不仅有力地推动了汉字规范、汉字教学与自然语言处理等方面的应用研究，而且大大深化了对汉字结构功能的宏观认识，直接推动了现代汉字学的脱颖而出。

---

① [瑞士]索绪尔：《普通语言学教程》，高名凯译，商务印书馆，1999年，第37、118-119页。

冯志伟指出："今天，一个高度信息化的计算机汉字文化新时代已经到来，古老的汉字又重新焕发出蓬勃的青春活力。"①

（二）结构分析重语义的好传统

系统的思想源远流长，但作为一门科学的"系统论"，则是美籍奥地利生物学家 L. V. 贝塔朗菲（1901—1972）在前人研究的基础上建立起来的。他首先建立了关于生命组织的机体论，主张把生物有机体当作一个整体，并由此发展成为一般系统论。任何系统，都是由若干要素按一定方式层级合成结构而具有特定功能的有机整体。凡系统都有结构和功能，结构是系统内部各要素相互联系的关系，功能是系统在与外部环境相互作用的过程中所产生的效能，结构与功能辩证统一地合成了系统。任何系统都是一个有机的整体，是系统论的核心理念。

汉字是记录汉语的重要交际工具这一性质，决定了汉字的功能就是完整而准确地记录汉语，就是在古今南北音有异的语境中能够超时空地记录汉语。汉字的功能是由汉字的结构来体现和表达的，正是各要素（义符、声符）的功能关系（合成方式）构建了汉字系统的层级结构，汉字的结构–功能就是在适应汉语不断发展的交际需要中协同完善的。所谓对汉字的整体把握，就是从整体出发对结构进行功能分析，从而抽象出汉字系统所特有的内在逻辑联系。

长期以来，人们对汉字的内部结构和语用分布虽多有研究，但一直是心中无"数"的。信息化时代的迅速到来，有力地推动了汉字的基础研究，很快改变了在汉字应用上心中无"数"的状况。20 世纪 80 年代以来，共时汉字的基础研究取得了重大的成就，它具有这样几个特点。第一，汉字的共时研究主要是现代汉字的研究，因为现代汉字不仅是十几亿人正在使用的汉字，而且是汉字发展至今最为成熟的阶段，现代汉字的基础研究客观地揭示了汉字的实际状况，有效地支持了现代汉字的应用研究。第二，汉字的共时研究，坚持把系统方法与数学方法结合起来，对"大规模"的"真实"的抽样自然语料进行计量分析，坚持在心中有"数"的基础上去深化认识并开展有效应用。第三，语义是语言的内容，语音是语言的形式。印欧语系所用的文字是立足形音联系的表音文字，其研究多注重语言的形式，其立论多以语音、语法研究为据。汉语是主要以单音节语素意合构词的词根语，汉字是立足形义联系的表意文字，以语义研究为核心一直是汉语言文字学的传统与优势。汉字的结构–功能分析，始终注重探求字式结构对所记词义的可解释性，其析形（字式结构）求义（表词功能）的分析方法，在语义研究上具有独特的传统优势。

汉字的表词功能是由字式结构来表达的，汉字的结构功能是在对汉语的能动适应与协同互动中逐步完善的。字语系统的协同发展主要发生在两个方面：一是构字构词的合成化发展了汉字的层级结构，二是记词方式的形声化加强了汉字的表意功能。随着现代

---

① 冯志伟：《从汉字信息处理到自然语言处理》，《语言战略研究》2019 年第 4 期。

汉字的结构、字符及其构字能力的测量与分析，随着现代汉语的字频、词频及其语用分布的测量与分析，人们对汉字的结构功能有了更深的认识。结构功能的分析大要有三：构字的逻辑结构、表意的运作机制、用字的分布规律。

构字的逻辑结构。汉字系统是一个"系统的系统"，数以万计的汉字是由四五百个基础字符层级合成出来的，其中 200 来个高能字符直接或层级合成出了大多数的常用汉字，它们就是汉字系统得以形成和发展的基础构件系统。这种以少驭多层级合成的原理，用有限的字符按有理的字式而以文组字的方式，就是汉字合成化的生成机制；这种经济的编码机制发展了汉字的层级结构。构字构词的合成化协同互动，不仅把记录语词的文字单位由"独体"上升为"合体"，而且把文字记录的语言单位由"词"下调为"语素"，字语的对应单位随之由以"词字"为主发展成为以"语素字"为主。这种字语对应的逻辑结构，不仅有效控制了基本字符、基本语素的数量，而且大大加强了构字、构词的系统性。

表意的运作机制。汉字是立足形义联系的表意文字，汉字的表意功能是主要依靠义符的推类系联来实现的，汉字的系统形义联系是在"以类附声"的形声化中建立起来的。这种用逐层累加的合成结构以分级体现不同表词功能的原理，主要用义音合成的形声字去记录义音结合的单音节语素的记词方式，就是汉字表意功能的主要运作机制。71 个核心义符的参构字在《说文解字》小篆字中占到 77%，在《汉语大字典》楷体字头中占到 81%，在《通用规范汉字表》所收字中占到 90%，它们就是古今汉字的主体，是汉字系统保持表意性质的压舱石。"虽然有部分汉字在历史演变中失去了理据，但现行汉字在整体上仍然保持着相当系统的形义联系：义属某类之字多从某符，形从某符之字多有某义（类意义）。"[①]

用字的分布规律。汉语的语文词种（不包括专有名词）多达数十万，汉字字种多达数万计，但社会交际中的常用字词高度集中而相当稳定。一个时代的通用字一直保持在六七千，最常用的"千字万词"就可以覆盖 90% 的现代自然语料。2 500 个最常用字可以覆盖 98% 的现代自然语料，3 500 个常用字就覆盖了 99.5% 的语料，而数以万计的非常用字对自然语料的覆盖率则不过 0.5%。一个汉字的功能价值，在于所记之词的语用频率和所记语素的构词能力。汉字常用字种的集中和稳定，主要是由汉语基本语素的集中和稳定所决定的；至于常用语素字的更为稳定更为集中，则是因汉字的表意性与多义性所促成的。汉语用词用字很不平衡而高度集中的分布规律，具有极大的应用价值。这一规律的认识和运用，直接推动了现代汉语用字的分级定量与规范字表的科学研制，不仅有力地促进了社会用字的规范化，而且也将大大提高汉字教学的效率。

研究汉字的结构功能，要重视核心义符的压舱石作用。核心义符表示的是汉语中基本的类意义，具有很强的表意功能。看构字能力，构字最多的基础字符就是核心义符；

[①] 龚嘉镇：《汉字核心字根的构形表意及其历史演变》，《中国文字研究》第十八辑，上海书店出版社，2013 年。

论字用频率,使用最多的常用字一般就是核心义符的参构字。研究记词方式的辩证演进,要着眼汉字的形义联系;认识结构功能的协同完善,也要重视汉字的形义联系。因为汉字是立足形义联系的表意文字。

三、注重计量描写与定性分析的结合

早在 19 世纪后期,西方学者就提出了用数学方法来研究语言的想法,就开始编写《词频词典》。随着计算机技术的发展,终于在 20 世纪中期产生了数理语言学,并在语言统计研究的基础上分化出了计量语言学。计量语言学是以真实语料为基础,用计量的方法来研究语言的结构与演变的一门语言学科。这是一个横跨语言学、数学和计算机科学的交叉学科。它运用数学的计量方法来分析动态的自然语料,或共时地量化描写语言内部诸要素及其关系的分布格局,或历时地量化比较语言诸要素的此消彼长以探究其演变进程。计量分析是一种研究语言文字的新方法,它的新不仅在于把系统论方法、数学方法与计算机技术结合起来进行语言文字研究,而且在于它把语言系统视为一个复杂的动态的自组织系统。用计量方法来分析动态的自然语料,这是语言学研究方法科学化的一个重大发展。

(一)语用分布与字词的分级定量

词频分布规律被称作齐普夫定律。这个规律是美国的贡东在 1928 年发现并公开发表的。贡东是美国贝尔电话公司的物理学家,他在关于提高电话线路通信能力的研究中发现了这个分布规律。到了 1935 年,美国语言学家 G. K. 齐普夫用大量统计数据来验证这个规律,通过进一步的系统研究,使这个规律得以确立为定律。这个定律后来被命名为齐普夫定律,是计量语言学中提出最早影响最大的统计学规律。

研究发现,在按出现频次降序排列的自然语料样本中,一个词的出现频次与它的序号之间存在着反比关系,不同词的频次与其序号的乘积是趋于一致的常数("常数"后被改为"参数")。后来把词频在语用中的分布规律概括为这样的公式:

$$F \cdot R = C \quad (频次 \times 序号 = 常数)$$

在一个自然语料样本中,如果按出现频次由高而低降序排列全部词,那么高频词就集中在序号较小的高端,低频词则集中在序号较大的低端了。齐普夫提供的这种计量分析法,突出了高频词、低频词集中两端的分布特点。据此可以对分布段位相同,即语用频度同段的词进行科学归类。齐普夫定律把归纳自然语料中的高频词作为计量研究的基础工作,其价值就是在分布分析法的基础上运用聚类分析,总结出了词频分布的基本规律。半个多世纪以来,齐普夫定律被广泛应用于多个领域,产生了重大的应用价值。[①]

[①] 参看冯志伟:《现代语言学流派(增订本)》,商务印书馆,2013 年,第 738-742 页;刘洪波:《词频统计的发展》,《图书与情报》1991 第 2 期。

齐普夫定律有两个基本点，一是通过按频次为词排序以展示词频的分布格局，二是根据定律参数的值域去寻找为词分级的切分点。这个定律的价值主要在前者，至于参数的值域则一直存在争议。20世纪80年代以来，中国学者在运用齐普夫定律进行汉语词频字频研究时，发现了两个问题：一是有些字词的学科分布很不均匀，例如"他"是一个很常用的代词，但在报刊政论和科普文章中则极少出现，立足于词频的齐普夫定律并未考虑到词的学科分布。二是在降序排列的低端，低频字词随着频次的减少而越来越多，不可能出现判然不同的切分点。前者说明抽样语料应该具有足够量的规模和均衡性，才能保证据样本推测全体的可靠性；后者说明在运用齐普夫定律时，还需要辅以其他手段才能保证分级定量的客观性。

　　中国学者立足汉语汉字实际，对齐普夫定律进行了洋为中用的改进。一是避短扬长，淡化定律参数的作用，重视按频次为词排序的思路；二是实事求是，把按频次排序修正为按覆盖率为字词排序。早在20世纪80年代中期，我国的一些学者就注意到了齐普夫定律忽视词的学科分布这个缺陷，就在他们的项目中开始了对字词的"使用度""覆盖率"的研究和运用。覆盖率指的某字/词在样本中出现的频次占样本总字量的百分比。这是因为字词对语料的覆盖率，既能反映字词的使用频率，也能反映字词的语用分布。这种频率加分布的描写，更真实地反映了字词的语用状态。中国学者在归纳自然语料中的常用字、高频词时，逐步把注意力集中到了两个方面：一是所选语料的可靠性，二是分级定量的科学性，力求使它们符合现代汉字使用的实际情况。

　　《通用规范汉字表》的研制，就研究方法而言，是对20世纪80年代以来字频研究、字表研制方法的总结和发展。它以国家语委现代汉语平衡语料库为基础语料库，该语料库的9 100万字符覆盖了55个学科，是从1911—2002年的语料中随机抽选出来的。另外还选择和建立了新闻媒体、教育科普、儿童文学三个辅助语料库。这就从语料的年代、样本的规模和分布的均衡上，较好地保证了据样本推测全体的可靠性。该表收字8 105个而分为三级。一、二级字的分级，是主要根据字种对基础语料库的覆盖率来划分的，并运用辅助语料库的测查以及调研、问卷等手段，对两级字之间的"临界字"进行了人工调整，使之更加符合汉字的实际语用状况。最后将一级字（常用字）定量为3 500个，一、二级字（通用字）定量为6 500个，其对基础语料库的覆盖率分别为99.58%、99.99%。另外的1 605个三级字，是在姓名、地名、科技术语和中小学文言文教材中较为通用的专用字，设置专用字表是对通用字表的必要补充。[①]《通用规范汉字表》大大地提高了汉字规范的科学性和实用性。

（二）构字用字规律的深入认识

　　古人很早就有常用汉字和常用偏旁的概念，很早就在研究以"文"组"字"的字原偏旁之学，对汉字用字、构字的规律有着较深的认识，但由于缺乏计量分析，故而一直

---

① 王宁主编：《〈通用规范汉字表〉解读》，商务印书馆，2013年，第11-19页。

心中无"数"。计量语言学方法的广泛应用，大大加强了汉字汉语研究方法的科学性，不仅从根本上改变了举例式论证可能带来的以偏概全，而且有力地促进了定性分析与计量分析的结合。

20世纪80年代以来，我国开展了从现代自然语料中计量归纳常用字通用字的工作。在现代汉语的字频、词频及其语用分布的测量与分析，在现代汉字的结构、字符及其构字能力的测量与分析两个方面，开展了大规模的计量语言学研究。通过这些基于自然语料的计量研究，取得了成套的基本数据，进而通过深入的定性分析，人们终于对汉字的语用状况和内部结构心中有"数"了。

国家语委建立了已收上亿字语料的现代汉语平衡语料库，还建立了收有7 000多万字语料的古代汉语语料库，并在两个语料库的基础上，加工研制了两个语料库字频表。这两个大型语料库注重语料的通用性与平衡性，其字频统计较为客观地反映了古今汉字在宏观语用上的实际状况。现将两表中的有关数据制成表16.1、16.2列示如下：

表16.1 古今常用字、通用字对自然语料的累积覆盖率分布统计 [1]

语料库字频表	语料库字量	通用字种对语料库语料的累计覆盖率分布						
		50%	80%	90%	95%	98%	99.5%	99.98%
古代汉语语料库字频表	1 500万	187	769	1 355	1 992	2 878	4 089	5 625
现代汉语语料库字频表	2 000万	149	586	1 028	1 535	2 258	3 375	5 374

表16.2 两个规范字表中常用字、通用字对现代自然语料的累积覆盖率 [2]

字　　表	发布时间	前2 500字	前3 500字	6 500通用字
现代汉语常用字表	1988	97.97%	99.48%	
通用规范汉字表	2013	98.56%	99.58%	99.98%

汉字是一字记一词/语素的单音节文字。单音词语用价值的不平衡，单音节语素构词能力的不平衡，决定了不平衡的字频分布才是汉字记录汉语的真实状态。汉语用词用字高度集中而很不平衡，这种经济的分布格局具有历史的必然性。已有的数十种字频大数据与两次规范字表的研制成果，为我们提供了体现汉字用字规律的概括性数字度量。笔者从中归纳出一套现代常用汉字语用分布的基础参数，用表16.3列示如下：

表16.3 常用字对现代自然语料的累积覆盖率分布

累积覆盖	50%	80%	90%	95%	98%	99.5%
常用字种	前150字	前600	前1 000	前1 500	前2 500	3 500

---

[1] 数据引自教育部语言文字信息管理司网站的现代汉语平衡语料库。
[2] 两个字表的数据分别引自国家语言文字工作委员会汉字处编：《现代汉语常用字表》，语文出版社，1988年，第7页；王宁主编：《〈通用规范汉字表〉解读》，商务印书馆，2013年，第15页。

再来看汉字基础字符构字的计量研究。2009 年发布的《现代常用字部件及部件名称规范》，通过对 3 500 现代汉语常用字的拆分，归纳出了 441 组（主形部件）514 个现代常用字部件。这些不再拆分的部件就是现代常用字的基础字符。该规范附录提供了每个部件的构字数和出现次数。[①]现根据这些数据进行分类加工制成下表：

表 16.4　现代常用字基础部件的构字能力分布统计

部件分级	核心部件		高能部件		低能部件		合　计
构字分级	561~40（个）		39~10（个）		9~1（个）		
构字部件	56	11%	145	28%	313	61%	514
计构次数	3 969	50%	2 855	35%	1 200	15%	8 024
合　计	201 个部件，39%；6 824 次，85%						

十余项断代归纳基础字符的计量研究成果表明，古今汉字都是由四五百个基础字符层级合成出来的，但它们的构字能力也是很不均衡的。正如上表所示，56 个核心部件（构字≥40 个）累计参构次数占参构总次数的 50%，加上高能部件（构字 39~10 个）计 201 个部件的累计参构次数占到了 85%；而参构 9~1 个字的低能基础字符虽然多达 313 个，但累计参构次数仅占参构总次数的 15%。说明 3 500 常用字就是主要由这 201 个基础字符直接或层级合成出来的。

再说直接字符。在第十一章《协同完善的结构功能》中曾指出，现代通用字大约有 1 600 个直接字符，其中 434 个高能声符（构字≥5 个）的参构字占到了现行形声字的 77%，71 个核心义符（构字≥15 个）的参构字占到了通用规范字的 90%。而参构 4~1 个字的那千余个直接字符则构字较少，其中 500 多个才参构了一个字。说明大部分现行汉字就是由这 500 多个高能直接字符，按形声或会意的方式直接合成的。

这几套数据不仅宏观而具体地展示了汉字用字、构字的基本事实，而且揭示了汉字是如何利用"有限"要素的"无限"运用，以少驭多地实现了经济编码。就用字而言，古今汉字虽然多达七八万个，但一个时代的通用字一直保持在六七千个，其中 2 500 个最常用字就覆盖了 98% 的自然语料。稳定的常用字数量有限但使用频率极高，汉语的社会用字具有很不平衡而高度集中的分布规律。以构字而论，汉字虽然多到数以万计，但它们是由四五百个基础字符层级合成出来的，是由 1 600 个直接字符直接合成出来的，其中七八十个核心义符和四百多个高能声符直接合成出了大部分的现行通用字。稳定的高能字符数量有限但构字能力极强，字符的构字具有很不平衡而高度集中的特点。这种把计量分析与定性分析结合起来的汉字研究，是一种既立足于现实应用又注重深化认知的研究，是一种把逻辑方法与历史方法结合起来的研究，它使我们更深刻地认识了汉字系统的逻辑结构与历史规律。这样的学术认识，若能应用到汉字教学的教材编写与教学方法中去，若能普及到一线教师特别是广大小学语文教师中去，那一定会大大提高小学

[①]《现代常用字部件及部件名称规范》，《语言文字规范手册》，商务印书馆，2014 年。

识字教学和对外汉语教学的效率。人文学科同样需要打通科研成果转化的"最后一公里"。

陈原（1918—2004）对上述基础研究的方法进行了这样的深刻总结：

> 从定性到定量，然后又从定量回到定性——即从量的测定结果，经过分析研究，深化对本质的理解。这也许是晚近某些学科的发展所经由之路。……对语言诸要素进行量的测定不是目的；分析这些测定数据，对语言理论提出新的观念或作出新的解释；对语言文字的实际应用作出新的设想，亦即深化定性分析，这才有利于学科的发展。……定性分析——量的测定——深化认识或有效应用：这就是上述循环的最简单的图式。①

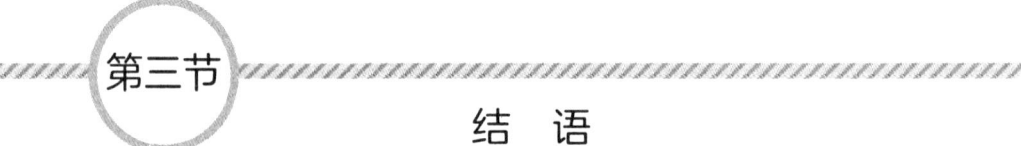

第三节　结　语

　　源远流长博大精深的中华文化有着自己独特的民族性。这民族性不仅体现为优秀深厚的民族文化传统，而且还体现在文化交流中的民族主体意识。文化传统是一个民族世世代代积累而成的精神财富，是全民族的一种文化认同，而主体意识则强调的是文化根基、文化自觉。中华文化之所以能够源远流长，是因为其"自强不息"（《周易·乾卦·象传》）、"厚德载物"（《周易·坤卦·象传》）的基本精神具有植根于民族的强大生命力，是因为它的传承是一种不断赋予时代精神的再创造过程，中华文化就是因为既有优秀传统又能"与时偕行"（《周易·益卦·象传》）而历久弥新的。民族主体意识不仅表现为吸收外来文化时以我为主的主体选择性，而且表现为消化外来文化而为我所用的自觉整合能力，中华文化就是因为既有主体意识又能海纳百川而欣欣向荣的

　　中国的古代文化史和当代的改革开放史雄辩地说明，中华民族不仅能够有选择地吸纳外来优秀文化，而且善于兼容和改造外来文化并使之中国化。历史传统与时代精神的古今之辩，民族特色与外来文化的中外之辩，永远是文化发展进程中事关全局与趋势的两对基本关系。毛泽东主席（1893—1976）以他特有的恢宏大气，从中辩证地总结出了"古为今用，洋为中用"两大原则。②中华文化就是在"古为今用"地继承传统文化、"洋为中用"地吸纳外来文化的进程中，逐步海纳百川而走向博大精深的。"周虽旧邦，其命维新。"（《诗经·大雅·文王》）悠久深厚的中华文化是守正创新欣欣向荣的文化。

　　汉字既是中华文化的重要载体，也是中华文化的重要内容之一，汉字学研究方法的

---

① 陈原：《现代汉语定量分析》，上海教育出版社，1989年，第4-5页。
② 毛泽东：《毛泽东书信选集》，中央文献出版社，2003年，第510页。

发展就从一个侧面反映了中华文化的发展。西方语言学具有较强的科学性和普适性，中西语言学的结合是中国语言文字学发展的必由之路。这种"结合"首先面临的原则性问题，就是结合的立足点、结合的基础，因为立足点和基础反映了结合的主体意识。

陈寅恪、徐通锵两位先生的下列论述值得重视：

> 陈寅恪："窃疑中国自今日以后……其真能于思想上自成系统有所创获者，必须一方面吸收输入外来之学说，一方面不忘本来民族之地位。此二种相反而适相成之态度，乃……两千年吾民族与他民族思想接触史之所昭示者也。"①
>
> 徐通锵："立足汉语的研究，实现中西语言学的有效结合，是中国语言学发展的必由之路。……汉语特点的研究是实现有效'结合'的基础，而汉语事实与印欧语理论的矛盾则是启示'结合'新思路的突破口。……随着研究的深化，'结合'的立足点应以汉语的研究为基础、实现中西语言学的结合和现代语言学与汉语传统研究的结合，这一方向将会越来越显示出它的生命力。"②

20世纪80年代以来，在改革开放的时代大背景下，中国学者积极采用普通语言学的理论和方法来研究汉语汉字，汉语言文字学的研究因而取得了长足的发展。但是，西方语言学主要是立足于印欧语实际建立起来的语言学理论，而汉语言文字学基本上走的是一条独立发展的道路。因此，两位先生在强调中西语言学结合的同时，都特别指出：吸收外来学说要"不忘本来民族之地位"，中西语言学的结合一定要立足于汉语汉字的实际及其传统研究。陈先生从中外思想交流史的高度，深刻地指出了吸收外来学说与坚持民族主体地位的辩证关系。徐先生强调要结合汉语的实际去吸收外来理论，在"汉语事实与印欧语理论的矛盾"之处，我们尤其应当坚持"洋为中用"的主体意识而有所创新。

再看唐兰先生和法国安杜恩·梅耶的下述两段话。

> 唐兰："异国人的治学方法，可以钦佩的地方固然很多，但他们也有所短。即如语言和文字两方面，语言声韵是他们所能擅长的，文字训诂却就不然。"③
>
> 梅耶："那些在印欧语领域里得到了成绩的办法，并不是随便在什么地方都一样可以应用的。"④

汉字是在特定文化语境中独立发展起来的自源文字。汉字是研究人类文字的发生和发展的一座宝库，一座蕴藏着东方智慧的宝库。我们这个民族为什么要创造据义构形单音成字的方式来记录汉语？汉字在大量使用假借字的情况下，为什么要重建形义联系而转身走上形声化的道路？在记词方式形声化的进程中，汉字如何主要依靠七八十个核心义符建立起了系统的形义联系？汉字如何主要通过"以类附声"的方式，逐步形成以象

---

① 陈寅恪：《金明馆丛稿二编》，三联书店，2015年，第284页。
② 徐通锵：《汉语研究方法论初探》，商务印书馆，2004年，第1、4页。
③ 唐兰：《古文字学导论》，上海古籍出版社，2015年，第35页。
④ [法]梅耶：《历史语言学中的比较方法》，岑麒祥译，世界图书出版公司，2008年，第2页。

形字为基础以形声字为主体的文字体制？在古今音变南北音异的语境中，汉字凭什么能够超时空地记录汉语以维护统一传承文化？语言的经济原则是如何支配汉字的语用交际与优化演变的？四五百个基础字符，运用什么机制生成出数万汉字？汉字多达七八万，为什么 2 500 个最常用字就能覆盖 98%的现代自然语料？汉语汉字的结构功能在合成化中是如何协同完善的，为什么要把字语对应的单位由以词字为主发展为以语素字为主？汉字的形音联系远弱于形义联系，现行同音字、多音字、形声字三个不同层面上的形音关系到底如何？现行声符系统的表音功能究竟怎么样？如何把汉字构字用字的规律，普及运用到对内对外汉字教学中去，通过加强教材编写与教学方法的科学性以大力提高教学效率？……

以上这些汉字特有的问题，有些是可以借助西方语言学加以解释的，但是，要对汉字进行较为全面的描写与历史的解读，还是只能主要依靠我们自己。中国学者在汉字研究上，是具有义不容辞的文化使命感的。在中华民族文明复兴的今天，我们应该坚持问题导向，一个专题一个专题地去研究，深入开展汉字学的理论建设，努力为现代语言学、为人类文字发展史，做出中国学者应有的贡献。

加强学科建设的根本，在于加强学科的基础研究；加强基础研究的枢机，在于找到并抓住学科中事关趋势与系统的核心问题。只有从最基本最有意义的问题上开展深入研究，才可能有所创新而不致在外围转圈。每个学科都有自己特定的研究对象，都有自己特定的学科主题。人们不会忘记对象，但常常忽视了主题。汉字是记录汉语的书写符号系统，自源的汉字是如何记录汉语的，汉字为什么能够连绵使用数千年至今仍然为十几亿人所使用？汉字记词方式辩证演变的发展进程及其历史必然性，是汉字学研究中至为基础事关趋势的学科主题，是汉字发展史研究不能回避、必须回答的基本问题。关于汉字的性质、结构、功能等问题的研究，都只有置于汉字如何记录汉语这个大语境中才能深入开展下去。否则，就难以从根本上去认识和解释汉字的表意文字特色。做学问是温故知新有所发展的修为，温故要在学，知新成于思。"学而不思则罔，思而不学则殆。"（《论语·为政》）无论是着眼宏观还是立足微观，不管从哪个方面还是在哪个层面，只要是研究汉字,都不能忘记汉字学的学科主题，都不能忽视汉字如何记录汉语这个大语境，都应该尽量思考更基本一些的问题。

汉字学是一门古老而充满活力的学科，汉字学的发展不能缺乏时代意义。学术的发展总在于用新方法、新材料去研究新问题。中华民族的文明复兴与信息时代的迅速到来，向汉字学提出了两大新问题：一是面向现实加强现代汉字的应用研究，一是深化认知加强汉字学科的理论建设，着意建设既有现代意义又有民族特色的汉字学。出土的古文字材料及其研究成果，计量语言学所得之相关成套"大数据"，则是当前汉字学研究中最有价值的两大新材料。至于研究方法，20 世纪 80 年代以来，如何把现代语言学与汉字传统研究结合起来，以提高汉字学研究方法的现代化水平，一直是汉字学界努力探索的核心课题。

中华大地积淀着厚重的人文传统和创新精神。"国学"在古代原本指以国子监为首的官学，20世纪初以来则相对"西学"而言，特指中国传统文化之学，其核心就是在学术上坚持中国传统文化的守正创新。20世纪80年代以来，中国学者坚持从汉语汉字的实际出发，在运用西方语言学的方法从事汉字研究的道路上，不仅围绕如何"结合"进行了不断的探索，而且注重围绕"汉字是如何记录汉语的"这个主题，进行了更为深入的探究。这一"结合"主要发生在对历史比较法、结构功能法与计量分析法的"择其是"而"用其大"上，着意吸取其立论的精神与研究的思路。学者们逐步形成了这样的共识：高度肯定西方语言学中相关理论和方法的科学性，充分重视汉字实际和汉字传统研究的特殊性，坚持"洋为中用"而使之中国化的创新性。

总之，中西语言学的结合是汉语言文字学发展的必由之路，中西语言学的有效结合，要在"古为今用，洋为中用"而守正创新。正是这种守正基础上的综合创新，有力地促进了汉字学研究方法的现代化。需要指出的是，从汉字是表意文字的实际出发，坚持断代实证研究基础上的历史比较，立足形义联系的结构功能分析，注重计量分析与定性分析的结合，已经成为汉字学研究方法现代化的基本内容，并因此取得了令人瞩目的研究成果。

第一，坚持断代实证研究基础上的历史比较。在运用历史语言学的方法研究汉字发展史时，应高度重视通过对应要素的历时比较以探究语言的历史发展这一思路的科学性，要充分发挥汉字史研究拥有丰富原始材料的独特优势，坚持把记词方式的辩证演进当作汉字历史发展的基本进程去研究，坚持在断代研究的基础上去进行不同阶段的历史比较，进而深入认识汉字在特定文化语境中坚持表意化的历史发展进程及其历史必然性。

历史语言学的方法为汉字发展史的研究，提供了历史比较的思路。中国学者在探索中逐步认识到：历史语言学的方法是主要基于语音史的比较总结出来的，其原理是通过比较亲属语言的空间异同去推测语言的历时演变；汉字史研究的独特优势是拥有丰富而完整的原始材料，甲骨文以降的汉字史研究应该主要是重在归纳的实证研究。汉字史研究首先需要的不是由今及古的推测，而是对各阶段汉字原始材料的科学归纳，实事求是的断代研究是汉字历史比较的基础。透过现象抓本质，断代比较看趋势。汉字是记录汉语的符号系统，汉字发展史研究应当围绕着汉字如何记录汉语这个本质问题来展开。汉字发展史研究要努力把共时描写与历史比较结合起来。要一个时代接着一个时代地进行客观的断代研究，着意透过字体去认识每个阶段记录汉语的基本方式。只有坚持在断代描写的基础上去进行不同阶段的历史比较，才能从不同字式的消长与主体字式的转换中，更为客观地认识汉字记词方式的辩证演进，从而探求汉字系统的历史发展规律。

第二，立足形义联系的结构-功能分析。在运用共时语言学的方法研究汉字的结构功能时，应高度重视立足共时研究以整体把握系统结构这一思想的科学性，要充分发挥汉语言文字学以语义研究为核心的传统优势，坚持立足形义联系去进行汉字的结构功能分析，高度重视汉字结构功能的协同完善，顺应和促进了汉语书面语的统一和发展这一基本事实。

运用共时语言学的方法来研究汉字的结构功能，有力地推动了现代汉字学的长足发展。中国学者在探索中逐步认识到：语义是语言结构的核心，语言结构的研究应该既有形式分析，更需有语义研究；印欧语使用的是立足于形音联系而重"形合"的表音文字，语义研究一直是西学的薄弱环节；汉字是立足于形义联系而重"意合"的表意文字，语义研究始终是汉学的传统优势。因此，在分析汉字以少驭多的层级结构和用字集中的分布规律时，既要认真采纳系统分析的思路，也要注重继承析形（字式结构）求义（表词功能）的传统方法，注重探求义符在汉字形义联系中的类化作用。"表意性是汉字的命脉。"[1] 71 个核心义符的参构字在小篆字中占比近八成，在通用规范汉字中多达九成，它们就是汉字系统保持表意性质的压舱石。

第三，注重计量描写与定性分析的结合。在运用计量语言学的方法研究汉字系统的要素、分布及其关系时，应高度重视把数学方法与系统论方法结合起来研究语言这一方法的科学性，要注重从汉语汉字实际出发去完善计量分析的方法，坚持把计量分析与定性分析结合起来，深入认识汉语构字构词的编码机制与用字用词的分布规律，并把它们有效地应用到汉字规范和汉字教学中去。在大规模的字频、词频的测量实践中，人们根据汉语汉字的实际，把齐普夫定律的按频次为词排序，修改为按覆盖率为词/字排序，并从多个环节上进一步完善了词频字频的研究方法。沿着"定性分析—量的测定—深化认识或有效应用"的循环模式开展研究，深入地认识了汉语字词以少驭多层级合成的生成机制和经济原则，深入地认识了汉语用字用词高度集中相当稳定的语用分布规律，并在分级定量研制规范字表上取得了重大的应用成果

科学的本质在于探求真理发现规律，基础研究的创新有力地推动了整个学科的发展，而学科研究成果的科学表述永远是理论。以上这些具有创新性质的探索和认识，就是中国学者对普通语言学的贡献，对历史比较法、结构功能法、计量分析法的丰富和发展。

最有价值的知识是关于方法的知识。20 世纪 80 年代以来，在中文信息处理与汉字规范研制的大力推动下，汉语言文字研究出现了一种用新方法新材料去研究新问题的新潮流。中国学者坚持主体意识，在"古为今用，洋为中用"的基础上着意综合创新，逐步形成了一套汉字学的现代研究方法，一套既有现代意义又有民族特色的研究方法。这就是：汉字研究要立足于表意文字的实际，把共时描写与历史比较结合起来，把计量分析与定性分析结合起来，把字语研究与文化研究结合起来，以力求理论上的深化认知与实践中的有效应用。

---

[1] 曹先擢：《汉字的表意性和汉字的简化》，中国社会科学院语言文字应用研究所编：《汉字问题学术讨论会论文集》，语文出版社，1988 年，第 27 页。

后 记

我的问学历程回顾

这部《汉字学概论》,是我在夕阳时分完成的一部学术专著。值此出版之际,我认真回顾了自己的问学历程,总结了自己的学术认识,写出了这篇万字后记。我的问学历程可以分为在岗时与退休后两段,回顾自然也分为这样两个部分。前段想想"起步晚 努力走上问学的路",后段说说"退休后 净心做好想做的事"。

一、起步晚　努力走上问学的路

每一代人都生活在特定的时代,有着自己特别的经历与感悟。"40后"这一代是经历风雨、亲历沧桑的一代人,我的青春是在大巴山区度过的。我在那里插队务农当了十年知青,然后就留在山区教小学教中学,直到年过四十才调回城市,到高校去教"古代汉语"。风雪中修水库,烈日下收稻谷;领着学生跑早操,煤油灯下改作业;还有我勤劳朴实的山区农友……二十多年的山区磨砺,为我的人生打下了自强与求实的底色,教我懂得了春种秋收的因果道理,使我后来能够珍惜机遇,在从教为学的路上努力做好自己的事。

对于大多数"40后"来说,20世纪80年代既是进入中年的时代,也是开始起步的年代。我的问学之路就始于80年代初的教研活动。那时我在一所公社初中教语文,写的《大力提高文言文的教学效率》一文,1983年发表在《西南师范学院学报》上,接着又在这家学报上发表了《板书设计浅说》。此后虽然不断接到退稿,但自己则越写越来劲,文章也越写越长了。最初发表的多是讨论教法和语法的文章,是教学中的疑难逼着我初步形成了反思总结找问题的能力,形成了不断探究每有所得即形诸文字的习惯。这种发现和解决实际问题的能力,让我受益终生。它使我逐步走上了问学之路,并持之以恒地朝着一个方向走去,一直走到现在。

1986年,我有幸参加了中国音韵学研究会和西南师范大学联办的一期古汉语研究班,授课的先生有唐作藩、刘又辛、赵诚、李新魁、经本植、林序达等先生,来自南北各地,多是各学科的著名学者。近百名学员主要是来自全国各高校的古汉语教师,那时的学习真是如饥似渴。每天上午听老师讲课,下午进图书馆查阅相关资料,晚上就整理一天所学加上心得写成笔记,常常是夜半才睡。三个月的学习使我深受教益,不仅初步了解了古汉语各学科的发展历史和前沿现状,而且从先生们的讲授中深深地感受到了朴学传统和历史分析的学术魅力。随着知识结构的充实和调整,我的研究逐步由语法转向了训诂和文字，我的汉语汉字研究就是从这期古汉语研究班开始逐步"入门"的。在此后的几十年里，我一直致力于汉字学的研究。

在 20 世纪 80 年代中期的一次学术会议中，我聆听了国家语委一位专家关于计量语言学的学术报告。虽然听得似懂非懂，但那种分析归纳的论证思路一下子就打动了我。在我的问学过程中，我认真学习过哲学、逻辑学、系统论和自组织理论，特别注重学习与运用计量分析的研究方法，注重搜集有关问题的计量分析成果。事实论证是一种最基本的论证方法，其实质就是从个别到一般的归纳法。传统的事实论证是主要通过举例说明以归纳事实推出结论的。但是，从枚举归纳中所得到的全称肯定判断，其前提与结论之间的联系并不是必然的。清人黄承吉的"凡同声皆同义"，不仅错在缺乏历史分析，而且错在以偏概全。对现象或势头的认识，虽然多始于对个例的重视；但对事实或趋势的把握，确需依靠大样本计量描写基础上的定性分析。

20 世纪 80 年代以来，国家在现代汉字的结构、部件及其构字能力上，在现代汉语的字频、词频及其语用分布两个方面，开展了大规模的计量描写与定性分析。这些基础研究，使人们对汉字以少驭多的构字机制与高度集中的用字规律，终于心中有"数"且有了更为深刻的量化认识，从而在汉字规范、汉字教学等方面有效地支持了现代汉字的应用研究。用计量描写大样本自然语料的方法来研究汉语汉字的逻辑结构与历史演变，从根本上改变了举例式论证可能带来的以偏概全，大大提高了归纳论证的科学性。计量分析法的广泛运用，是汉语言文字学在研究方法现代化上的一个重大进展。把计量分析与定性分析结合起来，是汉语汉字研究中必须坚持的一种基本方法。

国家于 1986 年开始设立国家社会科学基金。1990 年，我申报承担了国家社会科学基金项目"现行汉字形音关系研究"，当年国家立项资助的语言学课题是 14 个。我的研究以《现代汉语通用字表》所收 7 000 字为样本，采用计量描写、历史分析与现实应用相结合的方法，从字群、单字、字符三个层面上，第一次对现行汉字的形音关系进行了较为全面深入的研究。研究以大量成套数据，分别展示了现行同音字、现行多音字和现行形声字的宏观状态与内在结构，发现只有 50%的现行形声字能够根据声符读出正确的音节音，现行声符系统的表音功能确实不强了，但还保持着表音的性质，它在大量低频字中的较强标音作用更具应用价值。进而在计量描写的基础上去进行历史分析，指出据义构形的汉字用一个方块字形来记录一个整体音节，其形音结合具有先天的脆弱性，既弱于表音文字的形音联系，也弱于汉字的形义联系。在漫长的历史发展过程中，汉字汉语的演变并不完全同步，方块字形也没有反映出语音的变化。这种历时性渐变的不平衡，使原本结合脆弱的形音关系在不同的层面上出现了不同程度的脱节，从而历史地形成了一种多层次的综合结构关系：字群层面上的同音字音同形不同，单字层面上的多音字形同音不同，字符层面上的形声字符同音或异。课题完成时我进行了认真的反思，对自己的基本研究思路作出了这样的初步总结：把逻辑方法与历史方法结合起来，把定性分析

后 记

与计量分析结合起来,以力求理论上的深化认知与实践中的有效应用。[①]

我申报承担国家社科基金项目后,先后有两所大学发来调函。在达州市委和学院的热情挽留下,我平静地留在故乡,在四川达州职业技术学院一直工作到2010年65岁退休。

我比较注重在搜集材料与学习前贤上花力气,在客观描写的基础上去进行历史分析,在弄清问题的所以然上下功夫。在1999年年底即世纪之交的那段时间里,我写了一篇《说"中国"》。原想通过探源析流地讨论"中国"一词的历史引申过程,来写一篇关于词义扩大的词汇学论文。我首先搜集了22部上古文献中的全部"中国"计156见,逐一辨析了它们在具体语境中的所指义。"中国"一词在传世文献中最早见于《尚书·梓材》,出土资料则推周初重器上的铭文《何尊》。此词在3000年前的西周初期就已出现,但先秦文献言及商、夏、舜、尧时也各有2例使用"中国",所指都是其下的领土。《〈诗经·大雅·民劳〉毛传》:"中国,京师也。"文献显示,"中国"一词最早是指相对于"天下"而地处中央的京城,亦因京城为王者所居而引申指王者领有的天下。春秋王室中衰而争霸攘夷,"中国"所指则随之扩大到相对四夷的中原诸夏。秦始皇统一中国后"筑长城界中国"(《汉书·西域传》),"中国"所指就拓展为长城以南的大半个现代中国了。在《史记》关于张骞通西域的文字中,"中国"一词开始用指相对于世界的中华,此后的历朝历代都以"中国"作为对外的通称。辛亥革命推翻帝制以后,"中国"就成为我们这个国家对内对外的专称了。"中国"一词词义扩大的过程,从语言学的角度折射出了中国形成和发展的基本历史线索。

"中国"之类的国名在现代社会虽是高频的常用名词,但要用一句话来给某个国名下个定义则并不容易,因此一般语文词典都没有收入这类词。《汉语大词典》收有"中国",其释义似乎值得商榷。笔者从民族、地理位置、文化特色三个方面为此词作了如下定义:

〔中国〕中华民族建立在东亚地区并持续发展数千年的文明古国。
〔中国〕中华民族建立在东亚地区的文明古国。

在收集消化资料与谋篇立意的过程中,我发现要深说"中国"一词是不能不说中国文化史的。于是就试着把"中国"一词的词义演变,放到中华民族发展史的壮阔背景中去考察;不料如此展开之后,竟然有一种豁然贯通别开生面的感觉。这篇文章的撰写使我领悟到:汉字汉语的深入研究,一定要与中国文化研究相结合。[②]忽视了汉字赖以生存发展的文化语境,忽视了华夏民族记录汉语的社会需求,其研究是难以知其所以然的。在后来的汉字研究中,自己就较为自觉地从华夏文明和汉语发展的历史大背景下去认识汉字的特色,力求从汉字如何记录汉语的大语境中去认识汉字的独特发展与结构功能。

随着学术界关于汉字性质、古今字问题讨论的深入,我的研究逐步转向汉字的性质

---

① 龚嘉镇:《现行汉字形音关系研究》,湖北人民出版社,1995年。
② 龚嘉镇:《说"中国"》,《中共四川省委党校学报》2000年第4期。二十年后再以此题为文,写出了四万字的《释说"中国"》,龚嘉镇:《汉字的记词方式与结构功能(增订本)·外编》,巴蜀书社,2021年。

规律与孳乳类化。[1]2004年前后，我从字式、字形、字用三个方面，把汉字的历史演变规律归纳为"记词方式形声化、形体结构简明化、社会用字规范化"。在探究汉字形体结构简明化的过程中，我逐步认识到："汉字既是符号又是工具，符号信息要明确与工具使用要经济的矛盾，始终存在于造字与用字的整个过程之中。……人们总是希望用简省的字形传达出明确的信息，努力寻求简与明的最佳结合。"[2]后来我研读了语言的经济原则理论，更加深刻地认识到：经济原则是支配语言文字运转与演变的经济规律，经济原则要求语言文字在满足交际需要的前提下坚持省力原则，以此提高交际效率，促进优化演变。从此之后，我就注重运用经济原则的理论去考察汉字的运转与演变，特别注重运用洪堡特关于"语言必须无限地运用有限的手段"这一思想，去考察汉字结构功能协同完善的机制。

现代汉字的应用研究，前沿在中文信息处理，大头在汉字教学，而制约两端使之健康发展的关键则是现代汉字的规范化。所谓汉字规范化，就是一个适应社会发展顺应汉字规律的人为干预过程，也就是科学制订汉字规范和努力推行汉字规范的过程。进入21世纪，围绕《通用规范汉字表》的研制，开展了一场关于汉字规范的学术大讨论。在那场持续数年的讨论中，我先后发表了计3万多字的三篇论文[3]，历史地回顾了半个世纪的汉字简化规范工作，计量分析了海峡两岸现行用字的异同，探讨了21世纪的"书同文"，就新时期汉字规范的方向、策略与重点发表了意见，认为"新时期的汉字规范，要高度重视汉字的共时用字规律和计量语言学的有关成果，坚持着眼现行通用而实行分级定量，立足通用字种以明确字体对应。把规范的重点放到现代汉语的常用字、通用字、专用字的分级定量上来，放到分级定量范围内的简繁字、正异字、新旧字形的关系对应上来。"[4]

从20世纪80年代到2010年的这三十年里，汉字学界持续发生了几件颇有影响的大事，有关的专家几乎都上场发表了意见。一是20世纪80年代初开始的汉字性质讨论，二是进入21世纪后开展的汉字规范讨论，还有20世纪80年代开始的中文信息处理与几个规范字表的前后研制。两场学术大讨论把对汉字的理论认知提高到一个新水平，两项大型应用研究把汉字研究方法的中西结合推进到一个新阶段，汉字研究由此形成了一种用新方法新材料去研究新问题的新潮流。这两场学术大讨论与两项大型应用研究，对于我来说那就是一座名师荟萃的大学堂。各种学术见解与研究思路，尤其是不同意见的辩论，给了我很大的教益与启示。我抓住这些难得的学习机遇，关注前沿埋头研读而用心作文，跟着时代努力走上了问学之路。

---

[1] 龚嘉镇：《部首"彡"的类意义》，《辞书研究》1992年第1期。龚嘉镇：《古今字说》，《学丛》第五期，2000年。
[2] 龚嘉镇：《汉字的性质、功能与规律》，《文字学论丛》第二辑，崇文书局，2004年。
[3] 龚嘉镇：《汉字规范与"规范汉字"》，李宇明、费锦昌主编：《汉字规范百家谈》，商务印书馆，2004年。龚嘉镇：《海峡两岸用字的异同与21世纪的"书同文"》，《中国文字研究》第五辑，广西教育出版社，2004年。
[4] 龚嘉镇：《关于新时期汉字规范问题的思考》，《中国语文》2005年第6期。

二、退休后　净心做好想做的事

由于青春耽误，起步很晚，我特别珍惜退休后思维还算活跃的身体条件，珍惜全国图书馆联网所改善的科研条件。早在六十岁时，我就立意退休后要对自己过去的研究进行一番总结。六十五岁退休后，我就按计划开始了读写。八年初版，两年增订，用十年时间写出了一部70万字的《汉字的记词方式与结构功能（增订本）》。[①]在此基础上，我着眼20世纪80年代以来汉字学研究的新发展，着眼汉字学的学科建设，又写出了这部《汉字学概论》。缘结汉字学，悟在清净中。现在回过头去看，这十几年的净心读写，就是退休之后在问学路上的再走一程，自在地做了一件自己想做也还能做的事。

四川达州职业技术学院对我的研究给予了热情的支持，谨在此表示感谢。

下边就从问学的基础、内容、方法三个方面，来回顾一下自己退休十多年来研究汉字的心路历程。

（一）基础：坚持读书为本，贵在独立思考以温故知新

人类文化总是在传承中逐步积累而向前发展的，任何一门人文学科都有它的继承性、时代性与系统性。孔子的"温故而知新"，辩证地总结了继承与创新的关系。温故知新没有捷路，只有老老实实地埋头读书，读书是问学的基础。读书是一种继承前人智慧的精神活动。在研读重要文献时，既要注重吸纳作者的学术认识，也要认真领悟作者的思维方式，努力学习作者认识问题的研究思路与分析问题的论证方法。杨树达先生深刻地指出："温故而不能知新，其病也庸；不温故而欲知新，其病也妄。"我们一定要认清"故"与"新"的关系。须知学习的本质在于触发思考，继承的目的在于有所发展，发现和归纳有价值之问题与思路的能力，是问学路上最为可贵的一种科研能力。

我是主要依靠自学走上问学之路的。在长期的探索过程之中，我逐步形成了自己的问学理念。第一，问学要以读书为本，贵在勤奋执着而善于学习。要掌握科学的学习方法，在努力求知的过程中用心领悟知识之中的精神、智慧与文化，通过知中求识而悟中生慧，不断充实自己的知识结构，扩大自己的学术视野，着意提高自己的思维能力与人文素养。第二，问学要坚持独立思考，贵在发现和归纳有价值的问题与思路。在研读经典文献和前沿论著时，既要埋头理解前贤在做什么，更要抬头思考自己应该怎么做。通过辩证的分析与批判的继承，从中找到自己的研究方向，逐步形成自己的研究思路。第三，问学要带着问题去钻研，贵在透过复杂的现象认识问题的本质。勤奋读书与独立思考一定要以问题为导向。研究基本问题必须坚持史论结合，先搜读梳理前贤逐步深入的学术认识以认真"温故"，进而围绕前沿重点深入探究而力求"知新"。从基本事实出发，下功夫弄清楚问题的来龙去脉（过程）与前因后果（趋势），从而历史地认识问题的本质

---

① 龚嘉镇：《汉字的记词方式与结构功能》，巴蜀书社，2018年。龚嘉镇：《汉字的记词方式与结构功能（增订本）》，巴蜀书社，2021年。

与规律。只有这样一个问题一个问题地去研究,才有可能对一门学问形成比较深入而系统的认识。子曰:"士志于道。"做学问是一种探求真知而宁静致远的修为。经过温故知新的长期积累与融会贯通的深入研究,逐步在学科的基础与前沿上形成自己的学术思想,应该成为人文学者努力的方向。

我们这代人退休后,赶上了一生中最好的时期。感谢互联网,让我坐在家中的电脑前,就能阅读到古今中外的有关论著。《汉字的记词方式与结构功能(增订本)》一书计有 908 条注,大多引自原著,只有 30 多条为转引。这在图书馆联网之前是不可能做到的。这些引文客观而历史地展示了古今中外学者的有关探索与认识。中国古代学者很早就认识到语言与文字的关系。西汉的扬雄说:"言,心声也;书,心画也。"这种音以载义而文以记言的性质,是包括汉字在内的所有文字的共性,但汉字还具有区别于其他文字的内在规定性。中国学者历来就重视汉字的形义联系,清代的王筠就认为汉字具有"以义为本而音从之"的特质。半个多世纪后,瑞士的索绪尔才明确指出汉字是"表意文字"。曹先擢先生进而强调:"汉字的表意是指表示汉语的词义。……汉字的表意性是汉字的命脉。"关于字语对应的单位,黄侃先生和瑞典的高本汉在 20 世纪 30 年代指出:"以单音(词)为根"是汉语的基本特点。赵元任先生在 50 年代根据"一字一言"的字语对应单位,最先把汉字称作"词素文字"。随着字词的合成化,这种"一言一字"的对应关系,早在魏晋南北朝时期就由以"词-字"为主发展而为以"语素-字"为主了。

20 世纪八九十年代,学术界开展了对形声字的深入研究,尤其是对古今形声字的内部结构,开始进行计量描写基础上的定性分析。但在探讨形声字的生成机制时,则忽视了清初戴震关于"以类附声"的经典论述。通过发掘梳理历代学者逐步深入的相关探索,发现前贤是从加旁分义的古今字现象入手去认识形声字的生成方式的。其探索是沿着如何分化同音字兼职的思路逐步发展的,其中关于"类"的概念与"推类"方式的认识尤为可贵。东汉许慎的"形声相益",共时地分析了形声字的字式结构;清初戴震的"以类附声",历时地揭示了形声字的生成机制。这真是形声字研究中的双珠合璧。通过如此温故知新的研读,笔者得出这样的认识:"形声字是主要通过'以类附声'的机制而生成'形声相益'结构的合体字。"汉字正是在记词方式形声化中实现了字群的类化,从而建立起系统的形义联系。①

读书确实是问学的基础。一个比较正确的基本认识,总是在不断接近式的探究中逐步形成的。只有通过认真读书温故知新,才能了解历代学者逐步深入的探索进程,认识中外学者的不同研究思路,进而形成自己的思路与认识。查找、阅读大量文献并从中精选出这 908 条注,是一个温故知新的问学过程。这样的问学虽然费时而辛苦,但它让我开阔了眼界而不致在原地转圈,不致在外围徘徊。寂寞独坐为志趣,求知深处有悟悦。每当反复研读而有所心得并形诸文字时,总会因充实自在而生发出一种由衷的愉悦。这种伴随着求知欲所生发的悟悦,虽然"无用"却令人着迷而引人入胜。

---

① 龚嘉镇:《汉字的记词方式与结构功能》,巴蜀书社,2018 年,第 128-132 页。

后　记

（二）内容：立足汉字实际，重在记词方式与结构功能

退休后的研究是以系列专题的方式逐步深入展开的，也就是确定研究思路与基本架构后，先一个专题一个专题地写论文，然后再逐步合成写专著的。我把汉字学中的基本问题通盘归纳为二十来个专题，一个专题接着一个专题地去钻研。专著中的一些章，就是先以专题论文的形式发表了的。两三个月，甚至四五个月做一个专题。日复一日又年复一年，我没有跟也没有赶，一直默默地走在边缘，但始终关注着学科的前沿。梳理基本问题之学术源流的实质，在于探其"变迁之迹"而求其"变迁之故"，其中尤为重要的是要能"择其是"而"取其大"地继承前贤而有所发展。研究坚持史论结合而温故知新，尤其汲取了 80 年代以来汉字研究的新思路新成果，对汉字学中这些基本问题的学术源流与前沿发展，逐一进行了较为深入的系统论述。

汉字是我们民族为记录汉语而量身创造并逐步完善的表意文字，它是一个在华夏文明的特定语境中独立发展起来的自组织系统，不仅历史地顺应了超时空记录汉语的社会需要，而且能动地促进了汉语书面语的统一和发展。汉字是我们民族为记录汉语而创造的交际工具这一基本事实，决定了汉字学的基本研究思路，应该是也只能是以汉字是如何超时空记录汉语的为学科主题，着重从华夏民族记录汉语的社会需求上去认识汉字的独特发展道路。我把汉字学中的二十几个基本问题，根据本质上的逻辑联系大分为纵横两个部分：纵向上，从汉字改进记录汉语的方式上，去探究汉字系统如何顺应社会需要而辩证演进的过程及其历史必然性；横向上，从汉字的表意性质与语言的经济原则上，去考察汉字结构功能如何在字语协同中逐步完善的趋势与机制。汉字的记词方式与结构功能，是汉字学中事关趋势与系统的两大基本主题。

先说纵向的历史演变。汉字的历史演变大分为字体、字式两个层面。甲、金、篆、隶、楷等字体是汉字的外部书写体式，字体的演变主要发生在字形的符号化与简明化上。字式是汉字的内部表词结构，是汉字据词构形体现构意的记词方式，字式的演变主要发生在构形合成化与表意语义化上。二者表里相成而协同互动，特别是字式的形声化与字体的隶变隶省，有力地推动了汉字系统的优化性演变。但汉字毕竟是记录汉语的符号系统，汉字能够完整而准确地记录汉语，是主要随着记词方式的辩证演进而逐步实现的。汉字的历史发展在本质上体现为记词方式的演进，而字体的演变则是从属性的演变。

陈梦家、刘又辛等先生把汉字记词方式的历史演变划分为三个阶段。"汉字创始于'依类象形'而发展于'比类合谊'的合成化，拓展于'依声托事'而完备于'以类附声'的形声化。经过'表形→表音→兼表义音'的辩证演进，历史地形成了以象形字为基础以形声字为主体的表意文字体制。"[1]这是因为，汉字脱胎于记事图画的符号化，上古汉语以单音节词为主，正是汉字产生的源头与语言基础，决定了初创的汉字只能是以单音节词为单位而按物绘形的表形字。由于表形字构字能力太弱，有词无字的矛盾日渐尖锐，

---

[1] 龚嘉镇：《汉字的记词方式与结构功能》，巴蜀书社，2018 年，第 2 页。

于是便借用现成的同音字去记录同音词,这就是甲金文中"依声托事"的假借字。至于汉字在大量使用假借字的情况下之所以转身走上形声化的道路,那是因为国家统一、文化悠久而古今音变、方言音歧,只有"以类附声"重建形义联系,汉字才能凭借以形别义而得以超时空地记录汉语。华夏文明在华夏大地上数千年的持续发展,要求汉字要超古超方言地记录汉语。华夏民族记录汉语的开放性需求,就是汉字历史发展的主要动力与根本原因。

再说横向的结构功能。以少驭多而以"文"组"字"的"孳乳"机制,立足形义联系以析形求义的分析方法,是传统文字学中最具理论价值的基本内容,是东汉许慎到明清学者至为重视最为用力的所在。汉字以"象形为本","比类合谊"而为会意,"以类附声"则成形声,数百独体的"文"便如此层级合成出了数以万计的合体"字"。汉字的表意功能是主要依靠几十个核心义符(主要由象形字充当)的推类系联来实现的,先围绕名物义引申出类化的语义场,再通过形声化建立起字群的类联系。一句"凡某之属(类)皆从某",经典地概括了汉字系统以形表意的形义对应关系。

20世纪80年代以来,在现代汉字的结构、部件及其构字能力上,在现代汉语的字频、词频及其语用分布两个方面,开展了大规模的计量描写与定性分析。运用语言经济原则的理念,运用"语言必须无限地运用有限的手段"的理念,去分析这些成套大数据,使我们对汉字结构功能协同完善的机制终于有了"量"的认识。大要有三:第一,汉字是一个以少驭多的符号系统,汉字虽多达七八万个,但它们是由四五百个基础字符按照有理的字式层级合成出来的;其中3 500个现代汉语常用字居然主要是由两百来个高能字符合成出来的,这就是汉字以少驭多层级合成的构字机制。第二,汉字系统的形义联系,是主要依靠几十个核心义符在"以类附声"的形声化中建立起来的。71个核心义符的参构字在《说文解字》小篆字中占到77%,在《通用规范汉字表》所收字中占到90%,它们就是古今汉字的主体,是汉字系统保持表意性质的压舱石。在字体代变字形趋简的历史演变中,汉字系统依靠字符语义化与字式形声化,保持并加强了系统的形义联系,这就是汉字依类象形而推类示义的表意功能。[1]第三,汉字总数虽多,但一个时代的通用字只有六七千,因为汉字所记语素的语用价值与构词能力是很不平衡的。2 500个最常用字就覆盖了98%的现代自然语料,这就是社会用字高度集中的用字规律。[2]在构字(文字)与用字(语言)两个层面上,这种有限表意符号与有理编码方式的无限运用,都有力地说明:汉字系统与时偕行逐步完善的过程,就是在汉字表意性质与语言经济原则之协同作用下逐步优化的过程。

---

[1] 龚嘉镇:《汉字核心字根的构形表意及其历史演变》,《中国文字研究》第十八辑,上海书店出版社,2013年。

[2] 龚嘉镇:《论汉语字词的语用频率及其分布规律》,《中国文字研究》第二十六辑,上海书店出版社,2017年。

（三）方法：致力中西结合，要在洋为中用而守正创新

中西语言学研究思路的结合，无疑是汉语言文字学发展的必由之路。但是，西方语言学毕竟主要是立足于印欧语实际建立起来的语言学，而汉语言文字学基本上走的是一条独立发展的道路。立足形义联系而据义构形，一字记一语素而单音成字，是汉字区别于表音文字的基本特质；围绕形义联系以析形（结构）求义（功能），是汉字研究的传统优势。汉字特质与研究传统构成了汉字学研究的基本实际，这是汉字研究必须始终踏实的立足之地。近代以来，对于中国的汉语汉字研究来说，德国的洪堡特、瑞典的高本汉、瑞士的索绪尔、美国的齐普夫，是影响最大的语言学家；历史语言学、共时语言学和计量语言学，是影响最大的三个学术流派；历史比较法、结构功能法和计量分析法，是运用最多的三种研究方法。因此，我们既要高度肯定西方语言学中相关理论和方法的科学性，更要充分重视汉字的特质和汉字传统研究的优势，通过守正基础上的洋为中用综合创新，努力实现汉字学研究方法的现代化。

需要特别指出的是，20世纪80年代以来，中国学者从汉字是表意文字的实际出发，"择其是"而"取其大"地吸取西方语言学的研究思路与方法，在汉字应用与学科建设两个方面都取得了突破性的新发展。坚持断代研究基础上的历史比较，立足形义联系的结构功能分析，注重计量分析与定性分析的结合，已经成为汉字学研究方法现代化的基本内容。需要强调的是，在汉字学研究方法的现代化进程中，传统的析形求义、西方的计量描写与出土古文字研究成果的综合运用，发挥了至为重要的促进作用。

第一，**坚持断代研究基础上的历史比较**。历史比较法是一种通过亲属语言的共时比较以推测语言之历时演变的方法。中国学者在研究汉字发展史时，就择取了它的"比较"思路而扬弃了它的"推测"方法。因为汉字拥有三千多年的历代原始资料，汉字史研究应该首先是对各阶段原始资料的科学归纳。这种归纳必须是实证研究，不能也不需要推测。只有坚持在断代描写的基础上去进行不同阶段的历史比较，才能从不同字式的消长与主体字式的转换中，深入认识汉字在特定语境中坚持表意化的历史发展进程及其历史必然性。

第二，**立足形义联系的结构功能分析**。结构功能分析是一种把语言当作一个共时的层级符号系统来分析其结构功能的方法。中国学者在运用这种方法分析汉字时，发现印欧语使用的是立足于形音联系而重"形合"的表音文字，特别重视语音、语法上的形式分析；汉字是立足于形义联系而重"意合"的表意文字，语义研究始终是汉字学的传统优势。在分析汉字以少驭多的层级结构和以形示意的表词功能时，既要吸纳系统分析的思路，也要继承析形（字式结构）求义（表词功能）的传统方法，尤其要重视71个核心义符的参构字是古今汉字的主体这一基本事实。

第三，**注重计量描写与定性分析的结合**。计量分析法是一种把数学方法、系统论方法与计算机技术结合起来研究语言的方法。中国学者运用这种方法来研究汉字系统的要素、分布及其演变，对汉字内部结构的整体状况、社会用字分布的宏观状况、记词方式

的历史演变，都取得了量化性的深入认识。学者们沿着"定性分析—量的测定—深化认识或有效应用"的循环模式开展研究，有力地推动了研究方法的现代化。出土的古文字材料及其研究成果，计量分析自然语料所得之成套大数据，已经成为汉字学研究中最有价值的两大新材料。

在如何把中西语言学研究思路结合起来的长期探索中，中国学者坚持主体意识，着意"洋为中用"而综合创新，逐步形成了一套汉字学的现代研究方法。这就是：汉字研究要立足于表意文字的实际，注重中西语言学研究思路的结合，把共时描写与历史比较结合起来，把计量分析与定性分析结合起来，把字语研究与文化研究结合起来，以力求理论上的深化认知与实践中的有效应用。

我喜欢走在沿江的林荫道上，看锦江静静流，白鹭上青天。漫长而沧桑的人生是需要一份守望的，于事于情都需要一份用心用力的守望。学者的天职在于实事求是地研究学术，不为物役而孜孜以求，把研究的成果奉献给社会。这种对学问的守望，就是一种仰望星空的志趣，一份安贫乐道的文化使命感。我先后出版了六本论著，有五本收入了读秀网，但最有分量的成果则是出在退休之后。回顾65岁退休以来，还能清净地做一件自己喜欢的事，用十四五年时间写出两部汉字学专著，我总是额首庆幸，心怀感激。感激上天惠赐我这段黄金岁月，让我在问学的路上再走一程，静静地从事自己的学术总结。在本书的封底，我用500多字概括了汉字的文化地位、性质、历史演变、结构功能与研究方法。这是我几十年研究所得的基本认识，是本书的中心思想，也是最想与读者分享的汉字信息。

西南交通大学出版社的策划编辑郭发仔、责任编辑吴迪两位老师，编审认真而尤为敬业，谨此表示感谢。

我感谢家人的陪伴和支持。彭耀芬贤惠、坚韧、开朗，四十多年来一直站在我的身旁，尽心尽力地内助着我。儿子龚伯谦为我做了很多查找资料、编校书稿与复制古文字的细致工作。相伴是缘。没有亲人的成全，我的研究是难以走到现在的。

为学识所限，书中问题不少，希望得到学界师友的指正。

龚 嘉 镇

2024年1月写于成都，时年七十九岁